„Allen denen, welche die Wahrheit erkannt haben, um der Wahrheit willen, die in uns bleibt und mit uns sein wird in Ewigkeit." (2.Joh.1-3)

Helmut Stücher

Geisteskampf um Israel

„Endzeit"- Gefechte

Dieses Buch ist auch als

e-book

erhältlich.

www.bod.de

Bibliografische Information
der Deutschen Nationalbibliothek:

Die Deutsche Nationalbibliothek
verzeichnet diese Publikation in
der Deutschen Nationalbibliografie.
Detaillierte bibliografische Daten
sind im Internet über
http//www.d-nb.de abrufbar

© 2015 BoD

Umschlagfoto
Ravensburger Puzzle

Herstellung und Verlag:
BoD – Books on Demand, Norderstedt
ISBN 978-3-7386-4393-0

Inhaltsverzeichnis

III Die Gemeinde Gottes

Anhang

Prolog

Ein großer König im Morgenland hatte zwei Söhne. Da er schon alt war, musste bald die Nachfolge geregelt werden. Seit Dynastien wurde der Erstgeborene Thronfolger. Doch diesmal war die Wahl anders. Der ältere Sohn war natürlich der Meinung, dass er es werden würde, zumal er der Liebling des Vaters zu sein schien. Aber eigentlich bestand kein Vertrauensverhältnis zwischen beiden. Der Erstling des Hauses war von Kind auf ein wenig verwöhnt, verhätschelt worden; wenn die beiden Kinder sich zankten, war immer der jüngere gestraft worden. So war der Kronprinz fein raus, vermied große Übertretungen und verhielt sich auch sonst unauffällig. Er war ein sehr schöner Mann, aber eitel, stolz und ziemlich eingebildet. (Das ist so bei Kindern, denen die Zucht gefehlt hat). Sollte der ein Diener seines Volkes werden? Schon hatte er geheime Unterredungen mit den Großen des Reiches, dem Heerführer und dem obersten Priester, die ihn unterstützen sollten. Er sah sich bereits auf dem Thron und machte ein großes Mal und lud etliche seiner Günstlinge. Doch mitten in diesem Festmahl erreichte ihn die Meldung, der Vater habe seinen jüngeren Bruder zum König gemacht. Da erschraken alle die Geladenen und standen auf und jeder ging seines Weges. Ausgerechnet diesem, der ein unmoralisches Leben geführt, sich aber angeblich bekehrt hatte, sollte er sich unterwerfen? Glühender Zorn stieg in ihm auf, zugleich packte ihn die Angst, lief zum Tempel und hielt sich für das Opfer einer Verschwörung.

Der zum König designierte Bruder wurde vom Volk „Friedefürst der Erste" genannt, wegen seines sanftmütigen, demütigen und friedevollen Wesens. Sein Vater hatte viele Kriege geführt, er aber wollte Frieden mit allen Menschen und lehrte, sogar die Feinde zu lieben. Das Krönungsfest war zugleich die Hochzeit, seine Erwählte war eine Heidin aus Thessalonich. Das verstanden seine Verwandten, Freunde und Nachbarn nicht. Hatten sie doch gedacht, er würde eine ihrer frommen Töchter nehmen. Aber Liebe kann man nicht wecken, bis es ihr gefällt, wo und wann sie will. Darum grollten sie ihm und folgten seiner Einladung nicht. Zu sehr wurden sie bei der Braut an die Gefangenschaft im letzten Krieg erinnert; allgemein schwieg man über diese Zeit. Bisschen fremdgegangen, auch bei Götterverehrung mitgemacht, nur äußerlich, weil sonst der Feuerofen drohte. Gott verzeih!–

Diese für eine Hochzeit ungewöhnliche Absage machte den König zornig. Ihm kam der Gedanke, das gemeine Volk zu laden, zumal sein Herz schon immer zu den Geringen stand. So sandte er schnell seine Knechte aus, und diese brachten allerlei Leute herein, gute und schlechte, und die Hochzeit wurde voll von Gästen. Der König in der Krone, die Braut ganz in Weiß, ein Diadem auf ihrem Haupt – ein Traumpaar, das eine große Zukunft versprach. Lieder und Lob erschollen, ein Jubelgeschrei, das bis in die Ferne gehört wurde.

Könige der umliegenden Länder eilten herbei und brachten dem wunderbaren König Geschenke, Gold und Silber in großer Menge. Seine Weisheit, seine Freundlichkeit, seine Gewaltlosigkeit war sprichwörtlich und zog sie an. Viele Frauen, alles Fürstinnen, suchten seine Gunst. Aber nur e i n e war die Erwählte, seine Perle, seine Taube, seine Vollkommene, für die er bereit war, sein Leben zu geben. Aus dieser Ehe gingen zahlreiche Kinder hervor, natürlich alles Königskinder, Prinzen und Prinzessinnen, die später ebenfalls große Familien wurden. Die Friedens- und Versöhnungsbotschaft des großen Königs verbreitete sich in der ganzen Welt. Viele Länder und große Reiche wie das römische stellten die Kultur und Politik auf die heiligen Schriften der neuen Religion um. Das herrliche Friedensreich wäre auch heute noch sichtbar, wenn nicht …

Wer seine Bibel kennt oder dem Religionsunterricht aufmerksam gefolgt ist, wird an verschiedene Geschichten erinnert worden sein. In der Tat, sie sind in diesem Prolog zusammengefasst: Sie ergeben den glorreichen Anfang sowie die erstaunlich schnelle Ausbreitung des Christentums.

Geschichte wiederholt sich, auch die Anfangsgeschichte der Kirche Christi. Der Übergang vom Judentum zum Christentum findet seine Entsprechung im neojudaistischen Evangelikalismus, der sich bibeltreu gibt, aber die Bibel, das Volk Gottes und sogar Christus und Sein Reich, ja Leib und Weib zerteilt. Doch „was Gott zusammengefügt hat, soll der Mensch nicht scheiden", weil Israel und Gemeinde im Geiste eins sind.

Vorwort

Aus meiner Betrachtung der Offenbarung, die schon vor 30 Jahren skizziert war, („Geheimnis, Babylon", erschienen 2014) ergaben sich später weitere Schriften, die sich mit anderen prophetischen Standpunkten auseinandersetzten.

Hier lege ich eine Sammlung meiner biblischen Informations-Blätter und Veröffentlichungen zu dem Thema Israel und Endzeit vor. Ergänzend sind andere Beiträge eingefügt, namentlich von Kurt Klumbies, einem Amateur-Theologen, wie er sich nannte, und Pfarrer und Evangelist Paul Schenk, beide inzwischen beim Herrn. Ihnen verdanke ich die Bestätigung, dass ich keine neue Lehre vertrete, sondern das was von jeher bekannt und anerkannte Kirchenlehre war und mit dem Zeugnis des Evangeliums übereinstimmt.

Siegen, im Juli 2015

Helmut Stücher

Einführung

Was erwarten Christen? Wir leben in der Endzeit, hört man oft sagen. In den Volkskirchen gibt es so gut wie keine Endzeiterwartung, Endzeit sei schon immer gewesen. Ihre Eschatologie (Lehre vom Endschicksal des Menschen und der Welt) hat keine Antwort auf die Fragen unserer Zeit, schon gar nicht auf die Frage, was uns in Zukunft erwartet und wie das letzte Buch der Bibel, die Offenbarung, zu verstehen ist. Auf Endzeitfragen die Antwort zu geben blieb dem Evangelikalismus vorbehalten. Denn hier versagt die Theologie, weil die Offenbarung nicht hermeneutisch ausgelegt werden kann und sich der Textanalyse entzieht. Außerdem verschließt sie sich jeder kirchlichen Tradition. Umso mutiger gaben sich Endzeitspezialisten an die Deutung des letzten Buches der Bibel und verbreiteten massenweise ihre Produkte. Dabei sind ihnen schwere Irrtümer unterlaufen. Und doch versuchen sie immer wieder, gegenwärtige Prozesse in die prophetischen Schriften des Alten Testaments und der Offenbarung hineinzulegen. Dann erlebt man es, wie bei dem Zusammenbruch der Sowjetunion, dass man sicher geglaubte Interpretationsmuster zurücknehmen muss. Gog und Magog, was Rußland sein sollte, ist nicht in Israel einmarschiert. Und dergleichen Fehlspekulationen mehr.

Die „Endzeit" hat für evangelikale Christen erst vor 200 Jahren begonnen. Jedenfalls redet und schreibt man seitdem davon. Endzeitthemen werden ausschließlich in bibeltreuen Gemeinden behandelt, verschiedentlich aber kontrovers diskutiert. Eine Flut von Endzeitbüchern erscheint auf dem christlichen Büchermarkt, vornehmlich aus dem angelsächsischen Raum ins Deutsche übersetzt. Sie erzeugen eine bedrückende Endzeitstimmung unter christlichen Lesern, zum Teil neurotische Ängste. Es ist daher sinnvoll, die „Endzeitprophetie" einmal unter die Lupe des Evangeliums nehmen.

11

Ein Nährboden der wunderlichsten Auslegungen ist die weit verbreitete Bibelzerlegung, die auf den Dispensationalismus zurückgeht, welcher das prophetische Wort der Gemeinde wegnimmt und der Zukunft eines unsicheren Staates Israel zuweist. Man sah in ihm den „Feigenbaum" aufblühen. Des Weiteren der judaistische Buchstabenglaube, in dem man die Propheten nicht mehr geistlich verstehen will, sondern auf eine wörtlich-sinnliche Erfüllung nach der Entrückung prophezeit. Die Endzeit muss nicht das Ende sein, vielleicht für einige, die nicht anders zu belehren sind. Denn wer hat im Rate Gottes gestanden, um zu wissen, dass jetzt das letzte Ende für die letzte Generation gekommen ist? „Letzte Tage" gab es schon mehrere, wovon die Schrift berichtet, aber darauf folgte stets ein neuer Tag. Wir warten auf den Tag des Herrn. Wer oder was hält ihn auf? Das „Aufhaltende" sei die Gemeinde? Hoffentlich nicht. Sollen wir ihn doch beschleunigen durch heiligen Wandel und Gottseligkeit (2.Petr.3,12). Wir erwarten nicht das Ende aller Dinge, sondern eine Wende durch Jesu Dazwischenkunft. „Wer aber kann den Tag seines Kommens ertragen, und wer wird bestehen bei seiner Erscheinung" (Mal.3,1-6)?

Mit dem „Tag des Herrn" können viele Evangelikale nicht so recht etwas anfangen. Sie sehen in dem großen Abfall der „Endzeit" und den kommenden „Gerichten der Offenbarung" einen Ausweg in der Entrückung der Gemeinde, die jeden Augenblick geschehen könne, sollte aber schon Achtzehnhundertundsoviel unmittelbar bevorstehen. Als sie nicht eintraf, errechnete man neue Termine. Gegner der Vorentrückungslehre erwarten noch die „große Drangsal" zur Läuterung der Gemeinde. Nachdem beide Richtungen die Bibel zerteilt und zerlegt haben, kriegen sie das Puzzle nicht wieder zusammen. Dem mühsamem Versuch möchten wir nicht noch ein Endzeitbuch hinzufügen, sondern die biblische Sicht vom Reiche Gottes und der Gemeinde darlegen.

Es geht in unserem Streit im Kern um die entscheidende Frage, ob Israel Gottes Volk ist, oder Gottes Volk Israel heißt. Viele schauen nach Osten und suchen dort nach den Spuren Jesu. Hat etwa

Paulus den Gemeinden geraten, zum besseren Bibelverständnis sich einmal das Land Israel anzuschauen? Eine Reise dorthin ist sicher interessant, aber nicht heilsnotwendig. Um die Propheten zu verstehen muss man nicht in Jerusalem gewesen sein und die Tempelstätte besichtigen. Dort wird sich nichts mehr von Heilsbedeutung abspielen. Jede andere Erwartung muss als Utopie bezeichnet werden. Besser ist, wir wenden uns dem Evangelium vom Reiche Gottes zu. Viele haben nur einen vagen Begriff vom Reiche Gottes, weil es kaum gelehrt wurde. Gottes Reich ist nicht so rätselhaft und kompliziert, dass es nur Theologen verstehen können. Wenn es den Unmündigen geoffenbart sein soll, dann gehört nicht zuerst großes Bibelwissen und ein kluger Kopf dazu, sondern der Glaube. Man muss das Reich einfältig und mit dem Vertrauen eines Kindes aufnehmen, je begieriger und gläubiger, umso mehr erkennt und besitzt man davon. Andererseits sollen wir auch nicht so kindisch-naiv auf eine wörtliche Erfüllung pochen, ohne nach dem Sinn des Wortes, dem Sinn des Geistes zu fragen. Was bei einem buchstäblich-natürlichen Verständnis herauskommt sehen wir bei Nikodemus, einem Lehrer Israels (Rabbiner). Das Reich Gottes an sich war ihm klar, aber wie kommt man hinein: Nicht durch Inkarnation, sondern durch die Wiedergeburt aus dem Wort und Geiste Gottes (Joh.3,1-7). Nur durch geistliches Verständnis erschließt sich die Schrift und somit auch das Verständnis was das Reich ist, und dann öffnet sich eine Fülle von Segen. Diesem Bedürfnis soll unsere Betrachtung des Reiches Gottes den Weg frei machen, „weil die Finsternis vergeht und das wahrhaftige Licht schon leuchtet" (1.Joh.2,8).

Den Jüngern zu unterstellen, sie hätten nach der Auferstehung Jesu noch ein irdisches Reich für Israel im Sinn gehabt, ist ziemlich abwegig. Sie haben lediglich nach der *Zeit* der Wiederherstellung Israels gefragt, *wann* sie erfolgt (Apg.1,6), und diese Erneuerung hat am Pfingsttage mit Macht begonnen. Die Frage nach dem Reich Christi und Gottes ist ein Fragen nach der Wahrheit. Was ist Wahrheit? Jesu Antwort ist eindeutig: „Mein Reich ist nicht von dieser Welt ... ich bin dazu geboren und in die Welt gekommen, um der Wahrheit Zeugnis zu geben" (Joh.18,36). Er ist die Wahrheit, die über uns steht, die uns anspricht, die uns regiert und die uns frei macht von Sünde, Gebundenheit und Irrtum. Nachdem der Heilige Geist gekommen ist, „wird er euch in die ganze Wahrheit leiten" (Joh.16,13). Die biblische Prophetie geht nicht an dieser Wahrheit vorbei oder darüber hinaus, sondern begründet in gerader Linie das Evangelium Gottes, „welches er durch seine Propheten in heiligen Schriften zuvor verheißen hat" (Röm.1,2).

Mit Paulus als letzten der Apostel ist das Wort Gottes vollendet; er hat den Gemeinden „den ganzen Ratschluss Gottes verkündigt (Apg.20,27; Kol.1,25). Die Schriften des Johannes können dem paulinischen Evangelium nicht widersprechen, sondern nur die Wahrheit des Evangeliums noch einmal klarstellen. Das gilt auch und insbesondere für das letzte Buch der Bibel, die Offenbarung.

„Zurück zum Anfang!" hieß es in der Reformationszeit, aber man ist nicht dort angekommen. „Zurück zum Anfang!" wollten in den letzten Jahrhunderten verschiedene Heiligungsbewegungen, aber sie verwechselten Jerusalem mit Babylon. Es entstehen neue Gemeinden, die sich als Endzeitgemeinde verstehen, heute aber auch tatsächlich am Ende sind. Sucht man gläubige Christen, findet man sie dort. Leider aber gefangen in starren Formen und falschen Lehren, die wir in diesem Buch beleuchten wollen. Katholisch (allgemein) möchten sie nicht sein, auch nicht evangelisch, weil zu politisch und zeitgeistkonform. Es hat sich für bibeltreue Christen die Bezeichnung „evangelikal" eingebürgert. Dieser Zwischen-begriff wurde vom amerikanischen Christentum für die vielen Denominationen eingeführt, wovon es 33000 geben soll.

Evangelikale Christen verstehen sich nicht mehr als Kirche, um nicht mit den Volkskirchen verwechselt zu werden. Der Begriff ist enger gefasst: Gemeinde, Gemeinschaft oder Versammlung, zum Teil als Eigenbegriff und Selbstbezeichnung. Insgesamt besteht die universale Kirche oder Gemeinde nicht mehr nur aus Gläubigen, wie im Anfang, die ein Herz und eine Seele waren, – heute sind es drei Gruppen: Heilige, Namens-Christen und Gesetzlose.

Darum ist es angezeigt, die Begrifflichkeiten Reich und Kirche (Gemeinde) neu zu definieren. Am besten geschieht dies im Rückgriff auf das „Reich Gottes" als Oberbegriff, dem im engsten und weitesten Sinne alle Kirchen und Bekenner zugeordnet werden, das Reich in der Kirche und die Kirche im Reich.

Im ersten Teil des Buches werden wir verschiedene prophetische Sichtweisen beleuchten. Prophetie ist nicht etwa nur Voraussage der Zukunft, Prophetie ist zuerst Geschichte. Was die Propheten wie Jesaja, Jeremia u.a. über Juda und Jerusalem voraussagten, ist eingetroffen. Der Prophet Daniel schreibt Weltgeschichte im Voraus, sie hat in den Geschichtsbüchern ihren Niederschlag gefunden. In Bezug auf Christus sind die Propheten buchstäblich erfüllt, alles an dem Einen in Seinem Leben und Sterben, in Seiner Auferstehung und Himmelfahrt. In der Gemeinde finden die Propheten ihre *geistliche* Erfüllung, so dass sie ein Mittel des Geistes werden, geistliche Dinge mitzuteilen (1.Kor.2,13). Die Propheten sahen die Kirche voraus (1.Petr.1,12), die Apostel lehrten das Alte Testament als in Christus und Seiner Kirche erfüllt, sie betrachteten es nicht länger als für sich selbst stehend, sondern legten es geistlich, im neuen des Geistes aus. Diese Auslegung bzw. Anwendung ist der Kirche verloren gegangen. (Es existiert heute praktisch nur noch eine Stimme, die die Propheten im Kirchenjahr zu Wort kommen lässt, und das ist die Evangelische Brüder-Unität in den bekannten Herrnhuter Losungen. Jeder Tag beginnt mit einem alttestamentlichen Wort und einem neutestamentlichen Lehrtext, sowie als dritten Text ein Lied, Gebet oder Bekenntnis).

Mit der Kritik an anderen Auslegungen soll niemand ihrer Vertreter herabgewürdigt werden. Doch falsche Lehre muss als falsch bezeichnet werden. Als einstiger Verfechter der väterlichen Lehrauffassung weiß ich, wie sehr man in überlieferten Vorstellungen gefangen sein kann und blind für eine „Wahrheit" eifert, die nur die halbe Wahrheit oder ein ganzer Irrtum ist. Ich wäre glücklich, wenigstens einige von meinen Brüdern von „besseren Dingen" überzeugen zu können. Wer mit seinen Gedanken an die

Öffentlichkeit tritt, muss sich auch Kritik gefallen lassen. Das gilt auch für dieses Buch. Es sind aber weniger die Autoren, die sich über Kritik beklagen, auch wenn sie ungerecht ist und meist in persönlichen Angriffen ausartet, sondern vielmehr ihre Anhänger und Bewunderer. Wenn der Leser den Rat befolgt, stets zwischen Sache und Person zu unterscheiden, wird er alles prüfen und das Gute festhalten.

Ein besonderer Abschnitt behandelt das Evangelium des Reiches und die gegenwärtige Regierung Christi sowie die Wiederkunft Jesu. Der letzte Teil des Buches ist der Gemeinde als Mittelpunkt und Inbegriff des Reiches gewidmet. Die Vorbilder und Weissagungen führen uns die Herrlichkeit des Reiches in der Gemeinde des lebendigen Gottes neu vor Augen. Anhand der Briefe können wir eine interessante Gemeindeentwicklung erkennen, die mit Israel begann, auf die Nationen überging und zuletzt wieder Israel ist. Den Schluss bildet eine Einführung in das Verständnis der Offenbarung, die Heimkehr aus der babylonischen Gefangenschaft krönt das Ganze.

Für mich war es wichtig, die Apostellehre zu ermitteln. Auch Sektierer behaupten, zur urchristlichen Lehre zurückgekehrt zu sein. Niemand kann jedoch neue „Wahrheiten" entdeckt haben, wenn in der Kirchengeschichte jedes Zeugnis davon fehlt, wie das bei gewissen Gemeindegründern der Fall ist. Gewiss war es nötig, zu verschiedenen Zeiten vergessene Wahrheiten auf den Leuchter zu stellen. Es kann aber nicht sein, dass Gott Seine Kirche 1800 Jahre im Dunkeln gelassen hat. Ich bin erleichtert zu wissen, dass ich keine Sonderlehre vertrete, sondern von den anerkannten evangelischen Bekenntnissen bestätigt werde, wie sie heute noch von reformierten Theologen bezeugt werden. Einer von ihnen war, wie bereits erwähnt, Pfarrer Paul Schenk, den ich auf diese Weise kennenlernte und mit dem mich eine herzliche Bruderliebe verband. Seinen „Geisteskampf um Israel", den er nicht mehr veröffentlichen konnte, soll in diesem Buch gewürdigt werden. Auch bei den Vätern der Baptisten, Methodisten und Mennoniten findet man dieselbe Lehre vom Reich. Vornehmlich die amerikanischen Mennoniten haben sich das Evangelium vom Reich bewahrt. Endzeitpropheten, die die neuen Lehren in ihre Kirche hineintragen wollten, wurden abgewiesen, so dass an ihnen vieles vorbeigegangen ist, womit sich die Köpfe in Europa heiß geredet haben. Da ich keine theologischen Werke studiert habe, man hatte als Versammlungsbruder keinen Zugang dazu, bin ich nicht durch sie auf die Wahrheit vom Friedensreich in Christus gekommen, sondern allein durch die Schrift. Das war auf der einen Seite eine mühevolle Arbeit, zumal ich auf große Ablehnung stieß; auf der anderen Seite durfte ich in der „Verbannung" immer neue herrliche Ausblicke gewinnen. Das Buch möchte es dem Leser ermöglichen, auf eine leichtere Weise zum neutestamentlichen Verständnis des Reiches Gottes zu finden (2.Tim.2,1-8). Möge er im Geiste der edlen Beröer selbst die Schrift untersuchen, „ob dies sich also verhält" (Apg.17,11).

Es war mir ein herzliches Anliegen, „das Wort der Wahrheit recht zu teilen", das heißt in gerader Richtung zu schneiden (2.Tim.2,15). Bei dieser Methode teilt man nicht die Wahrheit auf, sondern teilt sie mit, indem man zusammenfügt, was zusammen gehört, z.b. das Reich und die Gerechten, und trennt, was getrennt werden muss, und zwar Gerechtigkeit und Gesetzlosigkeit, Licht und Finsternis (2.Kor.6,14). Aus dieser Unterscheidung klären sich schon viele Endzeitfragen.

Die Bibelzitate sind der „Elberfelder Bibel" von 1978 entnommen. Wiederholte Bibelstellen ergeben sich zwangsläufig durch die Themenzusammenhänge. Orthographische Fehler bitte ich zu übersehen, entscheidend ist der Inhalt und ob das Buch biblischen Grund hat.

I ENDZEITERWARTUNGEN

1 Prophetieverständnisse

Die Revolutionen der letzten Jahrhunderte, angefangen mit der Aufklärung und der französischen Revolution, die industrielle Revolution und der Sozialismus brachten auch für Christen eine Revolution, und zwar im prophetischen Bibelverständnis. Verstand man bisher die Propheten im Geiste des Evangeliums, was gerade jetzt vonnöten war, sollten sie nun nicht mehr für die Kirche gelten, sondern erst zukünftige Erfüllung für Israel haben, und zwar wörtlich. Von den Hinweisen in den Propheten, besonders in Jesaja, auf die Kirche blieb nichts mehr übrig, außer die messianischen Ankündigungen. Betroffen von der radikalen Umdeutung evangelischer Wahrheiten war auch die Offenbarung, die nach dem 6.Kapitel nunmehr ausschließlich auf die Welt und auf Israel gedeutet wurde, natürlich soweit wie möglich buchstäblich. Das verkürzte die Bibel erheblich, für uns als Christen wäre dann ein Viertel der Bibel nicht mehr relevant. Erweckungen, die früher gerade mit der Predigt des prophetischen Wortes stattfanden, sind so nicht mehr möglich.

Die neue prophetische Sicht belebte wieder die Erwartung eines irdischen Reiches, die eigentlich überwunden war. Das hatte noch weitere Konsequenzen. Man war gezwungen, Krieg, Gewalt und Vergeltung, soweit die Propheten und die Offenbarung davon redeten, mit Gottes Plan und Gerechtigkeit zu begründen. Als dann der Staat Israel gegründet wurde, war der Jubel auf christlicher Seite groß. Mit Genugtuung verfolgte man die Erfolge der Israelis im Sinai-Krieg gegen eine Übermacht. Wenn da nicht Gott dahinter stand, Engel sollen erschienen und Wunder geschehen sein, und der gleichen Märchen. Inzwischen ist der Nimbus der Unbesiegbarkeit gewichen, Terroranschläge, gegen die man machtlos ist, erschüttern das „heilige Land". Was an dem Land heilig sein soll, müsste nach Hesekiel (48) neu vermessen werden, was einen geistlichen Sinn hat. „Machet euch auf und ziehet hin! denn dieses Land ist der Ruheort nicht" (Mich.2,10). Ruhe finden die Seelen nur in Jesus (Matth.11,28-30). Darum hätten die Juden keinen eigenen Staat gründen brauchen, zumal er mit viel Blut erkämpft werden musste. Land hätten sie auch in Amerika bekommen können. Nun aber ringsum vom Islam bedroht und von Arabern (Anteil 23% steigend, durch mehr Geburten) mitbestimmt, ist die Zukunft des jüdischen Staates ungewiss. Wie das ausgeht, weiß noch niemand, außer die erleuchteten Israelpropheten, die offenbar der Geist verlassen hat (1.Kön.22,24). Seitdem sich die Aufmerksamkeit der Welt, besonders aus dem Westen auf den Staat Israel richtet, haben wir auch die Aggression des Islam, unter dem früher Juden und Christen leidlich in Frieden leben konnten.

Alle Deutungen des Geschehens in Nahost, die meist neben der Bibel mit der Zeitung in der Hand versucht wurden, sind auch so überholt wie die Zeitung von gestern. Hängengeblieben ist: Das neue weltliche Israel ist das auserwählte Volk Gottes. Was keiner der apostolischen Väter, Kirchenväter und Reformatoren gewusst hat, nicht einmal die großen Erweckungsprediger wie Wesley, Zinzendorf, Finney u.a., wird heute als biblische Wahrheit verkauft, die Paulus untergeschoben wird. Erklärungen des Apostels, dass „alle gesündigt haben und nicht die Herrlichkeit Gottes erreichen" (Röm.3), scheinen für die Juden nun nicht mehr zu gelten. Vergessen scheint, dass ihnen zuerst das Evangelium verkündigt wurde, anfangend in Jerusalem, sie aber „sich selbst nicht würdig achteten des ewigen Lebens" (Apg.13,46).

Die Reformatoren wussten wenig oder nichts mit der Israelprophetie und überhaupt mit Prophetie anzufangen. Für sie war klar, was das Israel des neuen Bundes ist. Die Wieder-entdeckung des Evangeliums beschäftigte sie vollauf. Es war auch eine andere Zeit, das Christentum war noch anerkannt, die christlichen Werte noch allgemein gültig. Erst im 19.Jahrhundert begann ein entschiedener Angriff auf die christliche Kultur, gegen Kirche und Glauben und insgesamt gegen die Religion. Erschreckt durch die gewaltige soziale und geistige Revolution, die sich verbreitende Evolutionstheorie, den Rationalismus, die Bibelkritik etc. sehen Christen die Endzeit gekommen. Viele versuchen, den Propheten Daniel und die Offenbarung zu deuten, es entstehen neue prophetische Gemeinden und Sekten. Doch „Offenbarungschristen", wie sie genannt wurden, waren sie offenbar nicht. Spurgeon gab demütig zu, dass er das gesamte Buch der Offenbarung nicht verstehe, es aber von Herzen glaube. Von den Auslegungen und Einlegungen seiner Kollegen hielt er nichts. Er konnte sich nur abfällig über die neuen „Propheten" äußern: „Euer Rätselraten über die Zahl des Tieres, eure napoleonischen Spekulationen, eure Mutmaßungen über einen persönlichen Antichristen – vergebt mir, aber in meinen Augen sind das Knochen für die Hunde … Es scheint mir der reinste Blödsinn, unablässig über ein Harmagedon in Sedan zu murmeln und zwischen die verschlossenen Seiten des Schicksals zu schielen, um das Schicksal Deutschlands zu enträtseln. Selig sind, die die prophetischen Worte der Offenbarung lesen und hören, doch die gleiche Seligkeit hat augenscheinlich nicht ihre vermeintlichen Ausleger getroffen, denn Generation für Generation wurden sie allein durch den Lauf der Zeit des Irrtums überführt" (Murray S.277). An anderer Stelle: „Das alte Evangelium, (in dem alles erfüllt ist, was die Propheten verheißen haben), ist nicht ausgestorben und wird nicht aussterben, solange der Herr lebt."

Was ohne den biblischen Bezug bis heute an wilden und widersprüchlichen Deutungen herauskommt, kann man in den vielen Endzeitbüchern lesen. Hier wird generell mit zweierlei Maß gemessen und das Evangelium nahezu ausgeschaltet. Die einen deuten die Messung in Offb.11 auf die Gemeinde, andere Ausleger auf Israel. Ganz Kluge teilen den 2.Vers in beide auf. Wer hat nun Recht? Die Gemeinde lässt sich mit dem Rohrstab des Wortes Gottes prüfen, aber an dem ungläubigen Israel gibt es nichts zu messen, es würde wie der „Hof" hinausgeworfen. Wenn aber Israel und Gemeinde ein und dasselbe sind, wie wir nachweisen werden, klärt sich der Widerspruch auf.

Andere meinen, der wiederkommende Jesus würde gegen seine Feinde und die Feinde Israels mit aller Härte vorgehen, sie massenweise plagen, erschlagen, töten – Ströme von Blut der Sünder würden fließen. Karl-Hermann Kaufmann ist überzeugt, dass es für die, die das „Schwert aus dem Munde dessen, der auf dem Pferde sitzt", treffen wird Offb.19,21) „kein Überleben geben wird, sie werden alle gnadenlos sterben und die Vögel werden ihr Fleisch fressen. Nur ein Teil der Zivilbevölkerung bleibt übrig" (Zeitruf 2/15). Zum Glück trifft das Wort Gottes die Menschen heute nicht tödlich, so dass sie nach einer Evangelisation alles Leichen wären. In Pergamus jedenfalls ist das „Schwert aus seinem Munde" das Wort Gottes (Offb.2,16); und selbst die „Totschlagkeule", über die sich „Fundamentalisten" bei den Medien beschweren, ist immer noch das Wort. Leider ist diesen Exegeten nicht bewusst, dass sie sich im vollkommenen Gegensatz zum Geist Jesu befinden und eher Mohammed gleichen. Sie selbst würden nie Gewalt anwenden, weil sie dem Evangelium verpflichtet sind, aber was nicht ist, soll ja noch kommen, wenn Jesus erscheint. Ihr Verständnis und ihre Vorstellungen im prophetischen Wort sind brutal.

Die Welt ist voll Unruhe und Angst, Schulden und Krisen halten die Menschen in Atem, Kriege und Terror erschüttern die Völker. Und dann kommen Evangelisten mit ihrer Vision von der Apokalypse daher und setzen noch eins drauf, was noch schlimmer auf die Menschheit zukommen soll, um die Leute zu bekehren. Darauf reagiert heute keiner mehr. Gottesfurcht, Sündenerkenntnis, Buße bewirken sie damit jedenfalls nicht.

Vertreter der Gewalt- und Angstprophetie verfahren auch mit denen, die eine andere Erkenntnis haben als sie, nicht gerade sanft. So, wie sie es sehen, so ist es, absolut die Wahrheit; alles andere ist Irrlehre, die abgewiesen und ihre Anhänger ausgestoßen werden müssen. Auf eine sachliche Diskussion lassen sie sich erst gar nicht ein. Da gibt es „geisterfüllte" Prediger, die wissen mit „Babylon" nichts anzufangen, außer es sich natürlich vorzustellen und ausgraben zu lassen, damit die Offenbarung sich erfüllt.

Unverstand! Und völlig abwegig und sinnwidrig, in dem Kriegsheer am Euphrat auf den Iran zu kommen (Offb.9). Was sollten die christlichen Gemeinden in Kleinasien damit anfangen? Zu jener Zeit war wenigstens Babylon noch nicht versunken, Petrus ließ noch daraus grüßen (1.Petr.5,14). Aber heute? Haarsträubend ist eine Deutung der Siegel, Auslegung kann man es nicht nennen, wie die von Walter Schäble. Seine Kriegs- und Vernichtungsprophetie bezeichnet er als Siegesgeschichte, worin die Öffnung der vier Siegel durch das Lamm Unheil und Grauen ankündigen, das schon begonnen hat. Seine außenpolitische Deutung führt in die Katastrophe, ja sie selbst ist eine Katastrophe. Eine Auslegung, die weltpolitische Dinge und eine unheilvolle Entwicklung (Weltkriege, Rolle der USA und Israel, Globalisierung, Verfolgung, Teuerung, Tod), in den Reitern kommen sieht und verkündigt, kann keine Erbauung für Gottes Volk sein, auch keinen Sünder überführen, sondern bewirkt eine bedrückende Endzeitstimmung.

Spannend wird es erst bei den Ereignissen in der Offenbarung, die sich wörtlich abspielen sollen, wonach die Erde erbebt und die Sterne, auch Saturn und Jupiter, vom Himmel auf die Erde fallen. Wunderlich ist, dass niemand davon getötet wird, kein Haus beschädigt und auch sonst der Weltbetrieb weitergeht. Oder doch? Schäble verkleinert die Sterne zu Kometbrocken, die bis auf einen Überrest Israels und aus den Nationen die Menschen erschlagen. Glücklicherweise wird in diesem Moment die Gemeinde entrückt. Seine Anhänger gingen noch weiter und machten aus Offb.12 einen Fluchtplan aus der Eurozone, dem eine Gruppe folgte und jetzt im Norden festsitzt. Andere aber von ihnen wollen noch durch die „große Trübsal". Viel Glück! Das Verfolgungsgespenst geht um. Damit schaffen sie sich selbst die Fälle für die Seelsorge.

Die folgende Auslegung jedoch ist bedrohlich: Das Lamm befiehlt seinen Engeln, die Erde, Fische und Schiffe, Trinkwasser, Licht und Gesundheit zu schlagen, so dass der dritte Teil der Menschen stirbt. Vielleicht im Traum oder als Vision. Salafisten haben ähnliche Vorstellungen von Jesu (Isa) Wiederkunft, wenn er den Antichrist vernichtet. Die buchstäbliche Version der

Offenbarung hat jedoch auch etwas satirisch Positives, sie vereinigt Juden, Christen und Moslems heute schon; zumindest sind sich die drei „abrahamitischen Religionen" über das Ende der Ungläubigen einig, wobei jede die Gegenseite für ungläubig hält und umbringen lässt. Man könnte solche Auslegungen und Deutungen der Prophetie als Scherz abtun, wenn sie nicht Hochverrat am Evangelium wären. Es gibt meines Wissens keine einzige Auslegung der prophetischen Schriften, die sich als wahr erwiesen hat. Es waren sämtlich politische Spekulationen und falsche Prognosen über die Weltsituation, vor allem aber eine völlige Verkennung des Lammes. Überhaupt ist es eine Anmaßung und Vermessenheit, mit der biblischen Prophetie Politik zu treiben. Die Politik soll man den Politikern überlassen, sie ist Sache der Obrigkeit. Ein Christ, zumal ein Diener des Wortes, hat die geistlichen Mächte zu beurteilen, die wiederum der natürliche Mensch nicht verstehen kann.

Franz Stuhlhofer sieht eine ganze Reihe von Parallelen der Zeugen Jehovas zu manchen evangelikalen Endzeitautoren (Das Ende naht, S.26/27). Einige von ihnen sind als religiöse Schwindler offenbar geworden. Sie täuschten prophetische Erkenntnisse vor, weil sie mit anderen mithalten wollten. Mit Daniel und Sacharja wollten sie die Offenbarung enthüllt haben und enthüllten sich nur selber als Scharlachtane. Judas nennt sie „Wolken ohne Wasser, spätherbstliche Bäume, fruchtleer, zweimal erstorben, Irrsterne" (Jud.19). Millionen haben sie getäuscht, Millionen daran verdient. Man kann die Falschdeutungen mit den ägyptischen Wahrsagern vergleichen (2.Mo. 7 u. 8): Mose und Aaron taten drei Wunder (Schlange, Wasser in Blut, Frösche), diese ahmten die beiden ägyptischen Zauberer, deren Namen wir in 2.Tim.3 erfahren, nach und vermehrten damit das Unglück, anstatt es zu lindern.

Dass die Welt mit solchen Auslegungen nicht zu überzeugen ist, weil zu viele Ungereimtheiten, ist nicht verwunderlich. Die Endzeitpropheten haben geradezu die bösen Geister geweckt, die gerade das verhindert haben, was die Kirchen und Gemeinden wollten: Neu-Missionierung, Erweckung. Man kann beobachten, wie der Erfolg der Evangelisationen mit der Verbreitung der Endzeitbücher in den letzten 40 Jahren rapide zurückging und jetzt fast ganz erstorben ist.

Vielleicht richtet sich der Zorn des Lammes (Offb.6,17) gerade gegen die falschen Propheten, die Seinen Namen missbrauchen und aus dem Lamm wieder den Löwen machen und selbst den Löwen gespielt haben. Doch Gott sei gepriesen! Der Löwe aus dem Stamme Juda ist das Lamm geworden (Offb.5,6). Das Lamm ist immer ein Lamm, „gestern und heute und in Ewigkeit" derselbe Jesus (Hebr.13,8). Mit der Horrorprophetie kann man die Menschen nicht gewinnen, eher abschrecken. Wer sich trotzdem bekehrt, tut es aus Angst, nicht aber weil sein Gewissen vor Gott erweckt ist. Es ist nicht ratsam, einem Ungläubigen die Bibel ohne Erklärung zu geben, besser nur ein Evangelium. Doch wie will man ihm die Offenbarung erklären? Dies zwingt geradezu zu einer geistlichen Auslegung der Offenbarung, das heißt sie muss mit dem biblischen Wort des Alten und Neuen Testaments ausgelegt werden und praktisch, d.h. moralisch anwendbar sein.

Die evangelikale Prophetie ist zu 99% jüdische Apokalypse. Ihre Erwartung eines irdischen Königs (Weltherrschers) und irdischen Reiches hat Christus ans Kreuz gebracht. Jetzt existiert kein Christus nach dem Fleische mehr und ebenso wenig ein Israel nach dem Fleische (2.Kor.5,15-17). Es blieb dem Evangelikalismus vorbehalten, „den Sohn Gottes für sich selbst zu kreuzigen und ihn (als Gewaltherrscher) zur Schau zu stellen" (Hebr.6,6). Eigentlich müssten *sie* Gewalttäter genannt werden, denn ihre Prophetie verherrlicht Gewalt. Möge so eine Buchstaben-Auslegung niemals dem Verfassungsschutz in die Hände kommen.

Der einzige Punkt, was sie richtig sehen, ist die letzte Verantwortung vor Gott: Jeder Mensch wird einmal vor dem großen weißen Thron stehen und Gott Rechenschaft geben müssen über sein Tun, „... sie wurden gerichtet an jeder nach seinen Werken" (Offb.20,11-15). Mögen sie dann wenigstens den Menschen dieses vorstellen, auch den Gläubigen.

Die Apostel leiten uns an, wie wir die Propheten zu glauben und zu verstehen haben, und zwar im Lichte des Evangeliums. Dieselben reden von der Errettung und Befreiung der *Seele*, nicht von leiblicher und zeitlicher Befreiung, für eine große Errettung. Die Väter und Söhne Israels, die Glaubenszeugen und Glaubenshelden haben nicht irdische Ziele und Segnungen erwartet, sondern darüber hinaus nach dem Himmlischen und Ewigen ausgeschaut (Hebr.11,9-16), „über welche Errettung Propheten nachsuchten und nachforschten, die von der Gnade gegen euch geweissagt haben" (1.Petr.1,10). Diese Verheißung, von der hier und im Hebräerbrief die Rede ist, ist die Errettung der Seele, „da Gott für uns etwas Besseres vorgesehen hat, auf daß sie (die altt.Gläubigen), nicht ohne uns vollkommen gemacht würden" (Hebr.10,39; 11,1). Das Verlangen des Herzens nach Seelenerrettung ist der Schlüssel zum Verständnis der Offenbarung. Handelt es sich um die Seele, dann sind Gesetz und Propheten geistlich zu verstehen, wozu uns Paulus reichlich Anleitung gibt. Damit sind wir auch wieder beim Evangelium und bei der Lehre Jesu und der Apostel. Anhänger und Vertreter der fundamentalistischen Prophetie müssten ihre überkommene Sichtweise hinterfragen. Sie sollten bedenken, dass wir im neuen Bund leben, der seit dem Kreuz für die Juden zuerst und für alle Menschen und alle Zeiten gilt; es ist ein *ewiger* Bund (Hebr.8,10; 2.Kor.3,6), der nach einer geistlichen Anwendung verlangt und für ein geistliches Leben gestiftet ist. „Indem er sagt: ‚einen neuen', hat er den ersten alt gemacht; was aber alt wird und veraltet, ist dem Verschwinden nahe" (Hebr.8,13).

2 Der Dispensationalismus

2.1 Christlich-zionistische Irrtümer

Mit dem im 19.Jahrhundert aufkommenden Zionismus als einer politischen und sozialen Bewegung verbanden auch Christen prophetische Verheißungen mit Israel. Da Gemeinde und Judentum mit ihren unterschiedlichen Zielen nicht nebeneinander laufen konnten, ordnete man beide zwei verschiedenen Heilsveranstaltungen zu: Dem Zeitalter der Gemeinde sollte nach der Entrückung das jüdische Millennium folgen. Das bedeutete auch, dass der Kirche, die sich bis dahin als das geistliche Israel verstand, diese Identität streitig gemacht wurde. Der Gegensatz Kirche – Israel war geboren. Die Propheten hatten nun keine Bedeutung mehr für die Gemeinde Christi, alle Verheißungen galten jetzt dem jüdischen Volk. Das waren damals die Vorstellungen christlicher Zionisten, die sich mit dem religiösen jüdischen Nationalismus deckten, der eine Rückkehr in „das Land der Väter" und Errichtung eines jüdischen Staates forderte.

Gewiss wollte man nichts mit den militanten Zionisten zu tun haben, stand man doch himmelweit über dem „irdischen Volk Gottes". Doch unbemerkt war ein christlicher Zionismus geboren, der weitere Kinder gebar. So erfanden zionistisch angehauchte christliche Bibellehrer weitere zum Zionismus passende Auslegungsmodelle, zum Beispiel das Modell der „Haushaltungen", später Dispensationalismus genannt, eine moderne Form des Judaismus, den John Nelson Darby (1800-1880), ein ehemaliger anglikanischer Priester in England begründet hat.

Unter „Dispensationalismus" versteht man die Lehre von den Heilsepochen oder Heilshaushaltungen im Gegensatz zur überlieferten Reichslehre der Kirche. „Dispensation" ist die lateinisch-englische Übersetzung des griechischen Wortes *oikonomia* (Hausgesetz), das im Neuen Testament als „Verwaltung" vorkommt (Eph.1,10; 3,2). Dabei machten etliche Dispensationalisten sieben Epochen ausfindig, andere nur drei: Israel (altes Bundesvolk), dann die Kirche aus Juden und Heiden als *himmlisches* Volk, zuletzt die Wiederannahme Israels als *irdisches* Volk Gottes. Diese Form der eschatologischen Bibelauslegung, richtiger Bibel-Zerlegung ist heute einer der populärsten theologischen Strömungen unter evangelikalen Christen. Die biblischen Texte gelten dabei üblicherweise als irrtumsfrei und ihre Auslegung versteht sich zumeist als wörtlich.

Darby spaltet in einem komplizierten System das Reich und das Volk Gottes in zwei getrennte Heilsveranstaltungen, wodurch auch die Wiederkunft Jesu in zwei Kommen aufgeteilt werden musste, das erste zur Entrückung, das zweite die Erscheinung an Seinem Tage für Israel. Dieser Aufteilung steht das Zeugnis des Neuen Testaments vollkommen entgegen. Was dort als „auf dass die Schrift erfüllt würde" und „die Zeit ist erfüllt" aus den Propheten des Alten Testament zitiert wird, ist auch heute noch „erfüllt" und erfüllt sich an jedem Glaubenden; es darf daher nicht wieder so wörtlich in die Zukunft gesetzt werden, wie es die jüdisch-christliche Prophetie tut. Gott hat Seinen Sohn in der „Vollendung der Zeitalter" (Hebr.9,26) in die Welt gesandt, „auf daß er alles erfüllte". Wir leben in der „Fülle der Zeit". Erfüllter wird sie nicht. Keine alttestamentliche Verheißung ist unerfüllt. Wer davon nicht erfüllt ist, ist vielleicht von anderen Dingen und fremden Lehren oder der Nahost-Politik erfüllt, aber nicht von Christus. Jesus kommt nur noch einmal wieder, denen, die Ihn erwarten zur Seligkeit, den übrigen zum Gericht (Hebr.9,28; 2.Tim.4,1).

In Amerika ist die Diskussion um den Dispensationalismus schon länger im Gange. In Europa haben lediglich Übersetzungen aus dem Englischen das Thema aufgerissen. In jüngster Zeit haben ihn insbesondere zwei Bücher kritisch unter die Lupe genommen, das eine von dem Wiener Historiker Franz Stuhlhofer, „Das Ende naht – Die Irrtümer der Endzeitspezialisten", das andere von den beiden amerikanischen Autoren Albertus Pieters und John H.Gerstner, „Scofield und die Heilszeiten auf dem Prüfstand".

Der Alttestamentler Oswald T. Allis geht noch weiter. „Ihm fiel auf, wie ähnlich sich doch der Dispensationalismus und die radikale Bibelkritik sind. Dispensationalisten sind im Allgemeinen sehr konservativ und anti-kritisch. Sie sind sich einig, dass die Bibel

Gottes Wort ist, im Gegensatz zum Bibelkritiker, der davon ausgeht, dass sie ein menschliches Machwerk ist. Insofern ist Allis selbst von seiner Feststellung überrascht, dass diese Ultrakonservativen mit den Ultrakritischen in der radikalen Weise übereinstimmen, wie sie die Bibel beschneiden. Radikale Forscher zerlegen das Alte Testament in unterschiedliche, sich widersprechende Dokumente mit gegensätzlichen theologischen Konzepten" (Pieters, S.28).

Klaus Berger führt in „Die Bibelfälscher" den kranken Zustand der Volkskirchen (ev. und kath.) auf die bibelkritische Wissenschaft zurück. Ein ebenso schlimmes, wenn nicht noch größeres Übel ist die Bibelzerlegung auf evangelikaler Seite. Sie bekennt Bibeltreue, hat aber viele Christen irregeführt und bei vielen eine typisch laodicäische Anmaßung und Blindheit bewirkt.

Ich würde Dispensationalisten nicht als Bibelkritiker bezeichnen oder gar als Bibelfälscher betiteln. Das sind sie durchaus nicht. Eher sind sie Geschichtsfälscher, indem sie das, was Geschichte geworden ist, wieder in die Zukunft setzen und somit das Wort Gottes verfälschen, wie Paulus solche nennt (2.Kor.2,17). Man tut ihnen nicht Unrecht, wenn man sie als Bibelräuber offenbart, und das um Mitternacht, „kurz vor 12", wo wir die Ermunterung der Schriften brauchen. Sie nehmen dir die Bibel aus der Hand und reißen einen Teil heraus, der angeblich nicht für uns bestimmt sei, sondern für das „Tausendjährige Reich". Heimlich machen sie aber selbst von der ganzen Bibel Gebrauch. Es ist nicht der Irrtum, der ihnen zur Last gelegt wird, denn jeder Mensch kann im guten Glauben irren. Es ist vielmehr die Unbelehrbarkeit, ja die hartnäckige Weigerung, sich auf Fehldeutungen hinweisen zu lassen, geschweige denn darüber nachzudenken.

In dieser Reihe, die den Dispensationalismus von außen betrachten, fehlt noch das Zeugnis eines überführten Insiders, wie mich, der sogar darin geboren ist und seine Begründung und Entwicklung kennt. Ergänzend zu den genannten Werken stellt ihm mein Buch von innen her das Zeugnis des Evangeliums gegenüber. Es mehren sich die Stimmen auch im dispensationalistischen Lager, die Zweifel an ihrer Position äußern.

Die christlich-zionistische Sicht ist ein fataler Selbstbetrug, ihre Widersprüchlichkeit (eigentlich Schizophrenie) ist greifbar: Bibelausleger versus Bibelgemeinde, sie legen das Wort Gottes gegen die Gemeinde aus. Dieselbe Person, die sich als bibeltreu bekennt, zerlegt die Bibel, indem sie die halbe Bibel zur eigenen Bibel macht. Bibelzerleger sind selbst zerlegte Leute, indem sie sich selbst zerlegen, Kopf und Herz trennen, anders leben als lehren, anders sprechen als glauben, anders handeln als bekennen. Ich war selbst ein solcher, der Erste, dem seine laodicäische Doppeldeutigkeit bewusst wurde, nicht heiß für Jesus und nicht kalt, eben lau gegen Seine wunderbare Offenbarung, und doch ein Eiferer für das Wort Gottes. Möge Gott uns von dieser Zwiespältigkeit befreien. Die Spannungszauberei der Endzeitpropheten würde dann zweifellos schnell entlarvt und die Seelen von der künstlich geschürten Angst vor Verfolgung erlöst werden. „Laßt uns das Künftige hören, verkündet das späterhin Kommende, damit wir erkennen, dass ihr Götter seid … ein Greuel ist, wer euch erwählt" (Jes.41,22-24).

Durch die vielen Endzeitbücher, die oft die widersprüchlichsten Aussagen enthalten und deren Voraussagen sich nicht erfüllt haben, ist eine heillose Verwirrung entstanden. Andererseits passieren jetzt so viele Dinge, die erst nach der Entrückung geschehen dürften, so dass verunsicherte Gläubige fragen, was denn die eigentliche christliche Hoffnung ist. Nach den gewaltigen Veränderungen der letzten Jahre sind Endzeitler vorsichtiger geworden mit ihren Prognosen und prophetischen Spekulationen. Dennoch meinen manche sichere Aussagen über die Zukunft machen zu können, indem sie theologisch zu begründen versuchen, dass Gottes Reich doch einmal als ein irdisches Reich für die Juden (Millennium) erscheinen werde. Dabei berufen sie sich auf die frühe Kirche, in der die Christenheit angeblich in dieser Überzeugung lebte. Es gab einige Kirchenväter, die die Idee eines irdischen Reiches (Chiliasmus) vertraten, aber ausschließlich als Reich für die Christen. Wie weit diese Lehre verbreitet war, kann aus den vorhandenen Zeugnissen nicht nachgewiesen werden. Mit dem Aufkommen des Zionismus kam jedoch das jüdische Element hinein, so dass es ein *jüdisches* Millennium geworden ist, das einmal alle Völker anziehen soll.

Die Israeleuphorie, bei manchen sogar eine Verbissenheit in ihre Israelidee, lässt immer noch nicht nach, obwohl in dem sogen. Judenstaat die Zahl der Juden stark zurückgeht und jetzt nur noch 77 % beträgt, während der übrige Teil Araber, Moslem, Christen (2%) usw. sind; der größte Teil der Juden lebt außerhalb des Staates Israel (USA, Westeuropa u.a.) und denkt nicht an eine „Heimkehr". An der Israelfrage scheiden sich offenbar die Geister. In der Nazizeit wurden die Juden verwünscht, weil sie nach der Bibel ein Fluch seien unter den Völkern. Es fanden sich kaum Christen, die mit gläubigen Juden etwas zu tun haben wollten. Juden raus! Auch aus den Gemeinden und Versammlungen. Wo war da die „Liebe zu Israel"? Wer bekannte sich zu dem „auserwählten Volk"? Wer hat für Israel gebetet? Keiner, auch nicht einer, und doch waren ihre Versammlungen gesegnet gewesen, wie sie gerne erzählten.

Nach 1945 drehte sich der Wind. Plötzlich waren alle pro Israel: Israel, Israel ... Gottes auserwähltes Volk, biblische Verheißungen erfüllen sich ..., und dergleichen Parolen mehr. Wie sich doch die Meinungen ändern! Aber das Evangelium haben sie nie befragt. Jetzt gelten diejenigen als Irrlehrer, die ihre Israelsicht nicht teilen.

Den Israelfreunden fehlt offenbar das einfachste geistliche Unterscheidungsvermögen zwischen Gläubigen und Ungläubigen. Deshalb halten sie die ungläubigen Juden für die Auserwählten, die wahren Gläubigen aber für verirrt, verdammt. Ein Jude, der nicht glaubt, ja gottlos ist, und das sind nun die meisten in der israelischen Gesellschaft, und vielleicht die Christen hasst, genießt bei ihnen größere Ehre und Liebe als ein gottesfürchtiger Christ, der nicht genau auf ihrer Linie ist. Sie messen mit zweierlei Maß, und das sind Prediger.

„Israel ist der Augapfel Gottes"? Wer das meint, muss auch folgern, dass die Juden das „Volk der Heiligen" sind (Dan.7). Sind neuerdings Ungläubige die Heiligen? O, hast du mal von einem solchen gehört oder ist dir einer in Israel begegnet, von dem du sagen könntest, das ist ein Heiliger Gottes? Und doch spricht man die Juden heilig. Die Heiligen sind nach dem Zeugnis des Nationenapostels nur die in Christo Berufenen (Eph.1,1; 1.Kor.1,2). „Israel ist das auserwählte Volk?" Wozu auserwählt? Hast du mal darüber nachgedacht, was mit den Juden geschehen ist, wenn sie, ohne mit Gott versöhnt zu sein, in ihren Sünden gestorben sind? Auserwähltes Volk im 3.Jahrh., im 8.Jahrh., im 12.Jahrh., im 17.Jahrh., und doch gestorben und verdammt? Darauf gibt es nur e i n e Antwort, der kein Christ ausweichen kann, wenn er nicht der Allversöhnungslehre anhängt: „Wer da glaubt und getauft wird, wird errettet werden; wer aber nicht glaubt, wird verdammt werden" (Mark.16,16). Was für alle Menschen gilt, gilt auch für Juden. Warum sollen die Juden ausgerechnet im 20. u. 21.Jahrh, also nach fast 2000 Jahren wieder das auserwählte Volk Gottes sein? Juden sind Menschen wie wir, nicht weniger wertzuachten, aber auch keine höhere Klasse. Wollen sie auch nicht sein.

Wir werden gegenwärtig wieder stark an die Nazizeit erinnert, besonders an das schreckliche Geschehen in Auschwitz vor 70 Jahren. Damals war ein Jude, auch ein Halbjude oder wenn die betriebene Ahnenforschung jüdische Herkunft nachwies, äußerst gefährdet, ebenso Leute, die sich zu Juden bekannten oder gar beherbergten. Hier ist leider auch ein Stück Kirchen- und Gemeindegeschichte, insbesondere Brüdergeschichte noch unbewältigt bzw. aufzuarbeiten. Kaum ein Christ wagte, sich zu der Judenfrage zu äußern oder sich zu einem jüdischen Bruder zu bekennen, geschweige denn ihn ins Haus aufzunehmen, wie meine Eltern es taten. Die jüdische Familie wohnte bei einem Nazimenschen, der sie sehr bedrängte. Als die Eltern 1937 einen Mieter suchten, entschieden sie sich für diese Familie. „Er ist mein Bruder", sagte Vater vor Gericht. Der Richter: „Sie haben wohl nicht eher Ruhe, bis sie im Gefängnis sind". Darauf Vater: „Lieber mit gutem Gewissen im Gefängnis, als …", weiter sprach er nicht. Vor den drei „Stolpersteinen" vor meinem elterlichen Haus, von der Stadt angebracht, bleibt so mancher nachdenklich stehen: Hier wohnten also Juden, „deportiert 1942 nach Theresienstadt".

Zurück zum Dispensationalismus. Die reformierte Eschatologie bewahrte zunächst viele Kirchen vor den neuen Theorien. So haben die evangelischen Kirchen, die Mennoniten und Baptisten, die Adventisten und fast alle Allianzgemeinden, den Dispensationalismus zunächst abgelehnt. Mit der Gründung des Staates Israel schien die dispensationalistische Prophetie in Erfüllung zu gehen, sie fand im evangelikalen Raum und weit darüber hinaus viele begeisterte Anhänger. Wie ein Steppenbrand wurden ganze Gemeinden von dem Israelfeuer, das von namhaften evangelikalen Endzeitautoren (Wim Malgo etc.) angezündet worden war, erfasst. Für die Popularisierung der modernen Israelprophetie im evangelikalen Raum sorgte insbesondere Frau Dr.Wasserzug der Bibelschule Beatenberg. In Pfingstlerkreisen gehört die Erwählung Israels schon zum Glaubensbekenntnis. Als die rußlanddeutschen Christen heimkehrten, wurde ihnen gleich der christliche Zionismus übergestülpt. Wer hat da noch geprüft, ob diese phantastische Schau mit dem Evangelium vereinbar ist? Oder wer von ihnen forschte nach, was die Väter ihrer Bewegung über Israel und das Reich Gottes gelehrt haben? Nichts dergleichen was dem fleischlichen Israel einen besonderen Vorrang gäbe. Darbysten, zu deren Lehre es gehört, die Juden für alle Zeiten als „Gottes Volk" zu betrachten, sind selbst viel weniger von dem Israelfieber angesteckt worden, sie interessiert auch kaum der aktuelle politische Stand. Ist doch ihre Prophetie festgeschrieben und muss sich alles so erfüllen, komme, was da kommen mag. Obwohl nicht einmal orthodoxe Juden ihren neuen Staat anerkennen, ist er für Evangelikale das göttliche Zeichen geblieben.

Diese wunderliche Prophetie stellt eine Fiktion dar, die als die „tröstlichere Hoffnung" vornehmlich die Gläubigen ansprechen will; sie sieht die Gemeinde (Versammlung) bereits entrückt, bevor die „letzten Dinge" geschehen. Darbysten „möchten ganz einfach und in logischer Reihenfolge die biblischen Aussagen zu diesem Thema entfalten, denn die Heilige Schrift lehrt uns ganz deutlich, was wir in der Zeit vor und nach der Wiederkunft Jesu zu erwarten haben" (Clouse, S.51). Für mich, der ich in diesem System großgeworden bin, waren Bezeichnungen wie „Haushaltungslehre" oder „Vorentrückungslehre" Fremdwörter, man hat nie etwas davon in der Versammlung gehört. Ich wusste nicht, dass ich ein Dispensationalist war, ich war einfach überzeugt, die Wahrheit zu haben, während alle anderen Kreise nicht die Erkenntnis hatten wie „die Brüder". Meiner Meinung nach warfen jene die Dinge durcheinander, die nach väterlicher Überlieferung fein säuberlich getrennt zu betrachten waren. „Diese Haltung ist für Dispensationalisten typisch", bemerkt Franz Stuhlhofer als Außenstehender sehr treffend: „So wie sie die Bibel verstehen, so sei sie wirklich gemeint. Diese feste Überzeugung, die eigene Endzeitsicht sei die eindeutig richtige und sie sei als solche von allen Menschen guten Willens erkennbar, erschwert ein Ernstnehmen der Kritik an der eigenen Position" (S.52). Das trifft meines Erachtens jedoch nur auf Darbysten zu. Bezeichnend für sie ist ihr absoluter Wahrheitsanspruch, mit dem sie nicht nur die Inspiration der Bibel vertreten, sondern darüber hinaus auch ihre eigenen, meist angelesenen Auslegungen und Deutungen mit den Aussagen der Schrift gleichsetzen. Alle Darbysten sind Dispensationalisten, aber umgekehrt sind nicht alle Dispensationalisten Darbysten. Dagegen würden sie sich mit Recht wehren.

Ganz gewiss können und sollen wir eine feste Überzeugung aus der Schrift gewinnen, vor allem in den fundamentalen Wahrheiten. Bei dem Verständnis der Prophetie bleiben aber Vorbelehrungen, „Meinungsauffassungen, gewohnte Denkkategorien, gelesene Bücher usw. nicht ohne Einfluss" auf die Deutung, wie zumindest auch jeder Dispensationalist zugeben muss (Heide S.11). Jede Lehre muss sich prüfen lassen, ob sie wirklich Schriftlehre ist. Prüfstein kann aber nur die Heilige Schrift selber sein, wobei wir uns einigen müssen, von welchem Standpunkt wir die Schrift betrachten. Die rechte biblische Sicht kann nur die des Evangeliums sein.

2.2 „Sieben Heilszeiten"

Im dispensationalistischen System ist die „Unterscheidung der Zeitalter" oder der „Haushaltungen", wie sie es nennen, von fundamentaler Bedeutung. William MacDonald, ein Lehrer der neueren dispensationalistischen Schule, unterscheidet mindestens vier Zeitalter oder „Hauhaltungen". Das Wort kommt so nicht in der Bibel vor, nur als Familienhaushalt. Den Zeitfaktor haben Dispensationalisten hineingebracht, um nach beliebiger Unterscheidungsmethode die Geschichte der Menschheit in Zeitalter einteilen zu können. Gott hätte das gemacht, wobei man auf den Hebräerbrief (1,2) verweist, dass Gott durch den Sohn „die Welten gemacht hat". „Die Welten", die sichtbare und die unsichtbare, haben aber nichts mit Zeitalter zu tun. Gott benötigt keine Zeit, um etwas zu schaffen: „Er gebot, und es stand da" (Ps.33,9). Dr.C.I.Scofield, der Herausgeber der Scofield Bibel, listet sieben Haushaltungen auf und schreibt sie gleich am Anfang in seine Bibel: „1.Die Zeit der Unschuld im Paradies, 2.Die Zeit des Gewissens (bis zur Sündflut), 3.Die Zeit von Noah bis Abraham, die er „die Zeit unter der Verwaltung durch den Menschen" nennt, 4.Die Zeit der Verheißung (der Patriarchen), 5.Die Zeit des Gesetzes (bis Pfingsten), 6.Die Zeit der Gemeinde oder die Zeit der Gnade (bis zur Entrückung) und 7.die Zeit des Königreichs: die tausendjährige Regierung Christi auf der Erde" (Anm. zu. 1.Mose 1). Sehr zu bemängeln ist an den Heilszeiten Scofields, dass er keine Schriftbeweise für seine Dispensationen liefert, „aus dem einfachen Grunde, weil es keine gibt. Auch nennt Scofield nicht die Grundlage, auf die er seine Behauptung stützt, dass es gerade sieben sind" (Pieters S.13).

„Über die Zahl der Haushaltungen oder ihre Bezeichnungen sind sich nicht alle Christen einig, dass es aber überhaupt Haushaltungen gibt, möchten wir wie folgt beweisen: Erstens gibt es mindestens zwei Haushaltungen – Gesetz und Gnade" (Pieters S.10). Richtiger würden wir hier von zwei „Heilsordnungen" sprechen, eine nach dem alten Bund und eine andere nach dem neuen Bund. Auf dieser Basis behauptet MacDonald eine dritte Haushaltung: „Wenn wir damit übereinstimmen, dass es zwei Haushaltungen gibt, sind wir auch zur Annahme gezwungen, dass es drei gibt, die Zeit vor dem Gesetz" (Pieters S.11). Zu dieser Annahme sind aber nur Dispensationalisten gezwungen. Wo steht denn, dass vor der Sündflut oder die Zeit danach bis zur Gesetzgebung für Israel auf dem Sinai die Menschen kein Gesetz hatten? Viel wahrscheinlicher ist die Annahme, dass wo ein Gewissen und eine moralische Verantwortung (Scofields 2.Haushaltung) ist, auch ein Gesetz Gottes gewesen sein muss. Denn wo kein Gesetz ist, ist auch keine Sünde, ohne Gesetz aber ist auch kein Gericht, keine Bestrafung möglich. Es muss ein Sittengesetz gegeben haben, noch ungeschrieben, aber von Gott eingeführt für die damalige Welt. Zeitgenossen wie Henoch und Noah waren gerecht und vollkommen, was sie nur sein konnten, weil sie nach den Geboten Gottes lebten. Und wie konnte Noah den Menschen Gerechtigkeit predigen, wenn es kein Gesetz gab? Nun war ja in seinen Tagen eine Zeit wie heute, wo die Menschen durchaus kein moralisches Bewusstsein, ja überhaupt kein Gewissen mehr hatten, weshalb Gott sie nicht mehr länger ertrug und eine Sündflut kommen ließ, welche alle umbrachte. So bleibt von der „Zeit des Gewissens" nur noch ein Haushalt übrig, die Familie Noahs. „Gott sprach zu Noah: Gehe in die Arche, du und dein ganzes Haus" (1.Mo.7,1).

Nicht anders war es in der „Zeit der Verheißung" (Scofields 4.Haushaltung). Nur die Väter des Glaubens (Patriarchen) standen unter der Verheißung, für sie und nicht etwa für die Welt war Verheißungszeit. Abraham bekam die Verheißung, dass er der Welt Erbe sein sollte, und zwar auf Grund seines Glaubens und Gehorsams. Hatte sonst noch jemand in dieser Zeit eine Verheißung, außer sein Same? In welchem Zeitalter lebte die übrige Menschheit in dieser Zeit? Wenn die Schrift von „Haus" oder „Haushaltungen" spricht, dann meint sie den persönlichen Haushalt, eine oder mehrere Familien, eine Sippe. Auch hier ist die Zeit der Verheißung noch einmal eingeschränkt bei denen, die sich der Verheißung unwürdig erwiesen. Für Esau war keine Zeit der Verheißung, die Linie der Verheißung geht mit Jakob weiter und sie ist noch nicht ausgestorben. Wenn es je eine „Zeit der Verheißung" gab, dann ist sie heute, aber nur für die Glaubenden.

Als Joseph sich seinen Brüdern offenbarte, sagte er: „Tut dieses: Beladet eure Tiere und ziehet hin, geht nach dem Lande Kanaan, und nehmet euren Vater und eure Haushaltungen und kommt zu mir" (1.Mo.45,18). Für alle Länder ringsum war Hungersnot, aber Joseph versorgte seine Brüder und das ganze Haus seines Vaters; für sie begann eine Segenszeit. Auf diesen Unterschied weist weder Scofield noch MacDonald hin, sie gebrauchen den Begriff „Zeit" oder „Zeitalter", wie man von der Zeit vor und nach dem 2.Weltkrieg spricht, von dem die ganze Welt betroffen war.

In diesem Sinne gibt es auch keine „Zeit des Gesetzes". Der unkundige Bibelleser muss bei Scofield den Eindruck gewinnen, als ob das Gesetz für Israel allen Völkern gegeben wäre. Es gab große Nationen, Weltreiche, denen das mosaische Gesetz gar nicht bekannt war. Wahr ist, dass sie sich selbst ein Gesetz sind, „welche das Werk des Gesetzes geschrieben zeigen in ihren Herzen, indem ihr Gewissen mitzeugt und ihre Gedanken sich untereinander anklagen oder auch entschuldigen" (Röm.2,15). Das war aber schon vor der Sündflut so und ist auch heute noch nicht anders. Für diesen Teil der Menschheit ist nicht die „Zeit des Gesetzes", sie leben nach dem Zeitlauf dieser Welt, der gesetzlos ist. Gleichwohl werden sie nach dem Gesetz Gottes gerichtet.

Mit Pfingsten ist in Wahrheit die Zeit aller Haushaltungen gekommen: Die Zeit einer neuen Schöpfung, die Zeit unter der Gnade, die Verwaltung durch den Menschen, die Zeit der Verheißung, auch die Zeit der Gebote Gottes und die Zeit des Königreiches Christi. Wunderbare Zeit! „Ihm sei die Herrlichkeit in der Versammlung in Christo Jesu, auf alle Geschlechter des Zeitalters der Zeitalter hin! Amen" (Eph.3,21). Das Gemeinde-zeitalter ist *das* Zeitalter aller Zeitalter, danach die Ewigkeit.

Einig sind wir mit Scofieldisten lediglich darin, dass es eine Zeit der Unschuld gegeben hat. Das leugnet kein Christ. Vermutlich war das aber keine so lange Zeit, dass man sie „Zeitalter" oder „Epoche" nennen könnte, vielleicht nur ein paar Jahre oder Monate. Statt „Haushaltungen" sollte man aber biblischer „Verwaltung" sagen.

Paulus spricht von der „Verwaltung der Gnade", „Verwaltung des Geheimnisses" oder „Verwaltung Gottes", nicht etwa von Haushaltungen. Gott ist nicht umgezogen, Er hat nur *einen* Haushalt in Seinem Hause, „dessen Haus wir sind" (Hebr.3,6). Zwar musste mit dem Kreuz in Seinem Hause die Ordnung geändert werden, die natürlichen Gegenstände sind ausgeräumt worden, um dem Geiste Raum zu geben und statt Mose den Sohn des Hauses einzuführen. Aber es ist noch immer dasselbe Haus des Vaters, und Seine Kinder sind Seine Hausgenossen, die lebenden in der unteren Etage, die abgerufenen in der oberen. In diesem Hause wohnten auch unsere Väter Abraham, Isaak und Jakob; sie nannten es „Beth-El" (1.Mo.28,19).

Von dem gegenwärtigen Zeitalter als dem der Gnade zu sprechen, als ob Gott „jetzt den Menschen auf dem Boden der Gnade erprobe und damals auf dem des Gesetzes" (MacDonald, S.14), ist ebenso irreführend, wie die oft von Christen zu hörende Rede, dass „jetzt noch Gnadenzeit ist", das heißt, es sei noch nicht Gerichtszeit für die Welt. Gnadenzeit währt solange, wie Menschen auf der Erde leben. Auch in der Gerichtszeit und gerade im Gericht ist die Gnadentüre weit offen. Wann anders sollten Menschen der Gnade bedürfen und nach Gnade rufen, außer wenn sie unter den Gerichtsplagen leiden? Deshalb muss das Gericht gepredigt werden wie in Ninive. Gnadenzeit im eigentlichen Sinne hat der Gläubige, der von der Gnade lebt.

Auch im Alten Testament ist Gott gnädig gewesen, „ich werde begnadigen, wen ich begnadige" (2.Mo.33,19). Die Gnade Gottes ist in dem eingeborenen Sohn des Vaters Fleisch geworden, „heilbringend für alle Menschen" (Tit.2,11). Sie ist nicht erschienen, um „den Menschen zu erproben", sondern ihn zu heilen. Schon David hatte eine Gnadenzeit, und Jesajas ruft für Israel das „Jahr der Annehmung" und „den Tag des Heils" aus (Jes.49,8). Die Gnadenzeit, die mit dem Kommen des Heilandes begonnen hat, ist für alle, die nach Gnade verlangen und sie empfangen haben. „Siehe, jetzt ist die wohlangenehme Zeit, siehe, jetzt ist der Tag des Heils" (2.Kor.6,2), sagt der Apostel den Korinthern. Man kann aber aus der Gnade fallen und fällt dann wieder unter das Gesetz und wird vom Gesetz gerichtet (Gal.5,4).

Die Welt hat keine Gnadenzeit in dem Sinne, dass sie noch nicht gerichtet ist. In ihr ertönt lediglich die Gnadenbotschaft, weil sie unter Gericht steht. Für die Welt gab und gibt es keinen Sonderhaushalt, die „Haushaltungen" (im darbystischen Sinne) sind offensichtlich an den Völkern vorbeigegangen. Länder im Fernen Osten, die noch nicht christianisiert wurden, haben keine Gnadenzeit. Wo sollen dort Christen die „Zeit der Gemeinde" einordnen? Im Abendland ist die Situation wieder anders. Hier geht die „Zeit der Gemeinde" offenbar zu Ende, denn der allgegenwärtige Welt- und Zeitgeist verdrängt mehr und mehr das Christentum und verändert Kirchen und Gemeinden im Sinne des Humanismus.

Nachdem MacDonald uns drei Haushaltungen nachgewiesen hat, bietet ihm der Ausdruck „zukünftiges Zeitalter" (Hebr.6,5) schon Beweis genug, uns auf eine vierte Haushaltung festzulegen: „Natürlich ist das die Zeit, wenn der HErr Jesus Christus zurückkommen wird, um auf der Erde zu herrschen, auch bekannt als tausendjähriges Reich". Darauf wollen Dispensationalisten eigentlich hinaus, daran sind sie auch als Neojudaisten zu erkennen. Endlich ein Zeitalter für die ganze Welt. Dieses Zeitalter soll auch in Eph.1,10 begründet sein, wo in der „Verwaltung der Fülle der Zeiten" alles unter Christus als Haupt zusammengebracht werden wird. Das ist nicht erst zukünftig, es begann schon durch den Apostel der Nationen. Es ist geschehen und geschieht noch, wie das der Epheserbrief eindeutig zeigt: Christus das Haupt, die Nationen und Juden unter Ihm als Sein Leib völlig zusammengefügt. Völliger geht's nicht. Der Gedanke, dass die „Fülle der Zeit" gekommen war (Gal.4,4) und das „zukünftige Zeitalter" bereits angebrochen ist, in dem wir die „zukünftigen Güter", das heißt die Segnungen, welche Christus eingeführt hat (Hebr.9,11), genießen, war mir von der Brüderlehre her völlig fremd.

Was Scofield getan hat, ist lediglich die *Bibel* in „Heilszeiten" eingeteilt, nicht die Weltzeit, denn die Bibel ist kein Geschichtsbuch der antiken Welt. Im Alten Testament finden wir nicht einmal die nationale Geschichte Israels fortgeschrieben. Gott schreibt Geschichte anders, denn die Bibel ist Heilsgeschichte, es ist die Geschichte von auserwählten Personen und ihrem Samen, der zu einem Volke wurde. Die Heilszeiten Israels sind unsere Heilszeit, wie ich in meiner Auslegung der Sendschreiben (Geheimnis, Babylon) nachweise. Die Welt hat sich nicht geändert und wird sich auch bis zu ihrem Ende nicht ändern, aber Gott hat Sich ein Volk aus der Welt, aus allen Stämmen und Völkern und Sprachen genommen für Seinen Namen. Unser HErr Jesus Christus hat Sich für uns hingegeben, „damit er uns herausnehme aus der gegenwärtigen bösen Welt, nach dem Willen unseres Gottes und Vaters, welchem die Herrlichkeit sei von Ewigkeit zu Ewigkeit! Amen" (Gal.1,3-5).

Wir fragen, welchen Sinn nun die Zeiteinteilungen haben sollen, und welchen Nutzen für das geistliche Leben? Scofield findet „die Kenntnis der Heilszeiten von höchstem Wert". MacDonald fürchtet, dass wir „sonst Schriftaussagen, die andere Zeiten betreffen, auf uns selbst beziehen" (S.12). Jesus hält sich offenbar nicht daran, Er bezieht die Zeit Noahs und zugleich die Tage Lots direkt auf die gegenwärtige Zeit. Es bedarf keiner Zeiteinteilung, um das Alte Testament zu verstehen. Das Neue Testament legt klar, was für uns aus dem alten Bunde noch buchstäblich gilt, z.B. die vier Stücke in Apg.15. Alles andere ist jetzt geistliche Wahrheit und Wirklichkeit, basierend auf der Geschichte. Die Gefahr, die Dispensationalisten sehen, ist nicht so sehr, dass man dann wie die unter dem Gesetz lebenden Juden kein unreines Fleisch essen dürfe, sondern dass sich dem Bibelleser die gehütete siebte Heilszeit auflöst. Das ist es, was Dispensationalisten am meisten fürchten, denn dann bricht ihr ganzes Lehrgebäude in sich zusammen. So ist es mir geschehen, gnädigerweise. Mein Weltbild musste vor Dem zusammenbrechen, „der über das Haus Jakobs herrschen wird ewiglich, und seines Reiches wird kein Ende sein" (Luk.1,33).

Man kann im Grunde die Heilszeiten einteilen wie man will, zuletzt sind es immer die 1000 Jahre Königreich Christi auf Erden. Alle Faktoren sind variabel, nur das Tausendjährige Reich ist eine feststehende Größe, auf die alles hinausläuft und von der alles abgeleitet wird. In der Übersichtskarte „Der Lauf der Zeit von Ewigkeit zu Ewigkeit" von A.E.Booth, den MacDonald zitiert, wird die Menschheitsgeschichte in den sieben Tagen der Schöpfung dargestellt: Der 1.Tag - Licht und Verheißung, 2.Tag – Herrschaft (Von der Flut bis zur Völkertrennung), 3.Tag – Israel (von Abraham bis zum Ende der Evangelien), 4.Tag – Gnade (eine eingeschobene Periode), 5.Tag – Trübsal, 6.Tag – Tausendjähriges Reich, 7.Tag – die Ewigkeit." Was in aller Welt deutet am 3.Schöpfungstag auf Israel hin, was am 5.Schöpfungstag, der voller gesundem Leben wimmelt, auf eine Trübsalszeit? Auch bei diesem Zeitplan, wobei der 4.Tag, der „Tag der Gnade", die sogenannte „eingeschobene Periode", viel länger als alle anderen Perioden, nun schon zweimal 1000 Jahre währt, ist das Tausendjährige Reich der eigentliche Grund, dem Haushaltungsdrange folgend weitere Perioden oder Epochen vorher ausfindig zu machen. Ultra-Dispensationalisten kommen auf noch extremere Betrachtungen.

2.3 Der „fünfte" Schriftsinn

Bei der Auslegung des Alten Testaments, insbesondere bei den Propheten, hat der Schriftsinn entscheidende Bedeutung. Die Kirchenväter kannten den vierfachen Schriftsinn: den Literarsinn, die geistliche Auslegung, den moralischen Sinn des Wortes und die prophetische Deutung. Der Literarsinn oder buchstäbliche Sinn ist das, was geschehen ist, der Inhalt der Schrift, die von Gottes Handeln in der Geschichte Zeugnis gibt. Auf diesem Fundament stehen alle bibeltreuen Ausleger. So kam die Kirche zum *geistlichen* Verständnis der Schrift, wozu der Apostel Paulus reichlich Anleitung gibt, „mitteilend geistliche Dinge durch geistliche Mittel" (1.Kor.2,13). Leider haben die Kirchenväter auch manchmal ziemlich philosophisch vergeistlicht, ihre geistliche Auslegung verlor sich in eine mystische, so dass sie von Luther fast gänzlich verworfen wurde. Darby griff sie wieder auf, jedoch lediglich als geistliche „Anwendung", zum Teil sehr gute, geistreiche „Betrachtungen", während seine „Auslegung" des Alten

40

Testaments, insbesondere der Propheten, buchstäblich war. Er sprang von dem ersten Wortsinn gleich zum vierten, dem prophetischen, und verband diese miteinander, was überhaupt keinen Sinn ergibt und dem Sinne des Evangeliums vollkommen widerstreitet. Darauf baute er sein dispensationalistisches Lehrsystem auf. Von den Propheten kann er kaum geistliche „Anwendungen" ableiten, da er hier die geistliche Auslegung derselben vollständig verwirft. Dies ist besonders tragisch, weil sein wörtliches Verständnis des prophetischen Wortes keine moralische Anwendung mehr zulässt. Die Stimme der Propheten zur Erneuerung der Kirche und Gemeinde kann so nicht mehr gehört werden. Das dispensationalistische Auslegungsprinzip soll nach Hermann A. Hoyt das verständlichste „exegetische Prinzip" sein, „das die Bedeutung der Bibel den einfachsten Gotteskindern zugänglich sein lässt" (Clouse, S.54). In Wirklichkeit ist es ein sehr kompliziertes System, eine Art Geheimwissenschaft, die nur Eingeführten und theologisch Gebildeten verständlich ist, wobei weniger der Geist bewegt wird, man muss nur ein gutes Gedächtnis haben. Und man muss ein bisschen mogeln können mit den biblischen Karten, denn einmal ist Israel Trumpf, dann wieder die Gemeinde. Nach dieser Spielregel muss in der Schrift immer unterschieden werden, was „wörtlich" und was „geistlich" zu nehmen ist, was „für uns" und was „nicht für uns" ist. „Es bedarf eines darbystischen Experten, um für uns zu entscheiden, welche Botschaft für uns bestimmt ist, und welche für die Juden des Millenniums" (Pieters, S.23). Denn Gemeinde und Israel sollen ja nach dem „Heilsplan Gottes" jeweils verschiedenen „Heilshaushaltungen" angehören. Vom Heil und Heiland kann jedoch keine Rede sein, denn Israel soll noch großes Unheil drohen (große Drangsal). Die zwei Haushalte immer auseinander zu halten, ist für einfältige Seelen, die den HErrn innig lieben und begierig „von jedem Worte Gottes" leben möchten, nicht leicht und obendrein wie die Fastenübung an einem reich gedeckten Tisch. Man braucht für den darbystischen fünften Schriftsinn in der Tat einen sechsten Sinn, um ihn zu verstehen. Jeder muss dann selbst entscheiden, was geistlich und was wörtlich-sinnlich ist, wobei die Meinungen weit auseinander gehen dürften und Streit erregen. „Um sicher zu gehen, welche Auslegung die wahre ist, nehme ich diejenige, welche das meiste wörtlich auslegt", sagte jemand in einer Diskussion. Auch eine Entscheidung, aber eines ziemlich geistlosen Bibelbuchstabentreuen, wofür er bekannt ist. Im Grunde denken alle Dispensationalisten so.

In einer Hoheliedbetrachtung wird die vollkommene Liebe Christi gerühmt, sogleich aber hinzugefügt: „Allerdings ist es nötig, uns immer wieder daran zu erinnern, dass die Stellung des jüdischen Überrestes zu Christo, wie sie sich im Hohenliede kundgibt, eine andere ist als diejenige des Christen in den Briefen der Apostel; verlieren wir diese Tatsache aus dem Auge, so sind wir in Gefahr, das was auf Israel Bezug hat, auf die Kirche anzuwenden, und umgekehrt das was die Kirche angeht, Israel zuzuschreiben". Man sucht daher in einer solchen Betrachtung vergeblich nach der Süßigkeit einer Liebe, die eine erweckte Brautseele in der „ersten Liebe" empfindet. In der Dispensation der Gnade ist die Gemeinde bereits „durch das eheliche Band mit dem Manne ihres Herzens vereinigt; allerdings ist die Hochzeit des Lammes noch nicht gekommen". – Ein ziemlich zweifelhaftes Verhältnis, wie eine Ehe ohne Trauschein.

In einem christlichen Blatt erschien folgende Begebenheit, in der ein Prediger des Evangeliums seine Erfahrung mit einem Dispensationalisten berichtet: „Als ich anfing zu predigen, wusste ich nicht viel. Ich habe seitdem auch noch nicht viel gelernt, aber ich kannte einige wunderbare Wahrheiten. Ich glaubte an die Bibel und las darin, wie es gerade kam. Ich begann mit dem 1.Buch Mose und nahm begeistert die Verheißungen an, wie ein Junge Äpfel von einem Baum im Garten pflückt. Eines Tages begegnete mir ein Bibelausleger und sagte, dass diese Verheißungen nicht für mich seien, sondern für die Juden. Nun, das entmutigte mich ein wenig. Ich ging dann zum Neuen Testament über und begann mit Matthäus. Auch hier nahm ich die Verheißungen für mich. Wieder wurde ich unterbrochen und belehrt, dass diese Verheißungen für das Reichszeitalter seien und nicht für mich. Ich hatte noch nie zuvor von diesem Zeitalter gehört, aber da die Verheißungen nicht für mich waren, wollte ich sie nicht in Anspruch nehmen. So begann ich mit der Apostelgeschichte und wagte es, einigen, jedoch nicht allen Segen, der von Pfingsten herkam, in Anspruch zu nehmen. Noch einmal wurde ich unterbrochen und belehrt, dass das eine Übergangszeit gewesen sei und dass wir diese Verheißungen nicht zu wörtlich nehmen dürften. Nun blieben mir nur noch die Briefe und die Offenbarung, und das meiste in der Offenbarung war für die Zukunft. Ich berücksichtigte nun, was die einzelnen Gruppen und die Fußnoten (Scofield Bibel) lehrten, und versuchte, die Bibel durch die Brillenglässer von einem Dutzend sich widersprechender Ausleger zu sehen. Ich fürchtete mich, meinen Fuß auf irgendeinen Vers der Bibel zu setzen aus Furcht, ein Schriftgelehrter könnte wie ein Polizist auf mich zukommen und mich von jemandes Privateigentum vertreiben und sagen: 'Dieser Vers ist nicht für dich'. Schließlich sagte ich: 'HErr, ich habe einmal von einem König ohne Land gehört. Wenn das so weitergeht, werde ich ein Prediger ohne Bibel. Wenn Du mir einen Vers geben willst, auf den ich mich stellen kann, dann brauche ich ihn jetzt'. Dann stieß ich auf Römer 3,4: 'Es bleibe vielmehr so: Gott ist wahrhaftig und alle Menschen Lügner'. So bleibe ich nun darauf stehen und glaube es. Wir sind heute dahin gekommen, dass Menschen die Bibel auseinandernehmen und dann versuchen, sie wieder zusammenzusetzen. Sie zergliedern sie, analysieren sie, aber freuen sich nicht an ihr. Wir brauchen eine kindliche Freude an Gottes Wort und eine herzliche Liebe zu dem HErrn Jesus".

Die Reformatoren haben uns die Bibel wiedergegeben, die Dispensationalisten wollen sie uns wieder nehmen. Damit ist nicht zu viel gesagt. Wenn der größte Teil der Schrift „nicht für uns" ist, wenn wir nicht mehr durch das prophetische Wort getroffen werden können, dann trifft uns im Grunde kein Wort Gottes mehr. Wir verlieren dann aber auch die Verheißungen, zumindest verlieren sie die Kraft für uns. Einst konnte noch ein Bußruf der Propheten in der Kirche Bewegungen hervorbringen und die Schlafenden aufwecken, was für Dispensationalisten vielleicht gerade noch eine mögliche evangelistische Anwendung ist. Eigentlich seien die

Propheten nicht für die Kirche bestimmt, da sie ein „besonderer Heilskörper" sei. Das ist sie in der Tat, und danach suchten und forschten die Propheten (1.Petr.1,10-12).

Im darbystisch-dispensationalistischen System werden Dinge getrennt und zum Teil völlig abgetrennt, die von anerkannten Kirchenlehrern als eins betrachtet wurden, z.b. das Reich und Volk Gottes, das Evangelium, die Berufung, die Einheit des Leibes, die Hoffnung, der Glaube usw., ja auch Christi Wiederkunft wird geteilt.

Ein Dispensationalist erwartet eine zweifache, durch sieben Jahre getrennte Wiederkunft Jesu: Zuerst eine unsichtbare, bei der die Gemeinde ihm entgegengerückt wird (=Entrückung); danach soll eine große Trübsalszeit für Israel unter der Herrschaft des Antichristen kommen, welcher bei der zweiten Wiederkunft Jesu besiegt wird, woraufhin das 1000jährige Friedensreich aufgerichtet wird. Israel als Volk spielt bei den Haushaltslehrern in der Endzeit die Hauptrolle. Die eigentliche Herrschaft Christi liegt für sie erst in der Zukunft und beginnt mit einer als „Erscheinung" definierten Wiederkunft bzw. mit der Wiederannahme Israels.

Die Kirche hat im Allgemeinen immer nur e i n Volk Gottes gesehen, Darby dagegen brachte den Gedanken auf von zwei Völkern, einem irdischen und einem himmlischen Volk, und für beide eine jeweils unterschiedliche Zukunft. Israel war für ihn lediglich ein Abfallprodukt, es ging ihm hauptsächlich um eine Klärung des Gemeindebegriffs. Da musste Israel, als das sich bis dahin die Kirche verstand, ausgeschieden werden. Seine Gemeinde-lehre war gut und hat den ganzen Kirchenkreis befruchtet, aber seine prophetische Sicht war eine zionistische Inspiration, eine falsche Weichenstellung, die eine Katastrophe befürchten lässt für seine Anhänger, die Israel heute zum Hauptthema machen. Hier trifft das Wort eines Zeitgenossen zu: „Das Verderben der Lehre eines Mannes kommt von seinen Nachfolgern, die niemals mit dem Fundament in Berührung gekommen sind, das er gelegt hat, und nun darauf Holz, Heu und Stroh bauen, das nur verbrannt werden kann. Deshalb sollte ein Mann kein Lehrsystem schaffen, und sei es nur, um seinen schlimmsten Feinden – nämlich seinen Bewunderern – zu entgehen. Je korrekter sein System ist, umso schlimmer wird es missverstanden werden; seine vorgeblichen Bewunderer werden sowohl seine Irrtümer als auch ihre falschen Auffassungen seiner Wahrheiten nehmen und sie als seine eigentliche Essenz präsentieren" (George MacDonald 1824-1905).

Viele haben sich von der dispensationalistischen Sicht blenden lassen, ohne dass ihnen der darbystische Ursprung bewusst ist. Ihnen wurde die falsche Brille aufgesetzt, durch die man buchstäblich alles doppelt sieht. Aus der edlen Absicht Darbys, die Bedeutung der Gemeinde Gottes wieder herauszustellen, ist heute ein christlicher Zionismus und Israelkult entstanden. Darby selbst, und das muss an dieser Stelle gesagt werden, war ein treuer Knecht Gottes, der Christus von Herzen liebte. Er schlug ein reiches Erbe aus und verzichtete auf Anraten seiner Mitbrüder sogar auf die Ehe, um für den Dienst des Herrn frei zu sein. Ihm stand das Amt eines Staatsministers offen, aber er wollte wie sein Meister zu den Niedrigen gehören, und das machte ihn wahrhaft groß. Er hielt es lieber mit den Armen und Geringen. Wie Paulus konnte er sagen, „was irgend mir Gewinn war, das habe ich um Christi willen für Verlust geachtet; ja, wahrlich, ich achte auch alles für Verlust wegen der Vortrefflichkeit Christi Jesus, meines Herrn" (Phil.3,7-9). Sein Beispiel ist nachahmenswert, ich verehre ihn als einen meiner geistlichen Väter. Jedoch seine Prophetie muss ans Kreuz, denn gerade wegen der fleischlich-jüdischen Reichserwartung hat Jesus sterben müssen.

Ansätze des Dispensationalismus gab es schon vor Darby, aber er baute ihn zu einem erstaunlich logischen „biblischen" System aus. Dispensationalisten sind gewöhnlich Fundamentalisten, ein Dispensationalist möchte die Schrift „buchstäblich", wie ein Jude, das heißt „natürlich" auslegen, das heißt gar nicht auslegen, sondern wörtlich stehen lassen. So sagt auch Hoyt: „Die Heilige Schrift sollte immer in ihrem buchstäblichen und normalen Sinn verstanden werden". Wo dieses Prinzip dann auch für den Dispensationalisten nicht mehr anwendbar ist, hat das Wort plötzlich nicht mehr den „normalen Sinn". Zum Beispiel soll in Matth.13 der Schatz im Acker *Israel* bedeuten, die kostbare Perle aber die *Gemeinde* sein (Clouse, S.88). Also derselbe HErr soll für dasselbe Königreich zwei getrennte Bräute suchen"? Ist das die Methode „buchstäblicher Auslegung"? Das darbystische Verständnis vom „gegenwärtigen" Reich ist durchaus nicht buchstäblich. Nur bei dem zukünftigen Reich soll alles wörtlich-sinnlich erfüllt werden. Hier werden Grundfragen des Heils aufgeworfen, über die sich Haushaltslehrer gerne hinwegsetzen. Wichtige Schriftzeugnisse werden einfach außeracht gelassen, die dann doch ein anderes Licht auf den Charakter des Reiches Gottes werfen.

Typisch dispensationalistisch ist die Methode der Wortzerlegung, wobei selbst eindeutige Begriffe aufgespalten und den verschiedenen „Haushaltungen" zugewiesen werden. Da denkt man unwillkürlich an das Wort Jesu: „Ihr habt den Schlüssel der Erkenntnis weggenommen; ihr selbst seid nicht hineingegangen, und die Hineingehenden habt ihr gehindert" (Luk.11,52). Darbysten würden tief gekränkt sein, wenn man ihnen sagen würde, dass sie sich von der modernen Theologie kaum unterscheiden. Welcher Unterschied besteht denn zwischen Bultmanns Entmythologisierung der Evangelien und der darbystischen Ent-Evangelisierung und Entkirchlichung der Propheten? Welchen Gewinn soll man von der Leugnung der Wahrheit haben, dass die Kirche Gegenstand alttestamentlicher Vorbilder und Weissagungen ist? Damit fallen zugleich alle Verheißungen der Propheten im Geiste für uns weg, außer ein paar tröstliche Worte, die man gerne für sich in Anspruch nimmt, z.b. „mit ewiger Liebe habe ich dich geliebt" (Jer.31,3). Was hat uns als Gemeinde Jesu das Alte Testament dann überhaupt noch zu sagen? Gleichwohl predigen sowohl Bultmannianer als auch Darbysten über prophetische Texte und über die Bergpredigt, aber philosophisch, beide gleichermaßen kraftlos, da der Glaube und daher auch die Verbindlichkeit fehlen. Was dabei herauskommt ist nicht mehr Evangelium, sondern sind lediglich gewisse ethische Forderungen.

Um die Schrift „buchstäblich" zu verstehen, bedarf es nicht des Geistes Gottes. Da genügt der Geist der Welt. Satan hat es in der Gestalt eines Engels des Lichts verstanden, unter dem Deckmantel fundamentalistischer Worttreue den Gläubigen das lebendige Wort Gottes wegzunehmen. Und jeder, der es wagt, das Alte Testament konsequent im Neuen des Geistes zu verstehen, also nicht nur das Gesetz, sondern auch die Propheten, wird von Dispensationalisten gleich als Allegoriker verdächtigt, der mit der Schrift willkürlich umgeht. Das ist mir als Anti-Dispensationalist oft vorgeworfen worden. Mit dem Schlagwort „man darf nicht alles vergeistigen" wehrt man sich vergeblich, denn die Wahrheit liegt im Sinn des Wortes, nicht im Buchstaben. Um der buchstabistischen Methode zu folgen, müsste man das Neue Testament im Lichte des alten betrachten statt umgekehrt. Das Reich Gottes verkündigen hieße dann genau genommen nicht Christus verkündigen, sondern die Ankunft des Tausendjährigen Reiches verkünden. Da wären wir richtiger bei den Zeugen Jehovas. Folgen wir lieber Paulus: „Wir dienen in dem Neuen des Geistes und nicht in dem Alten des Buchstabens" (Röm.7,6).

Darbysten fühlen sich als Anwälte der Bibel, doch sie verteidigen nicht nur den Buchstaben der Schrift, sondern auch was nicht dasteht. Die Bemerkung: „Hier steht nicht …" findet sich oft in ihren Aussagen. Anders Isaac Newton, der hat einmal gesagt: „Wir müssen das Evangelium nicht lesen, wie ein Notar ein Testament liest, sondern so, wie der rechtmäßige Erbe es liest. Der Notar liest das Testament mit prüfenden Augen, aber ohne Herz. Er nimmt jeden Satz, jeden Buchstaben unter die Lupe und untersucht, was denn dasteht, was nicht dasteht und ob man es so gelten lassen kann und wie man es aufzufassen hat. Leider lesen viele die Bibel auch so kalt und kritisch; dass sie bei einem solchen Lesen keine wahre Freude haben, liegt auf der Hand. Wohl dem, der das Evangelium in der festen Überzeugung liest, dass er der Erbe ist. Der Erbe sagt sich bei jedem Satz frohlockend: Das ist für mich! Das ist für mich!"

Unter Dispensationalisten gibt es auch Unterschiede in den Anschauungen. Während Hoyt nicht zwischen dem Reich Gottes und dem „Himmelreich" unterscheidet, und beide mit dem „Mittlerreich alttestamentlicher Weissagungen" gleichsetzt, teilt MacDonald das Königreich Gottes in fünf Phasen auf; „die fünfte und endgültige Form ist das ewige Königreich" (S.72/73). Wenn dies sich auch so mit dem *ewigen Leben* verhält, dann haben wir das

Leben aus Gott jetzt erst in der „vorläufigen" Form. Nach Martin Heide, dem jüngsten und liberalsten in der Reihe der Dispensationalisten, befinden wir uns jetzt erst in der „Anlaufphase" des Reiches (S.36). Man bedenke, zwei Jahrtausende Anlaufzeit! Wir werden uns noch näher mit Heides Thesen befassen müssen.

Wir haben es bei der ganzen Endzeitliteratur grundsätzlich mit einer Verdrängung des Evangeliums zu tun. Hierbei tritt das, was Jesus, die Apostel nach Pfingsten und ebenso Paulus predigten, in den Hintergrund (Apg.8,12; 20,25). Bei der „wörtlichen Auslegung" der Propheten muss geradezu der „Geist der Weissagung", der das Zeugnis Jesu ist (Offb.19,10) gedämpft werden; das „Zeugnis Jesu" aber ist die gegenwärtige Wahrheit. Leider bringen Dispensationalisten in ihrer Prophetie keine der Wahrheiten, die Menschen ins Licht Gottes stellen. Im Gegenteil, sie geben sich alle Mühe, die Worte Jesu und der Apostel umzudeuten, die prophetische Erfüllung aufzusplitten und letztlich das Evangelium von Jesu wegzuerklären, da es ja nicht für uns und unsere Zeit sei. Aber genau dieses Evangelium vom Reich sollte in der ganzen Welt verkündigt werden und ist bis heute verkündigt worden (Mark.16,15). Millionen glaubten dem Wort vom Reich und wurden Jesu Jünger und Gottes Volk, Israel, hinzugefügt, ja voll eingebürgert und einverleibt (Eph.3,6).

Wo der Dispensationalismus Fuß gefasst hat, meist da, wo Erweckungen voraufgegangen waren, um die Gläubigen weiterzuführen, kam die Erweckung ins Stocken. Die Erweckung im Siegerland vor 150 Jahren hörte bei der Gründung der darbystischen Versammlungen auf. Das liegt in der Natur der Haushaltungslehre, die zugleich eine Verfallstheorie beinhaltet, wonach alles sehr negativ verlaufen wird; sie besagt, dass der Verfall der Kirche unaufhörlich fortschreite bis zum Ende, es könne daher nicht mehr mit einer Erweckung und Wiederherstellung gerechnet werden. Das trifft in der Tat auf die Babylonkirche zu, jedoch nicht auf die Gemeinde Jesu. Nachdem die Bewegung selbst verfallen ist und sich „verlaufen und festgefahren" hat, wie eine kritische Schrift die darbystische „Versammlung" beurteilt, glaubt man erst recht nicht mehr an eine Erneuerung, schon gar nicht der eigenen Versammlung, die ihnen auch nicht nötig erscheint.

Im dispensationalistischen Lager werden vermehrt Stimmen laut, die das prophetische System der „Brüder" in Frage stellen. Wenn behauptet wird, dass das, was „die Brüder" lehren, die Lehre der Schrift sei, obwohl viele Punkte davon dem widersprechen, was die Kirche durch die Jahrhunderte geglaubt hat – dann ist eine Prüfung nicht nur angebracht, sondern dringend notwendig. Denn die naive Meinung, dass, wenn ein Gläubiger *einfach* die Schrift nimmt, so wie sie ist, und alle menschlichen Meinungen und Ansichten hinter sich lässt, er zu dem Verständnis kommen wird, das *die Brüder* kennzeichnet: *die einfache Lehre der Schrift*", ist leicht mit dem Evangelium zu widerlegen, wenn man denn der Lehre der Apostel mehr glaubt als der Brüderlehre.

2.4 Die Einschub-These

Ein darbystischer Grundsatz zum Verständnis des prophetischen Wortes ist die These, dass keiner der Propheten des alten Bundes die Gemeinde Jesu geschaut habe. Man beruft sich hierbei vor allem auf den Epheserbrief, wo Paulus sagt, dass „das Geheimnis des Christus von den Zeitaltern her verborgen war in Gott". Daraus schließen viele Ausleger, dass dieses Geheimnis – Christus und Seine Gemeinde! – keinem der Propheten vorher bekannt gewesen sei. Die Propheten hätten nichts von der Kirche gewusst, sie sei ein Einschub in den Wegen Gottes während der unterbrochenen Geschichte Israels. Paradoxerweise liefert gerade der Epheserbrief den Schlüssel zur ganzen Heiligen Schrift, in welcher das Geheimnis der Gemeinde verborgen ist, „wie es jetzt geoffenbart ist seinen heiligen Aposteln und Propheten im Geiste" (Eph.3,5). Und sie selbst sprechen gerne von den Vorbildern der Gemeinde im Alten Testament. Das Geheimnis bestand eben nicht in dem „Einschub", sondern in der Einverleibung der Nationen in die Gemeinde, in den Leib Christi und Israel. Die Erfüllung von Jes.54 kann man buchstäblich an der Apostelgeschichte ablesen, (bestätigt in

Gal.4,27), und doch leugnen Dispensationalisten die geschichtliche Erfüllung. Das ist Geschichtsfälschung!

Bei der Untersuchung der Frage, ob die alttestamentlichen Propheten das Gemeindezeitalter vorausgesehen haben, berühren wir eine Grundfrage biblischer Lehre. Sie ist im Blick auf die Erwartung endzeitlicher Ereignisse von entscheidender Bedeutung mit weitreichenden Konsequenzen. Deshalb können wir uns nicht einfach mit einer Behauptung zufrieden geben, die von allen Vertretern der Einschub-These fast gleichlautend aufgestellt worden ist, ohne die Schriftbelege zu liefern. In einem Vortrag über Matth.24 zum Thema „Endzeit" behauptete der Redner: „Und nun frage ich euch als neutestamentliche Bibelleser: Gibt es einen Propheten des alten Bundes, der je die neutestamentliche Gemeinde Jesu gesehen hat? Nein! Paulus sagt es in Eph.3 ganz entschieden. Kein Prophet des alten Bundes hat das Geheimnis – von der Weltgründung her verschwiegen – gesehen: Christus und Seine Gemeinde!" Diese Kernaussage bildet den Schlüssel für alle evangelikalen Bibelausleger. A.E. Booth behauptet in seinem Werk: „Die Periode der Versammlung (Ekklesia), die nun folgt, ist eine Einschiebung, die nirgends im Alten Testament zu finden ist" („Von Ewigkeit zu Ewigkeit. Gottes Ratschluss und Sein Heilsplan mit den Menschen"). Ebenso deutet auch MacDonald das Gemeindezeitalter als Parenthese (Einschub) in der Geschichte des Volkes Gottes. Unter den Überschriften wie „Das Geheimnis der Gemeinde" und „Die Nationen" lehrt er: „Die Gemeinde ist eine Wahrheit, die von Anfang der Welt an verborgen war (Röm.16,25). Als Israel den HErrn Jesus als Messias ablehnte, setzte Gott das Volk für eine Zeitlang beiseite. Er führt dann etwas völlig Neues ein – die Gemeinde. Wenn Sein Programm mit der Gemeinde auf der Erde erfüllt sein wird, wird Er Seinen Plan mit dem Volk Israel wieder aufnehmen. So wurde die Gemeinde eingebracht als eine Art Einschub während einer Unterbrechung der Beziehungen Gottes zu Israel, seinem ehemaligen Volk" (S.65).

Hier werden zwei prinzipiell verschiedene Dinge gleichgesetzt: Erstens ist allgemein anerkannt, dass die neutestamentliche Gemeinde in ihrem neutestamentlichen *Wesen* tatsächlich noch nicht im Alten Testament geoffenbart war. MacDonald belegt dies zu Recht durch die beiden zitierten grundlegenden Schriftstellen. Aber er hat in Röm.16 den weiteren Vers unterschlagen: „Jetzt aber geoffenbart und durch prophetische Schriften" (V.26). Beachte: prophetische Schriften (vgl.Röm.1,2). Das Geheimnis besteht also nicht darin, dass davon nichts im Alten Testament geschrieben steht, sondern es war dort noch nicht geoffenbart, weil der Geist noch nicht war.

Zweitens wird die Gemeinde von MacDonald aber auch als nicht vorgesehenen *Zeitabschnitt* aufgefasst, der in die Geschichte Israels infolge dessen Ungehorsam von Gott eingeschoben worden sein soll. Aber womit will er seine Behauptung belegen? Ähnlich argumentiert Hermann Schulte in dem von ihm mit anderen Autoren überarbeiteten illustrierten Werk „Grundzüge biblischer Offenbarung" (Themenkreise der Bibel erklärt und sichtbar gemacht): „Wir nehmen mit Recht als Gemeinde die ganze Schrift zur Belehrung und Ermunterung; doch spricht nicht die ganze Bibel von der Gemeinde. Das Alte Testament spricht nicht über sie. Paulus erst wurde ihr Geheimnis offenbart und zur Verwaltung anvertraut. Wer nun die alttestamentlichen Aussagen Gottes auf die Gemeinde anwendet, deutet den Sinn des Alten Testaments nicht nach Gottes Gedanken. So werden z.b. die Prophezeiungen Jesajas sehr oft auf die Gemeinde Jesu angewandt, obwohl der allererste Vers schon klarstellt, dass sie für Juden und Jerusalem bestimmt sind". Was könnte heilsamer sein, als sie auf den heutigen Zustand der Kirchen und Gemeinden anzuwenden?

Wenn behauptet wird, das Geheimnis der Gemeinde sei erst Paulus offenbart worden, so wird übersehen, dass dieses Geheimnis nicht die Gemeinde an sich ist, da sie schon lange vor Paulus bestand, sondern das jetzt die Heiden mit daran teilhaben, so viele an Christus glauben. Davon soll Paulus nichts im Alten Testament gefunden haben? Woher hatten denn „die Brüder" die Vorbilder auf die Gemeinde? Schon Augustinus, Luther, Calvin und alle Kirchenlehrer wussten von diesem Geheimnis in den prophetischen Schriften. Aus einer anderen Quelle wird es auch Paulus nicht offenbart worden sein. Liest man in Kol.1,25-27 einige Verse weiter, so wird ersichtlich, dass „Geheimnis" keineswegs bedeutet, dass darüber nichts im Alten Testament bekannt war. In Kol.2,2 wird Christus als das Geheimnis Gottes bezeichnet, und daraus wird wohl kaum jemand schließen, dass die Propheten des alten Bundes nichts von Christus geschaut hätten. Also liegt auch hier der unbewiesene Schluss vor, der bereits bei MacDonald herausgestrichen worden ist.

Die „Gemeinde", die es angeblich vorher nicht gab, ist bei Paulus nicht plötzlich in einer Vision aus dem Himmel hernieder gekommen. Das Gegenteil ist wahr, die Gemeinde Gottes gab es schon immer auf Erden, aber sie wurde jetzt eine geistliche Gemeinschaft, sichtbar in der versammelten Gemeinde, unabhängig von einem bestimmten Ort der Anbetung.

„Was glaubst du von der heiligen, allgemeinen christlichen Kirche?" lautet die Frage 54 im Heidelberger Katechismus. „Ich glaube, dass der Sohn Gottes sich aus dem ganzen Menschengeschlecht eine Gemeinde zum ewigen Leben erwählt ... von Anfang der Welt bis ans Ende". Wir sehen die Kirche schon bei Noah als Hauskirche, als er mit seinem ganzen Hause in die Arche ging. Wenn Abraham unser Vater ist und mit seinen Hausgeborenen in den Bund der Beschneidung trat, dann war sein Haus bereits eine Kirche. Der Ausdruck „Gemeinde" kommt zum ersten Mal bei der Einführung des Passahmahles vor (2.Mo.12,3).

Die „Gemeinde Gottes" oder „Versammlung der Heiligen", wie überall in den Psalmen zu lesen, bestand also schon sehr früh, wenn auch in einer anderen Ordnung und Gestalt, immer aber aus Menschen wie wir. Im alten Bund war sie gegründet auf die Treue des Menschen, im Neuen Bunde ist sie gegründet auf die Treue Gottes. Sie wurde durch Jesus Christus auf eine neue, ewige Grundlage gestellt und nach Ihm Selbst benannt, weil Er sie mit Seinem teuren Blut erkauft hat. Der „Schatz" war bereits im Acker und die „Perle" im Handel, aber niemand kaufte sie, bis Christus sie fand und erwarb. Unter dem alten Bunde waren die Segnungen irdisch und zeitlich, im Neuen Bund sind sie geistlich und ewig. Die Veränderung ist gewaltig, denn jetzt kann die Seele errettet werden, vordem nur der äußere Mensch. Vorher gab es die Gemeinde nur an einem Ort, jetzt kann sie an jedem Ort dargestellt werden. Doch sowohl damals als auch jetzt bestand sie aus Menschen mit Fleisch und Blut wie wir, ja mit „gleichen Gemütsbewegungen wie wir" (Jak.5,17). An uns richtet sich das Wort Gottes genauso wie an jene. „Denn auch uns ist eine gute Botschaft verkündigt worden, gleichwie auch jenen"(Hebr.4,2). Wenn wir nicht hören, weil wir meinen, Moses und die Propheten hätten uns nichts zu sagen, weil sie ja nichts von uns gewusst hätten, so wird Der, „der von den Himmeln her redet", uns das noch lehren (Hebr.12,25). Was beispielsweise die Auslegung von Jes.1 auf die Kirche betrifft, so ist es geradezu geboten, die Gemeinden in den Tagen des Verfalls in diesem Lichte zu sehen. Es entspricht durchaus nicht den Gedanken Gottes, die Gemeinde Jesu nur wie aus dem Ei gepellt zu sehen, als bedürfe sie keiner ständigen Reinigung und Erneuerung durch Gottes Wort und Geist. Der HErr, der Augen hat wie eine Feuerflamme, sieht den praktischen Zustand und geht mit ihr in Offb. 2 u.3 ernster ins Gericht als mit Israel im alten Bunde. Wollte man das, was Jesaja über die Juden und Jerusalem geschaut hat, nur auf diese beschränken, so würde man das Wort Gottes binden. Es würden dann auch die Briefe des Apostels Paulus nur für die Empfänger gelten, nicht mehr für uns. Dies wäre wirklich nicht nach dem Geiste Gottes, denn „alle Schrift ist von Gott eingegeben und nütze zur Lehre, zur Überführung, zur Zurechtweisung …" (2.Tim.3,16-17).

Die meisten Zitate des Nationenapostels stammen aus Jesajas, um die neue Heilszeit, die auch den Nationen das Heil brachte, zu begründen (Röm.9,27-33; Jes.1,9; 10,22; 28,16). Jes.54 ist eine direkte Weissagung auf die Gemeinde als das himmlische Jerusalem, wie geschrieben steht: „Sei fröhlich, du Unfruchtbare, die du nicht gebierst; brich in Jubel aus und schreie, die du keine Geburtswehen hast! Denn die Kinder der Einsamen sind zahlreicher als derjenigen, die den Mann hat" (Gal.4,27). Wie kann dann Christian Briem sagen: „Kein Glaubensmann des Alten Testaments – kein Abraham, kein Mose, kein David, kein Jesaja – wusste etwas von der Versammlung des lebendigen Gottes, keiner sprach daher auch von ihr, auch nicht andeutungsweise" („Da bin Ich in ihrer Mitte. Die Kirche - nach dem Ratschluss Gottes und wie sie sich darstellt"). Weil die Stellung und Berufung der Kirche als Braut und Leib Christi erst im Neuen Testament so deutlich geoffenbart worden ist, deswegen wird irrtümlich kurzgeschlossen, dass das Alte Testament nichts, nicht einmal ein einziges Ereignis, für die Periode des Gemeindezeitalters anzuzeigen hätte. Um ihre Einschub-Vorstellung zu retten, müssen sie an zwei erfüllten Weissagungen herumoperieren: Erstens an der

am Pfingsttage erfüllten Weissagung Joels,
zweitens an der siebzigsten Jahrwoche Daniels

Die Ausgießung des Heiligen Geistes läutete das Zeitalter der Gemeinde Israel unter dem Neuen Bund ein. Diese Kundgebung bezeichnet Petrus als das, was in Joel 3 geweissagt ist, indem er sagt:

„Dies ist es, was durch den Propheten Joel gesagt ist ..." (Apg.2,16)

Diese eindeutige Feststellung einer prophetischen Erfüllung entzieht der Einschub-Hypothese vollständig den Boden. Petrus bekräftigt am Schluss seiner Rede noch einmal seinen jüdischen Zuhörern, dass die von Joel geweissagte Verheißung für Israel allen nah und fern, die Buße tun und sich taufen lassen, gilt:

„Denn euch ist die Verheißung und euren Kindern ..." (V.28).

Trotz dieser unmissverständlichen Worte versuchen manche Vertreter der Einschub-These das Wort des Apostels Petrus zu entkräften. Umdeutungen wie die folgende von M.F.Unger sind dafür typisch: „Die Ausdrucksweise des Petrus ‚Dies ist es' bedeutet nicht mehr als ‚Dies ist' (eine Illustration dessen), was durch den Propheten Joel gesagt ist' (Apg.2,16). Der Querverweis hat einzig und allein illustrative Bedeutung für jüdische Zuhörer zu Pfingsten. Die Erfüllung der Weissagung Joels liegt nach wie vor in der Zukunft". Ein anderer Autor geht in der Umdeutung noch weiter als Unger: „Petrus sagt, dass die Ereignisse von Apg.2 das sind, WAS

Joel gesagt hat, aber nicht, dass sie notwendigerweise die Erfüllung dessen sind, wovon Joel gesprochen hat." MacDonald stolpert an dieser Stelle über „alles Fleisch": „Der Geist wurde nicht auf alles Fleisch ausgegossen, sondern nur auf 3000 Juden …; das bedeutet, dass Pfingsten eine frühe und unvollständige Erfüllung von Joels Prophezeiung war" (S.91). Doch viel näher liegt hier der Gedanke, dass „alles Fleisch" jung und Alt, ja auch die Nationen mit einschließt, über die wenig später ebenfalls der Geist gegossen wurde, wobei Petrus selbst Zeuge ist (Apg.10,44-48).

Völlig unsinnig ist der Gedanke, dass „alles Fleisch" alle Menschen bedeute. Den Geist empfangen nur die Gläubigen, zuerst die Jünger, dann die, welche ihrem Zeugnis glaubten, niemals aber die Ungläubigen. Durch die Formulierung „Dies ist es!" konnte Petrus den aus aller Welt versammelten Juden kaum deutlicher machen, dass das Pfingstwunder genau das Ereignis war, was Joel für die letzten Tage des Judentums angekündigt hat. Nur die Erfüllung dessen, was geschrieben steht, konnte sie überzeugen, und sie hat an diesem Tage mit einem Schlage dreitausend Juden überzeugt. Wären die Vertreter der Einschub-These damals anwesend gewesen, sie hätten wahrscheinlich Petrus auf die Seite genommen und gesagt, er dürfe die Weissagung Joels nicht allzu wörtlich nehmen, sie läge in Wirklichkeit noch in der Zukunft. Bei diesem Einwand, den sicher die ungläubigen Juden gemacht haben, würde sich wahrscheinlich niemand bekehrt haben. Diese Massenbekehrung hätte auch deshalb nicht sein dürfen, weil es ja nach Joel die „letzten Tage" waren, in denen nach der Verfallstheorie keine Erweckung mehr sein wird, einfach nicht sein kann. Warum auch, wenn das eigentliche Ereignis noch aussteht? Zumindest bei dieser Stelle verlassen die christlich-zionistischen Exegeten ihr Prinzip der buchstäblichen Schriftauslegung. Dazu zwingt einfach das parenthetische Verständnis, nicht nur hier, auch bei allen anderen Erfüllungsanzeigen im Neuen Testament. Man kann und darf nicht zugeben, dass von den Propheten geweissagte Ereignisse schon erfüllt sind, außer das erste Kommen Christi. Es ist gut, dass die Kraft aus der Höhe stärker war als alle menschlichen Einwände, die das universale Wort der Wahrheit einschränken.

Hören wir weiter, was Petrus sagt: Auch was die Erhöhung Christi betrifft, nimmt er Bezug auf die Vorhersage Davids:

„Weil er ein Prophet war und wusste, dass Gott ihm mit einem Eide geschworen hatte, von der Frucht seiner Lenden auf seinen Thron zu setzen (2.Sam.7,12-16), hat er voraussehend von der Auferstehung des Christus geredet ... Diesen hat Gott auferweckt, wovon wir alle Zeugen sind. Nachdem er nun durch die Rechte Gottes erhöht worden ist und die Verheißung des Heiligen Geistes vom Vater empfangen hat, hat er dieses ausgegossen, was ihr sehet und höret."

Bei dieser Stelle wird auch das Schriftverständnis der Apostel bezüglich anderer alttestamentlicher Weissagungen deutlich. Die Zuverlässigkeit der Erhöhung Christi auf den Thron Davids als Sohn und HErr Davids und somit Seine Königsherrschaft über das Haus Israel wird ausdrücklich bezeugt. Dieselbe gute Botschaft „von der zu den Vätern geschehenen Verheißung" verkündigt Paulus in Antiochien: „Ich werde euch die gewissen Gnaden Davids geben" (Apg.13,32-38). Die Herrschaft Christi wird nach der Weissagung Jesajas nun auch auf die Nationen ausgedehnt, wie geschrieben steht: „Ich habe dich auch zum Licht der Nationen gesetzt, auf dass du zum Heil seiest bis an das Ende der Erde" (Apg.13,47). Was bleibt da noch von der Einschub-These übrig? Ein- bzw. nachgeschoben sind tatsächlich die Nationen, und „hiermit stimmen alle Propheten überein, wie geschrieben steht":

„Nach diesem will ich zurückkehren und die Hütte Davids wieder aufbauen, die verfallen ist, und ihre Trümmer will ich wieder bauen; damit die übrigen der Menschen den Herrn suchen, und alle Nationen, über welche mein Name angerufen ist, spricht der Herr, der dieses tut" (Apg.15,15-17).

Jakobus schließt das Zitat mit der Bemerkung: „Was von jeher bekannt ist". Es war auch in der ganzen Zeit der Kirchengeschichte bekannt, bis man die Einschub-These erfand und vielen eine unerfüllte Prophetie eingeredet wurde.

„Die Zeit ist erfüllt" (Mark.1,15). Das waren Jesu erste Worte, als Er das Evangelium des Reiches verkündigte. Die Zeit war da, was am „Ende der Tage" geschehen sollte (Jes.2,2). Wie wunderbar ist Jes.2, 2-4 (Micha 4,1-8) in Eph.2 erfüllt. Und wie könnte sich diese Weissagung anders erfüllen, als in der vollständigen Umwandlung und Erneuerung des Menschen durch den Glauben an den Friedefürsten, Der „die beiden in einem Leibe mit Gott versöhnte durch das Kreuz" (Eph.2,16)? Oder kann, nebenbei bemerkt, ein Mensch ohne das Evangelium seine böse, zu Streit und Krieg neigende Natur moralisch aufrüsten? Sicherlich nicht. Gott hat die Gemeinde gegeben, damit wir, da die Feindschaft in Christo hinweggetan ist, Frieden haben mit den Menschen und in einer Gemeinschaft mit den also Befriedeten zusammengefügt sind. Diese Lösung des uralten durch die Sünde verursachten Problems menschlicher Feindschaft, eine solche tiefgreifende Erlösung konnten allerdings die Propheten nur ahnen, aber sie haben davon geschrieben. Schon Jakob sprach im Segen Judas von dem kommenden „Schilo", das heißt der Ruhebringende, Friedenschaffende, „ihm werden die Völker sich anschließen" (1.Mo.49,10). Jetzt ist die Zeit erfüllt, Jesus als die Wurzel und das Geschlecht Davids zu verkündigen. „Siehe, es hat überwunden der Löwe, der aus dem Stamme Juda ist" (Offb.5,5).

Wie hätte anders das Zeitalter der Kirche Christi beginnen können, außer durch das „Evangelium des Friedens, das Evangelium des Guten, welches Gott „durch seine Propheten in heiligen Schriften zuvor verheißen hat?" (Röm.1,2; 10,15-17; Jes. 52,7). Wo wäre die Gemeinde, wenn sie nicht aus Menschen bestünde, die dem Evangelium geglaubt hätten? Das Evangelium besteht ja nicht nur aus den Worten und Taten Jesu, Seinem Leiden als Sühnopfer, Seiner Auferstehung und Himmelfahrt. Es hat, insbesondere das Evangelium Pauli, den verherrlichten Christus als Haupt des Leibes und die Gemeinde als Seine Fülle zum Gegenstand, wie im Vorbilde Eva für Adam, aus ihm geworden und mit ihm vereinigt. Ist dieses große Geheimnis je im alten Bunde verkündigt worden? Nein. Aber Gott dachte bereits an Christus und Seine Gemeinde, als er Adam und Eva schuf. Paulus selbst deutet dieses Geheimnis auf die Gemeinde (Eph.5,32). In noch anderen Vorbildern erscheint die Kirche im Alten Testament, z.B. als Tempel und heilige Stadt, die schon Abraham sah. Paulus ist dies alles offenbart, aber nicht ihm allein, obschon er, wie Petrus gerne zugibt, das meiste Verständnis hatte über die Dinge, *„die euch jetzt verkündigt worden sind durch die, welche euch das Evangelium gepredigt haben ... durch den vom Himmel gesandten Heiligen Geist, in welche Dinge Engel hineinzuschauen begehren"* (1.Petr.1,12).

Übrigens ist die Gemeinde nicht nur in den Propheten zu finden, sondern auch im Gesetz Mose dargestellt. Das Heiligtum ist der Schatten eines Körpers im Himmel, nämlich Christus und Seine Gemeinde; die Gesetze und Vorschriften beinhalten die Grundordnung der Gemeinde in einem Geheimnis, das aber jetzt geoffenbart ist, „auf dass jetzt den Fürstentümern und den Gewalten in den himmlischen Örtern durch die Versammlung kundgetan werde die gar mannigfaltige Weisheit Gottes" (Eph.3,10). Der Apostel Paulus bezeugt, dass Gott „das ewige Leben verheißen hat vor ewigen Zeiten, zu seiner Zeit aber sein Wort geoffenbart hat durch die Predigt, die mir anvertraut worden ist nach Befehl unseres Heiland-Gottes" (Tit.1,3). Die Verkündigung des Geheimnisses geschah also erst dann, als Gott Sein Wort durch den Heiligen Geist offenbarte.

„Und von Mose und von allen Propheten anfangend, erklärte er ihnen in allen Schriften das, was ihn betraf"(Luk.24,27). Und Paulus beteuert: *„Indem ich nichts sage außer dem, was auch die Propheten und Moses geredet haben"* (Apg.26,22-23).

Die 70.Jahrwoche

Wenn wir alle diese Stellen genau betrachten, erübrigt es sich fast, über die siebzigste Danielsche Jahrwoche zu reden, da sie in Christus erfüllt ist. Die Erfüllung von Dan.9,24 zeigt uns hinreichend der Hebräerbrief. Christus hat für alle, die an Sein Blut glauben, die Übertretung zum Abschluss gebracht und den Sünden ein Ende gemacht. Auf eine andere Weise wird niemand, auch nicht in zukünftigen Zeitaltern, mit seinen Sünden fertig. Christus hat die Ungerechtigkeit gesühnt, „er ist eine Sühnung für unsere Sünden, nicht allein aber für die unseren, sondern auch für die ganze Welt" (1.Joh.2,2). Das glauben und bekennen wir. Jetzt gilt die ewige Gerechtigkeit, die Er für uns erwirkt und eingeführt hat, „auf daß wir Gottes Gerechtigkeit würden in ihm" (2.Kor.5,21). In dem vollbrachten Werk des HErrn sind die „Gesichte und Propheten" erfüllt, der Schatten weicht der Sonne, wir schauen in einen geöffneten Himmel und haben Zugang zum Heiligtum, ja in das Allerheiligste. Diesen Weg hat „er uns eingeweiht durch den Vorhang hin, das ist sein Fleisch" (Hebr.10,19-22). Wir haben einen größeren Hohepriester als der von Menschen bestellte, wir haben ein vollkommeneres Opfer in dem Lamme Gottes, wir haben einen besseren Gottesdienst als im alten Bunde. Von all diesem finden bibelkundige Dispensationalisten nichts im Alten Testament? Heute kann ich darüber nur den Kopf schütteln, aber man hat das wirklich geglaubt. Die abstrakte These widersprach vollkommen unserer wirklichen Erkenntnis, denn wir benutzten das Material der ganzen Schrift zur Erbauung. Ohne die Wurzeln im Alten Testament könnte der Kirchenbaum nicht wachsen. Wer wollte leugnen, dass die Kirche Christi das Haus Gottes, das Heiligtum nach dem Vorbild des Alten Testaments ist, die wahrhaftige Hütte, „welche der HErr errichtet hat, nicht der Mensch" (Hebr.3.6; 8,2).

Im Einzelnen lassen sich die 70 Jahrwochen bis auf die Wiederherstellung des himmlischen Jerusalem, denn auch dieses bedurfte der Reinigung (Hebr.9,23), wie folgt gliedern:

Der erste Zeitabschnitt geht von dem Ruf Kores bis zur Zeit Esras und Nehemias, der zweite Abschnitt mit der Vollendung der

69.Jahrwoche geht bis auf das öffentliche Auftreten des HErrn Jesu (Luk.4,18ff); dann folgen die dreieinhalb Jahre des Zeugnisses Jesu bis zum Kreuz. Ab da läuft die letzte halbe Jahrwoche bis zur Wiederkunft Jesu. Die beiden letzten Verse in Dan.9 sind eine Erläuterung von Vers 25, also dessen, was in der letzten Jahrwoche geschieht.

Nach den sieben und „zweiundsechzig Wochen wird der Messias weggetan werden und nichts haben", sagt Daniel. Eigentlich heißt es „ausgerottet", das will sagen ohne irdische Wurzel und irdisches Teil. Ein Christus nach dem Fleische existiert nicht mehr. Der Tod hat dem Messias, dem König der Juden ein Ende gemacht. Dies kommt bekanntlich in der Kreuzesüberschrift in drei Sprachen zum Ausdruck. „Wenn wir auch Christus nach dem Fleische gekannt haben, so kennen wir ihn doch jetzt nicht mehr also (2.Kor,5,16).

Weiter heißt es in Dan.9 (Vers 26), dass „das Volk des kommenden Fürsten die Stadt und das Heiligtum zerstören werden." Der „Fürst" ist natürlich derselbe wie in Vers 25, nicht etwa der Antichrist, wie etliche Ausleger meinen. Hier wird nicht gesagt, was der kommende Messiasfürst tut, sondern was sein „Volk" tut. Tatsächlich hat das Volk, das später christianisiert wurde, dem jüdischen Kult ein Ende gemacht und Tempel und Stadt verwüstet. Geistlich geschah das bereits durch die Verkündigung des Evangeliums, „denn wir haben ihn (Stephanus) sagen hören: Dieser Jesus, der Nazaräer, wird diese Stätte zerstören und die Gebräuche verändern, die uns Mose geboten hat" (Apg.6,14). Die Juden haben richtig gehört, denn Jesus Selbst hat die Zerstörung Jerusalems als Gericht Gottes angekündigt. Die Verwüstung sollte kommen, „wenn ihr den Greuel der Verwüstung, von welchem durch Daniel, den Propheten, geredet ist, stehen sehet an heiligem Orte" (Matth.24). Geschichtlich war das im Jahre 70 n.Chr. erfüllt.

Der letzte Vers in Dan.9 greift noch einmal zurück: „Und er wird einen festen Bund mit den Vielen schließen für eine Woche". Viele Jünger Jesu sind diesen Bund eingegangen und Jesus nachgefolgt, aber nur verhältnismäßig wenige blieben Ihm bis ans Ende treu. Genau genommen begann der neue Bund schon mit dem öffentlichen Dienst Jesu, aber die vollen Segnungen des Bundes konnten erst ausgegossen werden, nachdem er durch das Blut Jesu eingeweiht worden war. Der Bruch mit dem alten jüdischen Gottesdienst erfolgte zur „Hälfte der Woche", denn Jesus ist das wahre Schlachtopfer und Speisopfer geworden. Diese Wahrheit wurde in der letzten Hälfte verkündigt und wird noch immer verkündigt. Für einen Einschub ist hier kein Platz mehr.

Die zweite Hälfte der 70.Jahrwoche ist von unbestimmter Dauer. Im Buche der Offenbarung wird sie als „zweiundvierzig Monate" bzw." tausenzweihundertsechzig Tage" (Offb.11 u.13) oder als „Zeit und Zeiten und eine halbe Zeit" (Offb.12) wieder aufgenommen. In dieser Zeit vollzieht sich die große sittliche und geistliche Verwüstung, nunmehr im christlichen Bekenntniskreis, wovon wir heute Zeugen sind. Wir erleben es gerade jetzt, wie antichristliche Elemente Greuelgötzen in der Kirche aufrichten und somit dafür sorgen, dass Dan.9 eine letzte traurige Erfüllung findet. Es hat wenig Wert, über die letzte halbe Jahrwoche Berechnungen anzustellen, zumal es die 7-jährige Trübsalszeit so gar nicht gibt. Deshalb, wegen der Verwüstung der Kirche durch die Mächte der Finsternis, sollten wir uns vielmehr mit dem ersten Teil von Dan.9 beschäftigen und uns wie Daniel demütigen. Nur dann wird der Geist uns den letzten Teil für die letzten Tage aufschließen. Der Ausdruck „letzte Tage" kommt aus dieser letzten halben Jahrwoche, in denen wir seit den Tagen der Apostel leben (2.Tim.3,1-5). Aktuell haben wir es heute mit den letzten Tagen des Christentums zu tun.

Angesichts der sich rapide verschlechternden endzeitlichen Entwicklung droht der Einschub der „Heidenkirche" wie das Traumbild in Dan.2 zum Ausschuss zu werden, ihr Wert sinkt nach unten rapide ab und endet in Eisen und Ton. „Die Brüder" haben mit ihrer Parenthese die Gemeinde zu einem abstrakten, unantastbaren Begriff gemacht. Die „Versammlung" kommt bei ihnen nicht in der Wirklichkeit menschlicher Darstellung und Schwachheit vor, schon gar nicht im Abfall. Doch die Gemeinde des lebendigen Gottes besteht aus versuchlichen Gliedern, die zuerst einmal gereinigt, geheiligt unter das Haupt zusammengebracht werden mussten. Der neue Tempel im HErrn ist kein fertiger Bau mit schönen Steinen geschmückt, sondern er wächst und wird auferbaut durch erneuerte

Menschen. Nach dem Vorsatz Gottes soll die Gemeinde, als Weib betrachtet, vollendet werden, indem Christus sie reinigt und heiligt „durch die Waschung mit Wasser durch das Wort, auf dass er die Gemeinde sich selbst verherrlicht darstellte, die nicht Flecken oder Runzeln oder etwas dergleichen habe, sondern dass sie heilig und tadellos sei"(Eph.5,26-27). Die Reinigung der Gemeinde geschieht aber gerade durch das Wasser des prophetischen Wortes; der Geist deckt alle Unreinigkeit und jeden Flecken auf, so dass wir uns selbst reinigen können. Wenn wir an die Verherrlichung glauben, sollten wir auch nicht die Augen vor der Wirklichkeit der Gemeinde in dem gegenwärtigen traurigen Zustand verschließen, der eine Wiederherstellung und Reinigung notwendig macht, welche die Einschub-These gänzlich überflüssig macht.

2.5 Die SCOFIELD-Bibel (Kurt Klumbies)

Das Buch, das als „Die Scofield Bibel" bekannt ist, besteht aus der im englischen Sprachraum allgemein gebräuchlichen King-James-Übersetzung. Die deutsche Ausgabe (1912) mit dem Luthertext fand hauptsächlich in Allianzkreisen Liebhaber. In der Brüderbewegung selbst, deren Gedankengut sie vertritt, konnte man sich nie mit der Scofield Bibel anfreunden, weil erstens Scofield kein echter Darbyst war, zweitens hatte sie ihre gute „Elberfelder". Allerdings gibt es seit 1992 auch die „revidierte Elberfelder Bibel" als Scofield Bibel. Das Ganze von Scofield ausgearbeitete Werk, bestehend aus einem System von zahlreichen Anmerkungen und Stellenhinweisen, nennt sein Biograph „ein Gott-gegebenes, Gott-geleitetes, von Gott vorangetriebenes Werk". Albertus Pieters bemerkt dazu: „Es dürfte schwer sein, eine größere Aussage über die göttlich inspirierte Heilige Schrift zu machen" (S.3).

Über das Leben des Verfassers der Scofield-Bibel, Dr.Cyrus Ingerson Scofield, ist wenig bekannt. Er wurde 1843 in Lenawee Country, Michigan, geboren und gehörte vom Elternhaus her der Episkopalkirche an. Mit 23 Jahren heiratete er eine katholische Frau mit Namen Leontine Cerre. (1848-1936). Diese Ehe wurde 1883 geschieden, Scofield wurden die Erziehungsrechte über die Töchter entzogen; die Scheidungsrate betrug damals 1:2500. Frau Leontine sorgte für die Kinder und heiratete nicht mehr. Doch Scofield heiratete 1884 wieder, und zwar Hettie van Wart, ein prominentes Mitglied in der First Congregational Church in Dallas, Texas. In dieser Kirche war Scofield von 1882-1895 Pastor. 1895 wechselte er zur Moody Church in Northfield, Massachusetts. Ende 1899 leitete er die Beerdigungsfeier für Moody. 1902 war er wieder Pastor der First Congregational Church, bis er 1907 in den Ruhestand trat. Von seiner „Bekehrung" wird berichtet, dass er in seinem Anwaltsbüro von einem Christen gefragt wurde, ob er den HErrn Jesus Christus als seinen HErrn und Erlöser annehmen wolle. Er versprach darüber nachzudenken. Doch der Freund ließ nicht locker und fragte ihn abermals, ob er nicht jetzt sein Leben in Ordnung bringen und an Christus glauben wolle. Nach kurzem Überlegen sagte Scofield: „Ich will". Sie gingen beide auf die Knie, und Scofield war bekehrt. Ob es sich bei ihm wirklich um eine neue Geburt handelte, oder nur eine Willensentscheidung eines „logisch denkenden, scharfsinnigen Juristen" war, wie er dargestellt wird, weiß Gott.

Als Bibellehrer schrieb Scofield den Kommentar zur meistgekauften Bibel. In den Auflagen von 1909 und 1917 wurde die Scofield Bibel zu einem Standardwerk in Teilen des bibeltreuen angloamerikanischen Christentums. Die überarbeitete 3.Auflage (1967), „The New Scofield Reference Bible", erschien 1972 und mit Einleitungsartikeln zu allen biblischen Büchern auf Deutsch, herausgegeben vom Missionswerk „Mitternachtsruf". Scofield wollte eine Auslegung schaffen, „die frei von Bibelkritik, allein aus der Schrift gewonnen und damit allgemeingültig ist" (Brockhaus Gemeindelexikon). Das Kettenverweissystem der Scofield Bibel zeigt parallel zum Text das erste und das letzte Vorkommen wichtiger Themen und Begriffe an, verfolgt sie durch die Bibel und verweist auf Fußnoten mit eingehenden Erläuterungen. So wird behauptet, dass die Ketten-Angaben über verschiedene Themen, die einen der wichtigsten Merkmale dieser Ausgabe der Bibel sind, den Leser „von der ersten klaren Erwähnung oder Andeutung einer biblischen Lehre zu der letzten zu führen". Diese Methode hat ihre Vorteile, aber mit dieser Gebrauchsanweisung wird dem arglosen Leser zugleich eine Lehre untergeschoben, die als sektiererische Sonderlehre bezeichnet werden muss. Es ist bis dahin ohne Beispiel gewesen, diese Sonderlehre in die Bibel hineinzuschreiben; das hätte nicht einmal Darby gewagt.

Für Leute, die ihre Erkenntnis nur aus der Scofield Bibel bezogen haben, besitzt sie natürlich den höchsten Wert. Der autoritative Ton, mit dem Scofield seine Anmerkungen bekräftigt, ist sicher gut, soweit es sich um die anerkannten Heilswahrheiten handelt, aber in Bezug auf die Prophetie ist sein Anspruch verfänglich. Gerade für Gläubige, die mit Hilfe der Scofield Bibel die Erkenntnis über Endzeitfragen zu besitzen meinen, „sind geneigt, in ihren Herzen, und nicht selten auch mit den Lippen, zu sagen: 'Ich habe mehr Verständnis als meine Lehrer, denn ich habe ja meine Scofield Bibel'" (Pieters, S.4). Als theologische Abstützung der in seiner Bibelausgabe eingemengten Irrtümer gilt für Scofield seine Auffassung vom Auseinanderklaffen des göttlichen Heilsplanes in voneinander unabhängige Einzel-Haushaltungen, wie wir schon gesehen haben. Hierzu ein Auszug aus einem privaten Brief: „Scofield hat die Bibelstelle 2.Tim.2,15 („der das Wort der Wahrheit recht teilt") auf Grund solcher wörtlicher Übersetzung ganz willkürlich oder eigenmächtig entschieden, dass diese Stelle im Sinne von auf-teilen zu verstehen sei, während sie doch die Bedeutung von mit-teilen hat, wie dies von vielen Griechisch Kennern in Kommentaren durch die Jahrhunderte dargelegt ist, was ich auch von meiner litauischen Muttersprache her (die mit Griechisch Gemeinsamkeiten hat) bestätigen kann. Da haben z.B. die Worte „dalytis mintimis" (wörtlich: sich mit Gedanken teilen) die Bedeutung: Gedanken-austausch haben. Scofields Begründung seines Teilungsprinzips bei biblischen Lehren beruht somit auf einem sprachlichen Trugschluss bei dieser Bibelstelle".

C.I.Scofield geht nach den Grundsätzen Darbys davon aus, dass Gott mit Israel und der Gemeinde nach verschiedenen Gesichts-punkten handelt, was sein Verständnis der Verheißungen des A.T.

und die Lehre von den letzten Dingen (z.B. Entrückung der Brautgemeinde vor der großen Trübsal) bestimmt. In einer Liste, die 71 Ketten ausweist, die angeblich aus solchen immer weiterführenden Kettenvermerken bestehen sollen, fällt ein überbetonter Anteil an Stichworten auf, die mit Endzeit-Lehren in Verbindung stehen: Antichrist, Tier, Harmagedon, große Trübsal, Zeiten der Heiden usw. Andere Endzeit-Begriffe sind sogar mit fälschlicher unterschiedlicher Sinngebung – in mehreren (bis zu vier) Ketten unterteilt. Es ist offenkundig, welche Tendenz diese Bibelausgabe verfolgt. Und Scofields irreführende Lehren zu diesen Themen wiederholen sich in den „Erklärungen" im Verhältnis sehr viel häufiger und umfangreicher als bessere biblische Erklärungen an anderen Stellen, die dann aber dennoch sehr viel an Richtigkeit zu wünschen übriglassen. Konkret sei auf ein Begriffspaar hingewiesen, auf zwei verhängnisvoll missbrauchte Stichworte. Scofield hielt es für wichtig, folgende Ketten einzurichten:

„Weib" (des HErrn) Kettenangaben von Jes.- Hos. – nur AT
„Braut" (Christi)…„ …„ Joh. - Offb. – nur NT

Sie sollen Scofields Idee veranschaulichen, dass Gott und Gottes Sohn jeweils getrennte Haushalte führen. Mit dieser Bibelausgabe konnte die Haushaltungslehre in aller Welt verbreitet werden und hat viele Anhänger gefunden.

Männer der ersten Stunde waren jedoch andere. In Europa waren es viele, die schon vor Scofield intensiv daran arbeiteten, eine hinlänglich plausibel erscheinende prophetische Schau für die damals angeblich unmittelbar bevorstehenden letzten Weltereignisse zu finden. Zwangsläufig mussten sie sich verkalkulieren. Während Lacunza schon 20 Jahre vorher verstorben war und nur noch durch sein Buch anfeuern konnte, „Zeichen der Endzeit" zu studieren und Endzeit-Zeichner zu werden, verfielen die Anhänger um Irving/Drummond dabei in Schwärmerei und Sektiererei. Darby gelang es, aus all dem die eher annehmbaren Ideen – wenn auch gar nicht logisch – den fragenden und interessierten Kreisen so darzubieten, dass eine neue Bewegung von Endzeitchristen in Gang kam. Ohne Zweifel hatte mit dem aufbrechenden Sozialismus eine Endzeitphase begonnen. Aber Gott hat sich keiner der damals entworfenen Endzeit-Projekte bedient. Die von Darby 1840 in Genf verkündigte „gegenwärtige Erwartung der Kirche" verlief im Sande. Eines verbindet sie alle: keiner hat sich entscheidend korrigiert. Sie waren gebunden. Es fesselte sie diesbezüglich ihre Selbstberufung zu kompetenten Endzeit-Zeichnern. Wenn Gott sie trotzdem zum Segen Seiner Gemeinde gebraucht hat, so rechtfertigt das nicht ihre prophetischen Irrtümer. Das damals behauptete vermehrte Licht zu Endzeitfragen war in Wirklichkeit eine Verblendung. Soweit Klumbies.

Dem künstlich inszenierten Morgendämmern folgte bald wieder tiefe Nacht. Es sollte nicht ein Tausendjähriges Reich beginnen, wie viele für diese Zeit erwartet hatten, sondern das Reich des Tieres, den atheistischen Sozialismus. Dennoch spinnen falsche Propheten bis heute ihr utopisch-spekulatives Programm weiter und lenken damit vom Evangelium ab. Die Umdeutung selbst neustamentlicher Textstellen, um die Nichterfüllung der „prophetischen Schriften" zugunsten eines angeblich noch ausstehenden Königreichs zu bekräftigen und gleich in die Bibel hineinzuschreiben, entstellt die ganze Schrift. „Es geschieht nicht selten, dass Menschen, die mit der Scofield Bibel in Berührung gekommen sind, mit großer Begeisterung bezeugen, dass sie ihnen die Bibel in völlig neuer Weise erschlossen hat. Das muss notwendigerweise so geschehen, wenn sie sich ihrem Einfluss beugen und ihre Autorität anerkennen. Ihre Bibel ist dann nicht mehr die Bibel der frühen Kirche, nicht mehr diejenige des reformierten Glaubens oder der Väter der Reformation. Sie ist in ein jüdisches Buch verwandelt worden, in dem Sinne, dass die traditionelle Deutung der Synagoge, nicht diejenige der Kirche, als korrekt anzusehen ist" (Pieters, S.23). Ich selbst habe die gegenteilige Erfahrung als Scofieldisten gemacht. Als mir die Augen geöffnet wurden über den Irrtum des Dispensationalismus, las ich die Heilige Schrift ganz anders, obwohl ich sie von Kind auf kannte.

3 Jüdische Apokalyptik (Kurt Klumbies)

3.1 Etappen apokalyptischer Irrlehren

Unter den vielen Hundert Kirchenvätern der ersten Jahrhunderte gab es einige, die die jüdische Lehre von einem irdischen Reich bzw. einer irdischen Herrschaft des Messias übernommen haben. „Der Chiliasmus wurzelt in der jüdischen Apokalyptik, drang ins Frühchristentum ein und konnte sich unter Berufung auf Offb.20 in verschiedenen Formen entfalten" (Das Große Duden-Lexikon). Christliche Lehrer, die an ein solches Reich glaubten, fassten es jedoch sämtlich nicht als eine Angelegenheit Israels auf, sondern christlich: ein Weltreich, in dem die Kirche das Regiment führt. Als Urheber des christlich begründeten Chiliasmus wird Cerinth betrachtet, den noch der greise Apostel Johannes als Feind der Wahrheit bezeichnet haben soll. Cerinth soll gelehrt haben, „dass nach der Auferstehung das Reich Christi auf Erden sein werde und dass die Leiber in Jerusalem leben und sich wiederum Leidenschaften und Vergnügungen hingeben ... und ein Zeitraum von tausend Jahren in freudiger Hochzeitsfeier verfließen werde". Die fleischliche Gesinnung, die hierin zum Ausdruck kommt, soll nach Dionysus daher rühren, dass Cerinth „in seinen Leib verliebt" gewesen sei und davon geträumt habe, dass das Reich Christi „in der Befriedigung des Magens und der noch tiefer gelegenen Organe, also in Speise und Trank und ehelichen Genüssen und in Festen, Opfern und Schlachtungen von Opfertieren bestehen werde".

Mit Origenes (3.Jahrh.) setzte in der Kirche ein Kampf gegen den Chiliasmus ein. Er nennt die chiliastischen Vertreter verächtlich „Leute, welche die Mühe des Nachdenkens scheuen, oberflächliche Betrachter der Schrift, die nur ihren Gelüsten schmeicheln". Bloße Buchstabenchristen würden die Verheißungen der Bibel auf ein Reich beziehen, für das sinnliches Behagen und irdischer Überfluss charakteristisch ist. Nur diese würden nach der Auferstehung fleischliche Leiber begehren, mit denen sie weiter essen und trinken, eheliche Verbindungen eingehen und Kinder zeugen können, sagte er. Origenes hielt sich über die Christen auf, welche sich einbilden,

Jerusalem werde als irdische Stadt auf einem Grunde von kostbaren Steinen wieder aufgebaut werden. Er betrachtete diese Vorstellung grobschlachtig und unannehmbar: „Dies ist die Denkungsart derer, die sich zwar Christen nennen, aber in ziemlich jüdischem Sinn die Schrift erklären und nichts, was göttlicher Verheißung würdig wäre, darin finden".

Auch Aurelius Augustinus (354-430), das große evangelische Licht des Westens, lehnte die Idee von einem irdischen tausendjährigen Reich in der Zukunft ab, weil sie nicht dem Sinn der Offenbarung Johannes entspreche. Das 1000jährige Reich habe vielmehr schon längst begonnen! Die „Kirche ist das Reich Christi" behauptete er und versetzte damit dem Chiliasmus einen fast tödlichen Schlag. Mit seinem Werk „Gottesstaat" versuchte er zu beweisen, dass die göttliche Heilsgeschichte eigentlich niemals ein christliches Imperium wie das konstantinische gewollt habe; alle Heilsgeschichte erfülle sich allein in dem jetzigen Gottesvolk. Wenn die spätere Kirche dennoch daraus wieder irdische Herrschaft und Macht ableitete und ausübte, so beweist das nur, dass sie nicht mehr den Geist und die Gesinnung Augustins hatte. Obwohl der Gedanke von einer christlichen Theokratie für die Welt schon immer auf Grund des Neuen Testaments von allen als unbiblisch hätte erkannt und abgelehnt werden sollen, kam es erst bei der Christianisierung ganzer Völker zum Aussterben des Chiliasmus. Es überlebte nur die richtige Lehre der Apostel vom jetzigen Reich Gottes, nämlich Christi Königsherrschaft in der Gemeinde und durch sie.

Die Reformatoren des 16.Jahrhunderts fanden viele ihrer Ideen und Reformen bereits bei Augustinus. Aus Luthers Äußerungen über Rom als Antichristen erwuchs für die Jesuiten die Aufgabe, abwehrend den Antichristen anders zu interpretieren. Dabei konnte einerseits auf Stimmen verschiedenen Kirchenväter zurückgegriffen werden, die den Antichristen als einmalige Einzelperson gedeutet hatten. Zum anderen wurde ein Zusammenhang zu den Zukunftserwartungen der Juden geknüpft, die sie durch alle Jahrhunderte unterhalten haben. Obwohl die Juden verständlicherweise keine Lehre vom Antichristen haben können, da ihnen sogar Christus fehlt, so wissen sie dennoch um Widersacher des

Judentums. Da soll einer, ein Anti-Messias, eine große Trübsal bringen, woraufhin sich dann aber ein messianisches Reich anschließen würde. Alles das zusammen genommen ergibt ein Konzept, das – obwohl verwirrend – dennoch sehr wohl geeignet ist, gegen Luthers Auffassung mit der Alternative eines noch künftigen Antichristen aufzuwarten.

Nach den Katholischen begannen etwa ab 1660 auch Evangelische Eschatologie zu entwickeln und dabei auch eine endzeitliche Bekehrung der Juden mit einzukalkulieren. Im Jahre 1663 „verstand es Spener, im Blick auf die ganze Christenheit ... die großen Verheißungen noch als bevorstehend darzustellen. Das galt im Blick auf die Juden nach Röm.9-11" (Beyreuther in „Gemeindelexikon"). Mit der Französischen Revolution brach die große Zeit der Endzeitler an. Christen werteten den talmudischen Buchstabenglauben auf. Die christliche Lehre vom *jüdischen* Millennium war geboren. „Chiliasten oder Prämillenialisten, die glaubten, dass die in Offb.20,3 vorhergesagte 1000jähriger Herrschaft Christi bald beginnen sollte, haben wiederholt Beschreibungen der erwarteten Krise hergestellt, die gut zur antiken jüdischen und christlichen Literatur gerechnet werden könnten, bis auf die Tatsache, dass sie deutlich von der älteren Literatur abgeleitet sind" (The Universal Jewish Encyclopädia, New York 1939). Die Entstehung neuer christlicher Lehren wurde dadurch begünstigt, dass die Juden die Erfüllung alttestamentlicher Messiasverheißungen ohnehin in die Endzeit legen, so dass dies mit Ideen christlicher Chiliasten passend zusammenkam.

Das irdische Millennium wurde nun dem Volk Israel allein zugesprochen. Heils-Differenzen zwischen Gemeinde und Israel wurden erfunden und zugleich mit einer neuen zwei-Heilsvölker-Lehre mit je unterschiedlichem Evangelium beantwortet. Eingeführt wurden die Lehren von mehrfachen Wiederkünften Christi, von mehreren leiblichen Auferstehungen, von mehreren Entrückungen, von mehreren End-Gerichten, dazu messianische Endzeit-Völkerschlachten, mehrere noch zu erringende Siege Christi über die Macht der Bosheit auf dieser Erde, mehrere Vollendungen in Macht und Herrlichkeit und mehr als zwei ewige Bestimmungsorte.

Richtige Darbysten/Scofieldisten haben dazu noch vieles mehr. Die Harmonie der Heiligen Schrift fiel katastrophal auseinander. Komplizierte Grafiken müssen helfen, dem verworrenen System einen Sachkenner-Nimbus zu geben. In allem ist der jüdische Einfluss unverkennbar. Juden sind es, die abstreiten, dass die prophezeite große Trübsal über Israel bereits ab 70 n.Chr. eingetreten ist. Sie sind es, die noch mit einem alttestamentlich verstandenen anti-messianischen Widersacher rechnen. Und von Anfang an stammt von ihnen die Erwartung einer irdisch-messianischen Herrschaftszeit. „Die Apokalyptik kam ins Leben, weil sich die talmudischen Autoren bewusst waren, die letzte Generation zu sein" (Encyclopaedia Judaica, Jerusalem 1971). Dies alles findet sich bei Endzeitlern christlich gefärbt wieder. Jener talmudischen Quelle gibt es aber überhaupt nur deswegen, weil Juden nicht an Jesus glauben. Somit ist der antichristliche Zusammenhang offenkundig. Endzeitler deuten das A.T. und das N.T. von antichristlichen Vorgaben her. Die herrschende unbiblisch überladene Apokalyptik ist jüdisch – im Unglauben gegen Jesus. Christen brauchen eine solche Apokalyptik nicht. „Der Chiliasmus der frühen Kirchenväter hatte nicht dieses jüdische Element. Die heutigen Millennialisten sollten sich nicht auf den Glauben der frühen Christenheit berufen, ohne jenen Unterschied zu kennzeichnen" (Pieters, S.16). Während die alte jüdische Apokalyptik bis heute rein jüdisch geblieben ist, gingen christlicherseits Evangelikale eine Fusion mit talmudischen Gedanken ein und erzeugen jetzt einen Mischmasch, wie es einen solchen in 1800 Jahren Kirchengeschichte vorher nie gegeben hatte. Warum? Man begnügte sich nicht mit dem Evangelium vom Gekreuzigten. Paulus sagt: „Ich hielt nicht dafür, etwas unter euch zu wissen, als nur Jesum Christum und ihn als gekreuzigt" (1.Kor.2,2).

3.2 Apokalyptiker unserer Zeit

Wir haben gesehen, dass die Wurzel der Apokalyptiker in der spätjüdischen Apokalyptik liegt. Sie wollten das biblische Prophetentum fortsetzen, hatten jedoch nicht den Geist der Propheten, welche das Volk zur Buße riefen. Für die Apokalyptiker ist diese Gelegenheit vorbei, die Ereignisse nehmen unabwendbar ihren Lauf. Adolf Pohl beschreibt sie treffend: „Bei den Apokalyptikern herrscht der Plan nämlich ehern und allgewaltig. Der Plan Gottes, von dem die Propheten sprachen, wurde zum Plan-Gott. Menschen und Mächte mögen tun und lassen was sie nur wollen. Der Plankundige sieht es in stoischer Ruhe. Er weiß um die Planhaftigkeit der Gesamtgeschichte von Adam bis zur Wiederherstellung des Paradieses. Er kennt durch Offenbarung die Zeiten, Zwischenzeiten und Zahlen. Was anderen zu Herzen geht (Unrecht, Sünde und Elend), geht ihm nur ins Gehirn. An die Stelle des Mitleidens tritt die Berechnung" (Wuppertaler Studienbibel, Einleitung zur Offenbarung). Die Propheten hofften immer noch auf Gottes Geduld, Langmut und Reue, und Gott übt überraschend Gnade. Beim jüdischen Apokalyptiker hat solches Hoffen keinen Raum, er wünschte im Grunde wie Jona, dass sich Gottes Gericht entlädt, damit er seine Wichtigkeit behält. Die Apokalyptiker christlicher Prägung unterscheiden sich von jenen nur durch das Bekenntnis. Sie rechnen in der neutestamentlichen Apokalyptik ebenfalls nicht mit der souveränen Wirksamkeit der Gnade und Weisheit Gottes, der Zeiten und Zeitpunkte ändern kann (Dan.2,21).

In der apokalyptischen Naherwartung spielt die Zeitfrage eine Hauptrolle, sie ist der Mittelpunkt der Offenbarungen. Alles läuft in gleichmäßigen Perioden ab. Nichts Neues, nichts anderes kann sich ereignen, weder durch Gott noch durch den Menschen. „Die ganze Zeitspanne (von Offb.4 bis 19) ist gekennzeichnet durch das Ausgießen des Zorns Gottes auf das abtrünnige Israel und die abtrünnige Christenheit. Die Kirche muss entrückt werden, bevor diese letzte Woche der Geschichte Israels beginnt", eröffnet Hadley seinen Lesern („Umriß der prophetischen Ereignisse, die bald geschehen müssen"). Der Fahrplan ist gedruckt, daran kann und darf sich nichts mehr ändern. Weil aber verschiedene Fahrpläne vertreten werden, sind die Apokalyptiker immer eine zerstrittene Gesellschaft.

Die Kirchenepochen wurden „abgefahren", wie man einen Zug planmäßig abfahren lässt von Station zu Station. In Ephesus fuhr der Kirchenzug ab, in Babylon soll er enden. Natürlich stiegen die Apokalyptiker in Philadelphia aus. Hier lebt ihnen das Herz auf! Dort finden sie ihre eigentliche Beschäftigung: den eigenen Standort entdecken und von da aus das Ende errechnen.

Die Blütezeit der Apokalyptiker begann im neunzehnten Jahrhundert. Alle wollten Lehrer der Heilsgeschichte sein. Wenn sie sich auch selbst nicht für Propheten hielten, glaubten sie doch einen besonderen prophetischen Auftrag zu haben. Weil sie aber prophetisch wieder in den alten Bund zurückfielen, musste ihr Lebenswerk falsch auslaufen. „Im Laufe ihrer Entwicklung schöpften die christlichen Apokalyptiker frei aus späteren jüdischen Quellen … das Mittelalter hat in diesem Bereich weder geschaffen noch erfunden, sie haben bloß Material überarbeitet, das ihnen in die Hände kam" (The Jewish Encyclopaedia, New York 1901). Bei den großen Zielen ihrer Arbeit verfielen sie in Irrtümer. Dazu kurze Zitate über ihre Hingabe an einen Heilsplan, den Gott nicht billigte: Über *Lacunza* ist zu lesen: „Sein Werk zeigt nur mehr eine Vorstellung auf, die in der Einsamkeit angeregt wurde und die von bizarren Träumen herrührt" (Biographie Universelle, Tome 23e, Paris 1819). *Drummond* suchte in „kühnen Berechnungen aus Apokalypse und Propheten die Entwicklung des Gottesreiches und die Stadien der Endzeit zu bestimmen. Unter den für diese Gedanken Gewonnenen war bald keiner so eifrig wie Henry Drummond. Seitdem er von den apokalyptischen Gedanken ergriffen worden, hatte er „bis an sein Lebensende … kein höheres Streben, als die Resultate apokalyptischer Forschung zu allgemeinen Anerkennung zu bringen" (Realenzyklopädie, Leipzig 1901). Eschatologisch-apokalyptische Ideen führten *Edward Irving,* einem schwärmerischen Erweckungsprediger in England und Gründer der Apostolischen Kirche, „seit 1824 zur Verbindung mit … Drummond" (Lexikon für Theologie und Kirche, Freiburg 1960).

„Mit der ihm eigenen Freude am Neuen nahm er die wunderliche Exegese jener Leute und ihre Gedankenwelt… wirklich als neue Offenbarung auf. Bald wurden sie wie bei jenen Mittelpunkt seines Denkens und Redens" (Realenzyklopädie). Auch die auf Verlangen der Continentalgesellschaft im Jahre 1825 von ihm gehaltene Jahrespredigt „stützt sich hauptsächlich auf Daniel und die johanneische Offenbarung und sieht wichtige Weissagungen dieser biblischen Bücher in der Gegenwart (1825!) sich erfüllen" (Allgemeine Encyclopaedie der Wissenschaften und Künste, Leipzig 1845). Irving glaubt jetzt auch zu wissen, wann die Entrückung der Gemeinde geschieht.

Auch J.N.Darby war anfänglich von Irving angetan, distanzierte sich aber später von ihm, als dieser sich mehr und mehr schwärmerischen Gedanken öffnete, übernimmt aber Irvings Vorentrückungslehre. Während die Kirchenväter und Reformatoren in der Hoffnung lebten, dass Jesus zunächst zum Gericht wiederkommt, um Böse und Fromme zu richten, brachte Darby die Meinung auf, dass die Entrückung der Gemeinde vor den Gerichten stattfinde und unmittelbar bevorstehe, ohne sich jedoch auf ein Datum festzulegen. Die aus der Erweckung durch Irving hervorgegangene Katholisch-apostolische Gemeinde setzte zwölf Apostel ein, die die Entrückung der Gesamtkirche vorbereiten sollten. Dies schlug jedoch fehl, denn Irvings Entrückungsprophezeiungen erfüllten sich nicht. An ähnlichen Fehlberechnungen scheiterte damals die Adventbewegung. Der Brüderbewegung blieben zwar diese Enttäuschungen erspart, bei ihr hatte das Ausbleiben der Entrückung mehr eine Langzeitwirkung mit zunehmenden Lähmungs- und Verfallserscheinungen. Das „Geschrei um Mitternacht: Siehe, der Bräutigam kommt!" erwies sich als Fehlalarm. Sie selbst haben das „Geschrei" gemacht, nicht der HErr Jesus.

Darbys Haushaltungslehre wird von darbystischen Biographen gerne als „verlorengegangene Wahrheit" betrachtet, die Darby unbeeinflusst von anderen wiederentdeckt habe. Als sein Freund Bellet zu ihm nach Dublin kam, berichtete dieser ihm von der „neuen" Sache, die er in London von Irving gehört hatte. Darby soll darauf geantwortet haben: „Ich habe es!" Er schreibt: „In meiner Zurückgezogenheit lehrte mich das 32.Kapitel von Jesaja deutlich im Auftrag Gottes, dass noch eine Haushaltung nach Seinem Plan kommen sollte; ein Zustand der Dinge, wie er bis jetzt noch keinesfalls aufgerichtet ist" (Weremchuk, S.126). Es war das allgemein erwachte Interesse an der Prophetie, das Darby zu einem eigenen Plan anregte. „Darby widmete sich der neuen Erkenntnis mit rastloser Hingabe und Opferbereitschaft bis an sein Lebensende … Er forderte die Absonderung derer … die als *die Heiligen der Endzeit* der nahen Wiederkunft Christi und dem Tausendjährigen Reich entgegenharren" (Biographisch-Bibliographisches Kirchenlexikon, Hamm 1975).

Sie alle glaubten bei ihren „Studien der Prophetie" nicht, dass in Jesus gemäß seinen eigenen Erklärungen alle messianischen Prophezeiungen des Alten Testaments bereits voll erfüllt sind (so dass es nicht einer zweiten messianischen Wirksamkeit bedarf). Stattdessen verbreiteten sie den Irrtum, dass da noch vieles fehle. Als jüngerer Endzeit-Lehrer ist *Erich Sauer* zu nennen, bekannt durch sein Buch „Der Triumph des Gekreuzigten". Helge Stadelmann bezeugt von ihm, dass „sein Lebenswerk der heilsgeschichtlichen Auslegung der Bibel gegolten hat" (Epochen der Heilsgeschichte, S. 102). Ein Hauptabschnitt des Buches, seine Auslegung des „kommenden Gottesreiches", ist aber gar nicht heilsgeschichtlich, sondern ohne das Heil in Christo. Trotz 25jährigen Erich-Sauer-Gedächtnisses und seiner Ehrung als „Lehrer der Heilsgeschichte" ist festzustellen, dass auch Sauers vielgerühmte eschatologische Schau auf Darbys falsche Weichenstellung zurückgeht, wonach angeblich zwei Heilsvölker existieren, die Gemeinde und Israel. Obwohl Ernst Schrupp der Ansicht ist, man habe Erich Sauer zu Recht einen „Haushalter der Geheimnisse Gottes" genannt, so muss dem doch entgegengehalten werden, dass Sauers Weg in Darbys-Scofields Fußspuren mancherlei an der Veruntreuung göttlicher Wahrheiten beigetragen hat und dass diese Missergebnisse fortlaufend weiterwirken. Als getreuer Schüler Sauers zitiert Ernst Schrupp seine These vom „dreifachen Grundfehler der Schriftauslegung":

- „Eine unklare Vermischung von Israel und der Gemeinde,
- eine voreilige Verwechslung des Gegenwärtigen mit dem Zukünftigen und
- eine einseitige Vergeistigung der alttestamentlichen Reichsprophetie" (S.91)

Richtiggestellt werden muss, dass Erich Sauer selber über das neutestamentliche Israel Gottes zu gering dachte. Er verkannte deshalb die gegenwärtige Königsherrschaft Jesu und lehrte so irrtümlich eine noch ausstehende irdische Messiaszeit. Zu letzterem führt Prof.Dr.Künneth, der in eben dem gleichen zu Sauers Ehrung von Dr.Helge Stadelmann herausgegebenen Buch „Epochen der Heilsgeschichte" auf seine „Theologie der Auferstehung" auf Seite 38 Bezug nimmt, aus: „Diese Herrschaft ist im Gegensatz zu der national-messianischen Herrschaftsidee Israels keine irdisch-weltliche, kein Regnum mundi..." (Künneth S.244, 4.Aufl.). Der Zusammenhang ergibt, dass sich damit zugleich Sauers gesamte dreiteilige Kritik in Nichts auflöst. Künneths Beitrag „Mitte und Struktur biblischer Heilsgeschichte" ist wirklich ein Kuckucksei in Stadelmanns Buch: „Die Heilige Schrift in einzelne Teile aufzulösen, um die alttestamentliche Botschaft zu verselbständigen und mit dem neutestamentlichen Zeugnis zu konfrontieren und dieses wiederum zu isolieren und seinen Zusammenhang mit dem 'prophetischen Wort' der 'Väter' gering zu achten", ist genau das, was Sauer getan hat (S.30). So führen die zu seiner Ehrung herausgegebenen Beiträge zu dem Ergebnis, dass Sauer in den Hauptstücken seiner prophetischen Lehren irrte und die Jubiläumsschrift ihm somit eher zur Kritik gereicht. Das ist sicher schwerwiegend. Aufgrund der von Erich Sauer klar formulierten Alternativen brauchen seine eigenen Worte jetzt nur umgedreht und auf ihn selber angewandt zu werden": „berührt zugleich das Herzstück des Evangeliums … leugnet das Fundament der Gemeinde … macht Gott zum Lügner … fällt das ganze paulinische Evangelium" (S.173). Gewiss Sauer wollte ein solches Ergebnis nicht. Er hat sich lediglich bei der Exegese geirrt. Aber „wenn er folgerichtig denkt", kommt das nun so heraus. Beim besten Willen kann niemand etwas daran ändern, dass Erich Sauer trotz des schönen Buchtitels „Der Triumph des Gekreuzigten" durch seine Theorien viele prophetische Aussagen über den HErrn Jesus für noch nicht erfüllt erklärt und damit die Heilsgeschichte verfälscht.

Wenn man wie Dr.Fritz Laubach bei seinem Sacharja-Kommentar (Wuppertaler Studienbibel) eine Reihe jüdischer Apokalyptiker zu Wort kommen lässt und rabbinen-hörige Judenchristen als Gewährsleute heranzieht und sich dann weiterhin auf andere auch schon so beeinflusste Theologen stützt, dann gerät man in den rabbinisch-talmudischen Sog. Das hängt damit zusammen, dass die Rabbinen ihre Propheten bis heute so auslegen, als hätte es den HErrn Jesus überhaupt nicht gegeben und als stünde die Erscheinung des Messias noch aus. Alles – aber auch wirklich alles – muss sich dieser Auffassung beugen. Die Wahrheit des heiligen Wortes Gottes, damit auch die richtige Auslegung des Alten Testaments, wird dem judaisierenden Unglauben geopfert. Eine Deutung der Propheten bei gleichzeitiger Leugnung wichtigster Vorgänge der Menschheitsgeschichte und ohne jegliche Bezugnahme auf den gekommenen Sohn Gottes und Heiland der Welt kann nur in leeres Gerede ausarten. „Jeder Geist, der nicht Jesum Christum im Fleische gekommen bekennt, ist nicht aus Gott; und dies ist der Geist des Antichristen" (1.Joh.4,3).

Sacharja hat unter den zwölf kleinen Propheten die meisten messianischen Weissagungen auf Jesu erstes Kommen hin. Aber die Juden deuten sie alle endzeitlich. In Dr.Laubachs Buch wimmelt es dementsprechend nur so von Endzeit-Ausdrücken: „Ziel der Wege Gottes", „Ziel der Heilsgeschichte", „Ziel Gottes mit den Völkern", „Ziel aller Geschichte Gottes mit der Welt", „Endpunkt der Wege Gottes" usw.; – „Anbruch der Heilszeit", „Anbruch der Endzeit", „anbrechendes Gottesreich", „Schwelle von dieser Weltzeit", „Anbruch der Erfüllung dieser Verheißungen", „Anbruch der Vollendung", „Anbruch einer ganz neuen Zeit"; – „Letztzeit", „letzter Vernichtungskrieg", „letzte große Auseinandersetzung", „letztes Gericht über Sünde", „letzte Schlacht um Jerusalem", „letzter Kampf" usw.; – „Vollendung der Welt", „Vollendung aller

Dinge", „Vollzug der Endgeschichte", „Tag der Weltvollendung", „neue heile Welt Gottes", „prophetischer Universalimus", „Wiederkunft des Weltvollenders", „totale Umwandlung der Welt", „erneuerte Schöpfung", „erlöste Menschheit", „neue Gesellschaft" usw. Hinzu kommen viele eschatologische Ausdrücke in Wortzusammenstellungen mit „endzeitlich", „heilsgeschichtlich", „Zukunft/Hoffnung Israels", „messianisch", „Friedensreich", „Erscheinung des Messias" und mit anderen Bezeichnungen in dieser Richtung. Zwar geht Dr.Laubach auch auf Jesu Erdenleben ein, aber die eben genannten Ausdrücke werden allermeist in Verbindung mit einem noch erwartenden Erscheinen des Messias für Israel verwendet.

Sehr viele dieser Fachausdrücke haben in der Heiligen Schrift überhaupt keine Entsprechung. Sie sind reine menschliche Erfindung. Und antichristliche Juden helfen dabei, auch bei der Argumentation. Sie sagen, dass eine solche besondere Zeit für Israel um der Wahrhaftigkeit Gottes willen unausweichlich komme müsse, und zwar wegen bisher nicht erfüllter Verheißungen. Am meisten gehäuft wird ein solcher Anspruch in der Fußnote S.158 erhoben, wo die Bibelstellen aufgeführt sind, wonach Israel sich so vermehren soll wie Sand am Meer, wie Sterne am Himmel und wie Staub auf der Erde. Jedermann kann durch Nachschlagen in 1.Kön.4,20 (Sand), 5.Mose 1,10 (Sterne) und 2.Chron.1,9 (Staub) leicht überprüfen, dass die Verheißung bereits in alter Zeit in Erfüllung gegangen ist (vgl. auch Hebr.11,12).

Mit gutem Recht darf man sich wünschen, dass Bibel-kommentierer etwas mehr die Bibel läsen. Dort erfahren sie auch, was daraus geworden ist und warum. Dr.Laubach hat aber seinerseits sogar hinsichtlich der den HErrn Jesus betreffenden Verheißungen viel Nichterfüllung nachzuweisen versucht, indem er seine Bemerkungen zu Jesu Erdenleben ausgiebig mit dezimierenden Wörtern verbindet: „anfangsweise", „Vorzeichen", „geringe Anfänge", „zwar … aber", „zeichenhaft", „Teilerfüllung", „etwas vorweggenommen", „noch nicht", „andeutungsweise" und durch öfteres Wiederholen „in Niedrigkeit". Auch bringt er dem Leser mehrfach zur Kenntnis, dass Jesu Weg für die Juden

„unbegreiflich", „unannehmbar" und als „gotteslästerliche Gemeinheit" erscheine, ohne jedoch zu erklären wieso, als ob es einfach legitimes Volksempfinden gewesen wäre. Nichts von dem Lobpreis der gläubigen Juden jener gleichen Zeit über die göttliche Weisheit im damals geschehenen Erlösungswerk. Nichts vom „Heiland der Welt", nichts von „erfüllter Zeit", nichts von der „Fülle der Gottheit", nichts von der „Herrlichkeit des eingeborenen Sohnes", nichts von der jetzigen Macht Jesu, die Er sogar Seinen Jüngern weiter verliehen hat. In Dr.Laubachs Kommentar ist Jesu Kraft und Herrlichkeit (abgesehen von einzelnen Hinweisen auf die Ewigkeit und den eben genannten „andeutungsweisen" Vorwegnehme-Ausdrücken) nur eine Sache von 1000 Jahren jüdischer Weltregierung und damit zusammenhängenden Ereignissen in der Zukunft. Unentwegt stößt man auf des Autors Meinung: In den Prophetenworten liegen Naherwartung (= 518 v.Chr.) und endzeitliche Erfüllung (= in einer utopischen Zukunft) dicht beieinander. „Naherwartung und Hoffnung auf endzeitliche Erfüllung verwoben". „Rettung der Juden aus Babel ist ein Prototyp jener letzten Rettung". „Ferne Zukunft mit allernächster Zukunft verknüpft". Ausführungen dieser Art gibt es in dem Kommentar von Dr.Laubach zu Dutzenden. Fatal daran ist, dass in genau solcher Häufigkeit Jesu vollbrachtes Erlösungswerk glatt übersprungen wird. Typisch jüdischer Talmud. Ein solches Verfahren kann Dr.Laubach unmöglich dem Neuen Testament entnommen haben. Rabbinisch ist es, die Wahrheit zu unterdrücken, dass der Sohn Gottes die Erlösung der Juden bewirkt hat und dass nun für alle Juden Rettung ist in dem gekreuzigten und auferstandenen HErrn und Heiland Jesus Christus.

So machen es die Juden, wenn sie die Wegführung nach Babylon (587 v.Chr.) und die Zerstörung Jerusalems (70 n.Chr.) wie eine ununterbrochene Kette von Judenverfolgungen darstellten, als hätte es dazwischen eine Begegnung mit dem Messias überhaupt nicht gegeben. Diese Tendenz, die größten Weltereignisse totzuschweigen, hat auf die Apokalyptiker unserer Zeit mächtig abgefärbt. Der in der Sacharja-Weissagung etwa 20mal vorkommende Ausdruck „an jenem Tage" deutet man ganz im rabbinischen Sinne ausschließlich endzeitlich und verschweigt dabei die richtige neutestamentliche Interpretation des HErrn Jesu und der Apostel:

Matth.13,17: „Propheten haben begehrt ... was IHR SEHET"
Luk.4,21: „HEUTE ist diese Schrift erfüllt"
Joh.5,39: „Schriften ... die von MIR zeugen"

Apg.3,24: „ALLE Propheten haben ... DIESE TAGE verkündigt"
2.Kor.6,2: „JETZT ist der Tag des Heils".

Nicht die Spur einer Andeutung hinsichtlich einer Traumzeit der Apokalyptiker. Um ihre eschatologischen Lieblingsthemen zu untermauern, scheuen sich etliche nicht, sogar den Bibeltext zu verändern. Da werden beispielsweise mit angeblicher Wissenschaftlichkeit Berichte über die Vergangenheit zu Aussagen über ferne Zukunft ... Da will man beispielsweise mit dem geschichtlichen König Judas in Hes.21,30 nachweisen, dass der Antichrist ein Jude ist. Im Unglauben, als sei in dem HErrn Jesus noch nicht alles erfüllt, was die Propheten von Ihm geweissagt haben, wird 5.Mose 18,15 („einen Propheten gleich mir ... auf ihn sollt ihr hören") trotz Apg.3,22 als noch immer ausstehend gedeutet, ebenso die Verwirklichung von 2.Sam.7,12-16 (der Sohn als der ewige König) – trotz Apg.2,36. Selbstverständlich nehmen diese Endzeitler für sich Schrifttreue in Anspruch und beziehen sich auf 2.Petr.1,19-21 über das Achten auf das prophetische Wort. Tatsächlich wird aber vielfach die dort in Vers 20 angesprochene untaugliche „eigene Auslegung" praktiziert. Genauso missachtet man die von ihnen oft selbst zitierte Mahnung in 1.Kor.4,6, „nicht über das hinauszugehen, was geschrieben ist". Apokalyptiker gehen weit über die „Lehre des Christus" hinaus (2.Joh.9).

Beim Operieren mit globalen Zeiträumen hat Dr.Laubach auch auf den Kommentar von *H.Holland* hingewiesen, der sogar Hoseas Prophezeiungen 750 v.Chr. für eine ganz ferne Zukunft deutet und damit eine noch größere Spanne der Völkergeschichte überschlägt.

Denn das war damals noch vor der Wegführung Israels durch die Assyrer. Zwischen Hosea und dem Auftreten des HErrn Jesu ist eine Reihe großer Weltmächte untergegangen, wodurch immer wieder positiv oder negativ auch das Geschick Israels betroffen war. In Juda wechselten zwischen der Wegführung und dem Römischen Reich (ein Zeitraum von 500 Jahren) wohl zwanzigmal die Herrschermächte. Nach Hollands und Dr.Laubachs Auffassung würde Gott zu all dem Erleben Seines Volkes in jenen großen Epochen durch die Propheten, die damals lebten (Haggai, Sacharja, Maleachi), nicht allzu viel zu sagen gehabt haben, aber reichlich mit einem sehr fernen Zukunftsreich getröstet haben, welches in Wirklichkeit nie sein wird. Unwissenheit kann entschuldbar sein, sie ist aber dennoch keine Berechtigung zu eigenmächtiger Interpretation. Sie entfremden Prophetenworte aus der Lebenswirklichkeit und verbannen sie in die Utopie. Übrigens macht die Zeitdauer eines solchen buchstäblich gedachten und sehnsüchtig erwarteten Zeitalters doch nur einen Bruchteil von der schon viel längeren Wartezeit aus. Die ganze Angelegenheit sollte schon deshalb sogar für die Endzeitler selbst fraglich erscheinen. Falsch ist nicht nur, dass immer wieder das Leben Jesu und Sein großes Erlösungswerk übersprungen wird, sondern falsch ist auch, wohin überhaupt gesprungen wird: In die Illusion (Einen Sprungrekord hierzu findet man in einer Obadja-Betrachtung: „Was Er mit Adam anfing, vollendet Er im 1000jährigen Reich mit Israel auf Erden").

In seinem Sacharja-Kommentar hat Dr.Laubach des HErrn Jesu Erlösungswerk, Christi Erhöhung über alle Mächte und Gewalten und die Stellung der Gemeinde sehr minimiert, Israels Zukunft aber fantastisch glorifiziert. Vom ersten Kommen des Sohnes Gottes wird zu wenig gehalten. Man will mehr. Doch die Apokalyptiker werden es nicht zustande bringen, den Juden wie durch eine evangelikale Hintertür das zuzustecken, was Jesus seinerzeit den Schriftgelehrten und Pharisäern verweigert hat. Sacharja mit seinen immerhin meisten und deutlichsten Messiasprophezeiungen unter den letzten Propheten spricht kein einziges Mal von einem *zweiten* Erscheinen des Messias für die Juden, auch nicht von einer zusätzlichen Heilszeit nach Abschluss der Gnadenzeit. Der Messias ist für die Juden gekommen, und zwar schon damals in großer Macht und Herrlichkeit, „und wir haben seine Herrlichkeit angeschaut, eine Herrlichkeit als eines eingeborenen vom Vater voller Gnade und Wahrheit" (Joh.1,14). Welche Kraft ging vom Ihm aus, mit welcher Macht heilte Er ihre Kranken, speiste die Hungrigen, trieb die Dämonen aus, so dass sie vor Ihm zitterten, gebot Wind und Wellen, und sie gehorchten Ihm; Er hat die Welt überwunden und die Mächte der Finsternis besiegt. Dem größten und letzten Feind, dem Tod, nahm Er durch Seine Auferstehung die Macht. Nun thront Er zur Rechten der Macht, „indem Engel und Gewalten und Mächte ihm unterworfen sind" (1.Petr.3,22). „Das ganze Haus Israel wisse nun zuverlässig, dass Gott ihn sowohl zum Herrn als auch zum Christus gemacht hat, diesen Jesus, den ihr gekreuzigt habt" (Apg.2,36). Was würde wohl Grafe dazu sagen, dass sein Schüler Dr.Laubach in seiner Freien evangelischen Gemeinde die darbystische Prophetie einführt?

Das Warten der Juden auf einen anderen und die Lehren der Apokalyptiker von einem halbanderen zukünftigen Messias verleugnen die allgenugsame Gnade, „die erschienen ist, heilbringend für alle Menschen" (Tit.2,11). Wir sind Juden und Heiden das Zeugnis vom gekreuzigten und auferstandenen Jesus Christus schuldig – in Liebe, nicht, „weil Gott nicht aufgehört, dieses Volk zu lieben", wie Siegfried Meurer in einem Kalenderblatt schreibt, sondern weil Juden auch Menschen sind mit einer unsterblichen Seele. In der zweitausendjährigen Geschichte christlicher Zeitrechnung gibt es außer dem Zeugnis Jesu und der Apostel keinen sichtbaren Beweis, dass Gott das „jüdische Volk" liebt. Ernst Schrupp deutet es anders: „Gerade weil Israel Gottes erwähltes Volk ist und bleibt, ging und geht es durch Leiden" (S.86). Erwählung zu Leiden, bestimmt zur Hölle? Welch eine Verhöhnung der Juden. Auch andere Volksgruppen wurden verfolgt. In Rußland wurden die Deutschen verfolgt, massenweise erschossen, verbannt, weil sie Deutsche waren, und dann noch einmal als Christen. Worin bestand nun „Gottes Liebe und Treue" zu „seinem Volk" in all den Jahrhunderten (Schrupp S.93)? Im 3.Jahrhundert, im 9. und 16.Jahrundert oder in der Judenverfolgung des 20.Jahrhunderts?

Und sind diese Juden, Geschlechter um Geschlechter, die gestorben sind, und die, welche umgebracht wurden, in den Himmel gekommen? Da war kein Retter, keine Einlösung eines Psalmwortes, dass Gott „sie Erbarmen finden ließ vor allen" wie im alten Bunde (Ps.106,46), Die falschen Messiasse haben sie nur verführt und betrogen. Standen sie etwa, wie Christen im Dritten Reich meinten, immer noch unter dem Fluch? Der Fluch geht nach dem Gesetz nur bis ins vierte Glied, nicht weiter. Die jüdische Geschichte gehört zur Völkergeschichte. Gott liebt natürlich die Juden nicht weniger als alle Menschen. „Denn also hat Gott die Welt geliebt, dass er seinen eingeborenen Sohn gab, auf dass jeder, der an ihn glaubt, nicht verloren gehe, sondern ewiges Leben habe" (Joh.3,16). Diese Botschaft sollen wir auch Juden sagen. Doch gerade das vermeiden Apokalyptiker. Sie gehen nicht in die jüdischen Synagogen wie Paulus oder verkündigen öffentlich im Staate Israel das Evangelium vom Gekreuzigten. Daran erkennen wir, dass sie keine wahren Propheten sind, sondern „falsche Apostel, betrügerische Arbeiter" (2.Kor.11,13).

In der Reihe der „großen" Apokalyptiker des 20.Jahrhunderts steht *Hal Lindsey* wohl an oberster Stelle. Der meistgelesene Endzeitspezialist kalkulierte mit Jahreszahlen der letzten Jahrzehnte, in denen sich alles erfüllen sollte. Seine Rechnung in apokalyptischer Hinsicht ist aber bereits geplatzt. „Die Entwicklung der 90er Jahre hätten die Irrtümer von Lindseys Vorhersagen gar nicht deutlicher aufzeigen können. In den meisten Fällen geschah gerade das Gegenteil von dem, was Lindsey vorhergesagt hatte" (Stuhlhofer S.142f). In wirtschaftlicher Hinsicht ist sein Buch „Alter Planet Erde, wohin?" ganz groß herausgekommen: „Weltauflage über 20 Millionen". Er trägt es gewiss gelassen. Lindsey gab zu, wenn seine Vorhersagen sich als falsch erweisen sollten, wäre er ein Landstreicher, das heißt völlig beschäftigungslos, aber ein reicher. Apokalyptiker werden jedoch nie beschäftigungslos. Statt einer Selbstkorrektur haben sie lieber eine Verfeinerung und bessere Verklausulierung ihrer Irrtümer als Versuch eigener Ehrenrettung vorgezogen. Klügere Endzeitler hüten sich nach der großen Enttäuschung durch die Veränderungen im Osten vor politischen Spekulationen. Hat sich doch die ehemalige Sowjetunion, die mit Hes.38 als „Gog, den Fürsten von Rosch" gedeutet worden war, nicht von den Apokalyptikern herumlenken lassen. Buchstäblich betrachtet könnte „der Gog und der Magog" frühestens in 1000 Jahren heraufkommen, was nun heute auch die Meinung mancher Darbysten ist. Jedenfalls hütet man sich jetzt vor Datums-Äußerungen, aber ihre Meinung, wie die schon vor 2000 Jahren bei Juden, es sei nun „die letzte Generation", ist lediglich eine Variante solchen vergeblichen Wissens. Es steht geschrieben: „Ich will die Weisheit der Weisen vernichten, und den Verstand der Verständigen will ich hinwegtun" (1.Kor.1,19). Dieser Vers ist eine Drohung, was die selbstklugen Schriftgelehrten angeht, aber für den einfachen Gläubigen ist er eine Verheißung.

Leute, die sich für prophetisch-informiert ausgeben, versuchen immer wieder, den Glauben einfältiger Gotteskinder zunichte zu machen, aber ihre Versuche schlagen fehl, ihre Beweise sind nicht stichhaltig, ihre Theorien versinken unter ihrem eigenen Gewicht. Apokalyptiker haben sich immer geirrt, irren grundsätzlich und können sich auch nur irren. Schließlich wird ihr Unverstand allen offenbar werden. Wir können ihre Torheit nicht vernichten und brauchen es auch gar nicht zu tun. Denn der HErr Selbst spricht: „Ich will". Nur die Wahrheit wird bestehen.

4 Das Ende einer Bewegung

Zu Anfang des vorletzten Jahrhunderts erlebte die Kirche eine bibelgläubige Bewegung gegen den durch die Aufklärung verbreiteten Vernunftglauben. Es kam zugleich auch zu einer Vereinigung der lutherischen und reformierten Schwesterkirchen. Die Kirchenunion führte jedoch zu einer Schwächung der reformierten Gemeinden und hatte eine zunehmende Verweltlichung zur Folge. So kam es wieder zu Spaltungen innerhalb der protestantischen Landeskirchen. Unter dem herrschenden Rationalismus und dem vordringenden Sozialismus erstarb das geistliche Leben, es kam zu neuen Bewegungen außerhalb der Kirche.

Auf zwei verschiedenen Wegen wird nach einer Belebung des christlichen Bekenntnisses gesucht. Es entstehen zunächst zu dieser Zeit viele neue Gemeinschaften mit neuen Sonderlehren, von denen einige bis heute weltweit erhalten geblieben sind. Es gibt aber gleichzeitig auch zahlreiche Bestrebungen, die Einheit der Gläubigen wieder sichtbar darzustellen, so beispielsweise in der „Evangelischen Allianz" und in der „Brüderbewegung".

Die neuen Gemeinschaften stellen sich zum Teil als Sekten heraus. Sie verstehen sich als Erben der Reformation und bekennen, nur die Heilige Schrift als Grundlage zu haben. Einige meinen jedoch, gewisse Lehren ausscheiden zu müssen, die angeblich aus nicht-christlichen Quellen in die Kirche eingedrungen sind. Andererseits wollen sie biblische Lehren wiederentdeckt haben, die in der langen Kirchengeschichte vergessen worden seien. Die einen nun ließen diese und jene alte Kirchenlehre fallen, die anderen fügten neue „Offenbarungen" hinzu, welche die Kirchenväter und Reformatoren nicht gekannt haben.

Den Irrlehren und Irrtümern sind nun in dieser Zeit keine Schranken mehr gesetzt. Mächtigen Auftrieb gibt diesen neuen Sekten die Erwartung der Wiederkunft Jesu, sie verstehen sich als „Endzeitgemeinden" und setzen in der damaligen Wiederkunfts-euphorie ein Datum für die Entrückung fest. Der Tag geht vorüber, die Gläubigen sind tief enttäuscht und dem Spott ausgesetzt.

Dennoch hält man an der Naherwartung fest, organisiert sich weiter als Gemeinschaft und gibt sich die Form einer Freikirche.

Zu dieser Zeit wurden die Weichen für die gegenwärtige Lage im evangelikalen Raum gestellt. Aus den „Abweichungen der Kirche" haben insbesondere die Sekten und Freikirchen Kapital geschlagen. Durch ihre Missionen und Aktionen verbreiteten sie eine kirchenfeindliche Einstellung unter der Bevölkerung. Viele verließen die Kirche und schlossen sich einer Freikirche oder Sekte an. Mit dem Kirchenaustritt setzte auch eine „Reichsflucht" ein, d.h. ein Aufgeben der Wahrheit vom Reiche Gottes. Der Zustand der Kirche verschlechterte sich nun rapide. Unter den Bewegungen, welche die „Einheit des Leibes" darstellen wollten, ist wohl die von England kommende „Brüderbewegung" die hervorragendste. Da sie die stärkste Front gegen die Kirche aufbaute und den größten Einfluss gewann, müssen wir uns mit ihr etwas genauer befassen (www.bruederbewegung.de).

Der Führer und Kopf der Brüderbewegung war John Nelson Darby. Er entstammte einer aristokratischen Familie in England und war ein Neffe des berühmten Großadmirals Nelson, dessen Name er als zweiten Vornamen erhielt. Nach seinem juristischen Examen studierte er Theologie und wurde Pfarrer der anglikanischen Kirche, die er 1834 verließ. Zuvor war er in engen Kontakt zu freien Versammlungen getreten. Er übernahm die Führung dieser „Brüderbewegung" in Plymouth, die Plymouth-Brüder genannt wurden (Weremschuk S.112). Darby vertrat gegenüber der Vielzahl der Kirchen den Gedanken der *einen* Kirche aller Gläubigen. Ausgedehnte Reisen nach Westeuropa, Nordamerika und Australien dienten der Sammlung der philadelphischen Geistkirche der Endzeit zur Vorbereitung der Wiederkunft Jesu. Seine Lehren haben durch die Scofieldbibel starke Verbreitung erfahren. Er selbst betrieb eine umfangreiche literarische Tätigkeit und schrieb 40 Bände über die von ihm neu entdeckten „Wahrheiten". Sein bekanntestes Werk ist die „Synopsis" (Betrachtungen über das Wort Gottes) in 7 Bänden. Zu erwähnen sind noch seine Bibelübersetzungen aus dem Urtext. Sechs Bibelübersetzungen, Französisch, Deutsch (die sogen. „Elberfelder Bibel"), Holländisch, Englisch, Schwedisch und

Italienisch, sind mit seinem Namen verbunden, wobei drei sein eigenes Werk sind. Man hat Darby nach Paulus, Augustinus und Luther den bedeutendsten Kirchenlehrer genannt.

Darbys Grundsatz lautet: „separation from evil", Trennung vom Übel. Die ersehnte Einheit soll durch die Trennung von der abtrünnigen Kirche zustande kommen. Man glaubt in der Sendschreibengemeinde *Philadelphia* einen Boden gefunden zu haben, auf dem sich alle Kinder Gottes finden können. Die Kirche ist als Babylon zu betrachten, weltweit erschallt der Ruf der „Brüder": „Gehet aus Babylon hinaus", das heißt „heraus aus der Kirche". Man sieht bereits das Kirchenschiff untergehen und flüchtete eilends in die Rettungsboote. Doch die Fahrt dauert länger als gedacht, der HErr verzieht, die Brüder leiden Not als die Wellen politischer und religiöser Strömungen in der Welt höher und höher gehen. Darauf war man nicht vorbereitet. In dem Versammlungsboot bricht nun selbst das „Übel" aus, von dem man sich nach geschworenem Grundsatz immer wieder trennen muss. Ein Spaltergeist lässt die „Versammlung" in England mehrmals auseinanderfallen, und jeder Teil behauptet „Philadelphia" zu sein, den anderen aber wird „Laodicäa" untergeschoben. In Deutschland blieb die Bewegung auf der Brockhaus-Linie weitgehend vor Trennungen verschont, bis zu dem verhängnisvollen Jahr 1937, als die „Versammlung" von dem Hitler-Staat verboten wurde.

Die „Brüderbewegung" brachte durch die Lehre Darbys zunächst eine gesunde Klärung des Gemeindebegriffes, die den ganzen Kirchenkreis befruchtet hat. Durch Darbys Reisetätigkeit entstanden zahlreiche Versammlungen in den Niederlanden, Südfrankreich, Schweiz und Deutschland. Auch im Siegerland, einem pietistischen Kerngebiet, konnte sich die darbystische Bewegung wie in keiner anderen Gegend Deutschlands ausbreiten. Der Boden war durch die Erweckungsbewegung, die 1822 ihren Anfang genommen hatte, vorbereitet. Neben den Erweckungsbewegungen in der Lüneburger Heide und im Ravensberger Land war auch hier neues geistliches Leben innerhalb der Kirche erwacht. Doch die Erweckten wurden nicht weitergeführt, sie kamen meist über das Sündenbekenntnis und die Anfangselemente des Glaubens nicht hinaus. Was die darbystischen Lehrer, die aus Elberfeld kamen, verkündigten, war etwas gänzlich Neues, sie brachten den Seelen Befreiung und führten sie vom Arme-Sündertum zur bewussten Gotteskindschaft und Heilsgewissheit, vom Laientum zum praktischen Priestertum. Man erbaute sich gegenseitig mit Gottes Wort und pflegte brüderliche Gemeinschaft. Die einfache Weise, in der die „Brüder" zur Anbetung und Wortbetrachtung zusammenkamen, ohne Zeremonien und Instrumentalbegleitung, entsprach einem echten Bedürfnis der Gläubigen und fand überall Nachahmung. Die „Brüder" standen in dem Ruf, „viel Licht" zu haben, und sie waren stolz darauf. Infolge ihrer reichen Lehrgaben und tieferen Erkenntnis im Wort kam ein Überlegenheitsgefühl auf gegenüber anderen Kreisen von Gläubigen, „die nicht so die Wahrheiten haben wie wir", wodurch sie sich große Verachtung zuzogen. Ihre Sonderstellung brachte ihnen viel Feindschaft von kirchlicher Seite ein.

Wir wissen aus der Geschichte, dass selbst große Knechte Gottes irrten. Aus Irrtümern sind Irrlehren geworden, die sich in den nachfolgenden Zeiten verheerend ausgewirkt haben. Mit den neuen „Wahrheiten" übernahmen die Gläubigen auch die Irrtümer der „Brüder". Darbys Haushaltungslehre und Israelogie warfen die reformatorische Eschatologie vollständig über den Haufen; er stellte, wie wir bereits gesehen haben, ein neues Modell von zwei Heilskörpern Kirche-Israel auf, die sich gegenseitig ausschließen. Nach dem gleichen Prinzip wie in jener Zeit die Sekten scheidet er „überlieferte Kirchenlehre" als falsch aus und setzt „längst vergessene Wahrheiten", die er glaubt in der Schrift wiederentdeckt zu haben, an ihre Stelle, auch wenn er feststellen musste, dass davon jedes Zeugnis in der Kirchengeschichte fehlt. Das was die Kirche von frühester Zeit an geglaubt hatte, z.B. das Evangelium vom Reich, das Königtum Jesu, die doppelte Funktion des Gesetzes, den neuen Bund, das Bekenntnis von dem *einen* Volk Gottes als das wahre Israel, das Gericht usw. – alles dies soll sich nach dem Verständnis der „Brüder" anders verhalten bzw. erst zukünftig sein.

Bei aller Kritik am prophetischen System der „Brüder" muss auch anerkannt werden, dass die Brüderbewegung der Christenheit manches Gute geschenkt hat, z.B. ein viel klareres Verständnis der Gemeinde und Gemeinschaft, auch was wahre Anbetung ist und Leitung des Heiligen Geistes und vieles andere mehr. Die Bewegung war gekennzeichnet durch eine hohe Achtung vor dem Worte Gottes und der Heiligkeit, die dem Haus Gottes geziemt. Die Theologie würde sehr gut tun, sich mehr mit dem, was damals gelernt wurde, auseinanderzusetzen. Aber dazu kommen andere Punkte, die die Bewegung mit sich brachte und die „Brüder" am meisten von anderen Christen unterscheidet, besonders für Außenstehende. Es sind die anderen Punkte und Lehransichten, besonders über die Prophetie, die unbiblisch sind und keinerlei Bestätigung vor der Zeit der „Brüder" finden.

Wenn wir die Kirchengeschichte durchgehen, sehen wir immer, dass Gott Bewegungen und Erweckungen benutzte, um Sein Volk zum Evangelium zurückzurufen, indem vernachlässigte oder vergessene Wahrheiten neu auf den Leuchter gestellt wurden. Aber die „Brüder"-Bewegung bildet hier eine Ausnahme: Sie brachte völlig neue Gedanken hervor, die die Kirche in dieser Form nie gehabt hatte. Die Brüder meinten und meinen noch, längst vergessene Wahrheiten wieder-„entdeckt" zu haben, die gleich nach dem Ableben der Apostel verlorengegangen sein sollen und den Verfall einleiteten. Darbys These lautete: „Gott stellt niemals eine Ökonomie wieder her, die der Mensch durch seine Untreue verdorben hat". Deshalb kann auch die Einheit der Gläubigen nicht wiederhergestellt werden, ja jeder Versuch in dieser Richtung sei eine Anmaßung und zum Scheitern verurteilt. Max S.Weremchuk, ehemals großer Darbyverehrer, inzwischen aber an dem gegenwärtigen Zustand der „Brüder" ernüchtert und ein scharfer Gegner des Dispensationalismus, stellt in einer Streitschrift fest: „Keine außerbiblische Quelle, seien sie noch so früh nach den Aposteln geschrieben, enthalten ‚Brüder'-Gedankengut. Und hier haben wir auch die Notwendigkeit von Darbys ‚Verfalls'-Theorie: die Lehre (Theologie) der 'Brüder' war und ist die Lehre der ersten, neutestamentlichen Gläubigen. Diese Lehre ist nicht in außerneutestamentlichen Schriften zu finden, da der Verfall so früh einsetzte und diese Lehren (oder Wahrheiten) verloren gingen und verloren blieben, bis es Darby gegeben wurde, sie ‚wiederzuentdecken'. Der Gedankengang der ‚Brüder' scheint nun ganz logisch: ‚Einfach die Schrift nehmen, wie sie dasteht und die menschlichen Meinungen und Hinzufügungen der letzten 1800 Jahre weglassen'. In Wahrheit aber haben wir hier ein Hineinlesen von Darbys Gedanken in die Schrift."

C.H.Spurgeon (1834-1892), ein gesegneter Baptistenprediger in London, „Fürst unter den Predigern" genannt, ein Zeitgenosse Darbys, verwarf als Calvinist die darbystische Brüderlehre. Seine Predigten erscheinen wieder in Neuauflage und gelten als Modell für Erweckung. Paradoxerweise werden sie vorzugsweise von Verlagen herausgegeben, die für den darbystischen Standpunkt bekannt sind, wonach es keine Erweckung mehr geben kann.

Die Brüderbewegung war in erster Linie eine antikirchliche Bewegung. Mit dem Kirchenaustritt bekannte man aus „Babylon" ausgegangen zu sein, um die „Versammlung Gottes" wieder darzustellen, wenn auch „in aller Schwachheit". Man sollte nun annehmen, dass ihr geistlicher Standort hinfort „Jerusalem" war, um dort den „Tempel" und die „Mauer" wieder aufzubauen, wie wir es in Esra und Nehemia vorgebildet sehen. In der Tat waren diese Bücher ihr Hauptthema. Dabei entwickelten sie wertvolle Gedanken über die Gemeinde und die Einheit der Kinder Gottes. Aber bauten die „Brüder" nicht in Wirklichkeit ihren „Tempel" auf babylonischem Boden, wenn sie ihre Identität als Gottes Israel leugneten? War ihre „Absonderung" nicht tatsächlich eine „Wegführung" nach Babylon? Im Gegensatz zu Luther haben Darby und die „Brüder" die Kirche mit Vorsatz verlassen, sie haben keinen Versuch unternommen, die Kirche zu erneuern, was zu jener Zeit wohl auch schwierig, aber bei Gott nicht unmöglich war.

Obwohl Gottes Volk viel Babylonisches angenommen hat, ist es falsch, es mit Babylon zu identifizieren. „Man darf die Kirche nicht Babel nennen, sie ist nicht schuld an den schlechten Früchten. Verantwortlich für den Zustand sind in erster Linie die Prediger und Hirten" (Spener, 1635-1705). Der praktische Zustand der Kirche Christi entsprach zu jener Zeit typologisch viel eher dem Zustand

Israels und Jerusalems in den Tagen Jeremias. Sie war sicher gerichtsreif, aber sie freiwillig aufzugeben kam der Selbstzerstörung gleich. Das Gericht sollte durch finstere Mächte wie den Marxismus und Darwinismus erfolgen. Immerhin bekannte die Kirche wie in den ersten Tagen immer noch das Israel des neuen Bundes, so dass das Wort der Propheten noch geistliche Anwendung fand. Wenn aber nicht mehr, dann war der Weg der Gottesfürchtigen klar: Sie sollten nach Babylon entrinnen, und dort wollte Gott ihnen „ein wenig zum Heiligtum sein" (Hes.11,16). Das hieße bewusst und demütig den biblischen Weg gehen. Die Kirche ist also nicht Babylon, wenn sie sich als Gottes Israel bekennt, aber sie ist jetzt sichtbar i n Babylon. Davon geht die Offenbarung ab Kapitel 14 aus.

Die Brüderbewegung war eine Bewegung der „Entronnenen", mit ihr beginnt erst richtig die „Zerstreuung der Kinder Gottes", die sie sammeln wollten. Andere Bewegungen in dieser Zeit, z.b. Grafes „Freie evangelische Gemeinde", vollziehen die endgültige Trennung von allem was Kirche heißt und gehen ihren eigenen Gemeindeweg. So zerstreuen sich die Gläubigen in alle Richtungen „nach jedem Winde der Lehre", und jede Gruppe und jedes Grüppchen baut seine eigene Gemeinde, spricht seine eigene Sprache. Das ist Neu-Babylon. Gottes Volk befindet sich heute tatsächlich in „Babylon", während „Jerusalem" in Trümmern liegt, jedoch nicht für immer.

Gottes Wege sind höher als unsere Wege. Um Seine Wege mit dem neuen Bundesvolk verstehen zu können, müssen wir die Wege Gottes im Alten Testament betrachten. Sie sind als Vorbilder für uns aufgeschrieben. Daher finden wir die alttestamentlichen Weissagungen zum Teil fast wörtlich wieder in der Offenbarung, sowohl unsere „Wegführung" nach Babylon als auch die „Rückkehr" nach Zion. In Erfüllung der Worte Jeremias ging die Mehrheit der Gläubigen geistlicherweise in Babylon ein, worunter die Brüderbewegung anführende Gruppe war, was nicht zuletzt mit Darbys Persönlichkeit verbunden war. Durch Jeremia wird den Juden gesagt, sie sollten sich in Babylon ansässig machen, bis Gott ihre Gefangenschaft wenden und sie wieder sammeln würde. Denn „so spricht der Gott Israels zu den Weggeführten, die ich von

Jerusalem nach Babel weggeführt habe: Bauet Häuser und bewohnet sie; und pflanzet Gärten und esset ihre Frucht ..., mehret euch daselbst, und mindert euch nicht. Und suchet den Frieden der Stadt, wohin ich euch weggeführt habe, und betet für sie zum HErrn; denn in ihrem Frieden werdet ihr Frieden haben" (Jer.29,1-7). So anrüchig war also Babylon gar nicht, denn auch Babylon war einmal eine Jungfrau; eine Hure ist sie erst später geworden. Immerhin war Nebukadnezar die Verwaltung des Reiches Gottes anvertraut, er war das Haupt von Gold, der König der Könige. Wenn wir uns unter Gottes Wege beugen, können uns die Umstände zum Besten dienen, indem wir völlig auf die Gnade Gottes hoffen. Mit Rom oder einer anderen Großkirche hat das neuzeitliche Babylon wenig zu tun, die sprichwörtliche Verwirrung und Zerstreuung liegt ganz und gar im evangelisch-evangelikalen Bereich, und der ist typisch babylonisch. Die „Brüder", die so viel geistliches Verständnis hatten, hätten wissen müssen, dass ihre „Versammlung" nur eine Zwischen- bzw. Notlösung war. Sie sollten nur vorübergehend in Babylon sein, bis der HErr Sich Seiner Gemeinde wieder annehmen würde. Aber sie haben sich dort fest etabliert und sind üppig und stolz geworden. Einen Namen scheuten sie, sie blieben anonym. Eigentlich hätten sie sich als Darbysten nach ihrem Führer nennen sollen. Aus Luther wurden Lutheraner, aus Calvin wurden Calvinisten, und sie nennen sich freimütig so. Aber Darbysten bekennen sich nicht zu ihrer Herkunft, fast sind sie beleidigt, wenn sie als solche angesprochen werden.

Wenn nun die „Brüder" nicht Israel sind, was sind sie dann? Demnach gehören sie zu den „Nationen". Der Ort, wo die „Brüder" sich ansiedelten, war nach ihrem Selbstverständnis „Philadelphia". Diese beste der sieben Gemeinden wird aber wie die übrigen zum „Kreis der Nationen" gerechnet. Darby hatte über die Offenbarung kein Licht, er konnte keinen geistlichen Bezug zu den Propheten herstellen und darin nicht die Kirche (Gemeinde) entdecken. Die „Brüder" beraubten sich so selbst der Verheißungen, die den Treuen immer die Hoffnung auf eine Wiederbelebung der Kirche nach dem Gericht gegeben haben, die den Glaubenden immer Trost und Ermunterung gewesen sind; Gott ließ sie die Erfüllung der

Verheißungen auch zu gewissen Zeiten erleben. Was aber taten die „Brüder"? In ihrem Sendungsbewusstsein als Verfallsprediger hatten sie nichts anderes zu tun, als allen Gläubigen die prophetischen Verheißungen auszureden. Angeblich hätten die Propheten nicht die „Haushaltung der Kirche" gesehen. Überhaupt sei „die Gemeinde auf Grund ihrer himmlischen Wesensart und Berufung nicht Gegenstand der Prophetie", obwohl Darby in Offb. 2 und 3 „eine prophetische Geschichte der Gemeinde" sieht. Darby beruft sich an dieser Stelle darauf, „dass er seine Gedanken vom HErrn allein empfangen hatte". Sicherer wäre es für ihn gewesen, er hätte sich „der Belehrung eines Menschen" geöffnet und nicht seine Gedanken vom „Wandel der Haushaltung", die er in Jes.32 zu sehen meinte, weitergesponnen. Er tadelt die Gläubigen der frühen Kirche, „dass sie die alttestamentlichen Prophezeiungen und Verheißungen auf sich selbst" angewandt haben (Weremchuk S.133).

Der eigene Verfall

Es hat in jener Zeit solche geistlosen Theologen gegeben, welche die christliche Zukunftshoffnung auf diese Erde projizierten und die Verheißungen natürlich und politisch auffassten. Aber auf Darby ist auch nicht „der Geist aus der Höhe ausgegossen worden", wenn er die Verheißung, dass „die Wüste zum Fruchtgefilde" wird (Jes.32,15), natürlich-sinnlich auslegt. Für die „Wüste" der Kirche gibt es keine größere Verheißung als diese, welche das Kommen des HErrn geradezu beschleunigen muss. Die Verfallslehre der „Brüder" ist zu einer Art selbst-erfüllender Prophetie geworden und lässt keine Wiederherstellung der Gemeinde zum „Fruchtgefilde" zu. Der pietistische Pädagoge, Johann Amos Comenius, setzt zumindest auf die Jugend, „dass Gott von Zeit zu Zeit das Paradies der Kirche erneuert und die Wüstenei wieder in einen Garten der Wonne verwandelt", wenn nur die Jugend die „rechte Unterweisung" erhält (Große Didaktik S.19).

Die Ereignisse des Jahres 1937 versetzten der Brüderbewegung in Deutschland durch das Versammlungsverbot einen schweren

Schlag. Tiefgreifende Umwälzungen äußerer und innerer Art waren die Folge. Der größte Teil der „Brüder" vereinigt sich mit staatlicher Genehmigung in dem „Bund freikirchlicher Christen" und trat wenig später dem „Bund Evangelisch-Freikirchlicher Gemeinden" bei, um hierin mit Baptisten, Freien evangelischen Gemeinden, Methodisten und Evangelischer Gemeinschaft zusammen-zuarbeiten. Dr. Becker, der vorher ein scharfer Kritiker der Brüderlehre war, wurde paradoxerweise ihr Führer, denn er hatte Beziehungen zu Berlin. Er verwarf die Lehre vom Tausendjährigen Reich, weil sie mit dem nationalsozialistischen Antisemitismus kollidierte. Wir sehen daran, was diese Prophetie im Ernstfall wert ist. Kein Jude durfte in die Versammlung kommen, man wollte mit ihnen aus Furcht vor den Nazis nichts zu tun haben. Näheres bei Gerhard Jordy, der in seinem dreiteiligen Werk „Die Brüderbewegung in Deutschland" die Geschichte der „Brüder" von ihrer Entstehung bis zur Gegenwart geschrieben hat (Wuppertal 1986).

Einige Geschwister wählen den Weg des Kreuzes und erleiden Schmach, sind zum Teil auch schweren Verfolgungen ausgesetzt. Nach dem Kriege kommen viele reumütig aus dem „Bund" wieder zur „alten Versammlung" zurück. Man wollte einen neuen Anfang machen, fällt aber bald wieder in das gesetzliche Brüdertum zurück. Die alten Schriften und „Botschafter" werden neu aufgelegt, die Werke von J.N.Darby kommen wieder zu Ehren, seine Prophetie, die in der Nazizeit so gut wie tot war, lebte wieder auf und heizte das Thema Israel an, das in den Ereignissen in Palästina seinen eigentlichen Gegenstand gefunden hatte. Evangelisten und Lehrer reisten umher und hielten öffentliche Vorträge über die Zukunft.

Unterdessen setzte mit dem wachsenden Wohlstand und dem Ruhekissen ihrer Prophetie der Verfall in der Versammlung ein. Jetzt erweist sich auch die „Brüder"-Sicht von einem irdischen Reich, die man fälschlicherweise den Propheten unterstellt, als ein Haupthindernis für eine Erneuerung der Versammlung, die es nach Darbys Verfallstheorie sowieso nicht geben kann. An eine Wiederherstellung der ganzen Kirche glaubt man ohnehin nicht. Das Wort Erweckung klingt in den Ohren der „Brüder" wie ein eitler

Wahn, mag der Zustand der eigenen Versammlung noch so lau, schläfrig oder gar schon tot sein. Sie haben die begabtesten Evangelisten und die besten Missionsschriften, aber keinen Glauben an Erweckung, und darum bleiben sie fruchtleer. Das Gesetz des Darbysmus kennt nur Verfall und nochmals Verfall, bis die „Gläubigen entrückt sind und das Gericht über diese Welt kommt". An dieser Haltung gehen sie selbst allmählich zu Grunde. Während die tradierten typischen Versammlungsmerkmale zum großen Teil hochgehalten werden, ist moralisch ein starker Niedergang festzustellen. Und da wegen ihrer Prophetie jeder prophetische Dienst verschmäht wird, kann sie das prophetische Wort nicht heilen. Wer es dennoch den Geschwistern auf Herz und Gewissen legt, muss „sehr böse" sein.

Die ernsten Geschwister resignieren über die notvollen Zustände in ihrer Mitte, sind aber andererseits nur sehr schwer für einen frohmachenden Ausblick zu gewinnen, obwohl sie sich als Braut Christi bekennen. Die meisten Gläubigen können ihre Prophetie nicht biblisch begründen. Sie wissen nur, als nächstes kommt die Entrückung, dann das Tausendjährige Reich. Wie das im Einzelnen ablaufen soll, da muss man die „Brüder" fragen. Doch wie sich das mit dem Evangelium verträgt, das weiß nur Gott. Es ist gut, einfältig der Schrift zu glauben, aber es ist ebenso wichtig, den prophetischen Teil der Schrift einfältig im Lichte des Evangeliums zu lesen, um dem geschlachteten Lamm nichts Ungereimtes anzudichten.

In den letzten Jahren hat der Darbysmus theologisch eine bedenkliche Wandlung erfahren, und zwar dort, wo er mit der Lehre vom „unverlierbaren Heil" gekoppelt ist. Das ursprünglich gute Anliegen der Brüderbewegung, die Liebe der Gläubigen durch die „Naherwartung" zu entfachen, musste in einer Zeit, wo „wegen des Überhandnehmens der Gesetzlosigkeit die Liebe der Vielen erkalten wird" (Matth.24,12), die gegenteilige Wirkung haben. Denn noch immer geht man davon davon aus, dass die „erste Liebe" vorhanden sei. Die sanfte Umdeutung des Gleichnisses von den zehn Jungfrauen zeigt einen anderen Geist als im Anfang der Brüderbewegung. Die fünf klugen Jungfrauen standen bisher für die *Gemeinde*, die Braut Christi; das Geschrei: „Siehe, der Bräutigam kommt! gehet aus, ihm entgegen!" hatte die Endzeitbewegung überhaupt erst in Gang gebracht. MacDonald sieht jetzt in den „klugen Jungfrauen" die *Juden* „während der Trübsal" in der Zeit „zwischen den beiden Kommen" des Bräutigams, während die Hochzeit mit der Braut, der Gemeinde, im Himmel gefeiert wird (Kommentar zu Matth.25,1-13). Die Lehre, die wir nach dieser letzten Blüte dispensationalistischer Theologie aus dem Gleichnis ziehen können, heißt dann: Ihr könnt ruhig weiterschlafen, ihr gehört ja alle zur Entrückungsgemeinde. Dennoch haben Darbysten keine lebendige Hoffnung. Die Entrückungslehre zieht nicht mehr, schon gar nicht die Jugend. Wolfgang Bühne klagt: „In den 50er und 60er Jahren der Nachkriegszeit, als halb Europa noch in Trümmern lag, da schrieb und sang man neue Lieder von der baldigen Wiederkunft Jesu (Entrückung). Die Janz-Brüder, Anton Schulte, Werner Heukelbach, Wim Malgo und zeitweise Billy Graham predigten über dieses Thema. Solisten und Chöre besangen die Wiederkunft Jesu und die Zuhörer waren zu Tränen gerührt. Bestseller wie ‚Alter Planet Erde – wohin?', ‚die Wiederkunft Christi' und ähnliche machten die Runde. Heute, nach Jahren wachsenden Wohlstandes, kann man sie schon antiquarisch für einen Euro erwerben. Damals garantierten Vortragsreihen über die Wiederkunft Jesu volle Säle. Ein neuer Evangelisations-Eifer flammte auf, um ‚Seelen vom Grabesrand' zu retten. Ja, damals!" (Fest und treu 4/07).

Es wird in der „Versammlung" oft ermahnt, dass das festgehalten werden muss, was die „Brüder" hatten und lebten. Aber nach fünf Generationen der „Brüder" sind es nur wenige, die das überhaupt noch wissen, was die „Brüder" auszeichnete. Und wenn, dann fehlt der Geist der Väter der Bewegung. Weremchuk beklagt in einer Nachschrift zu seiner Darby-Biographie „Ihr liefet gut …" (1989): „Man muss feststellen, dass die Wahrheiten, die damals lebendig waren und tagtäglich aufs Neue in Anspruch genommen wurden, heute vielfach nur angeeignet, erstarrt, in eine Form und in ein System gepresst worden sind … Die Brüder reden viel von geistlicher Freiheit, aber jemand muss nur etwas sagen oder tun, was nicht so ganz in den traditionellen Rahmen paßt, dann …" (S.26).

Die Resonanz dieser Mahnschrift war, dass man über Max Weremchuk herfiel und ihn, wie das im Brüdervokabular heißt, beschuldigte, in einem „schlechten geistlichen Zustand" zu sein.

Bestürzend ist die Selbstzufriedenheit und der Stolz der „Brüder", insbesondere bei den „Exklusiven". Sie meinen, dass sie nicht nötig haben, dass jemand sie belehre, da sie ja alles hätten. Dies verrät die Sprache Laodicäas, wo man auch sagt: „Ich bin reich und bin reich geworden und bedarf nichts" (Offb.3,17). Wie arm sie in Wirklichkeit geworden sind, zeigt der Dienst am Wort in ihren Versammlungen. Mehr oder weniger ist es ein Gesetzes- und Buchstabendienst geworden, eigentlich nur ein ständiges Wiederholen dessen, was man ebenso gut in einer „Betrachtung" lesen kann oder ein Nacherzählen des Bibeltextes. Unter einem solchen Dienst verarmen die Gläubigen und stehen nicht mehr in der Rechtfertigung. Wenn man sie auf den praktischen Zustand anspricht, ergehen sie sich in Selbstanklagen und Selbst-entschuldigungen, es sei eben alles sehr schwach. Ungeachtet dessen müssen sie die „himmlische Stellung" rühmen, in die „die Gnade uns versetzt hat". So verlangt es das ungeschriebene Glaubens-bekenntnis. Unmerklich hat sich die „kleine Kraft", welche die Väter der Bewegung ermutigte, in eine große Schwachheit verwandelt. Zu schwach für jede Initiative, z.B. christliche Schulen zu gründen, was die „Brüder" im Anfang noch für wichtig erachteten. Die „studierten Söhne" sehen dafür keine Notwendigkeit mehr, sie haben andere Interessen und höhere Bildungsziele.

Viele liebe Geschwister leiden an Depressionen und haben psychische Probleme, fürchten sich aber, sie zu äußern. „Manche von uns wollen die Probleme, die auch unter uns sind und auf unseren ‚kranken' Zustand nur zu deutlich hinweisen, nicht sehen und wahrhaben. Lieber wird alles unter den Teppich gekehrt?" („Ihr liefet gut..." (S.32). In darbystischen Versammlungen herrscht die Angst vor dem Offenbarwerden, jeder hat vor jedem Angst, missverstanden zu werden, und deshalb spielt man mit, obwohl einem ganz anders zumute ist. Hier wird schon die Jugend zur

Heuchelei erzogen, sie laufen ständig mit einem schlechten Gewissen umher und verdrängen ihre Probleme.

Der Versammlungszustand, wie er auch in anderen evangelikalen Gemeinden anzutreffen ist, lässt sich mit der alten sterbenden Sara vergleichen. Sara ist ein Vorbild von dem himmlischen Jerusalem, „welches unsere Mutter ist", also die Gemeinde Jesu. Aber was viele nicht sehen oder nicht wahrhaben wollen: In der letzten Zeit ist unsere Mutter(Gemeinde) alt, schwach und krank geworden und mancherorts wie in Sardes schon tot, obwohl sie den Namen hat, dass sie lebt (Offb.3,1). Ihre Krankheit verläuft geistlich gerade so wie bei einer dementen Person. Zuerst vergisst man die großen Taten Gottes, die Erinnerung an das Werk Christi dringt nicht mehr ins Herz, die letzte Predigt sowieso nicht. Gute und ernste Gedanken verflüchtigen sich schnell, das Nachdenken über das Wort (Gottes) macht Mühe. Die Verbindung zum Haupt ist gestört, seine Befehle erreichen nicht mehr die Glieder. Seit der Kultur-Revolution vor 40 Jahren sieht man viele Dinge auch in gläubigen Kreisen anders, besonders unter jungen Leuten. Was einst gut und richtig war, ist jetzt schlecht und verkehrt. Dass die Welt auf dem Kopf steht, wird nicht mehr recht wahrgenommen, weshalb man meint sich anpassen zu müssen, so dass auch das Bekennen mit dem Munde schwerfällt. Prediger wissen oft nicht mehr, wie mundgerecht sie die geistliche Speise verabreichen sollen, ohne kauen zu müssen. In den letzten Tagen am besten nur noch Brei. Beim Ermahnen darauf achten, dass niemand sich verschluckt. Es könnte Probleme geben. Nur Singen geht noch, Musik hören Demente gern. Im Übrigen äußerst geräuschempfindlich, aber kein Ohr für das „was der Geist den Gemeinden sagt" (Offb.2,7ff). Manche Gemeinden versuchen mit ein bisschen Spektakel die Leute zu bewegen, aber eigene Bewegungen kommen nicht mehr zustande. Das innere Gefühlssystem sei noch intakt, sagt man. Darum geht es vielen nur noch ums Wohlfühlen, indem sie eine entsprechende Gemeinde suchen. Sind die letzten Stunden gekommen, sollte man nur noch palliativ behandeln. Den Alten bleibt dann wenigstens noch die Hoffnung auf die Auferstehung.

Wundert es bei diesem armseligen Zustand, wenn sogar treue Gläubige nicht mehr die Kraft haben, gegen den Strom zu schwimmen? Sie sind sehr liebenswürdig, aber da ist wenig Hoffnung, daher auch kein Mut, die Kinder aus der gottlosen staatlichen Schule zu nehmen? Es wäre die letzte Rettung, ehe sie dort ganz verdorben werden und ein neues Geschlecht Gott nicht mehr kennt. Man muss die Geschwister deshalb nicht tadeln, denn ganze Gemeinden sind schwach geworden und mehr oder weniger Pflegefälle. Im Frühstadium der geistlichen Demenz befinden sich fast alle, etliche schon im Endstadium. Wir müssen schließlich die alte Kirche oder Versammlung begraben. Das ist traurig, man möchte weinen. Dennoch, es ist für uns nicht das letzte Ende. „Siehe, ich wirke Neues; werdet ihr es nicht erfahren?" (Jes.43,19; Offb.21,5). Jesus wird Seine Kirche (Gemeinde) erneuern und verjüngen. Das wird dann die Braut sein für das Hochzeitsmahl des Lammes. „Glückselig, die geladen sind zum Hochzeitsmahle des Lammes!" (Offb.19,9). Wahrscheinlich gibt es bei der Einladung wieder dieselben Probleme wie mit den jüdischen „Verwandten" (s.Prolog).

Die Hoffnung Abrahams hing an dem Sohn, dem er alles gab was er hatte. Auch Davids Hoffnung hing an dem Sohn, an Salomo, dem er das Königreich übergab. Auch unsere Hoffnung hängt an dem Sohn, dem Erben aller Dinge, der für uns gestorben und auferstanden ist. IHM wollen wir alles geben was wir haben, vor allem unser Herz. Er gibt Trost im Leid, und Hoffnung in Trübsal, denn Jesus „hat den Tod zunichte gemacht, aber Leben und Unverweslichkeit ans Licht gebracht durch das Evangelium" (2.Tim.1,10).

Das Brüdersystem, das im Anfang ein Sammelplatz war für viele Gläubige aus den verschiedenen Denominationen und Kirchen war, ist zu einem Getto geworden, aus dem man nicht ungestraft ausbrechen kann und auch niemand zugelassen wird, der nicht die Brüderart und -lehre voll akzeptiert. Kontakte zu anderen Gläubigen werden kaum gepflegt, sind auch nicht erwünscht. Jemand bekommt Schwierigkeiten, wenn er einmal in eine andere Gemeinde geht. Wenn Evangelisationen abgehalten werden, was ziemlich selten geschieht, sind meist nur Gläubige anwesend. In der Einladung heißt es gewöhnlich, „Christen, die sich mit allen Kindern Gottes eins wissen", aber von diesem Einssein ist nichts zu sehen. Denn aus anderen Kreisen kommt kaum jemand, vielleicht zu einer besonderen Veranstaltung. „Wir haben es verlernt, mit anderen Gläubigen Gemeinschaft zu pflegen. Wir haben Angst, eine entschiedene Position einzunehmen, weil wir uns deshalb bald außer der Gemeinschaft der ‚Versammlung' befinden würden – und mehr haben wir nicht. Es ist ähnlich wie bei den Eltern des Blindgeborenen in Joh.9" („Ihr liefet gut …", S.31).

Viele ungerechte Ausschlüsse sind in den letzten Jahrzehnten in der „Versammlung" geschehen. Gegen unbequeme Mahner wurde solange ein Kesseltreiben veranstaltet, bis sie zur Strecke gebracht waren. Wer diese Beschlüsse nicht anerkannte, die auf Grund der „Autorität der Versammlung" ob recht oder unrecht anerkannt werden müssen, wurden dazu gezwungen oder ebenfalls ausgeschlossen. Wieviel Leid und Tränen dieses himmelschreiende Unrecht verursacht hat, wieviel Verleumdungen verbreitet und böse Worte gesprochen und geschrieben wurden, das können sich Außenstehende kaum vorstellen. Die Bewegung, die am Anfang wahrhaft philadelphische Züge trug und gesegnet war, ist zu einem selbstgefälligen, hochmütig-pharisäischen Brüdertum geworden. Von einer Bewegung kann jedenfalls keine Rede mehr sein. Hier und dort ist ein kleines „Zeugnis", wie sie es nennen, übrig geblieben, Zuwachs nur durch eigenen Nachwuchs, wenn ihre Kinder nicht anderswohin laufen. „Verlaufen und festgefahren", stellt Weremchuk ganz richtig fest. Das gilt auch von anderen Bewegungen aus jener Zeit.

Der Dispensationalismus hat die „Brüder" zu dem gemacht, was sie heute sind. Ich trauere um meine „Brüder im Herrn". Nur der HErr kann sie überführen und nach Zion zurückbringen. „Führe unsere Gefangenen zurück gleich Bächen im Mittagslande! …" (Ps.126). Ihre Geschichte erinnert an die Geschichte der Brüder Josephs. Als sie wegen der Hungersnot nach Ägypten kamen, erkannten sie Joseph nicht; er redete hart mit ihnen, um ihnen ihr

Unrecht ins Gedächtnis zu bringen. Auch als sie zum zweitenmal kamen und fürstlich bewirtet wurden, kamen sie nicht darauf, auch Benjamin nicht, dass Joseph ihr Gastgeber war. Seine hohe Stellung, seine Macht und Herrlichkeit konnten sie nicht mit damals in Verbindung bringen. Es ist tragisch, dass gerade den Brüdern die Offenbarung Jesu Christi verschlossen ist.

Die Brüderlehre und -prophetie hat durch eine umfangreiche Literaturverbreitung im evangelikalen Raum stark an Einfluss gewonnen. Selbst in Kreisen, die sie früher radikal ablehnten, hat sie Anhänger gefunden. Auch zu rußlanddeutschen Gemeinden bestehen darbystische Verbindungen, ohne dass man dort weiß, was Darbysten lehren. Sie sollten ihre Väter befragen, was diese geglaubt und gelehrt haben. Das Gefährliche am Darbysmus ist, dass er nicht offen operiert, er bleibt stets anonym. Seine Vertreter leugnen, etwas damit zu tun zu haben, zum Teil distanziert man sich auch von Darby. Viele Evangelikale ahnen kaum, dass sie Darbys unbiblische Lehren und Zukunftsschau vertreten.

Der hier gezeichnete Weg einer Bewegung verlief bei anderen damals entstandenen Bewegungen ähnlich, heute alles Sackgassen. Es sind keine Bewegungen mehr, weder der Körper noch die Glieder, ob es die Gemeinschaftsbewegung war oder die Adventisten oder andere – es bewegt sich nichts mehr. Wegen Alter und Schwachheit alles zum Stillstand gekommen. Noch immer warten sie mit großen Zahlen auf, aber tatsächlich sind örtlich nur noch kümmerliche Reste zu finden. „Damals war das Gemeindehaus sonntagabends überfüllt, heute kommen noch ganze 12 Leute", sagte mir ein Freudenberger Gemeinschaftsmann. In Freudenberg begann die Erweckung im Siegerland. Ihre Kinder gehen andere Wege, auf denen sie das Glück des verlorenen Lebens suchen, obwohl es so nahe ist im Reich des Vaters und des Sohnes.

5 Die Sicherheitsprüfung

Bei der Geburt des Brüderbewegung hat eine Lehre Pate gestanden, die es ihr ermöglichte, alle Krisen während der mehr als 180jährigen Geschichte zu überstehen: Die Lehre von der Sicherheit des Gläubigen oder vom „unverlierbaren Heil". Diese Lehre spielt eine zentrale Bedeutung im Prophetieverständnis der Brüder. Darby wollte damit einem Bedürfnis seiner Zeit entgegenkommen, in der viele gottesfürchtige Gläubige ihres Heils nicht gewiss waren. In Deutschland war es Carl Brockhaus, der im „Botschafter des Heils in Christo" die Heilslehre Darbys verkündigte. Beide hatten selbst viele Jahre „unter dem Gesetz" in äußerster Gewissenhaftigkeit, aber in der Qual der Ungewissheit des Heils gelebt (Röm.7), bis sie im Lichte von Röm.8 zur Befreiung kamen.

Leider haben sie durch ihre wohlmeinende Lehre viele Gläubigen auch von der Gottesfurcht befreit, die für die Vollendung der Heiligkeit wichtig ist (2.Kor.7,1). Zwar legten die Väter der Brüderbewegung großen Wert auf einen heiligen Wandel, der aber, wie sie meinten, allein aus der bräutlichen Liebe zum HErrn Jesus zustande kommen und erhalten werden sollte. Anders wäre es nur ein gesetzlicher Gehorsam, der Gott nicht gefallen könne und der Seele keinen Frieden bringe. Nur der Gehorsam aus Liebe, wie auch Jesus gehorchte, sei der wahre Gehorsam. Bei diesen zweifellos hohen und edlen Zielen ist nur vergessen worden, dass ein Gläubiger die „erste Liebe" verlassen kann. Wenn er dann schon „vom Gesetz befreit" ist und keine Gottesfurcht mehr hat, fehlt der letzte Schutz vor dem Abfall des Glaubens in die Gesetzlosigkeit. Während Darby noch vorsichtig die mahnenden Schriftstellen umging, schreibt Scofield die Sicherheitslehre gleich in seine Bibel hinein (Anm. zu Hebr.6).

Sicherheit oder Gewissheit?

Eine immer wieder neuaufgelegte Schrift der Brüderbewegung mit dem Titel „Sicherheit, Gewißheit und Genuß", teilt die Menschheit in drei Klassen: „In der ersten Klasse befinden sind solche, die *errettet* und sich ihrer Errettung *bewusst* sind; in der zweiten Klasse reisen solche, die ihrer Errettung nicht *gewiss* sind, aber es gerne werden möchten. Die dritte Klasse endlich umfasst alle diejenigen, welche nicht nur *nicht errettet*, sondern auch völlig *gleichgültig* in Bezug auf ihr ewiges Seelenheil sind."

Wir beschäftigen uns im Rahmen unseres Buches nur mit der ersten Klasse. Der Schreiber versetzt uns im Geiste in die Passahnacht in Ägypten zurück, wo wir zwei Häuser besuchen. „In dem ersten Haus entdecken wir, daß alle Bewohner voll Furcht und gespannter Erwartung sind. Der älteste Sohn erzählt uns, daß der Todes-Engel in der kommenden Nacht durch das Land gehen werde, um alle Erstgeburt zu schlagen, und daß er nicht ganz sicher sei, wie es ihm in dieser schrecklichen Stunde ergehen werde. Unsere Nachbarn im nächsten Haus behaupten allerdings, ihrer Errettung völlig gewiß zu sein, aber wir halten dies für eine große Anmaßung. Wir haben zwar nach dem Worte Gottes ,ein einjähriges Lamm ohne Fehl' geschlachtet und sein Blut an die Oberschwelle und die Pfosten der Tür gestrichen, aber dennoch sind wir nicht sicher, ob uns das wirklich schützen wird. Wir verlassen diese zweifelnden, unruhigen Seelen und betreten das nächste Haus. Eine friedliche Ruhe lagert hier auf jedem Antlitz. Die Bewohner stehen da mit gegürteten Lenden, den Stab in ihrer Hand, und nähren sich von dem gebratenen Lamm. Worin mag diese Ruhe angesichts einer solch schreckensvollen Nacht ihren Grund haben?" fragt der Schreiber. Er bekommt zur Antwort: „Wir warten auf den Befehl Gottes zum Aufbruch. Sobald der eintrifft, werden wir den grausamen Fronvögten und der harten Sklaverei Ägyptens für immer Lebewohl sagen. Auf die Frage, ob sie denn vergessen hätten, dass dies die Nacht des Gerichts sei? antworten sie einstimmig: Nein, wir wissen das sehr wohl, aber unser Erstgeborener ist in völliger Sicherheit. Das Blut ist nach dem Willen Gottes an die Tür gestrichen worden. Nun meldet sich der älteste Sohn des Hauses: Wir haben nicht nur das Blut, sondern auch das unumstößliche Wort Gottes darüber. Gott ist befriedigt, wenn Er das Blut außen an unserer Tür sieht, und wir sind befriedigt durch Sein Wort".

Die Phantasie, die hier der Verfasser entwickelt, stimmt weder im ersten noch im zweiten Haus mit der Wirklichkeit jener Nacht überein. Wenn die ersten dem Worte Moses glaubten, dass der Gerichtsengel kommt, glaubten sie auch an den Schutz des Blutes. Im zweiten Haus war vermutlich nicht solche sichere Ruhe, wie der Schreiber sie empfinden mag. Es waren im Einklang mit dem Lamm einige Vorschriften zu beachten, die es genau zu befolgen galt, auch später im Gedächtnispassah. Wir haben beim Lesen von 2.Mose 12 vielmehr den Eindruck, dass die Kinder Israel auch Furcht hatten, Furcht und Vertrauen. Wie beides miteinander harmonieren kann, ist für die Vertreter der Sicherheitslehre kaum vorstellbar.

Ein besseres Zeugnis des wahren, lebendigen Glaubens gibt uns Noah: „Er baute von Furcht bewegt eine Arche zur Rettung seines Hauses" (Hebr.11,7). Sein Glaube war eine Zuversicht, eine feste Überzeugung, dass Gott ihn vor der Flut retten würde. Wenn Gott ihn in das Geheimnis Seines Gerichts einweihte und er dieses glaubte, dann glaubte er ebenso an das Rettungsmittel und verwirklichte seinen Glauben, indem er die Rettungsarche baute, aber „von Furcht bewegt", sagt die Schrift. „In der Furcht des HErrn ist ein starkes Vertrauen, und seine Kinder haben eine Zuflucht" (Spr.14,26).

Beide Fälle sind nicht auf das ewige Heil anwendbar, obwohl sie letztlich heilsentscheidend sein können, vielmehr handelt es sich bei Noah und den Kindern Israel in Ägypten um die Errettung vor dem Gericht der Welt. Der Glaube rettete sie vor dem Gericht an dem gottlosen Weltsystem. Auch wir bauen eine Arche und nehmen das Blut in Anspruch, um unsere Seelen und die Seelen unserer Kinder vor dem gegenwärtigen Gericht, das in einer sichtbar steigenden Sündflut, in der immer mehr Menschen heute umkommen, zu schützen. Ein Darbyst würde uns erklären, dass wir in der „Haushaltung der Gnade" leben und mit der Haushaltung des Gerichts nichts zu tun haben, da die Gemeinde vorher entrückt werde, ehe „die Gerichte der Offenbarung die Erde treffen". Seine Heilssicherheit ist wesentlich auf den Glauben gegründet, dass sein Glaube nicht mehr einer Prüfung durch Gottes Gerichtshandeln unterworfen ist. Dieser Glaube ist ein Irrglaube, er lässt sie bezüglich ihres Heils, das andere „mit Furcht und Zittern" zu bewirken für nötig erachten (Phil.2,13), in sorgloser Ruhe sein. „Friede und Sicherheit!" Eine trügerische Selbstsicherheit, die leicht erschüttert werden kann.

Eine falsche Sicherheit

Wir wissen, dass Gottes Volk sehr wohl in die Gerichtswege Gottes mit der Welt eingewoben ist und unser Glaube sich dann bewähren muss. Die „Brüder" haben das Heil in der Tasche, aber in ihrer kurzen Geschichte sehen wir ein großes Versagen der selbstgemachten Sicherheit. In der Brüderbewegung hat es 1937, als die Versammlung von den Nazis verboten wurde, eine gewaltige Erschütterung gegeben, doch nur bei denen, die nicht glauben wollten, dass auch die so hochgestellte „Versammlung" dem Gericht, das am Hause Gottes beginnt, unterliegt. Brüder, die unter dem gerichtsreifen Zustand litten, sahen und prophezeiten das Gericht, wobei sie gerade auch gegen die falsche Heilssicherheit, in der die Geschwister eingewiegt worden waren, zeugten. Da kam das Beben. Aus dieser Erfahrung hat man nicht gelernt, man hat sich ja noch einmal herauswinden können. Ich schäme mich, dass die Masse meiner Brüder in dieser Zeit umfielen, während andere Christen in der Kirche aufstanden und mutig den Glauben bekannten, sogar dafür ins Kz gingen.

In solchen und in ganz persönlichen Glaubensprüfungen sieht man, was fleischliche Sicherheit ist und was Glaubensgewissheit bewirkt. Wenn man die Heilssicherheit nur auf die Gewissheit der Vergebung vergangener Sünden beschränkt, dann kann man sicher sein, dass Gott sie uns nicht wieder vorhält. Gott will ihrer nie mehr gedenken! Aber Glaubensgewissheit bleibt nicht bei der Bekehrung stehen, sie geht weiter, weil wir noch einen Weg durch diese Welt und Wüste zu gehen haben, auf dem wir fallen können. Da geht es um das Errettetwerden in den Versuchungen und Prüfungen, um in das Land der Verheißung zu kommen. In der Glaubensgewissheit kann man mit Gott wandeln und Glaubensschritte wagen, wo die

Sicherheitsgläubigen ausweichen. Bei der Sicherheitslehre besuchen die Leute einen Zoo, ohne befürchten zu müssen, von einem Raubtier angefallen zu werden. Aber für ein Leben in der Wildnis dieser Welt taugt diese Lehre nicht. Da kommt es auf wirklichen Glauben an, der das ganze Wort Gottes ernst nimmt. Hier sehen wir wieder den Schaden, den die Bibelzerleger angerichtet haben. Diese haben nicht nur Israel vom Leibe Christi getrennt, sondern auch die an Gläubige gerichteten Ermahnungen auf Ungläubige abgewälzt. Damit haben sie sich doppelt abgesichert. Einmal, dass das prophetische Wort sie nicht mehr treffen kann, da es ja für Israel sei. Zum anderen reagieren sie auf keine Warnung vor dem Unglück mehr. Wenn ein solches geschieht, sagen sie, „Unglück ist Unglück". Wie in jenem Falle, als die Vier im Auto an einem unbeschrankten Bahnübergang tödlich verunglückten. Sie waren auf dem Wege vom Nachtquartier zur Brüderkonferenz, auf der am Tage zuvor über einen gerechten Mann Gericht gehalten wurde, woran auch diese Vier beteiligt waren. Der Unfall hätte den übrigen Furcht einflößen müssen, wie es bei dem Tod von Ananias und Sapphira der Fall war: „Es kam große Furcht über die ganze Versammlung und über alle, welche dies hörten" (Apg.5,11).

Unser Heil hängt vom Glauben ab, der nicht in mir gegründet ist, sondern auf Christus und Sein Blut vertraut. Darum alle Ermahnungen, nicht vom Glauben abzufallen, sondern fest im Glauben an Christus zu hangen und von Ihm alles zu erwarten. Das ist der Weg, um bewahrt zu werden vor den Fallstricken des Teufels. „Damit ich in diesem Glauben, da ich nichts von mir und alles von der Gnade Gottes erwarte, bleibe", sagte einst Pfarrer Paul Humburg, „darum geschieht die mannigfache Wirksamkeit des Wortes Gottes an mir. Gott redet in seinem Wort auf allerlei Weise auf die Seinen ein. Es tröstet die Betrübten wunderbar, richtet die Niedergebeugten lieblich auf, macht den Kleinmütigen Mut, belehrt die Unwissenden väterlich, warnt die Leichtsinnigen mit ganzem Ernst, weckt die sicher Gewordenen und schreckt sie. Und allen ruft er immer wieder zu: Wachet! Betet!" Humburg war sehr enttäuscht von den „Brüdern", die ein so hohes Bekenntnis hatten und doch vor den gottlosen Nazis auf die Knie fielen. Das war abzusehen, denn in der „Versammlung" wurde der prophetische Dienst, der die Gewissen aufweckt, stets unterdrückt. Man sah darin gleich „die Sicherheit des Gläubigen" in Gefahr, obwohl der wahre Glaube auf die Macht Gottes vertraut. Wo dieser Dienst fehlt, muss man eigene Sicherheiten auf- und einbauen, die aber in der Prüfung versagen. Wenn das Auto beim TÜV nicht durchkommt, wird es aus dem Verkehr gezogen. Das Versagen in der Glaubensprüfung hat für einen bekennenden Christen schwerwiegendere Folgen, er verliert seine Glaubwürdigkeit.

Wir werden „durch Gottes Macht durch Glauben" bewahrt zur Errettung (1.Petr.1,5). Dieser Trost hat nichts zu tun mit der leichtfertigen Rede: „Bin ich errettet, so bin ich errettet", wobei der Mensch sehr oft kräftig in der Sünde lebt. Ich möchte meinen Brüdern kein Sündenleben unterstellen. Sind es doch gerade die ernsten Brüder, die für die Sicherheitslehre eifern. Warum? Fühlen sie sich etwa nicht ganz wohl bei dieser Lehre, weil doch so viele ernste Bibelstellen, die an die Verantwortlichkeit des Christen erinnern, der falschen Heilssicherheit widersprechen? Bisher konnte man sich mit dieser Lehre gegen alle ernsten Anrufe Gottes persönlich oder gemeindlich immunisieren. Notfalls wollen sie auf die ganze Prophetie verzichten, wenn nur diese These gesichert bleibt: „Einmal erlöst, immer erlöst". Auf den Wandel komme es letztlich nicht an. Calvinisten, die in dem gleichen Irrtum leben, drücken es anders aus: „Für immer erwählt!" Spurgeon schränkte allerdings später die Erwählung ein: „Erwählt ist, wer heilig lebt".

Sowohl die Erwählungslehre als auch die Haushaltungslehre hängen so sehr mit der Sicherheitslehre zusammen, dass, wenn man das eine aufgibt, auch das andere aufgeben muss. Wenn jemand die „Heilssicherheit" in Frage stellt, so würde ihm geantwortet: „Du schmälerst das vollbrachte Werk des HErrn", oder: „Du stellst die Souveränität Gottes in Frage". Darbysten reagieren hier sehr allergisch, für sie gehört die Sicherheitslehre zu den Grundwahrheiten. Wer sie antastet, „tastet die Heiligen an", und wer ihre Prophetie in Frage stellt, „leugnet die halbe Bibel".

Neuere Sicherheitslehrer gehen noch einem Schritt weiter, indem sie auch dem Abtrünnigen die „ewige Sicherheit" bescheinigen, selbst wenn er einen Mord begangen hätte. Solche Schlüsse hätten unsere Glaubensväter nicht gezogen, sie dachten nur an die wahren Kinder Gottes, die sich als solche auch erweisen. Die Wortauslegungen gehen immer mehr in eine liberale Richtung, indem man das Gesetz Gottes beiseiteschiebt und die Verantwortlichkeit des Gläubigen leugnet, ja man scheut sich nicht, selbst die Worte Jesu zu entkräften. Bisher galt der „schmale und der breite Weg" immer als Entscheidung, die letztlich Himmel oder Hölle bedeutet. Für MacDonald ist das nur eine „mögliche Anwendung" auf Ungläubige, die eigentliche Bedeutung gelte der christlichen Jüngerschaft. Schon richtig. Aber wenn er lehrt, dass ein Gläubiger auch den *breiten* Weg in einem „vergnügungssüchtigen Leben" gehen kann, ohne Schaden zu nehmen an seiner Seele, dann fördert er die Gesetzlosigkeit (Kommentar zu Matth.7,13.14). Manche Vertreter der Sicherheitslehre erteilen mit dieser Heilslehre auch Ablass für zukünftige Sünden.

Augustinus bezeugt: „Gut ist Gott, und gerecht ist Gott. Erhoffe Gottes Reich nicht von deiner Gerechtigkeit – verlass dich beim Sündigen nicht auf Seine Barmherzigkeit! Zwei Dinge töten die Seele: Verzweiflung und Vermessenheit. Niemand soll sich quälen, ihm könne nicht verziehen werden. Aber auch niemand soll in falscher Sicherheit leben" (Bekenntnisse). Darby muss sich am Ende seines Lebens korrigieren und den Gläubigen das Gericht ankündigen. Tiefbekümmert nimmt er die Verfallserscheinungen in den Versammlungen wahr, die aufkommende Weltförmigkeit gepaart mit einer zunehmenden Selbstsicherheit veranlasst ihn in der Schrift „Siehe, der Bräutigam kommt" zu dem Mahnruf: „Wenn ihr euch mit der Welt einlaßt, so wird der bevorzugte Platz, den ihr einnehmt, anstatt euch zu schützen, euch einem umso größeren Gericht aussetzen". Diesen Darby zitiert man heute nicht mehr, in unseren Tagen sind ja alle Gläubigen durch die Ereignisse in Israel abholbereit. Dabei können sie sich wiederum auf den früheren Darby berufen: „die Versammlung kommt nicht ins Gericht".

Warnung vor dem Abfallen

In den dreißiger Jahren wurde die Frage heiß diskutiert, ob ein Gläubiger verloren gehen kann. Eine Gruppe junger Brüder brachte mit ihren kritischen Gedanken die Alten außer Fassung. Durch das Versammlungsverbot 1937 konnte diese Frage nicht weiter behandelt werden, fand aber durch den Fall der „Brüder" eine vorläufige Antwort. Nach dem Krieg wich man dem heiklen Thema gewöhnlich aus oder wälzte die ernsten Schriftstellen, die an die Verantwortlichkeit des Christen erinnern, auf „bloße Bekenner" ab. Umso mehr bemühte man sich, die Lehre vom „unverlierbaren Heil" allen Gläubigen zu verkaufen, besonders in rußlanddeutschen Baptistengemeinden. Die aber reagierten mit einer Warnschrift, als sie sahen, dass ihnen durch diese verführerische Lehre das, was ihr Schatz und Schutz in der Verfolgung gewesen war, geraubt wurde: Die Gottesfurcht. Umso wunderlicher ist, dass sie sich von darbystischen Predigern die Haushaltungslehre haben aufschwatzen lassen, ohne zu prüfen, dass Gott niemals dem ungläubigen Juden oder Judenvolk Verheißungen und Sonderrechte gibt, wie Gott am Beispiel Esau deutlich gemacht hat.

Seit der Wende im Osten wird mit der Literaturverbreitung der Brüder auch ihre Sicherheitslehre exportiert. „Die slawischen Gemeinden kannten bis zum Zweiten Weltkrieg die Lehre von der ewigen Sicherheit nicht", schreibt der bulgarische Pfarrer Mitko Matheff. „Erst danach ist sie auch in die slawischen Kreise der Gläubigen eingedrungen. Die Begründung dieser Lehre lautet: Ihr werdet sein wie Gott, betrog die Schlange die ersten Menschen. Unsere Zeitgenossen, die diese Lehre vertreten, haben oft dieselbe Begründung, weil sie entweder eine ungenügende Kenntnis der Bibel haben oder auch aus eigenmächtiger Deutung biblischer Stellen. Die Verkündiger dieser Lehre berufen sich hauptsächlich auf die Worte des HErrn in Joh.10,25-27. In diesen Versen ist tatsächlich die Rede von der ewigen Sicherheit für die, die sich in den Händen des HErrn und des himmlischen Vaters befinden. Ja, sie sind in völliger Sicherheit, daher lügen sie nicht mehr, sie betrügen nicht, sie fluchen nicht, sie töten nicht, sie verbreiten keine

Verleumdungen, sie sind keine Säufer, sie leben nicht im Ehebruch, sondern sie führen ein reines und Gott wohlgefälliges Leben, weil die heiligen Hände, in denen sie sich befinden, sie leiten und kontrollieren. Wenn aber der Mensch nicht weiter in den Händen Jesu bleiben will und sich losreißt, hört er nicht mehr auf die Stimme Jesu und hat keine Gemeinschaft mehr mit Ihm. Fängt er wieder an, in der Sünde zu leben, so verliert er seine Sicherheit".

Allgemein lässt sich feststellen, dass dort, wo festgehalten wird, dass das ewige Heil sowie auch die ewige Erwählung an gewisse Bedingungen geknüpft ist und der lebendige Glaube auch die Werke hat, eine verhältnismäßige Nüchternheit bezüglich der Israelfrage herrscht. Ungewisser ihres Heils sind die rußlanddeutschen Christen deshalb nicht, wenn sie die Buße und den Gehorsam betonen. Hingegen verdeckt das Hochjubeln des politischen Israel nur die eigene Heilsunsicherheit. Ist die Sicherheitslüge der Schlange einmal ins rechte biblische Licht gerückt, erledigt sich auch die Israelfrage. Bibelstellen wie 1.Kor.6,9-10 und Gal. 5,19-21 entziehen dem Unbußfertigen, ob bekennender Jude oder Christ, jede Grundlage. Sie lassen dem, der die Werke des Fleisches tut, und sich auf seine Heilssicherheit verlässt, keine Chance, er wird „das Reich Gottes nicht ererben". Ein solcher würde sich gewaltig irren, wenn er sich auf seine Herkunft, Bekehrung und Wiedergeburt beruft und dabei meint, es sei gleich wie er lebe und was er tue. „Denn dieses wisset und erkennt ihr, dass kein Hurer oder Unreiner oder Habsüchtiger, (welcher ein Götzendiener ist) ein Erbteil hat in dem Reiche Christi und Gottes. Niemand verführe euch mit eitlen Worten" (Eph.5,5). Der Apostel Johannes schneidet dem, der seinen Bruder hasst, das Leben ab, denn „wer seinen Bruder nicht liebt, bleibt in dem Tode" (1.Joh.3,1).

Insbesondere der Hebräerbrief entzieht der falschen Sicherheit den Boden. Darum ist diese Epistel für Haushaltungslehrer auch so schwer verständlich, doppelt schwierig für die Verfechter des unverlierbaren Heils. Hier halten sie sich nicht an ihr wortwörtliches Verständnis, indem sie am liebsten die Empfänger so halb ungläubig hinstellen. Mitnichten Ungläubige. Der Brief ist an gläubige Juden gerichtet, an die „heiligen Brüder, Genossen der himmlischen

Berufung", die „Genossen des Christus" geworden sind. Verstehen kann ihn nur der wahre „Same Abrahams", der dem Worte Gottes gehorcht und auch die Warnungen, nicht vom Glauben abzufallen, beherzigt (3,12). Wer das tut, wird nicht abfallen. Der Brief versetzt uns in die Zelte der Kinder Israel in der Wüste, von denen die meisten das Ziel der Errettung nicht erreichten, sondern in der Wüste hingestreckt wurden. Um in die „Sabbatruhe" eingehen zu können, wird uns eine „große Errettung" dargeboten, die wir nicht vernachlässigen sollen. Die Wüstenreise ist kein Sparziergang, wir brauchen einen Führer, der die Gefahren der Wüste kennt, wir haben einen Hohepriester, der sich für uns verwendet, wir haben Gnadenmittel, die ausgeschöpft werden wollen, damit wir nicht an der Gnade Mangel leiden. Aber wir hören auch die Posaunen, wenn es ernst wird. Man kann sie auch im Hebräerbrief hören. Das Wort Gottes ist für die hungrige Seele das Manna, für die Satten und Sicheren erweist es sich als ein scharfes Schwert. „Fürchten wir uns nun … auf dass nicht jemand nach demselben Beispiel des Unglaubens falle" (4,1-13). Wir sind durch das Opfer Christi „auf immerdar vollkommen gemacht" (10, 14). Umso stärker wird der Posaunenstoß, „wenn wir mit Willen sündigen, nachdem wir die Erkenntnis der Wahrheit empfangen haben"(10,26). Was dann? Die Sicherheitslehre hat viele betört und ist schon manchem Gläubigen zum Verhängnis geworden. „Laßt euch nicht fortreißen durch mancherlei und fremde Lehre; denn es ist gut, dass das Herz durch Gnade befestigt werde" (13,9).

6 Wer ist der Antichrist?

Es hat in der Geschichte immer wieder Deutungen gegeben, die in dieser oder jener dämonischen Persönlichkeit die Verkörperung des Antichristen sehen wollten. Zuerst war es der ruchlose Nero, im Mittelalter war es ein überaus kluger und lasterhafter Kaiser, dann ein herrschsüchtiger Papst usw. „Unsere spätzeitliche Vorstellungskraft reicht kaum mehr aus, wie tief der Schrecken und wie gegenständlich die Wirkung waren, die das Wort Antichrist damals in den Menschen hervorzurufen vermochte" (Raffalt).

Für Luther war es der Papst, in der Aufklärungszeit war es vonseiten seiner christlichen Zeitgenossen der französische Revolutionär Robespierre, dann Napoleon, im vorigen Jahrhundert hat es gleich mehrere Antichristen, nach Lenin sollte es Stalin sein, für andere Hitler, zuletzt ist es wieder der Papst, plötzlich Gorbatschow, heute Obama, der ganz sicher ein Antichrist ist, und wer weiß, welche Persönlichkeiten noch im 21.Jahrhundert für den Typ des Antichristen herhalten müssen. Die Gegenwart verzeiht solchen Fehldeutern früherer Generationen, sie sahen jeweils eben nur einen Vorläufer und nicht *den* Antichristen. Wir wissen es ja besser, da nun wirklich das Ende aller Dinge gekommen ist. Klaus Gerth geht davon aus, „dass der Antichrist irgendwo bereits lebt und sein Auftreten nahe bevorsteht" (Der Antichrist kommt. Die 80er Jahre - Galgenfrist für die Menschheit? S.158). Er und andere sagten schon 1980 das Auftreten des Antichristen für *die nächsten Jahre* voraus und wiederholten es permanent. Aussagen wie: „Der Antichrist kommt jetzt" oder „der Antichrist ist dabei zu kommen" sind immer aktuell in interessierten Kreisen, aber er ist nicht gekommen. Manche erwarten den Antichristen mit größerer Spannung als den HErrn Jesus. „Mir leuchtet das nicht ganz ein", bemerkt Franz Stuhlhofer, „denn gerade gemäß dispensationalistischer Ansicht werden doch wir Gläubige ohnehin entrückt, bevor der Antichrist sein Unwesen treiben kann und es zur großen Drangsal kommt" (S.108). Alle Evangelikalen hüten den personenhaften Antichristen wie ihren Augapfel. Taste die Lehre vom persönlichen Antichristen an und du tastest die Heilige Schrift an.

Glaubt man all diesen Spekulationen, die sich um den Antichristen und das Malzeichen ranken, müsste es bald soweit sein, wo man nicht mehr „kaufen und verkaufen" kann. Schreckliche Vorstellung für Wohlstandschristen!– Sensible Seelen bekommen Angst, wenn sie die Zahl „666" hören. Darbysten sehen der Zukunft gelassener entgegen, da sie ganz sicher sind, dass der Antichrist erst nach der Entrückung auftreten kann und außerdem nur die Juden bedrängen soll. Der Antichrist sei vermutlich ein Jude. Als Beweis wird von ihnen gewöhnlich Joh.5,43 angeführt, wo Jesus sagt: „Wenn ein anderer in seinem eigenen Namen kommt, den werdet ihr aufnehmen". Aus diesem unbestimmten Wenn-Satz zu schließen, dass noch ein anderer jüdischer Messias kommen wird, kann mit dieser Stelle nicht belegt werden. Warum soll das nur einer sein? Nach Jesus sind noch manche Messiasse aufgetreten.

Der falsche Messias, so die gängige Auffassung, soll sich in den letzten Jahren vor Aufrichtung des Reiches in den Tempel in Jerusalem setzen, der allerdings zu diesem Zweck zuerst erbaut werden müsste, was Konflikte mit dem Islam auslösen dürfte. Da nun aber auch die Propheten von keinem dritten oder vierten Tempel wissen, hätte dieser Tempel jedenfalls keine biblische Grundlage. E.C.Hadley sagt den Juden und der Welt Schlimmes voraus, wenn „dieser selbstherrliche König der Juden sich erheben wird". Er werde mit dem ersten Tier in Offb.13, worin er das „Haupt des wiedererstandenen römischen Reiches" sieht, zusammen herrschen. Da haben wir gleich zwei Antichristusse, den religiösen in Jerusalem und den politischen Machthaber in Rom, „der von Satan selbst besessene Diktator der vereinigten zehn Königreiche in Europa" (damals gerade zehn, heute 28). Das alles soll Hadleys „sorgfältiges Erforschen der Prophezeiung" ergeben haben und erst in der Zukunft stattfinden. Schwierig ist für ihn nur die Unterscheidung der beiden Tiere in Offb.13. Letztlich ist es ihm auch egal, ob der Antichrist als erstes oder als zweites Tier erscheint oder in beiderlei Gestalt, da er sowieso erst dann erscheine, wenn die Gemeinde und der Heilige Geist weg sind.

Viel ernster nehmen andere Evangelikale die kommenden Ereignisse, da sie noch durch „die große Trübsal" müssen, dreieinhalb Jahre große Drangsal. Für die meisten ist der Antichrist ein kommender Diktator, der die Gläubigen durch Verführung bedrängen, dann auch verfolgen wird. Die Antichrist-Prophetie ist selbst antichristlich, eine Dunkelkammerprophetie, wie die Bilderkammer der Ältesten Israels, wo die Greuel und Gespenster an die Wand gemalt waren (Hes.8,7-12). Das Antichrist-Gespenst geht um, denn jetzt schon ist der antichristliche Geist wirksam, aber das schließe nicht die Person aus. Normalerweise folgt nicht dem Geist die Person, sondern umgekehrt, der Geist und die Grundsätze einer einflussreichen Persönlichkeit gehen auf seine Anhänger über. Wenn jedoch der Antichrist nicht als Person aufzufassen ist, sondern als Geist und Wesen in den Vielen, dann fallen alle Spekulationen und Befürchtungen dahin.

Wir müssen uns deshalb mit dem Wesen und Charakter des Antichristen näher befassen, um zu ergründen, was oder wer dafür in Frage kommt. Der „Antichrist" kommt so nicht in der Schrift vor, er heißt eigentlich „Widerchrist" im Sinne eines Widersachers Christi und der Heiligen. Worin besteht der Widerstand dieses vom Satan inspirierten Werkzeuges? Im frommen Gewand ist Satan der große Nachahmer und Verführer, um das Wort Gottes zu verfälschen und so das Werk Gottes zunichte zu machen. Wir sehen es an den beiden ägyptischen Zauberern, sie ahmten mit ihren Zauberkünsten die Wunder Aarons nach. Das konnten sie bis zu einem gewissen Punkte, wo sie zugeben mussten: „Das ist Gottes Finger!" (2.Mo.8,19). Der Apostel erinnert im 2.Timotheusbrief, wo er den großen Abfall beschreibt, an diese beiden Zauberer, deren Namen wir dort erfahren: „Gleicherweise wie Jannes und Jambres Mose widerstanden, also widerstehen auch diese der Wahrheit, Menschen, verderbt in der Gesinnung, unbewährt hinsichtlich des Glaubens. Sie werden aber nicht weiter fortschreiten, denn ihr Unverstand wird allen offenbar werden, wie auch der von jenen es wurde" (2.Tim.3,8-9). Wenn es je einen Antichristus in Person gegeben hat, dann war es der „König frechen Angesichts und der Ränke kundig" (Dan.8,23; 11,36), in der Geschichte bekannt als „Antiochus Epiphanes", ein äußerst gottloser Herrscher. Er gilt künftig als

Typus des Gesetzlosen. Jesus spricht von vielen „falschen Christi", die unter Seinem Namen kommen. In dieser Zeit wird die Gesetzlosigkeit überhand nehmen und dadurch die Liebe der Vielen erkalten, wie es damals tatsächlich eintrat. Heute beklagen wir dasselbe im Christentum. Das Judentum war damals sehr stark vom griechischen Denken beeinflusst, daher auch der Widerstand gegen das Zeugnis Jesu.

Aus der Skizze in Dan. 8 können wir das antichristliche Wesen ziemlich genau erkennen. Die Erscheinungen unserer Zeit decken sich mit jenen Tagen. Daher wissen wir, dass der Antichrist da ist. Zuerst wächst da ein „kleines Horn" aus kleinem Anfang empor, das ausnehmend groß wurde bis zum Himmel und „von dem Heere des Himmels und von den Sternen zur Erde niederwarf und sie zertrat", worin wir eine bestimmte Macht des Abfalls erkennen, die „erstaunliches Verderben" anrichtet und selbst das „Volk der Heiligen" verdirbt (Dan.8,9.25). In Dan.11,29-45 haben wir noch weitere Charakterzüge des Antichristen, er wird dort als finsterer „König des Nordens" beschrieben. Hervorstechend ist vor allem seine Selbsterhöhung und Selbstvergötterung, wozu ihm die griechische Philosophie und eine demokratische Mehrheit (Demokratie gab es schon im Griechentum) verholfen hat, andererseits hat er ein unstillbares Bedürfnis nach Ehre und Anerkennung, was auf starke Minderwertigkeitsgefühle schließen lässt; und er ist sehr schreckhaft, schon Gerüchte können ihn verzagt machen. Auf einen sich als Gott verehrenden Diktator kann jedenfalls aus Daniel 8 und 11 nicht geschlossen werden, viel eher gibt er dort das Bild eines Lügners, Verführers und Sittenverderbers ab, der das Volk Gottes „durch Schmeicheleien zum Abfall verleitet" (Dan.11,32). Man braucht nur die heutige Jugend zu betrachten, ihr Gebahren, ihre Sprache, ihre Denkweise, dann weiß man, dass der Antichrist da ist. Und wer Kinder hat, weiß auch, wo er sitzt und wie er wirkt, nämlich durch Schule und Medien.

Die Jugend sei schon immer so gewesen, sagen nur Leute, die die Geschichte nicht kennen. Darüber muss uns ein ungläubiger Historiker belehren, der nur die *griechische* Jugend so vorfand wie die Jugend heute (Muchow, Jugend und Zeitgeist)). In den zweitausend Jahren Kirchengeschichte war die Jugend nicht so, sondern ganz normal, unauffällig, Eltern und Alter achtend. Das Geheimnis? Das Griechentum (drittes Tier in Dan.7) wurde durch das Christentum überwunden, aber der Abfall vom christlichen Glauben bringt es wieder hervor mit allen jenen typischen Erscheinungen unter denen die jüdischen Eltern damals litten und heute Lehrer und Eltern leiden.

Dieser „Frevler" von Dan.8 kommt als Person nicht wieder, er fand ein schreckliches Ende, wovon die Makkabäer berichten. Aber sein Geist würde wieder aufleben, und der ist viel gefährlicher. Der HErr Jesus und die Apostel kündigen sein Wiederkommen denn auch als Geist, Wesen und Charakter an, nach Paulus ist es der Typ des „Gesetzlosen" (2.Thess.2), bei Johannes der „Widerchrist" und „Verführer" (1.Joh.2,18; 4,3; 2.Joh.7). In der Offenbarung erscheint er als „anderes Tier, gleich einem Lamme" (Offb.13), später „falscher Prophet" genannt. Jesus selbst warnt nicht vor einer bestimmten Person, sondern vor den vielen falschen Propheten (Matth.24), ebenso Petrus (2.Petr.2,1), und Judas bezeichnet sie grob als „Gottlose", die sich nebeneingeschlichen haben und die Gemeinde verderben (Jud.4). Sollte nur Johannes in das Geheimnis des Antichristen eingeweiht worden sein? Hätte nicht dann auch Jesus von *dem* Antichristen gesprochen, wenn außer den vielen noch ein bestimmter am Ende kommen würde?

Die Vorstellung von einem künftigen Weltherrscher ist überholt und veraltet. Schon 150 Jahre und länger wartet man darauf und noch immer weiß man nicht, ob er überhaupt schon geboren ist. Es könnte noch weitere Jahrzehnte dauern, bis er überhaupt aufträte, und dann wären es noch dreieinhalb Jahre bis der HErr käme und ihn vernichten würde. Wir sollen aber nicht auf den Antichrist warten, sondern auf das Kommen des HErrn, Der gesagt hat: „Ja, ich komme bald!" Das heißt, in Kürze, eilends. „Und der Geist und die Braut sagen: Komm! Und wer es hörte, spreche: Komm!" (Offb.22,17). Das hört sich doch anders an als das Unken der Froschgeister, die uns schlimme Zeiten prophezeien.

Nur ewig Gestrige und Dunkelmänner halten an dem Bild eines kommenden Weltherrschers fest. Alles was den Antichrist ausmacht, kennzeichnet die heutige Menschenart; die halbe Gesellschaft ist durch den Neomarxismus zu derem „neuen Menschen" verwandelt worden, den Paulus ihn in 2.Tim.3,1-5 charakterisiert. Die „letzten Tage" werden nicht nur von einem Antichristen bestimmt, sondern von vielen, in denen ein und derselbe Geist wirkt. Die Zeit des großen Abfalls muss nicht erst kommen, sie ist ja da.

Ein Hauptmerkmal des Antichristen ist sein humanistisches Bekenntnis. Wer das Programm der Humanisten kennt, wie es in dem „Zweiten Humanistischen Manifest" von 1973, unterzeichnet von Theologen, Philosophen, Wissenschaftlern, Schriftstellern und Soziologen, zum Ausdruck kommt, begreift die Religion des Antichristen, die Religion der Selbsterlösung und Selbstbefreiung. Abtreibung, Scheidung, sexuelle Freiheit und Euthanasie wird in dem Dokument als persönliches Recht erklärt. „Moralische Werte", so heißt es, „haben ihren Ursprung in der menschlichen Erfahrung". Angebetet werden die Oberhoheit individueller Freiheit, und das unter dem Deckmantel des christlichen Bekenntnisses. Die Antichristen nehmen sogar die Bibel, um ihren unbändigen Selbstbefreiungsdrang zu rechtfertigen, da wir ja nach des Apostels Worten zur Freiheit berufen seien. Es gelte nun, die Gebote und Ordnungen Gottes abzuschaffen, um völlig frei zu sein, los von allen Bindungen, Traditionen und Sitten.

Schon trägt der ganze Westen, besonders die junge Generation, das Gepräge des antichristlichen Wesens, weil sie im Geiste der Gesetzlosigkeit erzogen worden sind. In den Schulen ist Gott verbannt, Satan hat freies Spiel, die Kinder zu indoktrinieren. Den Kindern wird schon früh die Evolutionslüge eingetrichtert, am schlimmsten ist die sexuelle Verführung, als „sexuelle Vielfalt" getarnt, und der Gender-Wahn. Selbstbestimmung, Selbstbefreiung und Selbstverwirklichung, kurz die Emanzipation ist das Ideal, weshalb sie keine Autorität mehr anerkennen, sich nicht unterwerfen wollen, gehorchen den Eltern nicht, haben einen Widerspruchsgeist, setzen ihren Willen durch, tun Unrecht und glauben sich dabei noch im Recht, hassen die Zucht, tun sich groß, sind selbstklug, kennen keine Ehrfurcht mehr, weder vor Gott noch vor Menschen, so wie es die Schrift voraussagt. Ist das erst zukünftig? Die Medien und die Bildungsstätten fördern eifrig das Umerziehungsprogramm des Antichristen, und viele Christen erleben ihn in ihrem eigenen Haus, in ihrer Familie.

Das „Aufhaltende"

Wenden wir uns dem 2.Thessalonicherbrief zu. Was ist das Zurückhaltende? Was steht dort? Etliche verbreiteten in der Gemeinde der Thessalonicher die Meinung, als ob der Tag des Herrn schon da wäre und die Entrückung unmittelbar bevorstünde, weshalb etliche schon nichts mehr arbeiten wollten. Sie gaben ihre Meinung als die des Apostels aus. Dem widerspricht Paulus entschieden, „denn dieser Tag kommt nicht, es sei denn, daß zuvor der Abfall komme ...". Die Frage war nun, was oder wer hält denn den Tag des HErrn zurück. Durch die rosa (darbystische) Brille gelesen müsste die Frage lauten, was den *Abfall* zurückhält. Wo aber sind die Leute, die den Abfall zurückhalten? Dann kommt prompt die Antwort: Die Gemeinde, der Heilige Geist oder die obrigkeitliche Ordnung. Wenn diese aufgehoben seien, würden alle Dämme reißen. Ziemlich verträumte Sicht, denn schon reißen alle Dämme, eine Flut von Sünde und Unmoral ergießt sich über die Gesellschaft, woran wesentliche die Obrigkeit beteiligt ist. Und sehr eingebildet ist diese Meinung auch, als sei die bloße Anwesenheit der Gemeinde noch das „Aufhaltende". Aufzuhalten versuchen andere Initiativen, von denen man nicht einmal genau sagen kann, dass die Engagierten, die Lebensrechtler und Kulturkämpfer wiedergeborene Christen sind.

Der herrschenden Deutung widerspricht der Schriftausleger H.Langenberg, er schreibt in seiner Studie zum 2.Thess.Brief: „Ehe der Tag des HErrn anbrechen kann, muss noch etwas seine Vollendung – seine Ausreifung finden, nämlich der Mensch der Gesetzlosigkeit. Da ist das Aufhaltende, was den Anbruch des Tages des HErrn noch zurückhält. Nicht die Offenbarung des Antichristen wird aufgehalten durch ein Etwas, das erst hinweggetan werden müsste, etwa die Gemeinde, die erst ihre Entrückung erleben müsste. Ein solcher Gedanke wäre ganz fremd und wird nur künstlich hineingetragen, einer vorgefassten Meinung zuliebe".

Realität ist, dass die Kirche selbst den Abfall beschleunigt, die Verfallslinie geht mitten durch die Gemeinden, vielleicht auch durch uns selbst, wenn wir auf beiden Seiten hinken. Es ist ein Grundprinzip der Heilsgeschichte, dass das Böse immer das Gute bremst und aufhält, bis Gott wieder einen Durchbruch macht. Fast alle Gemeinden führen bittere Klage über den Abfall, und doch meinen viele, an ihrer Türe gehe der Antichrist vorbei. Abfall und Antichrist gehören zusammen, wie geschrieben steht: „Und diejenigen, welche gottlos handeln gegen den Bund, wird er durch Schmeichelei zum Abfall verleiten" (Dan.11,32). Abfallen kann nur, was dran war. Den Abfall vom Christentum und überhaupt vom Glauben an Gott begünstigt auch der demokratische Staat durch eine liberale Gesetzgebung, welche die Gottesfurcht, die ein vom Christentum geprägtes Land bis dahin wenigstens in einem gewissen Maße noch besaß, radikal abbaut. Unsittliche Gesetze finden leicht eine Mehrheit. Das Produkt ist eine Gesellschaft, die Gottes Gebote verwirft und kein Sündenbewusstsein mehr hat. Engagierte Christen kämpfen gegen den antichristlichen Trend, in allen Ehren, aber es ist derzeit ein vergeblicher Kampf. Wir können den Abfall in der Welt nicht aufhalten, und Gott hält ihn auch nicht auf. Er muss ausreifen, damit er gerichtet werden kann.

Für die blinde judaistische Deutung muss es eine realistische geben. Wer lesen kann, bisher aber überlesen hat, lese einmal das 2.Kapitel des 2.Thessalonicherbriefes genauer. Dass dem „Tag des Herrn" der Abfall voraufgeht, haben wir schon gesehen. Aber da ist noch der, der den Abfall macht, und das ist der noch nicht offenbar gewordene Gesetzlose, bezeichnet als „Mensch der Sünde, Sohn des Verderbens, welcher widersteht …" (V.4). Die Sünde gehört zur Natur des Menschen, der Mensch ist ein Sünder vor dem heiligen Gott. Das ist nichts Neues. Aber der „Mensch der Sünde" ist mehr, es ist ein starker Ausdruck für den Menschen der letzten Tage, der, obwohl er das christliche Bekenntnis hat, der Wahrheit boshaft widersteht (nach anderer Übers.: „Widersacher" und „der Boshafte"). Petrus nennt sie „Kinder des Fluches" (2.Petr.2,14), eine

Menschenart, die mit Wissen und Willen sündigt, weil für sie der Mensch autonom ist, er ist das Maß aller Dinge und damit Gott gleich.

Und dieser gesetzlose Typ setzt sich in den Tempel Gottes, ja er sitzt schon drin, wie man an einem Kirchentag sehen kann. Manche Ausleger meinen, es sei der Tempel in Jerusalem gemeint. Ein steinernes Gebäude kommt als Tempel Gottes nicht mehr in Betracht, zumal jener jüdische Tempel wenige Jahre später nach Paulus zerstört wurde. Welche Beziehungen hatten die Thessalonicher zur Stadt Jerusalem, welches Interesse an dem dortigen Tempel? Keine. Wenn Paulus vom Tempel Gottes spricht, dann nur in Bezug auf die Gemeinden: „Wisset ihr nicht, dass ihr Gottes Tempel seid und der Geist Gottes in euch wohnt?" und er fügt sogleich hinzu: „Wenn jemand den Tempel Gottes verdirbt, den wird Gott verderben" (1.Kor.3,16.17).

Demnach ist es möglich, dass der Gesetzlose in der Kirche, ja in jeder Gemeinde Eingang finden kann. Das geschieht, indem der Mensch sich an die Stelle Christi setzt, sich selbst darstellt, sich selbst erhöht, sich selbst verwirklichen will, ja sich selbst als Gott erhebt, indem er seinen selbst erdachten Heilsplan zum Gott macht, der Plan Gottes wird zum Plan-Gott. Wir haben unter „jüdische Apokalyptik" darauf hingewiesen. Aus 2.Thess.2 den Schluss zu ziehen, der Antichrist sei ein Weltherrscher und würde sich als Gott verehren lassen, gibt der Text nicht her. Auch keiner der Apostel spielt darauf an. Es hat Herrscher gegeben, die sich göttlich verehren ließen. Doch die Christen brachten ihnen keine Opfer dar und werden es nie tun. Warum dann davor warnen?

Der „Gesetzlose" ist nicht nur einer, er steht hier einfach im Gegensatz zum Gerechten, wie überall in den Psalmen und Sprüchen, beide sowohl in Einzahl als auch in der Mehrzahlform. „Der Gerechte haßt Lügenrede, aber der Gesetzlose handelt schändlich und schmählich" (Spr.13,5). Ist das etwa nur *einer*, der eine, der noch kommen soll? Nur mit unbesehen übernommener oder vorgefasster Meinung kann man die Betonung auf den Artikel legen, als ob es nur *den* Antichristen, *den* bestimmten Gesetzlosen gäbe, *den* Mensch der Sünde, der sich dann aber auch nur in *eine*

Gemeinde setzen könnte. Hier pochen Buchstabisten auf den Artikel, was ihnen wichtiger ist, als die Wirksamkeit des Antichristen wahrzunehmen und davor zu warnen.

Der Apostel hatte bereits bei seinem letzten Dortsein die Thessalonicher vor der Gesetzlosigkeit gewarnt, damit sie sich nicht bei ihnen einnistet. Er gebraucht hier den Ausdruck „Gesetzlose" bzw. „Gesetzlosigkeit", weil gesetzlose Leute seine Lehre von der Befreiung vom Gesetz als Freibrief für die Sünde auslegten. Es muss also bereits in der Frühkiche mit der Tatsache gerechnet werden, dass der gesetzlose Geist sich bevorzugt bei Menschen findet, die der Form nach zur Gemeinde gehören. Die Gesetzlosigkeit war bereits in den Gemeinden schleichend wirksam, wie die letzten Briefe der Apostel zeigen, worin sie die Gottlosen, „die eine Form der Gottseligkeit haben, deren Kraft aber verleugnen", ganz klar kennzeichnen. Die Gesetzlosigkeit ist heute vielerorts kein Geheimnis mehr, sie wird ganz offen und dreist durch die moderne liberale Theologie verkündet. Der Feminismus, die historisch-kritische Methode, Lesbianismus und Trauung Homosexueller, Umdeutung des Familienbegriffs in der EKD usw. sind sichere Indizien, dass der Antichrist in der Kirche sitzt. Er hält sogar Tiergottesdienste. Hühnergackern und Schweinegrunzen bereichern den Gottesdienst, anschließend werden sie geschlachtet. Luther nennt den Gesetzlosen gleich Gottlosen, was er auch ist, aber der Gesetzlose versteht sich noch nicht als gottlos. Im Gegenteil, er bekennt Gott und hat doch ein anderes Gottesbild.

„Es ist keineswegs erwiesen", sagt Heinrich Jochums, „dass die personenhaften Andeutungen über den Antichristen dazu ausreichen, die antichristliche Macht in personhaft-greifbarer Führungsspitze, die eine Einzelpersönlichkeit darstellen müsste, zu erwarten. Es könnte der Gemeinde geradezu zur Einschläferung oder zur Verwirrung gereichen, wollte man sich darauf beschränken, *den* Antichristen zu erwarten. Wir würden vielleicht dem antichristlichen Geist erliegen, bevor wir ihn erkannt" hätten" (Bekenntnis *Gottes Wort bleibt Gottes Wort*, S.84).

Der HErr wird den Gesetzlosen, der sich jetzt noch unter einem christlichen Deckmantel verborgen hält, da er nicht als solcher erkannt werden will, an Seinem Tage, den wir täglich erwarten, ans Licht zerren. Wir können, ja wir sollen diesen Tag beschleunigen durch einen „heiligen Wandel und Gottseligkeit" (2.Petr.3,11.12), welchen der Gesetzlose aufhalten will, da er ja dann gerichtet wird. Doch der HErr wird „ihn verzehren durch den Hauch seines Mundes". Der „Hauch" aber ist der Geist Christi, der den Menschen nicht physisch tötet, sondern den Widergeist der Antichristen in ein Nichts auflöst. So können wir also nichts mehr wünschen, als dass der Tag kommt, der alles klar macht, „weil er in Feuer geoffenbart wird" (1.Kor.3,13; 2.Petr.3,12). Wer aber kann vor dem Feuer Gottes bestehen? Auf keinen Fall der Gesetzlose,

Wir können von Bibellehrern und Evangelisten erwarten, die ja den Abfall so deutlich sehen und in ihrem Dienst mit den endzeitlichen Erscheinungen konfrontiert werden, dass sie von Daniel und der Offenbarung her den Antichristen als antichristlichen *Geist* verifizieren können. Dieser ist ebenso wie der Heilige Geist eine Person, aber eine antichristliche, widergöttliche, ja von Satan inspirierte Geistperson. Das erste Tier in Offb.13 stellt offensichtlich kein politisches oder ökonomisches System dar; wir erkennen darin eine vielgestaltige ideologische Abgrundmacht, die immer stärker die Gesellschaft beherrscht. Sie kann mit Dan.7 an dem Charakter der vier Tiere genauer bestimmt werden und ist an dem herrschenden Humanismus (Löwe) und Hedonismus (Bär) erkennbar. Erst durch die Demokratie (Pardel) konnten diese sich entfalten und im atheistischen Materialismus und anderen Ismen (zehn Hörner) Macht gewinnen.

Im Zusammenwirken mit dem zweiten Tier, das sich religiös gibt, als sei es prophetisch wie Elia von Gott bevollmächtigt, wird das goldene Bild aus Dan.3 wieder aufgestellt, das ein neues Menschenbild ist, wie es die Masse heute anbetet. Es besteht aus lauter goldenen Worten über den Menschen mit dem Titel: Der Mensch ist gut; seine Vernunft entscheidet was gut und böse ist, wenn es überhaupt noch das Böse gibt, denn alles ist erlaubt. Das ist die öffentliche Meinung, die tagaus, tagein durch die Medien der Gesellschaft und schon den Kindern in der Schule suggeriert wird.

Dieses Bild ist die größte Versuchung für die Gläubigen, besonders für die christliche Jugend.

Das Tier hat mit Babylon zu tun, wo es sich zugegebenermaßen um ein geistliches System handelt und daher nur geistliche Güter zu verkaufen hat. Was der babylonische Markt anzubieten hat, listet uns Offb.18 auf und kann uns jedes Jahr der „Markt der Möglichkeiten" vor Augen führen. Wir brauchen keine wirtschaftliche Not zu fürchten, sollen uns nach Jesu Gebot auch keine Sorgen machen wie die Nationen (Matth.6,24-34). Das „kaufen und verkaufen" hat einen geistlichen Sinn, der ein wenig ernster ist als der buchstäbliche Sinn. Man kann die Wahrheit verkaufen, wir können uns selbst verkaufen wie Ahab. Wir verzichten lieber auf das Warenangebot Babylons, als unser Bekenntnis zu verleugnen. Wir werden das Bild des falschen Lammes, aus dem der Drache spricht, nicht anbeten, wir können, falls man uns dazu zwingen wollte, getrost NEIN sagen und so sicher auftreten wie die Freunde Daniels (Dan.3,16-18). Es wird uns nicht das leibliche Leben kosten, es geht um die Seligkeit.

Was soll die Angstmacherei mit dem Bild und dem Malzeichen, etwa mit einem befürchteten „666 - Bürger-Überwachungs- und Geldwirtschaftssystem", dass etliche schon in einem computerlesbaren Personalausweis auf der Stirn und einer Kreditkarte auf der rechten Hand sehen. Bald ist es die „Gesundheitskarte", bald der Chip unter der Haut, und was da alles noch kommen soll und schon an Kriminellen ausprobiert wird. Alles nur Bluff, um von der wirklichen Gefahr abzulenken. Der falsche Prophet hat kein wirkliches Feuer, er will damit nur seine göttliche Beglaubigung vorweisen. „Hier ist die Weisheit" notwendig, geistliches Verständnis, und nicht Spekulationen und Berechnungen, um den Zahlenwert „666" zu ermitteln (Offb.13,18). Die falsche Vorstellung vom Antichristen und Malzeichen wird selbst zu einer antichristlichen Verführung, womit man den Tag des Herrn aufhält. Bei solchen Predigten kann niemand das Haupt erheben und froh werden, sondern nur noch den Kopf in den Sand stecken und das große Unglück abwarten. Man sollte sich so etwas nicht anhören.

Zuletzt wäre noch auf den 1.Johannesbrief hinzuweisen, wo das Wort „Antichrist" (Elberfelder Übers.) vorkommt, zugleich auch in der Mehrzahl, Antichristen (anti = gegen), die gegen die echten Christen, die Kinder Gottes sind. „Kindlein, es ist die letzte Stunde, und wie ihr gehört habt, dass der Antichrist komme, so sind auch jetzt schon viele Antichristen geworden" (2,18). Aus Kap.4, Vers 3, erfahren wir, dass der Antichrist schon in der Welt ist. Er kommt, aber woher kommt er und wohin will er? Er kommt aus der Welt in die Gemeinde, in die Mitte der Kinder Gottes. Deshalb sollten sie ihn erkennen, damit sie nicht von ihm verführt werden. Ein Kennzeichen ist, dass er „den Vater und den Sohn leugnet". In der „Theologie" des Antichristen wird nicht nur die Gottessohnschaft und Mensch-werdung JESU geleugnet, sondern auch die Ehrfurcht vor Gott und der Gehorsam gegen Seine Gebote. Auch das haben wir ja heute und kann sich kaum noch steigern, höchstens uns noch näher kommen. Johannes spricht sehr viel von den Geboten Gottes, von denen ein Antichrist nichts wissen will. Glücklicherweise gingen die Antichristen aus der Gemeinde, weil noch eine apostolische Autorität da war. Heute suchen sie Eingang zu finden und werden auch unbesehen aufgenommen. Der erwählten Frau im 2.Johannesbrief rät der Apostel, falsche Lehrer, die weitergehen als die Lehre der Apostel und nicht in „der Lehre des Christus" bleiben, nicht ins Haus aufzunehmen, weil es Verführer sind. Kommt jemand an die Tür, so fragt sie, ob er glaube, dass *Jesus* der Christus ist; wenn er nicht bekennt, dass Jesus Christus im Fleische gekommen ist, dann weiß diese nicht theologisch gebildete und nicht von irgendeinem Ismus beeinflusste, aber vom Heiligen Geiste gesalbte Frau: „Dies ist der Verführer und der Antichrist".

Wir sind nicht von denen, die auf den Antichristen warten, sondern auf den Herrn Jesus, der „den Gesetzlosen vernichten wird durch die Erscheinung seiner Ankunft" (2.Thess.2,8), was in Kürze geschehen wird.

7 Die „Geistesgaben"

Es hat in den letzten hundert Jahren mancherlei Spaltungen unter dem Volke Gottes gegeben, von denen die sogen. „Geistesgaben" bzw. die „Geistestaufe" der Pfingstbewegung weltweit die größten Spaltungen von Gemeinden verursacht haben; durch die neuere Charismatische Bewegung sind vielerorts Gemeinden in eine Krise geraten. Wir wollen uns hier nicht so sehr mit der charismatischen Bewegung auseinandersetzen, sondern hauptsächlich die Gaben des Geistes, die im 1.Korintherbrief genannt sind, betrachten, damit wir erkennen, ob es diese heute noch gibt oder lediglich eine Nachahmung sind. Dabei werden wir insbesondere die typischen Gaben oder was dafür gehalten wird untersuchen.

Einige der Gnadengaben oder geistlichen Gaben, wie es richtiger heißen muss, sind außerordentlich wichtig für das Leben und Wachstum der Gemeinde, andere sind von untergeordneter Bedeutung und nur zeitbedingt. Vielfach besteht große Unkenntnis und Unsicherheit über Funktion und Gebrauch der Gnadengaben, so dass sie einerseits abgewertet und vollständig abgelehnt werden, andererseits werden gewisse Gaben überbetont, so dass sie ganz einfach nur nachgeahmt werden. Meist hängt das Urteil davon ab, ob man den „Geistesgaben" zugeneigt oder ihnen abgeneigt ist, was oft schon von der eigenen Prägung und Belehrung her entschieden ist. Wer forscht da schon ernstlich in der Schrift nach Zusammenhängen? Es ist ja gerade der Mangel an Erkenntnis und geistlichem Verständnis infolge Vernachlässigung der Lehre, weshalb viele sich diesen neuen Geistesbewegungen öffnen, die mehr oder weniger seelische Bewegungen sind. Hier werden vor allem die Gefühle angesprochen und Emotionen erzeugt, wobei die Gefahr besteht, dass man sich fremden Geistern öffnet und Dämonen ausliefert. Da sich die charismatische Bewegung stark ausbreitet, sind viele Gemeinden dafür offen geworden und verbinden sich mit ihnen überdenominationell und auch überkonfessionell. Charismatiker unterwandern immer mehr nicht-pfingstliche Gemeinden, so dass eine Aufklärung über Herkunft, Wesen und Ziel dieser aggressiven Geistesmacht unbedingt nottut. Die charismatische Bewegung will ihre Anhänger in die Gemeinden einschleusen, wo sie aktiv werden sollen, um andere anzustecken; die Pfingstgemeinde hingegen besteht aus gemäßigten Charismatikern. Das ist der Unterschied, aber das „Charisma" ist typisch für beide. Erklären Gemeindeglieder oder Prediger, dass es die „Geistesgaben" auch heute noch gäbe, ist Vorsicht geboten! Wenn diese Personen die Zungen und Visionen persönlich nicht haben, sind sie doch dafür offen. Vergleicht man damit das Glaubensbekenntnis dieser Gemeinde, wird offenbar, woher der Wind weht.

Was ich im Nachfolgenden ausführe beruht nicht nur auf Erkenntnis, sondern ist durch meine Erfahrungen bzw. Umgang mit Pfingstlern angestoßen und bestätigt worden. In früheren Jahren habe ich durch meine Straßenmission viel mit Pfingstlern zu tun gehabt. Wenn jemand auf mich zukam, dann war es ein Pfingstler, der mich dann gewöhnlich in seine Versammlung einlud. Auf diese Weise bin ich auf meinen Reisen in viele Pfingstgemeinden gekommen, habe an Konferenzen teilgenommen, hatte Zusammenkünfte mit einzelnen Brüdern, hörte Zungenreden und -gebete und Weissagungen etc., setzte mich mit ihnen mündlich und schriftlich auseinander. Als ich später mit der Gründung der Heimschule (Philadelphia-Schule) begann und meine Kritik an der öffentlichen Schule bundesweit in der Presse erschien, waren es wieder zuerst Pfingstler, die Kontakt mit mir suchten, weil sie die Dinge ähnlich sahen und durch ihre Kinder erlebten. Das Thema Geistesgaben spielte hierbei keine Rolle und ist mir ihrerseits auch nie aufgedrängt worden; es ging ja jetzt nicht um Gemeinde, sondern um Schule und Familie. Das habe ich bei unseren Schul-Seminaren und -konferenzen immer streng auseinandergehalten. So konnten wir einander respektieren, es entstanden herzliche Gemeinschaften. Ich habe mit Pfingstlern an sich kein Problem. Aber viele wissen natürlich auch, und dasselbe gilt für Adventisten in unserer Schulgemeinchaft, dass sie mich nicht überzeugen können. Ich liebe die Brüderschaft. Jeder, der den HErrn Jesus aufrichtig liebt, ist mein Bruder.

An den Erscheinungen der „Geistesgaben" allein können wir nicht objektiv beurteilen, ob sie echt oder bloß nachgeahmt sind. Obwohl manche Phänomene in Pfingstgemeinden und den daraus entstandenen Bewegungen selbst für Pfingstler fragwürdig erscheinen, kann nicht geleugnet werden, dass charismatisch ausgerichtete Christen zum Leibe Christi gehören, wenn sie an das Blut Jesu glauben. Viele lieben Jesus sehr innig, streben nach Heiligung und preisen den HErrn, oft mehr als andere Christen. Wie vereinbart sich das alles miteinander? Vieles erklärt sich aus dem Standort und den Umständen, in denen sich das Volk Gottes in den letzten Tagen befindet.

7.1 Standortbestimmung (1.Kor.12-14)

Welchen Standort hatten die Korinther und an welchem Ort ist die Gemeinde heutzutage zu suchen? Aus der Sicht der Offenbarung befindet sich das Volk Gottes in Babylon, wo es sich mehren soll. Gerne bewegen wir uns auf der Höhe des Epheserbriefes, als nähmen wir nach wie vor unsere Stellung in den „himmlischen Örtern" ein. Aber Ephesus ist gefallen, und aus Philadelphia ist Laodicäa geworden. Für alle sieben Sendschreibengemeinden ist fortan Babylon der neue Platz. Das erste Sendschreiben und die weiteren enthalten bereits alle babylonischen Züge, die eine „Wegführung" nach Babylon anbahnten. Die Offenbarung markiert an vielen Stellen den Übergang der Gemeinden von Jerusalem, der heiligen Stadt, nach Babylon, der großen Stadt, bis zu ihrem Fall (Offb.11,8; 14,8). Auch der erste Brief an die Korinther hat schon den Charakter eines babylonischen Hirtenbriefes; die dort eingerissenen Missstände, vor allem durch den ungeistlichen Gebrauch der Zungen oder Sprachen, weisen mehr in Richtung Babylon als zum Jerusalem droben und zu Pfingsten.

Der Ursprung der Sprachen liegt in Babel (griech.Babylon), „denn daselbst verwirrte Gott die Sprache, dass sie einer des anderen Sprache nicht verstehen konnten" (1.Mo.11,7). Babel heißt Verwirrung. War das Pfingstereignis eine Aufhebung der Sprachenverwirrung, so scheint sie unter den Korinthern wieder eingetreten zu sein. Damit nehmen auch die Schwierigkeiten zu, man versteht einander nicht mehr, es entstehen Streitigkeiten, man bildet Parteiungen, die zu Spaltungen führen, Unzucht, Zweifel und Unordnung sind die Folge. Ein ähnliches Bild bietet die Gemeinde Gottes heute, besonders im evangelikalen und pfingstlichen Raum. Jede Gemeinde, Gemeinschaft und Gruppe spricht ihre eigene Sprache, unterhält ihr eigenes Schriftverständnis, macht ihre eigenen Gaben groß, ohne den ganzen Leib im Blick zu haben. Doch eigentlich sollten die Gnadengaben der Einheit und der gegenseitigen Hilfe aller Glieder des einen Leibes dienen.

Wir müssen uns daher neu orientieren und von dem gegenwärtigen Standort der Gemeinde in Babylon ausgehen, wenn wir die Wege Gottes mit Seinem Volke verstehen wollen. Viele Kinder Gottes sind in Babylon geboren, wenigstens das heutige Geschlecht kennt nichts anderes. Auch dort will Gott segnen und hat mächtig gesegnet, aber es ist nicht das, was der Apostel der Nationen „die Hoffnung seiner Berufung" und „den Reichtum der Herrlichkeit seines Erbes in den Heiligen" nennt (Eph.1,18). Die Gemeinden, so auch schon die Gemeinde in Korinth, gehören zum Kreis der Nationen, dessen geistlicher Mittelpunkt schon früh Babylon geworden ist. Das Geheimnis Babylon ist gemäß dem alttestamentlichen Vorbild Gegenstand der neutestamentlichen Weissagung, so in der Offenbarung. Leider hatten damals und haben heute viele Christen auch den Geist und den Charakter Babylons angenommen. Diesem Umstand und den daraus resultierenden Zuständen begegnet der 1.Korintherbrief, während der 2.Brief sie dort herauszuführen sucht (2.Kor.6,17). Rom mit Babylon zu identifizieren, ist altbabylonisch gedacht; das neue Babylon hat der Evangelikalismus gebaut.

7.2 Funktion und Dauer der Gaben

Wenn auch Babylon nicht der endgültige Platz für Gottes Volk ist, sondern nur ein zeitlicher Einschub in den Wegen Gottes mit Seiner Gemeinde darstellt, bis Er Sein Volk wieder herausruft (Offb.18,4), so hat Gott auch für diese Zeit Gaben, Ämter, Dienste und Hilfen gegeben. Visionen und Träume sind typisch für die babylonische Zeit. Zu beachten ist aber, dass die Gaben des Geistes für den Dienst am Leib Christi gegeben sind und niemals zum Selbstzweck gebraucht werden sollen. Es sei das Wort der Weisheit, der Erkenntnis, die Gabe der Heilungen, Wunderwirkungen, Prophezeiungen, Arten von Sprachen, Auslegung der Sprachen und noch vieler anderer Gnadengaben – alles dient der Sorge der Glieder füreinander. Von daher erklären sich schon viele Erscheinungen in den heutigen „Geistesbewegungen", besonders auch die Zungen. Doch nicht allein der Missbrauch, wie er bei den Korinthern vorlag, stellt schon die Echtheit einer Geistesgabe in Frage. Wir müssen auch Gottes Wege mit Seiner Gemeinde kennen, ob die Gabe immer noch Seinem Willen und den heutigen Bedürfnissen entspricht.

Die Bedürfnisse in Babylon sind andere als in den besten Tagen Jerusalems, in der Wüste waren andere Umstände als im Lande der Verheißung. Verschiedene alttestamentliche Vorbilder zeigen zeitlich begrenzte himmlische Gaben, so z.b. das Manna in der Wüste; „das Man hörte auf am anderen Tage, als sie von dem Erzeugnis des Landes aßen" (Jos.5,12). Warum hörte es auf? Hätte Gott es nicht noch weiter vom Himmel fallen lassen können? Ganz gewiss. Aber es lag kein Bedürfnis mehr dafür vor, das „Land von Milch und Honig" bot genug Ertrag, und vor allen Dingen eine segensreichere Speise. Neutestamentlich heißt das, zur festen Speise zu kommen. „Die feste Speise aber ist für Erwachsene, welche vermöge der Gewohnheit geübte Sinne haben zur Unterscheidung des Guten sowohl als auch des Bösen" (Hebr.5,12-14).

Wir lesen, dass die Korinther noch fleischlich waren, ja wie Kinder dachten und handelten. Der Apostel tadelt sie, dass er ihnen noch Milch geben muss, nicht Speise; „denn ihr vermochtet es noch nicht, aber ihr vermöget es auch jetzt noch nicht, denn ihr seid noch fleischlich" (1.Kor.3,1-3). Deshalb geht Paulus mit ihnen die Wüstenreise Israels durch (1.Kor.10). Der Übergang von der Wüste zum Land bedeutet im neuen Bund ein Wachstum vom natürlichen zum geistlichen Verständnis, auch hinsichtlich der Gaben des Geistes. Wenn wir im Buchstaben bleiben, gibt es keine geistlichen

Fortschritte, kein Erwachsenwerden, nicht mal Leben (2.Kor3,6). Natürlich gibt es gewisse Dinge, die auch im Neuen Testament buchstäblich zu nehmen sind, z.B. die vier Stücke in Apg.15, oder die Ermahnungen an die Frauen, besonders im ersten Korintherbrief (1.Kor.11,1-16; 14,34).

Die Gaben, die der Geist der Frühkirche gab, muss er nicht unbedingt der laodicäischen Endzeitgemeinde wiedergeben, deren Sattheit und Selbstgenügsamkeit er nicht noch damit krönen wird. Der große Abfall erfordert andere Gaben, auf keinen Fall kann man dem Zeit- und Weltgeist, der überall in die Gemeinden eingedrungen ist, mit Wunderkräften begegnen. In der heutigen babylonischen Verwirrung und Vermischung ist vielmehr die Gabe der „Unterscheidungen der Geister" notwendig.

7.3 Heilungen, Wunderwirkungen

Gewisse Gnadengaben sind zeit- und umständebedingt, wie wir schon bei Israel an den Gaben, Zeichen und Wundern in der Wüste sehen. Heilungen, Wunderwirkungen, Prophezeiungen, Sprachen sind für eine gewisse Anfangszeit bestimmt und verschwinden dann wieder und verschwanden auch mit der Zeit. Wenigstens zwei von diesen, Prophezeiungen und Sprachen, werden ausdrücklich als erledigt betrachtet und „weggetan", wenn sie ihren Zweck erfüllt haben (1.Kor.13,8). Es ist nicht die Frage, ob der Geist sie noch geben kann, sondern ob er sie geben will, wo das Zeugnis befestigt ist. Dass Gott auch heute noch auf wunderbare Weise wirkt, sehen wir in den islamischen Ländern, die dem Evangelium verschlossen sind. Dort geschehen außerordentliche Dinge, Zeichen und Wunder und Heilungen, direkt von oben, ohne menschliche Vermittlung, weil auf andere Weise diese Völker nicht zu erreichen sind. In finsteren Heidenländern, wo die Dämonen herrschen, rüstete Gott Seine Knechte mit Gaben der Heilung und des Glaubens aus, und sie konnten in anderen Sprachen reden, die sie nicht gelernt hatten, und Gott preisen; es waren aber bekannte Sprachen. So bei der Erweckung in Indonesien, um die Überlegenheit der Kraft und

Weisheit Gottes über die Dämonen zu beweisen. Später hörten auch diese Gaben auf, wenn die Gemeinden gegründet waren und das Evangelium Fuß gefasst hatte. Interessant ist, dass die Missionare mit diesen Gaben, wenn sie die christlichen Länder im Westen besuchten, nichts ausrichten konnten. Erweckungen und Gnadengaben lassen sich nicht importieren, wohl aber künstlich nachahmen.

In der ersten Zeit der Kirche waren Wunderwirkungen zur Bestätigung des Evangeliums gegeben. Als das Wort Gottes lief und verherrlicht wurde, bedurfte es keiner dieser Manifestationen des Geistes mehr. Selbst bei Paulus, dem so bevollmächtigten Apostel der Nationen, finden sich später, als er in Rom war, wo er die Briefe an die Epheser, Philipper, Kolosser und den 2.Timotheusbrief schrieb, keine der typischen Zeichen der Apostel mehr, nicht einmal Heilungen. Hören wir ihn selbst: „Trophimus habe ich in Milet krank zurückgelassen" (2.Tim.4,20). Selbst das Apostelamt hörte auf, es traten auch keine Propheten mehr auf, außer falsche. In der nachapostolischen Zeit gab es dann nur noch Hirten, Lehrer und Evangelisten. Diese bleiben bis zum Ende „zur Vollendung der Heiligen, für das Werk des Dienstes, für die Auferbauung des Leibes Christi ..." (Eph.4,11-16). Nach wie vor dürfen Kranke durch das Gebet des Glaubens nach Jak.5,14-16 Heilung erfahren, auch ohne die besondere Gnadengabe der Heilung. In Korinth aber waren trotz der Gabe der Heilung „viele unter euch schwach und krank und ein gut Teil entschlafen" (1.Kor.11,30), und Paulus heilte sie nicht.

7.4 Prophezeiungen und Visionen

Prophezeiungen und Weissagungen, wie sie die frühe Kirche benötigte, wurden mit dem geistlichen Wachstum weggetan. An ihre Stelle trat die Weissagung im letzten Buch der Bibel. Seit es die Offenbarung gibt, in der die gesamte Weissagung der Schrift enthalten ist und auf die Kirche Anwendung findet, brauchen wir keine Propheten mehr. Haben wir doch jetzt die Prophezeiung schriftlich, die allerdings der Deutung und Auslegung bedarf. Doch gerade hiermit haben selbst die großen „Propheten" ihre Schwierigkeiten mit der Auslegung. Wenn sie uns nicht eindeutig und zuverlässig sagen können, was der Geist den Gemeinden sagen will und wie die „sieben Geister Gottes" in den Siegeln, Posaunen und Plagen wirken, dann sind auch ihre sonstigen Prophezeiungen nicht glaubwürdig. Gerade die Pfingstler haben sich mit ihren Visionen über Israel, Antichrist, Malzeichen etc. sehr hervorgetan, aber alles Bluff (Gerth, Lindsey). Alle ihre Vorhersagen haben sich als falsch erwiesen, obwohl sie sagten: „So spricht der HErr!" Es war nicht der HErr, sondern aus ihrem eigenen Geiste geredet und im Grunde vermessen (5.Mo.18,22). Ein Prophet soll die Wahrheit reden, er soll die Gedanken Gottes kundtun, Gericht und Verheißungen. Von der neuen Bewegung „Die Propheten kommen" hat man nichts mehr gehört.

Sollten wir nicht erwarten, dass Gott uns erst einmal die geschriebene Weissagung offenbart, bevor Er Neues verkünden lässt? Uns haben die Weissagungen und Visionen jener Propheten und Prophetinnen nichts Besonderes gesagt, was nicht auch schon andere ohne Visionen geschrieben hätten. Im Übrigen ergehen sie sich in Spekulationen über die Zukunft. Was da alles kommen soll, auf jeden Fall soll alles noch schlimmer kommen. Nicht einmal ihre Voraussagen über kommende Erweckungen, die wir alle sehnlich erwarten, sind eingetroffen.

Der Dienst des Propheten war beendet, nachdem das Wort Gottes vollendet und die Gemeinden befestigt waren. Das heißt nicht, dass die Kirche Christi nicht immer noch des prophetischen Dienstes bedürfte, heute mehr denn je. Es ist ein Dienst für die Zeit des Niedergangs, wenn das prophetische Wort auf Herz und Gewissen angewendet werden muss, – ein undankbarer Dienst, dem viel Widerstand entgegen gebracht wird. Meist endet er damit, dass man sich der unbequemen Mahner und Warner entledigt. Erweckung wird kommen, aber zuvor muss das Schwert des Geistes, welches Gottes Wort ist, sein Werk tun, und es wird in der Gemeinde ansetzen (Offb.2,16). Zuerst muss die Gemeinde erweckt werden. Frühere Erweckungen gingen von der Kirche aus (Siegerland etc.).

7.5 Der Weg der Liebe und das geistliche Wachstum

In der Reihe der Gaben des Geistes sind die Sprachen oder Zungen zuletzt genannt; offenbar ist die Zungenrede die geringste, obwohl von den Korinthern wohl als größte und wichtigste Gabe betrachtet. Nicht alle hatten diese Gabe oder alle Gaben zugleich, sondern wie der Geist jedem austeilen wollte. Die Geistesgaben wurden in unterschiedlicher Weise auf die Glieder des Leibes verteilt. „Haben etwa alle Gnadengaben der Heilungen, reden alle in Sprachen? Legen alle aus? Eifert aber um die größeren Gnadengaben; und einen noch weit vortrefflicheren Weg zeige ich euch" (1.Kor.12,28-31).

Das Kapitel von der Liebe, das der Apostel hier zwischen den Gaben und ihrer Ausübung einfügt, ist eine einzige Anklageschrift geworden (Kap.13). Hätte man mehr die Liebe walten lassen, wären viele schmerzliche Trennungen (hauptsächlich auch wegen der Zungen) nicht geschehen. Das was angeblich der Einheit dienen sollte, hat umso mehr Spaltungen hervorgerufen, gerade auch innerhalb der Pfingstbewegung. Das allein beweist schon, dass dieser Zungengeist nicht der Geist der Liebe ist, sondern ein gnadenloser Richtgeist, wie wir später noch sehen werden.

„Die Liebe rechnet Böses nicht zu, sie freut sich nicht der Ungerechtigkeit, sondern sie freut sich mit der Wahrheit". Die Hauptsache bei allem ist die Liebe, die „sich nicht groß tut, sich nicht aufbläht, sich nicht unanständig gebärdet" – eine Anspielung auf das Verhalten der Korinther beim Zungenreden in der Versammlung. Ohne die Liebe, die „nicht das Ihrige sucht", sondern den Vorteil der anderen, ist alles bedeutungslos und ohne Nutzen. Nachdem der Apostel die verschiedenen Eigenschaften der Liebe genannt hat, kommt er zu dem Schluss, dass solche Liebe die höchsten Erkenntnisse und Gaben überragt und überdauert, ja „die Liebe vergeht nimmer. Seien es aber Prophezeiungen, sie werden weggetan werden; seien es Sprachen, sie werden aufhören; sei es Erkenntnis, sie wird weggetan werden" (V.8).

Hier wird also in einem Atemzug mit dem Ende der Prophezeiungen auch das Verschwinden der Sprachen und der

Erkenntnis angekündigt. Der Apostel erklärt anschließend, wie das beim Einzelnen geschieht. Weil wir „stückweise" erkennen, das heißt, wir erkennen im Anfang nicht gleich alles, sondern Stück für Stück, immer ein Stück mehr bis zur vollkommenen Reife.

Paulus vergleicht das geistliche Wachstum mit dem natürlichen Erwachsenwerden: „Als ich ein Kind war, redete ich wie ein Kind, dachte wie ein Kind, urteilte wie ein Kind; als ich ein Mann wurde, tat ich weg was kindisch war". Dieser Vergleich macht sehr deutlich, wie ein junger Christ geistlich wächst, indem er die kindlichen Dinge verlässt und zu tieferem geistlichen Verständnis heranreift. Spielzeuge sind für Kinder geeignet, aber Erwachsene sollten sich mit sinnvolleren Sachen beschäftigen. Ein Erstklässler besitzt nicht die Erkenntnis und Sprachbildung eines Schulabgängers der zehnten Klasse oder eines Erwachsenen, weil er ja gerade erst mit der Schule beginnt. Vergebens legt man den Knaben Lernstoffe vor, welche über die kindliche Fassungskraft hinausgehen. Jeder Lehrer weiß, dass Sprache und Verständnis stufenweise ausgebildet werden müssen. Gläubige Christen sollen nicht bei dem ABC des Christentums stehen bleiben, sondern eifrig Fortschritte machen in der Erkenntnis unseres HErrn Jesus Christus, ja „allen Fleiß anwenden, in ihrem Glauben die Tugend …" (2.Petr.1,5-11). Die Anlagen sind bei jedem wiedergeborenen Kind Gottes vorhanden, aber nicht bei allen werden sie gefördert oder aus eigenem Antrieb entwickelt. Viele bleiben geistlich „Kinder" und sind obendrein stolz auf ihre kindische Einfältigkeit.

Manche Charismatiker meinen, die Geistesgaben würden reifere Christen und geistliche Gemeinden hervorbringen. Doch die Zungen nach korinthischer Art sind wie das Lallen eines Kindes; nur die Mutter versteht es und ist entzückt. Die Korinther waren von ihrem eigenen Zungenreden entzückt. Die Gemeinde in Korinth verfügte z.B. über mehr Zungenreden als jede andere Gemeinde, von der uns berichtet wird. Dennoch war es eine Gemeinde von „Unmündigen in Christo"; dort war gründliche Nacharbeit erforderlich. Das maßlose Zungenreden und dazu die unverständliche Art waren ein Zeichen ihrer geistlichen Unreife, aber auch der Lieblosigkeit. Der Apostel überlässt das Aufhören der

Zungen einer Zeit besserer Einsicht. Nähme er ihnen diese für sie so schöne Gabe weg, gäbe es ein großes Geschrei. Weil Kinder noch nicht alles verstehen, was sogar Erwachsenen Probleme macht, deshalb sollten sie glauben und verstehen, was ihnen ihre Lehrer sagen, bis sie selbst verständig genug sind, um schwierige Sachen beurteilen zu können.

Einige Geistesgaben haben ihren Zweck erfüllt und verschwinden, aber was bleibt sind „Glaube, Hoffnung, Liebe, diese drei: die größte aber von ihnen ist die Liebe". Glaube und Hoffnung gehören in diese Zeit, denn wir wandeln durch Glauben, nicht durch Schauen. „Strebet aber nach der Liebe", fährt der Apostel im nächsten Kapitel fort, denn die Liebe als tätige und göttliche Tugend ist die größte Gabe und Sprache.

Das „Vollkommene"

Der eigentliche Streitpunkt in der ganzen Auseinandersetzung um die „Geistesgaben" ist der Satz: „Wenn aber das Vollkommene gekommen sein wird, so wird das, was stückweise ist, weggetan werden" (V.10-12). Wann ist das „Vollkommene" gekommen? Pfingstler meinen, dass dies erst im Himmel der Fall sein würde. Oder man verbindet es mit einem vollkommen sündlosen Zustand, der natürlich erst im Himmel erlangt wird. Das ist aber in dem Textzusammenhang nicht der Sinn des Wortes „vollkommen". Im Griechischen wird dasselbe Wort für „voll heranwachsen, erwachsen, reif" gebraucht, wenn es auf den Menschen bezogen wird. Als Sache drückt es aus, „etwas zu Ende gebracht, beendet, den Zweck erreicht, vollständig; vollendet". Wie man ein Haus baut, zuerst das Kellergeschoss, als nächstes das Erdgeschoss undsoweiter, bis das Haus fertig ist. Natürlich hofft jeder Bauende, sein Haus in diesem Leben zu vollenden, um darin wohnen zu können.

Die verschiedenen Definitionen des Wortes „vollkommen" können als „vollständig" oder „reif" zusammengefasst werden. Bei anderen Stellen im Neuen Testament hat man mit diesem Ausdruck keinerlei Verständnisschwierigkeiten. Warum denn hier? Wenn

Jesus in dem Abschnitt von der Feindesliebe sagt: „Ihr nun sollt vollkommen sein, wie euer himmlischer Vater vollkommen ist" (Matth.5,44-47), wird wohl niemand auf den Gedanken kommen, dass wir erst im Himmel unsere Feinde lieben sollen. Dem reichen Jüngling sagt der HErr: „Wenn du vollkommen sein willst, so gehe hin, verkaufe deine Habe und gib den Armen ..." (Matth.19,21). In Eph.4,13 lesen wir, dass der Leib Christi wachsen soll, „bis wir alle hingelangen .... zu dem erwachsenen (vollkommenen) Manne, zu dem Maße des vollen Wuchses der Fülle des Christus". Das Ziel der Verkündigung war für Paulus, dass „wir jeden Menschen ermahnen und jeden Menschen lehren in aller Weisheit, auf dass wir jeden Menschen vollkommen in Christo darstellen" (Kol.1,28).

Diese Beispiele mögen genügen, um zu zeigen, dass es Dinge gibt, die im biblischen Sinne von vollständig oder reif hier und jetzt bereits vollkommen sind. Wir müssen nicht auf den Himmel warten, um in dem von dem Apostel Paulus gebrauchten Sinne „vollkommen" zu sein. Tatsächlich wird in allen Beispielen genau das schon in dieser Zeit von uns erwartet. Wir müssen von der Vorstellung frei werden, „das Vollkommene" bedeute den sündlosen oder fehlerfreien Zustand im Himmel, damit wir den Gedanken von 1.Kor.13,10 richtig verstehen können. Die Gnadengaben der Weissagung, des Zungenredens und der stückweisen Erkenntnis hört auf, wenn das „Vollkommene (oder Vollständige) gekommen" ist. Das von Paulus gebrauchte Beispiel von dem natürlichen Wachstum eines jungen Menschen veranschaulicht deutlich diesen Reifeprozess.

Aber, wird jemand einwenden, „von Angesicht zu Angesicht" werden wir Gott erst im Himmel schauen. Wir müssen hier beachten, dass Paulus nicht davon spricht, wir würden Gott von Angesicht zu Angesicht sehen, noch weniger davon, dass dies erst im Himmel der Fall sein wird. Freilich ist es unsere Hoffnung „ihn zu sehen wie er ist" (1.Joh.3,2), aber das ist hier nicht das Thema. Schon Gläubige im Alten Testament haben Gott von Angesicht zu Angesicht gesehen, z.B. Jakob (1.Mo.32,31). Die Ältesten Israels „sahen den Gott Israels; und unter seinen Füßen war es wie ein Werk von Saphirplatten und wie der Himmel selbst an Klarheit"

(2.Mo.24,10). Von Mose wird gesagt, dass Gott ihn „gekannt hat von Angesicht zu Angesicht" (5.Mo.34,10). In 5.Mo.5,4 sagt Mose dem Volke im Zusammenhang mit der Übergabe des Gesetzes: „Von Angesicht zu Angesicht hat der HErr auf dem Berge, mitten aus dem Feuer, mit euch geredet". Sie gingen nicht auf den Berg, aber sie empfingen ein klares Zeugnis Seines Willens. So wird deutlich, dass selbst die Aussage „Gott von Angesicht zu Angesicht sehen" einfach auf ein klares Verständnis Seines Willens hinweist. Der Ausdruck bedeutet einfach, „vollkommen klar Sein Wesen, Seinen Willen, Seine Absichten erkennen", wie ein anderer Ausleger 1.Kor.13,12 kommentiert. „Jetzt sehen wir", sagt Paulus, „durch ein Fenster, undeutlich", das heißt ein unscharfes Bild, aber durch die völlige Offenbarung würde das Bild klarer werden. Wenn die Offenbarung Jesu Christi, die Gott Seinem Knechte Johannes gezeigt hat, uns immer noch rätselhaft erscheint, dann müssen wir uns fragen, ob wir wirklich so geistlich sind, wie wir uns halten, oder wie die Korinther doch „noch fleischlich sind" und „natürlichen" Vorstellungen von geistlichen Dingen nachhängen. Was Johannes sah, sollen auch wir klar und deutlich sehen und verstehen im Geiste des Neuen Bundes.

Jetzt und *dann* bedeutet nicht „im Diesseitigen" oder „Jenseits", sondern wie Paulus zuvor an dem Beispiel des Kindes und des Mannes deutlich gemacht hat, wachstümlich, fortschreitend, von einer Klarheit zur anderen. Warum soll das von „Angesicht zu Angesichts" hier plötzlich nur den Sinn haben, Christus droben in der Herrlichkeit zu sehen? „Wir alle aber, mit aufgedecktem Angesicht die Herrlichkeit des HErrn anschauend, werden verwandelt in dasselbe Bild von Herrlichkeit zu Herrlichkeit, als durch den HErrn, den Geist" (2.Kor.3,18). Durch das Anschauen der „Herrlichkeit des Christus, der das Bild Gottes ist" (2.Kor.4,5-6), werde ich erkennen, „gleichwie auch ich erkannt worden bin".

Die *moralische* Herrlichkeit des HErrn als Mensch sehen wir in den Evangelien, – „und wir haben seine Herrlichkeit angeschaut, eine Herrlichkeit als eines eingeborenen vom Vater voller Gnade und Wahrheit" (Joh.1,14). Seine *priesterliche* Herrlichkeit zeigen uns die Apostel in den Briefen, „denn ein solcher Hohepriester geziemte uns: heilig, unschuldig, unbefleckt, abgesondert von den

Sündern und höher als die Himmel geworden" (Hebr.7,14 - 8,2). Johannes ist es gegeben, uns die *königliche* und *göttliche* Herrlichkeit Jesu Christi in Seiner Offenbarung zu zeigen: „Siehe, ein Thron stand in dem Himmel, und auf dem Thron saß einer. Und der da saß war von Ansehen gleich einem Jaspisstein und einem Sardis ..." (Offb.4+5).

7.6 Die Zungen – ein Mittel zur Selbsterbauung?

Wir wollen drei Punkte in 1.Kor.14 untersuchen, die mit der praktischen Handhabung der Zungen zu tun haben: Die Selbsterbauung durch Zungen, die Herkunft der Zungen oder Sprachen und die Ordnung bzw. Unordnung in der versammelten Gemeinde infolge der Zungenreden.

Selbsterbauung

Alle, die in Zungen reden oder beten, stützen sich auf das Wort Pauli: „Wer in einer Sprache redet, erbaut sich selbst" (V.4). Wenn man diesen Vers aus dem Zusammenhang herausreißt, könnte man tatsächlich meinen, Paulus rede hier der Selbsterbauung das Wort. Er will aber genau das Gegenteil sagen, nämlich, wie er zuvor gesagt hat: „Vielmehr aber, dass ihr weissaget" (V.1), und nachher: „wer aber weissagt, erbaut die Versammlung", und: „wer weissagt ist größer, als wer in Sprachen redet".

Es geht in dem vorliegenden Kapitel einzig und allein darum, was in der versammelten Gemeinde geschieht. Die Frage von privatem Zungenreden oder -beten steht hier gar nicht im Raum, dies wäre zudem ein direkter Missbrauch einer von Gott verliehenen Gabe, die ja der Gemeinschaft dienen soll. Nirgendwo in diesem ganzen Brief wird ein Selbstzweck angedeutet, immer geht es um den Dienst in der Versammlung.

Gerne beruft man sich auf Paulus, der selbst bekennt: „Ich danke Gott, ich rede mehr in einer Sprache als ihr alle" (V.18). Also doch Selbsterbauung. Weit gefehlt. Er sagt hier durchaus nicht, dass er privat in Zungen bete, noch erfahren wir, welcher Art seine Sprache war. Als Nationenapostel benötigte er die Gabe der Sprache auf seinen Missionsreisen, die durch verschiedene Sprachgebiete führten. Es fällt in den Berichten des Lukas in der Apostelgeschichte auf, dass sie nirgendwo in den Ländern, wo sie missionierten, Verständigungsschwierigkeiten hatten. Paulus hatte wie die zwölf Apostel die Gabe, in einer Sprache zu reden, wie der Geist ihm gab auszusprechen, damit die Asiaten und Griechen und Römer seine Botschaft verstehen konnten. Das war die Art der Sprache von Pfingsten, die ja nicht für die Versammlung bestimmt war, sondern zur Bestätigung des Zeugnisses nach außen hin. „Aber in der Versammlung will ich lieber fünf Worte reden mit meinem Verstande, auf dass ich auch andere unterweise, als zehntausend Worte in einer Sprache" (V.19). In der Versammlung soll eine Sprache gesprochen werden, die alle verstehen können oder, wenn es eine fremde Sprache ist, übersetzt bzw. ausgelegt werden, auf dass alle erbaut werden.

Was würden wir dazu sagen, wenn da ein junger Mann in der Gemeinde mit seiner E-Gitarre mit Lautverstärker Rockmusik singt und spielt? Ihm gefällt diese Musik, er berauscht sich daran, aber was ist das für die Geschwister, besonders für die Alten? Er erbaut sich selbst und fragt gar nichts danach, was denn wohl die anderen empfinden. Das grenzt ja schon an Bosheit. Ähnlich ist es mit der Zungenrede, wenn sie nicht ausgelegt wird. Mit einfachen Bildern, wie sie Kinder verstehen können, macht der Apostel den Korinthern deutlich, wie unzumutbar, ja wie unsinnig es ist, wenn in Zungen geredet oder gebetet wird und niemand versteht es. „Brüder, werdet nicht Kinder am Verstande, sondern an der Bosheit seid Unmündige, am Verstande aber werdet Erwachsene" (V.20).

Manche bezeugen, dass sie zu Hause in Zungen reden und beten. Dabei hätten sie ein schönes und erhebendes Gefühl und würden Gott loben und preisen. Schön und gut, aber vom Geiste Gottes ist dieses nicht gewirkt, vielmehr steigert man damit nur die eigenen Gefühle. Andere machen dasselbe mit Musik. Nichts gegen Musik, aber alles an seinem Platz.

Was berechtigt einen heimlichen Zungenbeter dazu, eine vom Geist für die Versammlung gegebene Gabe für sich selbst im

Kämmerlein zu gebrauchen? Heilt man etwa sich selbst, macht man Wunderwirkungen so zum eigenen Vergnügen, prophezeit man sich selbst? Legt man Zungen sich selbst aus? Letzteres geschieht zwar häufig, aber die übrigen haben überhaupt keine Kontrolle, was wirklich in Zungen geredet oder gebetet wurde. Wenn jemand in Zungen reden will, soll er das öffentlich tun, und nur, wenn ein Ausleger da ist, sagt der Apostel. Sonst halte er seinen Mund. Wenn er Wichtiges zu sagen hat, kann er das auch in der Sprache seiner Zuhörer mitteilen.

Wie meist eine Zungenrede mit Auslegung aussieht, haben zwei kritische Zeugen herausgefunden. Sie nahmen eine Zungenrede auf, nicht jedoch die Auslegung. Dann gingen sie mit der Kassette in eine andere Pfingstgemeinde und baten die Brüder um Auslegung. Dies wiederholten sie bei zehn Gemeinden. Das Ergebnis: Jedes Mal kam eine andere Auslegung heraus. Und die soll vom Heiligen Geiste sein?

Bedenklich ist auch folgender Fall: Jemand betet in Zungen, doch in seiner Auslegung heißt es: „So spricht der Herr …", mit einer halben Predigt. Da stimmt etwas nicht. Wenn jemand zu Gott betet mit Bitten und Danksagung kann nicht eine Weissagung dabei herauskommen.

Die beiden Fälle zeigen, dass mit den Zungen nur Missbrauch getrieben wird, es herrscht überall eine heillose Verwirrung, so dass man schwerlich prüfen kann, ob und bei wem sie echt sind.

Woher kommen die Zungen?

Zwischen den Mundarten am Pfingsttage und den Zungen oder Sprachen in Korinth besteht ein großer Unterschied. Wurden bei dem Pfingstwunder alles bekannte Sprachen gesprochen, die alle Juden „aus jeder Nation" in ihrer Mundart verstehen konnten, bedurften die Sprachen in Korinth der Übersetzung bzw. Auslegung. Daher haben wir es in Pfingstgemeinden eigentlich nicht mit dem Pfingstgeist zu tun, sondern wenn schon, dann mit einem Korinthgeist. Die korinthischen Zungen sind ganz anderer Herkunft als am Pfingsttage.

Wenig beachtet wurde bisher der 21.Vers in dem 14.Kapitel, aber er ist der Schlüssel zum Verständnis der Zungen nach korinthischer Art. Der Apostel weist in dem bezeichnenden Jesajazitat auf den fremden Charakter der Sprachen hin: „Ich will in anderen Sprachen und durch andere Lippen zu diesem Volke reden, und auch also werden sie nicht auf mich hören, spricht der HErr" (Jes.28, 11.12). Das Volk wollte nicht auf die Propheten hören, die eine einfache, verständliche Sprache redeten. Darum sandte Gott eine fremde Macht, deren Sprache sie nicht verstehen konnten, die sie aber zwang, das zu tun, was diese Macht wollte, „Gebot auf Gebot, Vorschrift auf Vorschrift; auf dass sie hingehen und rücklings fallen und zerschmettert werden und verstrickt und gefangen werden" (Jes.28,11-13).

„Daher", folgert der Apostel, „sind die Sprachen zu einem Zeichen, nicht den Glaubenden, sondern den Ungläubigen". Deshalb können die Sprachen in Korinth eigentlich nicht als Segnung und Geistesfülle verstanden werden, sondern als Gericht. Gott benutzt ein fremdes Medium, um den Ungläubigen ein Gerichtszeichen zu setzen. Diese fremde, unverständliche Zungenart kann keinen Ungläubigen wie zu Pfingsten überführen, sondern stößt ihn ab, weil er ja nichts versteht, und wenn alle durcheinander reden, wird er denken, die sind verrückt. Allein daraus ergibt sich schon, dass die charismatischen Zungen nicht die Fülle des Geistes sind, wie sie angesehen werden, noch weniger sind sie für den missionarischen Dienst geeignet. Auf „Ungläubige", gewöhnlich Juden, die nicht glauben wollten, wirkte die unverständliche Sprache abstoßend, wodurch sie noch mehr verstockt wurden.

Wer ist nun heute das Volk, zu dem Gott durch die „anderen Lippen" redet und sie dann immer noch nicht hören? Die Pfingstler? Jein. Wenn sie die „Ungläubigen" wären, könnten sie sich nicht so wohl fühlen beim Zungenreden und es ersehnen und erbeten. Weltweit sind sie missionarisch sogar aktiver und erfolgreicher als Evangelikale. Wahr ist allerdings auch, dass die Erweckten das sind, was die Pfingstler selbst sind, nämlich Gefühlschristen. Solche sind vom Gefühl abhängig, nicht vom Geist, d.h. wie man sich fühlt, und

Gefühle sind schwankend. Der Pfingstgeist spielt mit ihren Gefühlen Klavier, mal in höchsten Tönen jubelnd und Hände hoch, mal in Basstönen auf dem Boden liegend und vielen Misstönen. Ein solches Christentum kann nur in freien Ländern bestehen, für Verfolgungen taugt es nicht. Es ist das amerikanische Christentum, auch von dort inspiriert. Das ist weder der Geist noch die Weisheit, die von oben kommt. Der Zungengeist ist eindeutig nicht der Heilige Geist als Tröster, sondern ein Geist des Gerichts, der sie verblendet hat und von Stimmungen abhängig macht. Der Geist Gottes führt in die Tiefe, in tief innerliche Gefühle, die einen auf die Knie treiben und zur Anbetung bringen wie Johannes (Offb.5,4; 22,8).

Es sind ausschließlich die Nicht-Pfingstler, die die Zungen so abstoßend und schrecklich finden und geradezu Angst davor haben, weil er spaltend wirkt, so dass dieser Geist „von unten" sein muss. Daher ist der zu Anfang des vorigen Jahrhunderts (1906) neu aufgekommene Zungengeist sowohl bei diesen wie bei jenen ein Zeichen des Gerichts an allen, die Gottes Handeln mit Seiner Gemeinde nicht verstehen und glauben, wie es uns die „Stimmen und Donner und Blitze" in der Offenbarung so deutlich machen. „Der Herr wird sein Volk richten" (Hebr.10,30) – für Evangelikale eine Vorstellung, die ihnen ebenso schwer eingehen will wie Pfingstlern den richtenden Geist, den Gott hat heraufkommen lassen. Da bleibt für uns nichts anderes übrig, als demütig anzuerkennen und uns darunter zu beugen, dass der HErr offensichtlich jetzt durch Charismatiker redet. Alle Kritik an der Charismatischen Bewegung, so berechtigt sie ist, muss bei ihnen abprallen und dient nur unserer Selbstbestätigung, wenn wir nicht anerkennen, dass diese Geistesbewegung ein Mittel in der Hand des HErrn ist, Seinem Volke in Babylon, wozu auch die Pfingstler gehören, bewusst zu machen, dass sie dort sind bzw. unter fremder Herrschaft stehen.

Bemerkenswert ist, dass mit den „anderen Sprachen" auch immer Weissagungen und Heilungen einhergehen. Die Erfolgsquote ist zwar gering, aber dennoch haben die „Geistesgaben" in der Hand der Pfingstler, insbesondere die „Weissagungen" etwas Positives:

Sünder werden ins Licht Gottes gestellt. Wie schon Paulus sagt, dass, wenn „alle weissagen, und irgend ein Ungläubiger oder Unkundiger kommt herein, so wird er von allen überführt, von allen beurteilt; das Verborgene seines Herzens wird offenbar, und also, auf sein Angesicht fallend, wird er Gott anbeten und verkündigen, dass Gott wirklich unter euch ist" (V.24+25). „Weissagen" heißt jedoch nicht, zukünftige Ereignisse vorauszusagen, sondern das Wort Gottes auf Herz und Gewissen der Sünder anzuwenden. Typisch für den „Pfingstgeist", jedenfalls bei radikalen Pfingstlern, ist ihre gründliche Überführungs- und Bußarbeit. Wer ihnen in die Finger gerät, der muss bekennen, er wird erforscht, seine Sünden werden verfolgt bis zu den Eltern und Voreltern, und die Dämonen müssen ausfahren, wenn solche in ihm sind, wenn aber nicht, besteht die Gefahr, dass er sie durch Handauflegung bekommt. Vorsicht!

Leider ist aus dieser Methode ein Ausbekennungsprinzip geworden, sodass auch Gläubige sich ständig erforschen und Sünden bekennen müssen, auch wenn ihnen keine bewusst sind. Manche Pfingstler treiben es extrem weit, dass sie sich selbst und andere ständig verdächtigen, nach Sünden bohren und Gläubige regelrecht verfolgen und quälen, wenn sie nicht „ausbekennen". Für laue, weltliche Christen vielleicht eine heilsame Behandlung, wenn sie heimlich Dinge tun, die nicht recht sind. Aber auf Dauer macht es das Gewissen krank, man kommt unter einen Zwang. Darum sind auch viele sensible, gewissenhafte Seelen in Pfingstkreisen unfrei, betrachten nur sich selbst und sehnen sich nach Sieg über die Sünde. Starke Stimmungsschwankungen, Anfechtungen und Selbstan-klagen sind ein typisch pfingstliches Phänomen. Attacken dämonischer Geister treten häufiger bei Pfingstlern auf. Und sie sehnen sich durchweg nach innerer Befreiung, dem auch ein aus dieser Not heraus entstandener „Befreiungsdienst" nicht abhelfen kann. Oft sind es arme, gequälte Seelen, die nicht zur Ruhe kommen können. Man weiß von Menschen, die dadurch, dass sie sich mit dem charismatischen Geist (Toronto-Segen) eingelassen haben, seelisch ruiniert worden sind. Hier ist eine Lossagung notwendig.

Noch ein Zweites kennzeichnet den Pfingstgeist, woran man erkennen kann, dass es nicht der Geist von oben ist: Seine Beziehung zur Schrift. Der Heilige Geist leitet uns in die ganze Wahrheit des Wortes Gottes (Joh.16,13). Pfingstler jedoch achten mehr auf Offenbarung, Visionen und Träume. („Träume kommen durch viel Geschäftigkeit" Pred.5,3.7, d.h. womit man sich viel am Tage beschäftigt, das träumt man gewöhnlich. Träume sind Schäume, lautet ein Sprichwort). Von der Lehre halten sie im Allgemeinen nicht viel. Etliche meinen sogar, dass man letztlich keine Bibel mehr brauche, wenn Gott unmittelbar zu uns rede wie bei Abraham. Freilich sind ihnen zwei Dinge wichtig: Gehorsam und Erkennen des göttlichen Willens. Wie man den Willen Gottes erkennt, erfolgt für sie in erster Linie nicht durch die Schrift, sondern durch innere Stimmen oder eine Stimme im Ohr, Visionen, Träume und Weissagung. Deshalb so viele falsche Hoffnungen und Enttäuschungen.

Dass der Heilige Geist uns Gedanken eingeben kann, dass Gott uns durch die Lebensumstände führt und leitet, dass der HErr uns in besonderen Entscheidungen ein Wort aus der Schrift und ein Zeichen gibt, kann nur eine Bestätigung des in der Schrift mitgeteilten und von uns erkannten Willens Gottes sein, mehr nicht. Hier finden wir den Willen Gottes für jede Lebenssituation, „um würdig des HErrn zu wandeln zu allem Wohlgefallen, in jedem guten Werke fruchtbringend, und wachsend durch die Erkenntnis Gottes …" (Kol.1,9ff). Der Geist Gottes gibt uns das geistliche Verständnis des Wortes Gottes, nur Er kann uns mit der Erkenntnis Seines Willens erfüllen. Der Maßstab und Prüfstein für das Christenleben ist das geschriebene Wort Gottes. Gar mancher Knecht Gottes hat durch das Aufschlagen seiner Bibel eine göttliche Weisung empfangen.

Es kann nicht bestritten werden, dass es unter Pfingstlern solche gibt, die ihre Bibel kennen und lieben, aber im Verständnis bleiben sie Kinder, weil sie mehr auf außerbiblische Offenbarung, Gesichte und Traumdeutungen achten als auf die Schrift. Ihr Verhältnis zur Schrift ist durch den Pfingstgeist, der kein Schriftgeist ist, gestört.

Aus diesem allem wird klar, dass der Zungengeist in dieser unverständlichen Art mit seinen Weissagungen und Wirkungen fremder Herkunft ist. Gott hat ihn kommen lassen, um durch Ihn zu Seinem Volke zu reden, weil sie anders nicht hören. Viele haben sich mit diesem Geist eingelassen und sind so selbst auf deren Seite getreten und ihr Sprachrohr geworden. Eine Mehrheit des Volkes Gottes wehrt sich dagegen, täte aber besser, sich unter Gottes Handeln zu beugen und Ihn anzuflehen, dass Er den fremden Geist wieder wegnimmt. Wenn sein Zweck erfüllt ist, wird dieser babylonische Geist, der sich je länger je mehr als Richtgeist aufspielt und zum Teil sehr frech auftritt, mancherorts sich auch sehr unsinnig gebärdet, wieder verschwinden, wie geschrieben steht: „Du wirst das freche Volk nicht mehr sehen, das Volk von unverständlicher Sprache, dass man sie nicht vernehmen, von stammelnder Zunge, die man nicht verstehen kann" (Jes.33,18.19). So erledigt sich auch die Geschichte der pfingstl. „Geistesgaben" von selbst und Ehemalige werden von besseren, mit der Seligkeit verbundenen Dingen überzeugt.

Nachdem der Apostel den Gebrauch der Sprachen und prophetischen Rede geregelt hat, – „alles geschehe zur Erbauung, auf daß alle lernen und alle getröstet werden" (V.26-33), ordnet er an, dass die Frauen in der Versammlung schweigen sollen, „denn es ist ihnen nicht erlaubt zu reden, sondern unterwürfig zu sein, wie auch das Gesetz sagt" (V.34). Dieses Verbot bezieht sich zuerst auf Zungenrede und Weissagungen. Da der Zungengeist ein seelischer Geist ist, bedient er sich besonders gerne Frauenmund, denn Frauen sind viel gefühlsbestimmter als Männer und daher empfänglicher für diesen Geist. Manchmal klagen Schwestern, dass sie die Zungen nicht bekommen. Wahrscheinlich sind sie zu nüchtern. Sollen sie doch froh sein, dass sie sie nicht bekommen. Schwestern sollen überhaupt schweigen in der Versammlung. Paulus begründet das mit der Ordnung im Gesetz, denn der Dienst am Wort ist den Brüdern vorbehalten. Wenn den Frauen nicht erlaubt war, in der Versammlung in Zungen zu reden oder zu weissagen, dann war der Zungengeist schon halb gebannt. Das übrige ergab sich von selbst, wenn die Brüder in Korinth geistlich wachsen und somit verständiger würden.

Der zweite Brief an die Korinther zeigt denn auch den Erfolg. Durch den „Dienst des neuen Bundes, nicht des Buchstabens" und das „Anschauen der Herrlichkeit des Herrn" (2.Kor.3) werden die Zungen und Weissagungen überflüssig. Wenn Gott den heute aufgekommenen Pseudo-Pfingstgeist wieder dahin zurückschickt, woher er gekommen ist (s.Offb.9,2; 19,20), wird der Riss und die innere Zerrissenheit geheilt werden, die derselbe verursachte. „Schaue Zion an, die Stadt unserer Festversammlungen!" (Jes.33,20). Die Pfingstler werden ihre Herrlichkeit mitbringen, denn ihre Herzen und Gefühle sind durch die Übungen unter diesem Geist zubereitet worden für das neue Jerusalem. Vieles, was anderen Christen fehlt, findet sich bei ihnen in reicherem Maße: Glauben an die Kraft des Namens Jesu, Hoffnung auf Erweckung, eine innige Liebe zum HErrn. Ihr Reichtum an Erfahrungen kann eine Bereicherung sein für das ganze Volk Gottes.

Fazit

Wir kommen nach allem zu der Erkenntnis, dass der Pfingstgeist bzw. der charismatische Geist nicht der Heilige Geist ist, er hat weder mit Pfingsten noch mit Korinth etwas zu tun. Es ist ein fremder Geist, eine Nachahmung des korinthischen Geistes, mit dem er sich begründet, aber ganz anders äußert, verbal und emotional. Viele Gläubige in diesen Kreisen und die für diesen Geist offen sind, wissen nicht, wes Geistes sie sind. Es ist ein babylonischer Geist (Offb.18,2; 3.Mo.11,13), der von *drüben* (USA) kommt und gleich noch sieben andere Geister mitbringt, wodurch der Heilige Geist verdrängt wird, sowohl in der Gemeinde als auch persönlich. Die Welt macht sich lustig über diese Art Spiritualität, wenn dort Menschen schreien, zittern oder in irres Lachen ausbrechen und auf den Rücken fallen.

Die „Berliner Erklärung" (1910) bezeichnet ihn als Geist von *unten*. Die Allianz sieht das wohl heute nicht mehr so, wenn sie erklärt, dass in der Pfingstgemeinde „auch der Geist Gottes wirkt". Pfingstler meinen das inzwischen auch von der Katholischen Kirche, weil dort ebenso die *Glossolalie* – das Hervorbringen unverständlicher Laute – fleißig geübt wird. Wenn der Heilige Geist auch dort wirkt, sollte man doch erwarten, dass er zuerst einmal Maria an ihren Platz stellt und die übrigen Sakramente abschafft, auch das Papstamt. Oder sollen wir jetzt alle katholisch werden und zur „allein seligmachenden Kirche" zurückkehren? Das Mitmenschlichkeits-Evangelium von Franziskus, wahrlich ein „Gaudium", weist in diese Richtung; man sucht den Zusammenschluss, EINS sein ist angesagt. In Babylon ist es eigentlich egal, in welche Kirche oder Gemeinde man geht, reine Geschmackssache, Hauptsache sich wohlfühlen.

Die Zeichen und Wunder, die angeblich vom Heiligen Geist gewirkt sein sollen, kommen in den letzten Tagen von den falschen Propheten (2.Thess.2,9; Offb.13,13). Den drei unreinen Geistern (Drache, Tier, falscher Prophet) stehen die „sieben Geister Gottes" gegenüber und vernichten sie (Offb.5,6; 16,13). Die Offenbarung ist ein Krieg der Geister – um die Vorherrschaft über die Seelen. Die Vertreter der charismatische Bewegung werden erschrocken sein, Beben wird sie ergreifen vor der Glut des Zornes Gottes, der gegen die Heuchler entbrennt, weil sie den Heiligen Geist nachgeäfft, seinen Namen missbraucht haben.

Wer den charismatischen Geist hat, mit dem ist schlechthin keine engere Gemeinschaft möglich. Er muss sich im Namen Jesu davon lossagen und erlebt dann eine große Befreiung und Erneuerung. Nur so kann die Einheit des Leibes und des Geistes wiederhergestellt werden.

8 Das „Tausendjährige Reich"

In der christlich-zionistischen Prophetie spielt das sogen. „Tausendjährige Reich" eine zentrale Rolle. Die judaistische Idee von einem zukünftigen Friedensreich auf Erden wird auch außerhalb des Dispensationalismus vertreten. Es herrschen allerdings unterschiedliche Vorstellungen über die erwartete irdische Herrschaft Christi, wobei teilweise ein starkes Bedürfnis nach Rechtfertigung und Vollkommenheit mitschwingt, die im Tausendjährigen Reich erlangt werden soll. Bei den Zeugen Jehovas ist das Millennium gleich der „neuen Erde", bei Adventisten findet das 1000jährige Friedensreich im Himmel statt, während sich in dieser Zeit auf der Erde nichts abspielt, danach kommt der neue Himmel und eine neue Erde. Es gilt, jetzt schon so (vegetarisch) zu leben, wie es am Auferstehungsmorgen sein wird. Aus ihrer Sicht werden die Gläubigen mit Christus über die Juden und die ganze Welt herrschen.

Sind diese Vorstellungen biblisch begründet? Die einzige neutestamentliche Schriftstelle wäre Offb.20. Doch wir fragen, wo steht dort etwas vom Reich? Darauf käme von Dispensationalisten wahrscheinlich die Gegenfrage: „Wo wollen Sie denn die Propheten unterbringen?" Bei dieser Erwartung ist natürlich die buchstäbliche Interpretation der Propheten von grundlegender Bedeutung. Ob das millennialistische System die ganze Bibel ernstnimmt oder doch nur eine Utopie ist mit biblischem Vokabular, wird dem aufmerksamen Leser bereits klar geworden sein.

Eine Utopie ist ein unausführbar geltender Plan ohne reale Grundlage, auch als Schwärmerei und Hirngespinst bezeichnet (Duden). Eine solche Utopie oder Ideologie war der Marxismus, er wollte die wahre und gerechte Welt vorbereiten, scheiterte aber an dem Schein oder dem falschen Bewusstsein dieser wahren Welt. Zu den Utopien des 19.Jhdts gehört auch die Vorstellung von einer Weltherrschaft der Gläubigen. Der Zionismus jener Zeit träumte von einer jüdischen Weltherrschaft, und seit dieser Zeit erwarten auch Christen brennend ein buchstäbliches 1000jähriges Reich, wobei etliche an eine besondere göttliche Berufung des jüdischen

Volkes glauben, das heißt sie teilen deren irdische Hoffnung, wenn auch nicht in allen Einzelheiten. Die utopische Prophetie der Evangelikalen ist ähnlich wie die Utopie der Zeugen Jehovas auf eine „Neue-Welt-Gesellschaft" gerichtet. Während die „Millenniumsleute", wie die Zeugen Jehovas früher genannt wurden, verkünden, dass der „gesalbte Überrest" der 144000 im Himmel über die „Untertanen" auf der Erde, die sich heute für das Königreich entscheiden, herrschen wird, glauben Evangelikale, dass sie ohne Fleisch und Blut anzunehmen engelgleich über der Welt schweben. Franz Stuhlhofer wagte es, einen Vergleich evangelikaler Endzeitautoren mit Zeugen Jehovas zu ziehen: „Es gibt eine ganze Reihe von Parallelen zu manchen Evangelikalen" (S.26). Man kann sogar beide prophetische Systeme als Kinder ihrer Zeit mit dem Marxismus vergleichen, wenn sie auch unterschiedliche Wege gingen, um den Traum von einer neuen Menschheit in einem „goldenen Zeitalter" Nachdruck zu verleihen.

Die Fiktion eines 1000jährigen Reiches oder einer theokratischen Gesellschaft auf Erden überspielt, was der Mensch von Natur aus ist, nämlich ein unverbesserlicher Sünder. Zum anderen verleugnet man, was Gott in Christo geschaffen hat: Eine neue Schöpfung durch die Wiedergeburt. Wozu dann ein irdisches Reich?

Wie der Marxismus an dem menschlichen Unvermögen scheiterte, muss auch jede andere Utopie am Menschen selbst scheitern. Doch gerade dieses Problem glauben Evangelikale und Zeugen Jehovas dadurch lösen zu können, dass Christus bei Seiner Erscheinung als König „die Macht haben wird, auf der Erde Frieden zu schaffen" und einen idealen paradiesischen Zustand herbeizuführen, auch in der Tierwelt. So malt es sich die „Wachtturm Bibel und Traktat-Gesellschaft" aus. Dass verschiedene für die Befriedung der Welt so wichtigen Tiere nicht mehr existieren oder vor der Ausrottung geschützt werden müssen, statt dass sie eine Gefahr für die Menschen darstellen, bedenken Millennialisten nicht. Aufgefallen ist ihnen auch nicht, dass in der bekannten Jesajasprophezeiung Vögel und Fische nicht erwähnt sind. Sollen die denn weiterhin einander auffressen? Millennialisten sind Idealisten, ja Utopisten, aber keine Realisten. Für ihre fabulöse Reichsschau bedarf es nicht des Geistes Gottes, da genügt der Geist der Welt, obwohl die Welt manches realistischer sieht als gewisse Exegeten. Die Löwen im Zoo und das Vieh auf der Weide würden sie belehren, dass es Gott um den Frieden des Menschen geht, dessen Löwen-, Wolfs- und Schlangennatur verändert werden muss.

Unbekümmert der Unmöglichkeiten sind sie von einem Friedensreich bezaubert, wo buchstäblich die wilden Tiere friedlich werden sollen und „Wolf und Lamm beieinander wohnen und der Löwe Stroh fressen wird wie das Rind". Dass Jesajas von der menschlichen Natur redet, geht aus dem weiteren Text in Kap.11 hervor: „Man wird nicht übel tun, noch verderbt handeln auf meinem ganzen heiligen Gebirge". Sind mit „man" etwa Tiere gemeint? Aus einem Saulus wurde Paulus, ja viele haben diese Verwandlung erfahren. Dennoch sind viele Menschen in der Raubtiergesellschaft, die sich Christen nennen, in ihrer Natur noch unerlöst und kommen auf allerlei törichte Gedanken. Deshalb so viel Streit über Gesetz und Lehren. „Wenn ihr aber einander beißet und fresset, so sehet zu, dass ihr nicht voneinander verzehrt werdet" (Gal.5,15). Ein besseres Verständnis der Verheißungen des prophetischen Wortes könnte ihnen Frieden geben.

Ein zukünftiger Friedenszustand auf Erden ist sehr weit hergeholt und entfernt sich immer weiter wie die Ausdehnung des Weltalls. Wie dieses Menschen nicht ausmessen können, muss auch ein Friedensreich unerreichbar sein, weil niemand das menschliche Herz kennt. Nur wer von oben her geboren ist, wird das Reich sehen und hineingehen, sagt Jesus dem Nikodemus. Das kann man aber heute schon haben, „wenn ihr seine Stimme höret" (Hebr.3,7).

In Jes.65,25 wird das Wort von Jes.11 wiederholt, „Wolf und Lamm werden beisammen weiden", hier aber in Bezug auf die Erneuerung Jerusalems. Daran wird es noch deutlicher, dass es um menschliche Gemeinschaft geht. Eine Veränderung der Natur in den Zustand der Unschuld, in dem Adam war, kann nicht stattfinden. Die Erbsünde haftet uns an, solange wir leben. Eine Wiederherstellung des ersten Paradieses kann es daher nicht geben. Oder das ganze Dilemma der Menschheit würde von Neuem beginnen.

Wir erwähnten bereits, dass Augustin, Luther, Calvin u.a. die Lehre von einem 1000jährigen Reich ablehnten (s. unter I.3. „Jüdische Apokalyptik"). Für viele unter unseren Mitchristen scheint die ewige Seligkeit von der Millenniumsidee abzuhängen. Ist mit dieser Hoffnung wirklich eine Erlösung und Errettung für die Menschen unserer oder künftiger Zeit verbunden? Was würde sein, wenn wirklich ein irdisches Reich zu erwarten wäre. Wir wollen das einmal durchspielen. Was ist das Zeugnis der Schrift? Wenn wir die Kernaussagen des Evangeliums über das menschliche Verderben betrachten, das Gott uns beispielhaft an den Menschen vor und nach der Flut, unter dem Gesetz und auch unter der Gnade gezeigt hat und jedem Menschen bewusst wird, der in die Gegenwart eines heiligen Gottes kommt, wie kann bei dieser sündigen Natur ein Friedensreich bestehen? Alle Utopien und Philosophien sind dadurch gelähmt, dass sie nicht die Sünde des Menschen in der Tiefe wahrnehmen. Als Gott mit Noah einen Neuanfang machte, da musste er zugleich feststellen: „Das Dichten des menschlichen Herzens ist böse von seiner Jugend an" (1.Mose 8,21). Und Jeremia klagt: „Arglistig ist das Herz, mehr als alles, und verderbt ist es, wer mag es kennen" (Jer.17,9). „Denn aus dem Herzen kommen hervor böse Gedanken, Mord, Ehebruch, Hurerei …" (Matth.15,19). Das völlige Verderben der Natur des Menschen durch die innewohnende Sünde und die Notwendigkeit einer vollständigen Erneuerung bezeugt Paulus in Röm.1-7. Wir fragen, ob ein Mensch im sogenannten Tausendjährigen Reich ohne Wiedergeburt die Sünde im Fleische überwinden und Liebe, Treue, Sanftmut, Gerechtigkeit, Enthaltsamkeit usw. entfalten kann? Das wird nicht möglich sein, denn „was aus dem Fleische geboren ist, ist Fleisch" (Joh.3,6); und: „das Fleisch nützt nichts" (Joh.6,63). Und wenn dann auch diese Gesetzmäßigkeit noch gilt: „Das Fleisch gelüstet wider den Geist, der Geist aber wider das Fleisch" (Gal.5,17), gibt es keine Chance des Friedens für das „Israel nach dem Fleische" und die „Nationen im Fleische".

Gewiss, Satan, der die Nationen zum Kriege verführt, wäre gebunden, es würde für eine Zeit keinen Krieg in der Welt geben. Das wäre ein Vorteil, aber diesen Zustand haben wir in Europa Gott sei Dank schon 70 Jahre nach dem letzten Weltkrieg. Diesen Frieden hatte Israel und die Welt ja schon einmal unter Salomo (1.Kön. 4,20-34). Wird das zukünftige Friedensreich auch in die Gesellschaft und bis in die Familien hineinwirken? Oder werden die Streitigkeiten, Ehekrisen, Scheidungen, Mord im Mutterleib etc. weitergehen. Wahrscheinlich. Aus Jes.65 geht hervor, dass noch Sünde und Tod trotz Wiederherstellung sein werden. Auch ohne Verführung werden die Menschen feststellen müssen, dass die Sünde in ihnen wohnt. Wenn wieder das Gesetz, Vorschriften und Satzungen eingeführt werden sollen, und das mit dem Maßstab der Bergpredigt, die ja für die Juden im tausendjährigen Reich bestimmt sein soll, wird erst recht die Sünde geweckt und überströmend.

Es erhebt sich hier tatsächlich die Frage, ob wir an das Evangelium in seiner ganzen Wahrheit glauben. Nehmen wir den möglichen Fall eines Jünglings an, der mit der Fleischeslust oder seinem rebellischen Wesen nicht fertig wird. Was nützt ihm der äußere Friede, wenn er innerlich keinen Frieden hat? Auch dann nicht, wenn das Gesetz auf seine Sinne geschrieben ist. Er will ja das Gute und sieht so viel Güte, und dennoch …, er wird gleich uns die Erfahrung machen, dass „in mir, das ist in meinem Fleische, nichts Gutes wohnt" (Röm.7). Obschon er „Wohlgefallen hat an dem Gesetz Gottes", wird er das tun, was er nicht will, und das, was er will, wird er nicht ausüben können. Denn das gute, heilige und gerechte Gesetz wird ihm wiederum zur Anklageschrift werden, er kann es beim besten Willen nicht halten. Wenn die Bergpredigt als die „Prinzipien des Königsreiches" dann während „der Herrschaft Christi auf der Erde" Anwendung findet, wonach schon der lüsterne Blick nach einer Frau Ehebruch ist, wie bibeltreue Millennialisten ebenfalls glauben, dann Gnade den Männern im Tausendjährigen Reich. Wir können zu diesem Problem MacDonald zitieren: „Ob du an Ehebruch denkst, oder ihn ausführst, du wirst deinen Trieb dadurch nicht beruhigen, denn du versuchst mit Öl Flammen zu löschen" (Kommentar zu Matth.5,28). Das soll also in dem gepriesenen „messianischen Friedensreich" auch noch so sein. Wie traurig und elend müssen dann die Menschen sein, wenn sie nicht die Erlösung haben, „die in Christo Jesu ist". Da unter dem König

Israels das Böse sofort bestraft wird, wie die Prämillennialisten lehren, werden die Menschen gegenüber dem, der auf dem Throne sitzt, ausrufen: „Siehe, wir vergehen, wir kommen um, wir alle kommen um!" (4.Mo. 17,12). Die tausendjährige Herrschaft Christi wäre in Wirklichkeit eine Schreckensherrschaft.

Oder soll es sich bloß um eine „nationale" Wiederherstellung handeln? Dann bleibt erst recht das „Gesetz der Sünde" bestehen. Denn „die Gesinnung des Fleisches ist Feindschaft gegen Gott, denn sie ist dem Gesetz Gottes nicht untertan, denn sie vermag es auch nicht" (Röm.8,6-7). Wenn Christus in Gerechtigkeit regiert, bedeutet dies nichts anderes für das Fleisch als Gericht und Tod. Israel würde die gleiche Erfahrung machen wie in der Wüste. Es würde keine vierzig Jahre dauern, und das ganze Geschlecht wäre aufgerieben. Von den Nationen gar nicht zu reden. Nicht länger würde ein solches Reich auch unter günstigeren Verhältnissen währen, wie die salomonische Friedensherrschaft beweist. Unsere Mitherrschaft würde mangels Masse schon frühzeitig zu Ende sein.

Ein Friedensreich nach christlich-jüdischer Vorstellung kann offensichtlich auf Grund der menschlichen Sündhaftigkeit nicht bestehen. Auch Buße und Umkehr ändern nicht die verdorbene Natur des Menschen, wie sicher jeder Gläubige weiß. Das Fleisch selbst, nicht nur die Sünden aus dem Fleisch, muss an das Kreuz gebracht und in den Tod gegeben werden. Aber so weit geht ja das neue Reichsevangelium nicht. Oder doch? MacDonald bringt seltsamerweise die Wiedergeburt mit dem irdischen Reich in Verbindung: „Nikodemus wusste, dass eines Tages der Messias kommen würde und ein tatsächliches Reich auf der Erde errichten würde, dessen Hauptstadt Jerusalem wäre. Nikodemus verstand jedoch nicht, dass man, um in dieses Reich zu gelangen, wiedergeboren werden muss" (Kommentar zu Joh.3,12). Wer wird dann das Reich sehen? Konsequenz: Die Völker würden dann alle wiedergeboren sein oder die Wiedergeborenen wären ohne Völker.

Was soll denn das Besondere an dem fiktiven Reich sein? Heide meint, dass „die irdischen Gegebenheiten und himmlischen Segnungen sich in einzigartiger Weise verbinden" (S.90), ohne allerdings zu sagen, in welcher Weise sich dies vollziehen soll. Es wird eben an den „irdischen Gegebenheiten" scheitern. Greifen wir eine Gruppe aus Matthäus, Kap. 5, heraus, die angeblich erst im Tausendjährigen Reich gesegnet werden soll: Die nach der Gerechtigkeit hungern und dürsten (V.6). Womit werden sie gesättigt werden? Sicher mit Gerechtigkeit! Soll es nicht die Gerechtigkeit aus dem Glauben sein, auf welche andere Gerechtigkeit, die vor Gott gilt, soll Jesus sie vertröstet haben? Noch paradoxer ist Heides Aussage, dass auch die Völker teilnehmen sollen an „den Heilstaten und Heilsgaben des messianischen Reiches", obwohl sie „keine Gläubigen sind". Im Tausendjährigen Reich sollen seiner Meinung nach automatisch alle Menschen glücklich werden. Glücklich und selig wird nur, wer dem Evangelium von Jesu glaubt.

Martin Heide behauptet weiter, dass „die Erde voll sein wird der Erkenntnis Gottes bis in den kleinsten Ort". Das könnte theoretisch durch eine weltweite Verkündigung des „Evangeliums vom Reich" und die Verbreitung der Bibel bis in die letzten Stämme erreicht werden. Dann wird man die herrlichen Geschichten von den Taten und Tugenden Jesu Christi lesen und, nehmen wir an, auch glauben, man wird die Briefe der Apostel lesen und staunen, welch herrliche Erlösung darin entfaltet ist und welche wunderbare Gemeinschaft die Gemeinde Jesu ist. Aber dann werden sie sagen müssen: Schade, nicht mehr für uns! Die Haushaltung, wo man eine neue Schöpfung wurde, wo jeder, der an den Sohn glaubte, ewiges Leben bekam, wo man in die innigste Gemeinschaft mit dem großen König kam, wo man sogar zum Leibe Dessen gehörte, Der jetzt auf dem Throne sitzt, kurz, alles das, was die „Auserwählten" vor uns bereits durch das Evangelium Pauli erlangt haben und wir eigentlich suchen, ist vorbei. Vorbei ist die Gnadenzeit, jeder Ungehorsam wird sofort gerächt, sogar jeder schlechte Gedanke wird gerichtlich verfolgt; und um existieren zu können, muss man jedes Jahr in Jerusalem erscheinen. Von Frieden und Freude keine Spur! trotz der „herrlichen Segnungen des Reiches". Welche Träumer, die Millennialisten!

Aus dem Kontext (Offb.20) ergibt sich, dass es eine Zeit der Herrschaft für die Überwinder ist, sie sollen an der „ersten

Auferstehung" teilhaben. Selbst für die Gläubigen wird es eng mit dem Mitherrschen, denn sie müssen das Tier, Bild, Malzeichen überwunden haben. Wie können sie es, wenn sie nicht einmal wissen, was das genau ist. Vermutungen sind noch keine Realität. Die „Nationen" sind gänzlich von den Segnungen ausgeschlossen, sie stehen außerhalb und umgeben gleichsam das Reich, wie das der folgende Abschnitt sehr drastisch zeigt. Das Bild ist dem Alten Testament entnommen, wo die Nationen ständig Israel bekriegten, weil Satan sie dazu anreizte. Dahinter steckten also Geistesmächte, die im Neuen Testament geoffenbart sind und besiegt wurden am Kreuz. Nachdem Satan gebunden ist, kann er die „Nationen" nicht mehr zum Kriege verführen, – eine durchaus praktische Wahrheit, die Regungen unserer Natur im Zaume zu halten. Im Vorbilde ist das deutlich im Friedensreich Salomos zu sehen, „er hatte Frieden auf allen Seiten ringsum, und Juda und Israel wohnten in Sicherheit" (1.Kön.4,20-25). Die Könige der Nationen, die in jenen Tagen nach Jerusalem hinaufkamen, hatten keine Kriegsabsichten mehr, „die ganze Erde suchte das Angesicht Salomos, um seine Weisheit zu hören" (1.Kön.10,23-25). Sie haben Jerusalem reich gemacht mit ihren Geschenken und Schätzen. Die Offenbarung wendet dieses Bild auf die wiederhergestellte Gemeinde an, die wieder ein Anziehungspunkt für die Welt werden soll, „und die Nationen werden durch ihr Licht wandeln, und die Könige der Erde bringen ihre Herrlichkeit zu ihr" (Offb.21,24). Dass es sich nicht um eine irdische Herrlichkeit handelt, sagt der Apostel Paulus in 2.Kor.3: „Denn wenn das, was hinweggetan werden sollte, mit Herrlichkeit eingeführt wurde, wieviel mehr wird das Bleibende in Herrlichkeit bestehen!" (V.11). Irdische Herrlichkeiten sind vergänglich.

Jetzt sieht die Welt wenig von der Herrlichkeit des Reiches Gottes in der Gemeinde; sie war das Licht der Welt, aber die Menschen verachten sie. Das wird nicht so bleiben, „denn der Herr wird Zion aufbauen, wird erscheinen in seiner Herrlichkeit" (Ps.102,16). Der letzte Krieg in der Offenbarung wird die Macht und Herrlichkeit des HErrn offenbaren, wenn der HErr Jesus das Schwert des Wortes Gottes wirksam werden lässt: Das Evangelium des Heils in Christus wird über alle Philosophien und Ideologien der Menschen und auch über die falsche Prophetie triumphieren.

Die Heilsgeschichte ist in Offb.20,6 noch nicht abgeschlossen, denn „nach den tausend Jahren" wird der Satan noch einmal losgelassen, um die Nationen zum Kriege zu verführen, „den Gog und den Magog" (Offb.20,7-10). Da zeigt es sich ja, dass der Mensch nicht verändert worden ist in seiner Natur, was wohl alle zugeben müssen. Dennoch beharren viele auf der „buchstäblichen Interpretation", welche „einer verzagten, angstvollen Welt allein Hoffnung schenken kann", wie Hoyt erklärt. Sie wollen die prophetischen Bücher der Bibel buchstäblich verstehen und interpretieren sie doch recht unbekümmert und willkürlich modernistisch um. So beispielsweise die Waffen Gogs und Magogs, „Tartschen und Schilde", die ihnen doch als zu „primitive Waffen" für unser technisches Zeitalter erscheinen (Hes.38). Darunter seien jetzt „moderne Waffensysteme" zu verstehen, verkündete letztlich noch ein Kassetten-Prediger. Aber wie soll denn das Waffenmaterial aus Stahl und Eisen Israel zum Feuermachen dienen (Hes.39,9-10)? Eher müssten Wälder abgeschlagen werden, um die Schmelzöfen zu heizen. Die „buchstäbliche" Deutung führt ins Unsinnige. Um das buchstäbliche Verständnis der Propheten zu retten, ging vor einigen Jahren, als noch die ehemalige UdSSR als „Gog und Magog" gedeutet wurde, in Pfingstkreisen das Märchen um, die Russsen hätten ein brennbares Panzermaterial entwickelt. Der Angriff auf Israel fand glücklicherweise nicht statt. Erfüllt hat sich jedoch das Prophetenwort: „Ich will den Verstand der Verständigen hinwegtun" (Jes.29,14).

Außer zur Tierwelt und menschlichen Natur erheben sind noch viele andere Fragen von Belang. Zum Beispiel zu Wirtschaft und Technik, zum Alltag und zur Lebensweise der Menschen in dem „zukünftigen Zeitalter". Werden sie statt in Fabriken zu arbeiten zu Ackerbau und Viehzucht zurückkehren, wenn wir die Propheten wörtlich nehmen (Jer.31,24)? Stahl wird ja genug für landwirtschaftliche Geräte zur Verfügung stehen, wenn sie die Waffen einschmelzen. Sehr wichtig ist die Frage für Leute von Heute, ob man dann noch Autofahren wird, oder müssen sie zu Fuß gehen und „auf Rossen reiten" (Jes.66,20)? Mit der Mode wird es gewiss ein Ende haben, zum Leidwesen der Damen. Warenhäusern werden nicht mehr existieren können, weil man ja nicht dauernd etwas Neues braucht. In der Wüstenreise Israels war das Kleid nicht zerfallen, der Fuß nicht geschwollen, die Schuhe hielten 40 Jahre (5.Mo.8,4). Das wird doch sicher im Paradies auch so sein. Und das könnte dann 1000 Jahre so bleiben, wenn nicht ein Atomkrieg dem paradiesischen Zustand vorzeitig ein Ende macht.

Bitte, lieber Chiliast, mache dir mal ernstlich Gedanken, wie das Leben im neuen Zeitalter praktisch aussehen und worin es sich von unserem jetzigen Zeitalter unterscheiden soll. Auf den schönen Bildchen sieht man nur immer grüne Landschaft und glückliche Familien, aber niemals eine Autobahnbrücke und Industrieanlage.

Die unter Millennialisten strittige Frage, wann „der Gog und der Magog" erscheint, vor oder nach dem Tausendjahrreich, scheint vorläufig erledigt, da Rußland nicht auf „Rosch" eingegangen ist und Moskau sich nicht mit „Mesech" identifizieren ließ. Nach den Umwälzungen im Osten beschuldigen sie sich jetzt gegenseitig der Fehldeutung von Hes.38 und 39, die den Gog und Magog unmittelbar erwartete. Wim Malgo sah bereits den Großkrieg ausbrechen und Rußland in Israel einmarschieren. Alles war ein Hirngespinst. Dennoch lernen sie nicht um. Eine detaillierte und sinnvolle Deutung über den „Gog und Magog" sucht man vergebens in ihren Auslegungen. Diese scheint auch nicht nötig, da sich ja alles „buchstäblich" erfüllen muss, man muss es nur in „eine klare zeitliche Reifenfolge" setzen (Heide, S.168).

Die richtige Reifenfolge ergibt sich aus Hesekiel selbst, dass nämlich das Auftreten des letzten Feindes einen tiefen Friedenszustand voraussetzt. Denn er kommt über die Städte, „die in Ruhe sind, in Sicherheit wohnen, die allesamt ohne Mauern wohnen und Riegel und Tore nicht haben" (Hes.38,11). In Kap.37 ist dieser Friedenszustand hergestellt worden, „und ich werde einen Bund des Friedens mit ihnen machen, ein ewiger Bund" (V.24-28). Das stimmt auch mit Offb.20 überein, dass „der Gog und der Magog" erst nachher kommt.

Die „Nationen, die an den vier Ecken der Erde sind", stehen außerhalb des Reiches und greifen in diesem Bild erneut die „geliebte Stadt" an. Der Geist will uns damit sagen, dass die Gemeinde in einer letzten Sichtung noch einmal von der Welt und ihrem Fürsten bedrängt wird, aber Gott tritt für sie ein. In dieser Weissagung liegt die Mahnung, nicht selbstsicher zu werden. Der HErr kann Seine Gemeinde jederzeit einer Prüfung unterwerfen, auch wir persönlich können immer wieder von Menschen angegriffen und von Satan angefochten werden. Wir dürfen aber wissen, dass der HErr für uns streitet, besonders in der letzten Anfechtung. Denn am Ende steht, wenn der HErr Seine Gemeinde noch nicht entrückt hat, für jeden der Tod, „der letzte Feind, der hinweggetan wird". Gog und Magog stellen sinnbildlich die Macht des Todes dar, „Mesech-Tubal und seine ganze Menge, die ein Schrecken waren im Lande der Lebendigen", warten auf die „vom Schwert Erschlagenen" (Hes.32,26). Der Feind möchte auch uns gerade mit der Todesangst der letzten Stunde „erschlagen". Doch Christus hat dem Tode die Macht genommen, so dass das Wort erfüllt wird, das geschrieben steht: „Verschlungen ist der Tod in Sieg. Wo ist, o Tod, dein Stachel? Wo ist, o Tod, dein Sieg?" (1.Kor.15,26).

Wenn Gott uns Frieden schenkt, kann keine Macht der Welt uns beunruhigen. Dennoch sollen wir uns bewusst bleiben, dass dieser Friede von Gottes Güte abhängt, nicht von unserer Glaubensstärke oder guten Lehre. Wenn wir selbstsicher und übermütig werden, kann uns der Friede in einem Augenblick genommen werden (vgl.Ps.30,7). Für den Glauben ist die Weissagung über den „Gog vom Lande Magog" die stärkste Ermutigung, für die Dispensationalisten, die wir fortan unter die Millennialisten zählen, ist sie die größte Schwachstelle. Sie machen das Evangelium zur Farce, wenn sie auf eine Segnung des rebellischen Fleisches hoffen. Für eine irdische Herrschaft brauchte Christus nicht zu sterben. Bessere äußere Verhältnisse herbeizuführen wäre nur eine Frage der Macht gewesen. Der „Triumph des Gekreuzigten" ist kein fleischlicher Triumph – Jesus legt gar keinen Wert auf irdische Macht und weltliche Anerkennung (Joh.6,15). Das wäre ein

Rückfall in das fleischliche Denken der Jünger und würde keiner Seele Errettung bringen. Besonders im Johannesevangelium sehen wir, dass Seine Feinde nicht diejenigen sind, die Seine weltliche Herrschaft verhindern wollen, sondern die sie herbeiführen wollen. Aber die Gnade Gottes, „die erschienen *ist*, heilbringend für alle Menschen", wollte die Heilung des inneren Menschen (Tit.2,11). Die Apostel bekannten, dass in keinem anderen das Heil ist, als nur in dem Namen JESU (Apg.4,12). Christus ist der Mensch des Wohlgefallens Gottes. „Dieser ist mein geliebter Sohn, an welchem ich Wohlgefallen gefunden habe", hörten sie vom Himmel (Matth.17,5). „Friede auf Erden und an den Menschen ein Wohlgefallen" ist nur in Christo möglich, das heißt, nur ein Mensch, der *in* Christus ist, besitzt das Wohlgefallen Gottes und somit die Segnungen, den Frieden, die Freude. Außerhalb von Christus gibt es kein Heil. Globaler Friede und pauschale Segnungen, wenn es so etwas zeitweise im alten Bunde gegeben hat, hat es seit Golgatha nicht mehr gegeben und wird es auch nie mehr geben. Der Sohn Gottes hat Frieden gemacht durch das Blut seines Kreuzes. „Und er kam und verkündigte Frieden, euch, den Fernen, und Frieden den Nahen" (Eph.2,17).

In christlichen Traktaten zum Thema Frieden wird gerne zum Schluss darauf hingewiesen, dass alle menschlichen Friedens-bemühungen zum Scheitern verurteilt sind. Erst bei der Wiederkunft Jesu werde endlich weltweiter Friede kommen, wenn Jesus Christus als Friedefürst regiere. Man behauptet dies, obschon man dem Leser zuvor die Tatsache eindrücklich vor Augen geführt hat, dass „ein Engagement für den Frieden bei uns ganz persönlich beginnen muss. Solange meinem eigenen Leben die Harmonie, die Zufriedenheit mangelt, sind alle staatlichen und vertraglichen Befriedungsversuche nur dünnes und wenig tragfähiges Eis". Es ist Aufgabe der Diplomatie, sich für die Beilegung internationaler Konflikte einzusetzen. „Christen haben diesen Auftrag nicht – was einer bloßen Symptombehandlung gleichkäme – wenn uns nicht klar ist, dass etwas mit der W u r z e l geschehen muss – mit meinem und deinem Herzen". So schreibt ein namhafter Evangelist, und zugleich begibt er sich in den Bereich der Utopie und vertröstet die

Menschen, wie wenn ein Kartenspieler den letzten Trumpf herauszieht, auf ein Friedensreich, in dem automatisch durch Christus der persönliche, gesellschaftliche und völkische Friede hergestellt werden soll. Der Evangelist ist sich dieses Widerspruchs wahrscheinlich gar nicht bewusst, da er damit die ganze Lehre des Evangeliums vom Verderben des Menschen, seiner unverbesserlichen adamitischen Natur, wovon er gerade gesprochen hat, wieder über den Haufen wirft. Er sollte die Menschen im „Reich des Tieres" in das herrliche Reich Gottes einladen. Wenn er aber selbst nicht darin lebt, es sogar leugnet, sondern sein eigenes Reich baut, wie will er zum Gottesreich einladen.

In uns, in der menschlichen Natur, liegt das Weltproblem. „Woher kommen Kriege und woher Streitigkeiten unter euch? Nicht daher: Aus euren Lüsten, die in euren Gliedern streiten?" (Jak.4,1.2). Man träumt von einem Weltfrieden, während im eigenen Haus und Herzen ein Krieg tobt, mit dem man nicht fertig wird, dessen Auswirkungen die anderen zu spüren bekommen. Jemand hat es so ausgedrückt: „Mit faulen Äpfeln erhalte ich keinen guten Apfelkuchen. Mit streitsüchtigen Kampfhähnen kriege ich keinen friedlichen Hühnerhof. Und mit unfriedlichen Menschen keine friedliche Gesellschaft. Eine neue Gesellschaft schaffen zu wollen, (sie sei sozialistisch oder theokratisch), ohne erneuerte Menschen ist genauso sinnlos wie verdorbenes Essen in eine neue Schüssel zu füllen, damit das Essen besser wird. Nicht die Schüssel, sprich Gesellschaft, sondern der Inhalt, sprich der Mensch, muss erneuert werden". Auch der gütigste und gerechteste Vater kann nicht verhindern, dass seine Kinder sich zanken, ebenso kann auch der beste König der Welt nicht die Kleinkriege in der Familie und am Arbeitsplatz verhindern. Es bedarf in jedem Falle einer Wurzelbehandlung im Herzen durch den Heiligen Geist, um die Befreiung von Ängsten und Lüsten, Begierden und Aggressionen als praktischen persönlichen Frieden zu erfahren. Und der ist erfahrbar.

Nachdem die Lehre vom Tausendjährigen Reich wieder aufgelebt ist, wurde auch die Lehre vom unverlierbaren Heil geboren, die behauptet, der Gläubige sei trotz eines weltlichen

Wandels und der Sünde dienend in größter Sicherheit. Alle, die ihre verdorbene Natur niemals in ihrem ganzen Ausmaß erkannt haben, alle, deren Sündenerkenntnis sich auf grobe, äußerliche Sünden beschränkt, glauben mehr oder weniger an ein tausendjähriges Friedensreich auf der Erde.

Wenn man die Schriften und Bücher evangelikaler Endzeit-propheten gelesen hat, fragt man sich, was denn nun für uns noch übrigbleibt von den herrlichen geistlichen Segnungen des Reiches in den Evangelien, ja, welche der größten und kostbaren Verheißungen der Propheten und welche der Herrlichkeiten in der Offenbarung Jesu Christi gegenwärtig von Bedeutung sind? „Dinge, in welche Engel hineinzuschauen begehren" (1.Petr.1,12). Erst im Tausendjährigen Reich zugänglich? Aber dann brauchen wir sie nicht mehr. Verstehen Millennialisten nicht mehr vom Erbe Christi? Es muss ihnen verschlossen sein, „was kein Auge gesehen, und kein Ohr gehört hat und in keines Menschen Herz gekommen ist, was Gott bereitet hat denen, die ihn lieben …; uns aber hat Gott es geoffenbart durch seinen Geist … auf dass wir die Dinge kennen, die uns von Gott geschenkt sind, welche wir auch verkündigen" (1.Kor.2,9-13; Jes. 64,4).

Wir glauben an ein „e w i g e s Erbe" (Hebr.9,15), an ein „unverwesliches … Erbteil, welches in den Himmeln aufbewahrt ist für euch"(1.Petr.1,4); wir glauben an das „e w i g e Reich unseres HErrn und Heilandes Jesu Christi" (2.Petr.1,11). Durch die Verheißungen sollen wir „Teilhaber der göttlichen Natur" werden, und das hoffentlich nicht erst in tausend Jahren (2.Petr.1,3-4). Wer an Jesus Christus glaubt, braucht kein Tausendjähriges Reich, er kann heute noch den ewigen Frieden Gottes, der höher ist als alle Vernunft, bekommen und im Paradies Gottes von dem Baume des Lebens, Christus, essen (Offb.2,7). Das wahre Paradies ist nicht auf der Erde und wird nie dort sein, denn es ist „in Christo" im Himmel. „Suchet was droben ist, wo der Christus ist, sitzend zur Rechten Gottes" (Kol.3,1).

Das Thema Friedensreich böte ein wunderbares Evangelisa-tionsthema. Menschen zu diesem herrlichen Reich einzuladen, wäre das Sinnvollste und Nötigste für die heute von Krieg und Terror in den Nachrichten geschüttelte Welt. Wenn Jesus, der wahre Friedefürst, ins Herz aufgenommen wird, hat ein Mensch „Frieden auf Erden" trotz widrigster Umstände. Leiden, Verfolgung, Gefängnis können ihm den Frieden nicht nehmen. Wer Frieden mit Gott hat, kann sogar Frieden stiften und, so viel an ihm liegt, „mit allen Menschen in Frieden leben" (Röm.12,18). Was könnte größer sein, als inmitten einer Welt voll Unfrieden den Frieden Gottes zu genießen. Im Evangelium ist diese Verheißung erfüllt: „Er wird ausrotten die Wagen aus Ephraim und die Rosse aus Jerusalem, und der Kriegsbogen wird ausgerottet werden. Und er wird Frieden reden zu den Nationen; und seine Herrschaft wird sein von Meer zu Meer, und vom Strome bis an die Enden der Erde" (Sach.9,10). Wir brauchen nicht darauf zu warten, dass „er richten wird zwischen den Nationen und Recht sprechen vielen Völkern". Er hat es bereits getan. Christus ist die Gerechtigkeit Gottes, durch den Glauben an Sein Blut wird jeder Glaubende gerechtfertigt. Welches höhere Recht könnte ein Mensch noch bekommen? Wenn Christus unser Friede ist, dann bekriegt man nicht mehr einander, sondern „sie schmieden ihre Schwerter zu Pflugscharen" (Jes.2,4; Eph.2). Das ist keine Utopie, das war in der Gemeinde in Ephesus eine gesegnete Wirklichkeit und kann überall dort erlebt werden, wo man Christus aufgenommen hat. Der Völkerfriede beginnt beim Einzelnen. Ein Friedensreich auf Erden kann es auf Grund der ererbten sündigen Natur des Menschen nicht geben, es bleibt eine Utopie. Alle Lehren von einem goldenen Zeitalter auf dieser fluchbeladenen Erde sind wie eine Fata Morgana, sie täuschen den Menschen etwas vor, was es nicht gibt; sie sind im Grunde ein Betrug an der Welt, die nach Frieden sucht. Millennialistische Prediger werden sich dafür verantworten müssen.

9 **Geisteskampf um Israel** (Paul Schenk)

Zu Ehren von Pfarrer Paul Schenk habe ich mein Buch nach seiner Kampfschrift benannt, die er selbst nicht mehr veröffentlichen konnte. Sein Vermächtnis ist der exakte biblische Befund zum Thema Israel und soll der interessierten Leserschaft nicht vorenthalten werden (Text und Formatierung wurden unverändert übernommen). Er schreibt (Zitate n. Luther):

Seit über 50 Jahren stehe ich als Pfarrer der Pfälzischen Landeskirche wie auch als Evangelist in landeskirchlichen Gemeinschaften und Verfasser verschiedener Schriften im Zeugendienst für Jesus in vorderster Linie.

Nun ist eine neue häretische Front aufgebrochen, die als gefährliche Irrlehre noch weithin verkannt bzw. sträflicherweise vielfach verharmlost wird. Es ist die moderne Form des Judaismus, dem Paulus damals im Galaterbrief mit einem doppelten Fluch entgegentritt, der „Neojudaismus".

Von vorneherein muss klar sein: Kein Mensch hat das Recht, Politik und Glauben zu vermengen oder gar den, der sein christliches Fähnlein nicht nach dem neojudaistischen Wind richtet, als Antisemit oder Faschist zu brandmarken. Die Bibel befiehlt uns, Juden wie Heiden das volle Evangelium zu verkündigen.

I Kein anderes Evangelium

„Wenn jemand anders lehrt und bleibt nicht bei den heilsamen Worten unseres Herrn Jesus Christus und bei der Lehre, die dem Glauben gemäß ist, der ist aufgeblasen und weiß nichts, sondern hat die Seuche der Fragen und Wortgefechte. Daraus entspringt Schulgezänk solcher Menschen, die zerrüttete Sinne haben und der Wahrheit beraubt sind, die meinen, Frömmigkeit sei ein Gewerbe." (1.Tim. 6,3-5)*

„O Timotheus! Bewahre, was dir anvertraut ist und meide das ungeistliche, lose Geschwätz der fälschlich so genannten Erkenntnis, zu welcher sich etliche bekannt haben und sind vom Glauben abgeirrt." (1.Tim. 6,20-21)

Jesus weinte über Jerusalem. So können einem die Tränen kommen über die neojudaistische Verirrung gewisser Evangelikaler und ihrer Wortführer. Viele meinen, es gehe mir nur um die Juden, als ob ich ihnen ihre Erwählung nicht gönnen würde. Dabei geht es mir ausschließlich um die Autorität des geoffenbarten, inspirierten Wortes Gottes und da vorrangig um Kreuz und Majestät Jesu.

In einigen Veröffentlichungen habe ich bereits deutlich auf die einschlägigen Stellen der Bibel hingewiesen, die in krassem Widerspruch stehen zu den zahlreichen Verlautbarungen evangelikaler Blätter, Bücher und Broschüren. Viele Beispiele habe ich aufgeführt und zur Diskussion aufgerufen. Das Ergebnis war erschütternd. Obwohl man mir kein einziges stichhaltiges biblisches Argument entgegenhalten konnte, beharrte man doch auf seiner unbiblischen Meinung. Ein einflussreicher evangelikaler Theologe hat mir sogar vermehrte Höllenqualen vorausgesagt.

Warum führe ich diesen Kampf?

Es muss deutlich werden:

1 Das Heil kommt nicht von den Juden, sondern von Jesus Christus.

2 Das Heil kommt nicht erst bei der Wiederkunft Jesu, sondern ist bereits mit dem ersten Kommen Jesu erschienen, in seinem Kreuzestod vollendet und seitdem vollmächtig wirksam.

3 Paulus hat ganz bewusst „nur" das Kreuz verkündet, obwohl ihm als „Vollblutjuden" und ehemals hochgeachtetem Pharisäer die alt-

testamentliche und spätjüdische Eschatologie wie auch außerordentliche christliche Offenbarungsinhalte bekannt waren. Wer meint, heute wäre die Botschaft vom Kreuz überholt oder bedürfe irgendwelcher Korrektur bzw. Ergänzung, der geht in Wirklichkeit an dem größten Geheimnis aller Zeiten vorbei. Das Kreuz ist nicht nur die Mitte unserer Verkündigung, sondern auch der volle Inhalt.

4 Kein Mensch, auch nicht der Jude, darf sich auf irgend eine Leistung oder ein Vorrecht (von sich oder seinen Vorfahren) berufen, sonst macht er für sich (sein Leben, sein Sterben und seine Ewigkeit) das Kreuz unwirksam. „Er versäumt seine Gnade".

5 Die theologisch und geistlich unbekümmerte Handhabung des ominösen „Prophetischen Wortes" in evangelikalen Kreisen erinnert stark an die Praxis der „Zeugen Jehovas". Das „Prophetische Wort" wird in den Rang eines „Anti-Evangeliums" erhoben, wobei man die klaren eschatologischen Aussagen Jesu „schamhaft" verschweigt oder mit unbekümmerter Arroganz umdeutet.

6 Die bluterkaufte, geistgetaufte Kirche Jesu Christi wird zu einem zweitrangigen Anhängsel des Volkes Israel deklassiert, wobei man alle anderslautenden Worte Gottes Lügen straft.

7 Es kommt kein Messias mehr, das ist ein für allemal vorbei. Wenn der lebendige Sohn Gottes, dem bereits jetzt alle Macht im Himmel und auf Erden gegeben ist, in großer Kraft und Herrlichkeit erscheinen wird, dann „nur noch" als Weltrichter und Herrscher über Tote und Lebendige. Man kann es nur als Unverfrorenheit bezeichnen, wenn man auch hier noch Jesus für unkompetent erklärt und ihn zum Lügner stempelt.

8 Es ist ein geistliches Verbrechen am jüdischen Volk, wenn man diesem „verkündigt", dass es sich jetzt noch nicht zu bekehren braucht, sondern erst bei der Ankunft seines Messias, wenn es sich mit seinen eigenen Augen davon überzeugt hat, dass „sein Messias" unser Herr Jesus Christus ist.

Auf diese Weise lähmt man nicht nur die (an sich schon geringe) missionarische Aktivität der Christen, sondern macht sich mitschuldig, dass viele Juden, ohne Jesu Retterhand ergriffen zu haben, dahinsterben. Außerdem missachtet man den Missionsbefehl Jesu sowie die Verkündigung und Missionspraxis der Apostel.

9 Wer wirklich die Rettung aus Sündennot und Teufelsknechtschaft durch Bekehrung, Wiedergeburt und Empfang des Hl. Geistes im neutestamentlichen Sinne erfahren hat und aus voller Überzeugung singen und sagen kann: „Welch Glück ist´s erlöst zu sein, Herr, durch dein Blut!", der kann keinem Menschen, erst recht nicht einem Juden, den er liebhat, das „Zugeständnis" machen: „Du brauchst dich jetzt noch nicht zu bekehren!" Denn: Jeder Tag, jede Stunde ist ohne Jesus verlorene Zeit.

10 Dieser Kampf in Bitte, Fürbitte und Zeugnis durch Wort und Schrift ist mir vom Herrn aufgetragen im Sinne dessen, was Paulus im Galaterbrief schreibt: „Mich wundert, dass ihr euch so bald abwenden lasset von dem, der euch berufen hat in die Gnade Christi, zu einem anderen Evangelium, obwohl es doch kein anderes gibt; nur dass etliche da sind, die euch verwirren und wollen das Evangelium Christi verkehren".

Paulus führt hier mit größter Leidenschaft den Kampf gegen die „Judaisten", die den Judenchristen einen besonderen Vorrang gegenüber den Heidenchristen zuerkennen wollen. Er macht auch nicht das geringste Zugeständnis, sondern betont schon gleich zu Anfang seines Briefes zweimal: Wer diese judaistische Irrlehre verbreitet, der sei verflucht!

Auch er selbst als prominenter Jude sah seine ganze „Vorrangstellung" im Kreuz. „Im Kreuz ist all mein Ruhm!"

Am Schluss seines Briefes betont er nochmals mit großem Nachdruck:

„In Christus Jesus gilt weder Jude noch Heide etwas, sondern nur eine neue Kreatur. Wie viele nach dieser neuen Regel einhergehen, die sind das Israel Gottes."

Es gäbe noch vieles andere klarzustellen, aber dies soll als „Kleines Einmaleins" der biblischen Erkenntnis oder, wie Paulus sagt, „Milch für die Kinder", genügen.

„Wer aus der Wahrheit ist, der höret meine Stimme!"

II ISRAEL – ERWÄHLT?

Das alttestamentliche Erwählungs-Prinzip im Licht der Verkündigung Jesu, der Apostel und der Kirche.

Die Proklamation des Staates Israel am 14. Mai 1948 und der anschließende überwältigende Sieg der Israelis über eine mehrfache arabische Übermacht lösten unter vielen Christen, vor allem in Deutschland, eine wahre Israel-Faszination aus. War man doch fest davon überzeugt, dass Gott selbst durch eine Reihe von Wundern seinem auserwählten Volk zum Sieg verhalf.

Doch geht es nicht nur um die Bewunderung dieses kleinen, tapferen, früher so verachteten und grausam verfolgten Volkes, sondern man sieht vielmehr in der „Wiederbringung" und „Sammlung" Israels die Erfüllung alttestamentlicher Verheißungen und ein hochbedeutsames Zeichen der Endzeit in dem stufenweise sich vollziehenden und zur Vollendung kommenden Heilsplan Gottes.

Man leitet von hier aus das legitime Recht ab, ganz neue Überlegungen und Prognosen zu verfolgen, und erörtert hochaktuelle Prophezeiungen. Allerdings lässt man dabei weithin außer acht, dass es sich hier zunächst um ein Politikum handelt, dessen heilsgeschichtliche Bedeutung noch keineswegs er- oder gar bewiesen ist. Man sieht in einer rein politischen Staatsbildung einen geistlichen Aufbruch.

Selten sind in den Kreisen der Gläubigen die Stimmen, welche die Israel-Begeisterung auf ein geistliches Normalmaß zurückführen, zumal man der Auffassung ist, dass mit der

Staatsbildung doch schon eine endzeitliche Weichenstellung vorgegeben ist. Ja, wird nicht immer wieder von Kanzeln und Kathedern verkündet, dass Israel als dem auserwählten Volk noch große Aufgaben in der letzten Phase der Endzeit übertragen werden sollen?

Man sieht auch in der versöhnlichen Haltung mancher Israelis dem Christentum gegenüber wie etwa in den Äußerungen des deutschsprachigen jüdischen Religionsphilosophen Schalom Ben Chorin, vor allem in seinem Buch „Bruder Jesus", schon einen beachtlichen Fortschritt in den gegenseitigen Beziehungen, obwohl das am „27. Dezember 1977 in der Knesset beschlossene Antimissionsgesetz" keinen Zweifel an der unnachgiebigen Position Israels dem Christentum gegenüber zulässt.

Unsere Aufgabe soll nun nicht darin bestehen, vorrangig diese aktuellen politischen Konstellationen in den Heilsplan Gottes einzuordnen, sondern ganz schlicht im Licht des Wortes Gottes – und zwar der Verkündigung Jesu, der Apostel und der Kirche – zu untersuchen, ob und wie weit das alttestamentliche Erwählungs-Prinzip bezüglich des Volkes Israel noch Gültigkeit hat.

A Verkündigung Jesu

I Gleichnisse

Jesus lehrte und predigte vielfach in der einprägsamen Form der Gleichnisse. Zum besseren Verständnis wählte er oft einfache Bilder und Erzählungen aus der Alltagswelt. Die Mannigfalt seiner Parabeln ist erstaunlich, aber auch ihre literarische Form sowie ihre geistliche Anwendung und Ausdeutung.

Wenn wir uns von den Farben und Formen lösen und den tieferen Sinn zu erfassen versuchen, machen wir eine erstaunliche Entdeckung: Viele Gleichnisse, darunter die bekanntesten, wollen die Hörer von dem falschen Erwählungsglauben frei machen, der das Haupthindernis darstellt, um an den Messias als ihren Erlöser von Sünde und Schuld zu glauben.

So möchte ich einige Gleichnis-Erzählungen herausgreifen. Damit auch der weniger bibelkundige Leser unschwer folgen kann, gehen wir die Endzeit-Gleichnisse durch, und zwar in der Reihenfolge, wie sie der Evangelist Matthäus aufgezeichnet hat (Zitierung nach der rev. Luther-Übersetzung von 1912).

Arbeiter im Weinberg (Matt. 20, 1-16)

Jesus machte deutlich, dass das Volk Israel keinen Vorrang hat vor denen, die zuletzt „gedingt" wurden, nämlich den Heiden.

V. 16 provozierend hilfreich: Die Letzten, nämlich die Heiden, werden die Ersten sein. (Ähnlich schon Kap. 19, 30). Denn „viele sind berufen" (nämlich aus dem Volk Israel), aber wenige sind auserwählt".

Unfruchtbarer Feigenbaum (Matth. 21, 19)

Mit dem Zeichen am unfruchtbaren Feigenbaum will Jesus dem Volk Israel eine letzte Warnung geben: Wenn ihr keine Frucht bringt, geht es euch genauso.

Ähnlich eindrucksvoll auch das nur von Lukas aufgeführte Gleichnis (Luk. 13,6-9) mit der flehentlichen Bitte des Weingärtners: „Herr, lass ihn noch dieses Jahr!" – Aber dann ist die Gnadenzeit für Israel vorbei.

Böse Weingärtner (Matth. 21,33-43)

Jesus warnt sie. Wenn sie auch nun noch den „Sohn" umbringen, dann wird das Reich Gottes von ihnen genommen und einem Volk gegeben werden (nämlich dem „wahren Volk Gottes"), das seine Früchte bringt (V. 43).

Verschärfend führt Jesus noch die für jüdische Ohren unmissverständliche Stelle aus Daniel an (Daniel 2,34-35 und 44-45): „Wer auf diesen Stein fällt, der wird zerschellen, auf wen aber er fällt, den wird er zermalmen."

Auch hier eine aus heißem Herzen der Liebe Jesu ausgestoßene Gerichtsdrohung der völligen Vernichtung, wenn das Volk nicht zum Glauben an Jesus als seinen Messias kommt.

Entsprechend auch die Reaktion bei den Hohepriestern und Pharisäern. „Sie trachteten danach, wie sie ihn griffen" (V. 46).

Königliche Hochzeit (Matth. 22,2-14; vgl. Großes Abendmahl: Luk. 14,16-24)

Jesus kündigt ein furchtbares Strafgericht an über das Volk Israel, das die (einmalige) Einladung des Königs ausschlägt. „Die Gäste waren's nicht wert" (V. 8).

Auch im Folgenden ein vernichtendes Urteil über den ohne „hochzeitliches Kleid", das nur Jesus geben kann. Es ist das Kleid der „neuen Gerechtigkeit Gottes" (Matth. 5,20), das allein zum Eingehen in das Reich Gottes „berechtigt". Es ist das Gnadengeschenk des Messias.

Im Anschluss lesen wir zum dritten mal die Mahnung. Viele sind berufen (als Same Abrahams), aber wenige sind auserwählt.

Der böse Knecht (Matth. 24,45-51)

Auch hier soll das unerbittliche Gericht (er wird ihn zerscheitern!), das über den bösen Knecht ergeht, das Volk Israel warnen.

Wohl dem, der die Warnung ernst nimmt, sonst wird er an den Ort kommen, wo sein wird „Heulen und Zähneklappern.

Die zehn Jungfrauen (Matth. 25,1-13)

Ebenso kann hier nichts abgeschwächt und verharmlost werden. Die fünf törichten Jungfrauen bleiben ausgeschlossen. Der Bräutigam (der Messias Jesus) spricht das endgültige Urteil: „Ich kenne euch nicht!"

In einem ähnlichen Gleichnis, das uns nur Lukas berichtet, fügt der Hauswirt noch hinzu: „Weicht alle von mir, ihr Übeltäter!" (Luk. 13,27)

Die anvertrauten Zentner (Matth. 25,14-30)
Scheinbar ungerecht handelt der Herr. Er beschenkt königlich. Viel mehr ist dies, als jeder, der seine empfangene Gabe und die damit verbundene Aufgabe ernst genommen hat, „verdient" hat. Doch eine schroffe Warnung ergeht an diejenigen im Volk Israel, die unter Beschimpfungen ihre Schuld noch rechtfertigen wollen. Für sie gibt´s nur die „Finsternis mit Heulen und Zähneklappern".

II Reden und Sprüche

Bergpredigt (Matth. 5-7)
Jesu eigentliche Thronrede. Das Reich Gottes (Himmelreich) ist ganz nahe. Die vorangestellten Seligpreisungen zeigen eine überraschend neue Schau der Seligkeit bzw. Gerechtigkeit. Das Alte wird zwar nicht „aufgelöst", sondern „erfüllt". Der Sinngehalt der Gebote bekommt neue Dimensionen. Schon hier öffnet der Messias in seiner nur ihm gegebenen Vollmacht die Tür zum Reich der Gnade.

Mit großen Nachdruck weist er am Schluss auf den Ernst der Entscheidung hin: Entweder seine Worte befolgen und damit auf Felsengrund bauen oder sie ablehnen und zu Fall kommen. (Vgl. Luk. 2,34).

Der Messias ist da (Matth. 4,17)
Seine Absicht ist nun die, seinem Volk klarzumachen: Trotz Erwählung und ernster Bemühungen um Gerechtigkeit geht ihr verloren ohne radikale Buße („Metanoia" = Sinnesänderung). Es kommt jetzt alles auf mich, euern Messias, an.

Wenn ein neuer Kommandant zur Truppe kommt, dann heißt es: „Alles hört auf mein Kommando!" Nun hat kein anderer mehr etwas zu befehlen oder zu „melden". Das neue „Reich der Himmel" ist nahe bzw. schon da, weil ich da bin, euer Messias, der das messianische Reich herauführt. Das Feld ist reif zur Ernte" (Joh. 4,35).

Die Heilszeit ist da, denn der Heiland ist da! „Bringt mit sich lauter Freud und Wonn" (EKG 6,3). Das höchste Heilsgut ist die

Vergebung der Sünden. Wer sein Heil versäumt, d. h. nicht an seinen Messias glaubt, der geht verloren für Zeit und Ewigkeit. Damit knüpft er deutlich an die messianische Prophezeiung seines Herolds, Johannes des Täufers, an (Matth. 3).

Lästerung wider den Heiligen Geist (Matth. 12,31.32)

Das Volk Israel, vor allem natürlich seine religiösen Führer, sollen sich im Klaren sein, was sie auf sich nehmen, wenn sie ihren Messias ablehnen.

Es ist nicht nur Unwissenheit und Blindheit oder Unglaube oder Hinausschieben der Entscheidung, sondern freche, unverschämte Lästerung, Verhöhnung und Verspottung des Heiligen Geistes trotz der klaren Erkenntnis, die Gott ihnen in Kopf, Herz und Gewissen gelegt hat, dass dieser Jesus ihr Messias ist. – Diese Sünde kann nicht vergeben werden.

Gerichtsspruch aus Jesaja (Matth. 13,13-15)

In seinem großen Schmerz über das Versagen seines Volkes Israel greift Jesus das ihnen allen bekannte Wort des Propheten Jesaja auf (Jes. 6,9-10): „Mit sehenden Augen sehen sie nicht, und mit hörenden Ohren hören sie nicht!"

Aber wer das Liebeswerben Jesu um sein Volk ernst nimmt, dem gilt auch jetzt noch die Seligpreisung: „Selig sind eure Augen, dass sie sehen, und eure Ohren, dass sie hören" (V. 16).

Harte Gerichtsworte Jesu (Matth. 23,32-39)

Das Maß ihrer Sünden ist voll. Jesus gebraucht harte Worte, die man sonst nie aus seinem Munde für möglich gehalten hätte. Er geht damit an die äußerste Grenze, um damit doch noch sein Volk Israel zur Besinnung und zur Umkehr zu rufen.

Wenn sie jetzt nicht mehr seiner Stimme Glauben schenken wollen, gibt es nur noch eins für sie: „die höllische Verdammnis". Dabei brechen doch noch einmal Worte seiner erbarmenden Retterliebe durch: „Jerusalem, wie oft habe ich deine Kinder sammeln wollen… und ihr habt nicht gewollt!"

III Ende des alttestamentlichen Erwählungs-Prinzips

1 Berufung auf Abraham genügt nicht

Der Erwählungsglaube war so tief eingewurzelt, dass das Volk Israel sogar den Glauben an Abraham gegen den Glauben an seinen Messias ausspielte.

Schon Johannes der Täufer schlug ihnen das Argument „Wir hatten Abraham zum Vater" schroff aus den Händen mit den Worten: „Gott vermag dem Abraham aus diesen Steinen Kinder zu wecken" (Matth. 3,9).

Auch Jesus weist schon am Anfang seiner Verkündigung darauf hin, dass „viele Nicht-Juden mit Abraham zu Tisch sitzen werden im Reich Gottes, aber die Kinder des Reiches werden ausgestoßen" (Matth. 8,11-12; entsprechend Luk. 13,28-29).

Wie sehr muss sie auch Jesus zur Ernüchterung bringen, wenn sie ihm entgegenhalten: „Wir sind Abrahams Same, Abraham ist unser Vater"! Mit schneidender Schärfe erwidert er ihnen: „Euer Vater ist der Teufel, und nach eures Vaters Lust wollt ihr tun" (Joh. 8,44).

Zum Schluss des Gespräches lässt Jesus etwas von seiner verborgenen Majestät durchschimmern und betont: „Abraham, euer Vater, ward froh, dass er meinen Tag sehen sollte; und er sah ihn und freute sich... Wahrlich, wahrlich, ich sage euch: Ehe den Abrahamward, bin ich" (Joh. 8,56-58).

2 Lob der Heiden und der Samariter

In der Zurückweisung des Erwählungsdünkels der Pharisäer und Schriftgelehrten geht Jesus noch einen Schritt weiter. So stellt er ihnen öfter die verachteten Heiden zum Vorbild hin:

2.1 Im Blick auf den Hauptmann von Kapernaum müssen sie zur Kenntnis nehmen: „Solchen Glauben habe ich in Israel nicht gefunden" (Matth. 8,10). Auch die beiden folgenden Verse müssen in diesem Zusammenhang erwähnt werden:

2.2 „Viele werden kommen vom Morgen und vom Abend... aber die Kinder des Reichs..." (siehe oben! Matth. 8,11-12).

2.3 Erschütternd auch die Weherufe Jesu über Chorazin und Bethsaida im Blick auf die heidnischen Städte Tyrus und Sidon (Luk. 10,13-14)

2.4 Im Gespräch mit dem kanaanäischen Weib ruft Jesus aus: „O Weib, dein Glaube ist groß!" (Matth. 15,28)

2.5 Auch die heidnische Witwe zu Sarepta (Zarpath) zeichnet er besonders aus (Luk. 4,25-26).

2.6 Ebenso in dem folgenden Vers der Feldhauptmann von Syrien (Luk. 4,27)

Auch die verhassten Samariter werden mit anerkennenden Worten bedacht:

2.7 Es ist kein Zufall, dass der Mann, der Barmherzigkeit übte, ein Samariter war (Luk. 10,33).

2.8 Ebenso war der Einzige, der bei der Heilung der zehn Aussätzigen dankte, ein Samariter (Luk. 17,16)

2.9 Eine der verständnisvollen Gesprächspartnerinnen, obschon „Sünderin", war die Samariterin am Jakobsbrunnen (Joh. 4,7-285).

2.10 Darauf gab es geradezu eine Erweckung unter den Samaritern. „Sie erkannten (im Gegensatz zu den Juden), dass dieser ist Christus, der Welt Heiland" (V. 42)

3 Ende des Erwählungsdünkels

Der Erwählungsglaube, zunächst geschichtlich erworben und begründet, wird im Judentum immer mehr kreatürlich (anerschaffene Vorzüge und Leistungen) aufgefasst und damit zum Erwählungsdünkel. Jetzt gilt ein neues Prinzip: Das alttestamentliche Erwählungs-Prinzip ist abgelöst durch das universale Gnaden-Prinzip, dem das unerbittlich gerechte Verdammungsurteil Jesu vorausgeht.

So ragen aus den endzeitlichen Reden Jesu lapidar die Sätze heraus:

3.1 „Die Kinder des Reichs werden ausgestoßen in die Finsternis, da wird sein Heulen und Zähneklappen" (Matth. 8,12)

3.2 „Keiner der Geladenen wird mein Abendmahl schmecken" (Luk. 14,24)

3.3 Er wird die Bösewichte übel umbringen und seinen Weinberg andern Weingärtnern austun" (Matth. 21,41)

3.4 „Der König brachte diese Mörder um und zündete ihre Stadt an" (Matth. 22,7)

Das sind keine vorläufigen Gerichtsandrohungen, sondern Urteilssprüche der endgültigen Verwerfung, d. h. das Ende des alttestamentlichen Erwählungs-Prinzip.

Das bedeutet schlicht: Wer sich noch auf die Abrahamskindschaft und auf das Gesetz beruft, muss mit der ewigen Verdammnis rechnen. Oder noch deutlicher: Das Volk

Israel, das sich auf seinen alttestamentlichen Erwählungsstatus beruft, bleibt unter dem Fluch und liefert sich, unrettbar, dem Verdammungsurteil Jesu aus. Mit der Berufung auf seine alttestamentliche Erwählung hat es jede Chance einer Errettung verspielt.

Auch die mit der alttestamentlichen Tradition verbundenen Kult- und Segensstätten haben ihre heilsgeschichtliche Bedeutung verloren. Das wird besonders im Gespräch Jesu mit der Samariterin deutlich: Hier sagt sich Jesus völlig von der üblichen Tradition los und betont, dass die wahrhaftigen Anbeter in der kommenden (Heils)Zeit weder auf dem Berg Garizim noch zu Jerusalem anbeten werden, sondern im Geist und in der Wahrheit (Joh. 4,20-24).

Das Tempelgebäude ist völlig gegenstandslos geworden. Vollends hat es nach der Kreuzigung Jesu als Kult- und Opferstätte seinen Sinn verloren.

Denn das Opfer hat Gott ein für alle Male dargebracht in seinem Sohn Jesus Christus, dem wahren Opferlamm. In diesem Sinn ist auch Jesu Aussage zu verstehen: „Brecht diesen Tempel ab, und am dritten Tag will ich ihn aufrichten" (wobei er von dem Tempel seines Leibes redete; Joh. 2,19.21).

So bestätigt schließlich Jesus dem Petrus angesichts der Jüngerschar, dass er für den Tempelbau seiner Gemeinde ein anderes Fundament gelegt hat als die Erwählung durch Abraham: Nämlich das Bekenntnis zu Jesus, dem Messias und Sohn des lebendigen Gottes.

Damit ist Jesus ganz abgerückt von den alttestamentlichen Erwählungsvorstellungen. Er hat sie nicht aufgelöst, sondern erfüllt.

4 Jesus – Messias

Jesus bedeutet das Ende aller alttestamentlichen Prophetie. Alle Reden, Bilder, Gleichnisse, Sprüche der alttestamentlichen Weissagungen, soweit sie sich mit der Heilszeit befassen, laufen wie Eisenbahnzüge zu dem großen „Hauptbahnhof" Jesus Christus, dem Messias, hin. In ihm ist alle alttestamentliche Prophetie erfüllt bzw. aufgehoben oder in eine neue durch Christus bestimmte Form gegossen.

Gewisse Nebenlinien, die „noch nicht" erfüllt sind, sind völlig irrelevant geworden im Blick auf das große, neue, universale heilsgeschichtliche Ereignis im Kommen des Messias und der Proklamation und Gründung seines Gottesreichs.

Deswegen lesen wir auch in 2. Kor. 1,20: „Denn alle Gottesverheißungen sind Ja in ihm (Jesus Christus, dem Sohn Gottes) und sind Amen in ihm."

Bereits bei seiner feierlichen „Thronrede" in der Bergpredigt betont Jesus, dass er gekommen ist, das ganze Gesetz und die gesamte Prophetie zu erfüllen (Matth. 5,17). Auch Paulus bekräftigt leidenschaftlich: „Christus ist des Gesetzes Ende" (Röm. 10,4).

Jesu messianische Vollmacht und Gottheit wird besonders in seinen „Selbsterzeugnissen" deutlich: „Ich bin der Weg und die Wahrheit und das Leben, niemand kommt zum Vater, denn durch mich (Joh. 14,9). „Ich und der Vater sind eins". (Joh. 10,30). „Ich bin das Licht der Welt" (Joh. 8,12).

Wenn die Sonne da ist, braucht man keine Sterne mehr, auch der hellste Stern wird nicht ausgelöscht, sondern einfach unsichtbar. – Auf die weiteren Belegstellen muss aus Raumgründen verzichtet werden.

So hat Jesus als Messias, Sohn Gottes und der Welt Heiland das Gesetz und die Propheten in weit höherem Maß und vollkommenerem Sinn erfüllt, als das „der alten Väter Schar" und die großen Prophetengestalten erdenken, erahnen oder glauben konnten.

„Alles" ist erfüllt durch sein Kommen und Heilshandeln im Leben, Leiden, Sterben, seinem stellvertretenden Sühne-Opfer-Tod, seine Auferstehung und Himmelfahrt sowie des Weiterwirkens der Kraft seines Blutes und seines Heiligen Geistes bis zu seiner Wiederkunft „mit großer Kraft und Herrlichkeit" (Matth. 24,20).

B Verkündigung der Apostel

I Grundsätzliches

1 Das Erlösungswerk ist vollbracht

Der Zenit allen Heilsgeschehens in Golgatha. Gegenüber vielen Irrgeistern muss nachdrücklich betont werden, dass der „Berg" Golgatha höher ist als alle Berge der Welt (Micha 4,1), auch höher als Jerusalem und Zion.

Der Löwe aus Juda hat überwunden in Gestalt des erwürgten Lammes (Offb. 5,5), nicht aufgrund seiner Riesenkräfte und seiner gefährlichen Pranken. Daher auch Kap. 12,11: „Sie haben ihn (Satan) überwunden durch des Lammes Blut". Und Kap. 17,14: „Das Lamm wird sie überwinden (denn es ist der Herr aller Herren und der König aller Könige); und mit ihm die Berufenen und Auserwählten und Gläubigen."

Wir brauchen auch auf keinen neuen Tempel zu warten, denn der Tempel und Leib Christi ist die Gemeinde.

Auch der vielzitierte „Missionarische Großeinsatz des Volkes Israel" wird nicht erst kommen, sondern hat längst begonnen. Er ist

177

an den Missionsbefehl Jesu geknüpft und damit ausgeweitet auf die ganze Christenheit: „Gehet hin und lehret alle Völker!" (Matth. 28,19).

Die Heilsgüter sind da und stehen zum Empfang bereit. Jeder, der glaubt, darf aus „seiner Fülle" nehmen (Joh. 1,16).

Das eigentliche Heilsgut, das Jesus gebracht hat, ist: Vergebung der Sünden. Alle anderen Gnaden- und Segensgüter folgen daraus.

2 Die Mission beginnt

Wer will, mag sich an Jes.25,6-10a erinnern: „Der Herr Zebaoth wird allen Völkern auf diesem Berg ein fettes Mahl machen. Er wird auf diesem Berg die Hülle wegtun, womit alle Völker verhüllt sind. Er wird den Tod verschlingen ewiglich." Oder Sach.8,23: „Zu der Zeit werden 10 Männer aus allerlei Sprachen der Heiden einen jüdischen Mann bei dem Zipfel ergreifen und sagen: Wir wollen mit euch gehen; denn wir hören, daß Gott mit euch ist."

Auf die Erfüllung dieser Prophetie brauchen wir nicht mehr zu warten. Sie **ist erfüllt**. Die Decke *ist* weggenommen. Gott ist geoffenbart, d.h. „enthüllt" in seinem Sohn. Sein letztes Wort an uns ist Jesus (Hebr.1,1).

Die Apostel, die Gemeindeglieder aus den Juden und aus den Heiden – alle evangelisierten und missionierten. Es geschahen gewaltige, unerhörte und unfassbare Dinge. Zu den 3000 an Pfingsten (Apg.2,41) kamen täglich neu Gläubige und Täuflinge hinzu (Apg.2,47). Dann werden wieder 5000 Männer genannt (Apg.4,4). Kap.5,12 wird berichtet. „Es geschahen viel Zeichen und Wunder im Volk durch der Apostel Hände." Es wurden „immer mehr hinzugetan" (5,14). Kap. 8,14 hören wir von der Erweckung in Samarien. (14,1 : Ikonion)

Man sollte doch die einzelnen Berichte in der Apostelgeschichte durchgehen! Wer müsste da nicht staunen über die missionarische

Aktivität der Apostel und der ersten Christengemeinden überhaupt! Es war wirklich ein „Großeinsatz", der „von Zion und Jerusalem" ausging (Mich.4,2).

Vergessen dürfen wir natürlich dabei nicht die Leidens- und Sterbefreudigkeit der damaligen Christen sowie ihre Geduld in Verfolgungszeiten und ihre fröhliche Bereitschaft, Hohn und Spott, Schmach und Schande auf sich zu nehmen. Ihnen ging Jesus über alles.

II .Juden und Griechen: kein Unterschied

1 Apostelgeschichte

Ein wesentliches Kennzeichen des „Neuen Bundes" ist die Tatsache, dass es keinen Unterschied der Person, des Geschlechts, der Rasse, der Religion, des sozialen Standes, der Verdienste und Würdigkeit gibt.

Das war für die Juden einfach unfassbar. Ein ganz großes Ärgernis. Selbst die in der Schule Jesu „unterrichtenden" und durch den Heiligen Geist weitergeführten Jünger brauchten noch Spezialanweisungen, wie z.b. Petrus in dem „Gesicht" von Apg.10,9ff.

V.15 erhält er die Zurechtweisung: „Was Gott gereinigt hat, das mache du nicht gemein." Damit wurde offenbar, dass die Juden den Heiden in der Annahme des Heils völlig gleichgestellt sind.

Auch das Apostelkonzil von Jerusalem (Apg.15) hat unter Leitung des Heiligen Geistes beschlossen, den gläubigen Heiden die jüdischen Gesetzesvorschriften einschließlich der Beschneidung zu erlassen.

Schließlich soll nicht unerwähnt bleiben, dass Paulus und Barnabas im pisidischen Antiochien, infolge der immer bedrohlicher werdenden Feindschaft der Juden und andererseits der dankbaren Aufgeschlossenheit der Heiden, eine entschlossene Wendung zu den Heiden vollzogen mit der öffentlichen Erklärung (an die Juden): „Euch mußte zuerst das Wort Gottes gesagt werden; nun ihr es aber von euch stoßet und achtet euch selbst nicht wert des

ewigen Lebens, siehe, so wenden wir uns zu den Heiden"
(Apg.13,46).

2 Briefe

Paulus führt einen schweren Kampf gegen den jüdisch-
traditionellen Erwählungsglauben.

Im Römerbrief nimmt er verschiedentlich Stellung und schreibt
schon im 1. Kap., V. 16: „...Kraft Gottes für alle Glaubenden, die
Juden vornehmlich und auch die Griechen." Entscheidend ist nur
der Glaube. Ebenso Röm. 2,11: „Kein Ansehen der Person", Röm.
3,23: „Kein Unterschied... allzumal Sünder." Ähnlich Röm. 10,12.
Im 1. Korintherbrief wird betont, dass es keinen anderen Grund
(Fundament) gibt, auch nicht in Zukunft, als der, welcher gelegt ist,
welcher ist Christus (1. Kor. 3,11). Kap. 10,18 unterscheidet Paulus
sogar das Israel „nach dem Fleisch" (von dem „geistlichen" Israel).
Kap. 12,13 betont der Apostel: „Denn wir sind durch einen Geist
alle zu einem Leib getauft, wir seien Juden oder Griechen."

Im Galater-, Philipper- und Kolosserbrief wird es vielleicht noch
deutlicher: Gal. 3,7: „So erkennt ihr ja, dass die des Glaubens sind,
die sind Abrahams Kinder." Gal. 3,28: „Hier ist kein Jude noch
Grieche...; denn ihr seid allzumal einer in Christus." Gal.5,6: „In
Christus gilt weder die Beschneidung noch Unbeschnitten-Sein,
sondern der Glaube." Ähnlich auch 1. Kor. 7,19.

Phil. 3,3: „Wir sind die Beschneidung."

Kol. 2,11: „Beschneidung ohne Hände." Schließlich auch noch
3,11: „Da ist nicht Grieche, Jude, Beschnittener, Unbeschnittener,
Szythe, Knecht, Freier, sondern alles und in allen Christus."

III Israel Gottes („kata pneuma" d.h. „nach dem Geist")
= Kirche (Gemeinde Jesu)

1 Paulus (Jesus)

Nachdem Jesus selbst schon in Bestätigung des Petrusbekenntnisses
in Matth. 16,18 „auf diesem Felsen" einen ganz neuen (Tempel-)
Bau, nämlich seine Gemeinde errichten will, kann auch Paulus in 1.

Kor.3,9 die Gesamtgemeinde als Bau ansprechen und in Eph. 2, 20 sie als den Bau bezeichnen, der auf dem Grund der Apostel und Propheten steht.

In Eph. 1,4 kann er die Erwählung der Gemeinde sogar noch über die traditionelle Erwählung des Volkes Israel stellen, denn die Gläubigen zu Ephesus, und damit auch alle wahren Christen, sind „erwählt", ehe der Welt Grund gelegt ward" (also schon vor Abraham). So werden auch die Kolosser in Kol. 3,12 insgesamt als die „Auserwählten" angesprochen. Eph.2, 11-14 heißt es außerdem: Gott hat aus beiden Eines gemacht.

Vollends der Galaterbrief ist eine leidenschaftliche Predigt gegen die von judaistischen Irrlehrern vorgetragene und bereits in der Gemeinde praktizierte Betonung des heilsgeschichtlichen Vorrangs der Judenchristen. Paulus muss ein doppeltes „Anathema" (Verflucht) schleudern gegen alle, die den Judenchristen noch irgendeinen Sonderstatus oder eine Sonderstellung einräumen. Er sieht in der judaistischen Irrlehre – nicht etwa im heidnischen Götzenkult oder in der oft brutal herrschenden Staatsreligion – die stärkste Bedrohung seiner Missionstätigkeit und damit des Christentums überhaupt. In diesem Zusammenhang gebraucht er auch das vielzitierte Wort: „Kein anderes Evangelium" (Gal. 1,1-7).

Ich muss mich hier auf wenige Hinweise beschränken: Gal. 3,16 macht er einen Sprung von Abraham direkt auf Christus. Er betont, dass sich die dem Samen gegebene Verheißung ausschließlich auf Christus. Ähnlich Röm. 10,4, wo er Christus als des Gesetzes Ende bezeichnet. Gal. 3,26: „Ihr seid alle (ausnahmslos, ohne Unterschied der Rasse) Gottes Kinder durch den Glauben an Christus Jesus." 3,28: „Hier ist kein Jude noch Grieche" usw. 3,29:"Seid ihr aber Christi, so seid ihr ja der Same Abrahams und die eigentlichen Erben der Verheißung." Dazu auch Apg. 20,32: „Das Erbe ist allen verheißen, die geheiligt werden." 4,7:"Also sind es eitel Kinder, sind´s aber Kinder, so sind´s auch Erben Gottes durch Christus."

So ist dann die normale Konsequenz des ganzen Gedankengangs (und schließlich sogar der ganzen biblischen Heilslehre), dass

Paulus zum Schluss seines Briefes, den er ausnahmsweise mit eigener Hand geschrieben hat – wobei er auch seiner Person und „seinem Evangelium" mit dem Hinweis auf die „Malzeichen" (6,17) ein letztes vollmächtiges Gewicht gibt – 6,15 die Alleingültigkeit der „neuen Kreatur" gegen allen Ehrenvorrang der Judenchristen betont und 6,16 ausruft: „Ihr, die ihr nach dieser Regel einhergeht, seid das Israel Gottes…"

2 Petrus, Johannes und der Hebräerbrief

Aber nicht nur von dem „Heidenapostel" Paulus, sondern auch sonst können wir unsere These bestätigt finden, dass mit dem Neuen Bund der alte Bund abgetan ist und an die Stelle des alttestamentlichen Erwählungs-Prinzips die „Gnadenerwählung" tritt.

Petrus greift bewusst eine der Kardinalstellen der Erwählung des Volkes Israel auf. In 2. Mose 19,5-6 steht: „Werdet ihr meinen Bund halten, so sollt ihr mein Eigentum sein vor allen Völkern… und sollt mir ein priesterlich Königreich und ein heiliges Volk sein." Im 1. Petrusbrief lesen wir in genauer Entsprechung, Kap. 2,9: „Ihr aber seid das auserwählte Geschlecht, das königliche Priestertum, das heilige Volk, das Volk des Eigentums…"

Also werden die entscheidenden Ehren- bzw. Gnadentitel auf die neutestamentliche Gemeinde übertragen, weil sie in Christus die legitime Nachfolge des wahren Israel angetreten hat, als des nun durch die Gnadenwahl eingesetzten „Erben".

Auch Johannes, der schon im vierten Evangelium den heilsgeschichtlich bedeutsamen Ausspruch überliefert hat: „Man wird später weder auf dem Garizim noch in Jerusalem anbeten" (Joh. 4,21), schreibt in seiner Offenbarung, Kap. 1,6: „Er hat uns zu Königen und Priestern gemacht", im Blick auf die gesamte bluterkaufte Gemeinde. Ähnliches lesen wir auch in Kap. 5,10 und 20,6.

Schließlich soll noch der Hebräerbrief Erwähnung finden, der besonders stark die einzigartige Majestät Jesu gegen alle Verharmlosungs- und Nivellierungsversuche des Judaismus hervorhebt. Er betont zu Beginn seiner Ausführungen, dass das

„Wort des Sohnes" den Schlussstein der Prophetie bedeutet (Hebr. 1,1).

Hebr. 8,13 klingt ein ähnlicher Gedanke auf im Blick auf den Alten Bund: „Indem er sagt: Ein Neues, macht er das erste alt. Was aber alt und verjährt ist, das ist nahe bei seinem Ende."

Eine ganze Reihe weiterer Belegstellen ließe sich aufführen, die bestätigen, dass die neutestamentliche Gemeinde (aus Juden und Heiden) Erwählungsstatus und Verheißung des Erbes des alten Bundesvolkes Israel in Christus empfangen hat.

3 Schlussfolgerung

Es widerstrebt mir, Erkenntnisse, die so offen im Worte Gottes ausgesprochen und dargelegt sind, mit allen möglichen Stellen ausweisen zu müssen.

Wir sind doch Kinder Gottes durch den Glauben an Jesus Christus und damit auch Erben der Herrlichkeit. Die Apostel haben nirgends von zweierlei Kindern gesprochen. Welche der Geist Gottes treibt, die sind Kinder Gottes.

Der Leib Christi ist einer und wird uns nirgends als ein Gebilde von siamesischen Zwillingen vorgestellt.

Wenn man die Bedeutung Abrahams, die er wirklich einmal gehabt hat, weiterhin gegenüber den klaren Aussagen der Schrift festhält, verhöhnt man den Opfertod Christi und macht sich der Majestätsbeleidigung Jesu und der Gotteslästerung schuldig. Schließlich begeht man dann wirklich die Sünde gegen den Heiligen Geist.

So stellen wir fest: Nach dem Urteil Jesu, der Evangelisten und Apostel ist nach der Verwerfung Israels als des „auserwählten Volks" die Gemeinde der Gläubigen aus Juden und Heiden als Leib Christi und als „wahres Israel" an die Stelle des „Israel kata sarka" (nach dem Fleisch) getreten.

C Verkündigung der Kirche

I Alte Kirche

Nun fragen wir uns: Wie haben denn die geisterfüllten Zeugen der Alten Kirche geurteilt?

Kirchenvater Tertullian (150-225: Karthago)
„Als die durch Christus erlöste Heidenschaft ist die Kirche das neue Israel´."

Die Diskalia (Syr.: 3. Jahrh., eine alten Kirchenschrift)
„Selbst in der Vergangenheit ist die Kirche das einzig wahre Israel."

Kirchenvater Eusebius (260/65 – 339: Cäsarea, Verfasser einer 10bändigen Kirchengeschichte)
„Die Kirche ist älter als das Judentum, das eine Abweichung von der authentischen, durch die Patriarchen geübte Religion ist." So wird Gal. 3,7 interpretiert: „Die des Glaubens sind, die sind Abrahams Kinder."

Kirchenvater Augustinus (354-430: Hippo)
„Die Juden haben kein Recht mehr auf den Titel ‚Israel', nicht einmal auf den Namen ‚Juden'. – Wenn sie als besondere Gemeinschaft bis zu ihrer Bekehrung weiterbestehen, dann nur, um durch ihre Verkommenheit Zeugnis für die Wahrheit des Christentums abzulegen.

II Luther und die übrigen Reformatoren

Sie haben sich dem Zeugnis der Heiligen Schrift (siehe Belegstellen!) und der Kirchenväter angeschlossen.

1 Luther

„Dass die Jüden nu so feststehen auf dem Namen Israel und rühmen, wie sie allein Israel, wir aber Heiden sind; das ist wahr nach dem 1. Stück und nach dem Alten Bund Mose, der nu längst erfüllet ist. Aber nach dem andern Stück und neuen Bund sind sie nicht mehr Israel, denn es soll alles neu sein, und Israel hat auch müssen neu werden. Und sind allein die der rechte Israel, die den neuen Bund (zu Jerusalem gestiftet und angefangen) angenommen haben... Also sind alle Heiden, so Christen sind, die rechten Israeliten und neue Jüden, aus Christo, dem edelsten Jüden, geboren."

2 Calvin und die andern Reformatoren urteilen ähnlich

III Die neuere Theologie

1 Kliefoth (1810-1895), namhafter Theologe und Kirchenpräsident in Schwerin)

„Mit dem Beruf, den Israel wirklich hatte, war es der Natur der Sache nach aus und zu Ende, als er sein Ziel erreicht, als der Heiland auf Erden seine Stätte gefunden, das Offenbarungswerk vollbracht, sein Evangelium zu allen Völkern entsendet hatte. Israel trat damit von selbst in die Reihe der anderen Völker zurück. Selbst wenn Israel in seiner Vollzahl den Herrn angenommen hätte, würde es zwar das erste der christlichen Völker gewesen und an die Spitze der kirchlichen Entwicklung getreten sein, aber auch nichts mehr. Vollends aber ist unbegründet, was die Chiliasten (Vertreter einer spekulativen Lehre vom Tausendjährigen Reich) von einem ́Heilsberuf ́ sagen, den Israel noch für die Zukunft und sogar unverlierbar habe."

2 Paul Althaus (1888–1966, bedeutender Theologe in Erlangen)

„Israel hat seine besondere und einzigartige Stellung im Heilsplan Gottes. Die Kirche ist erbaut auf dem Grund der Geschichte Gottes mit Israel. Die Kirche gründet in Israel als dem erwählten Gottesvolk, aber Israel mündet auch in die Kirche. Die

Kirche ist jetzt das Gottesvolk, das Israel Gottes (Gal. 6,16). Israel, als das geschichtliche Volk, ist seit Christus, in welchem sein heilsgeschichtlicher Beruf sich erfüllt hat, keine theologische, heilsgeschichtliche Größe mehr. Israel hat in der Kirche und für die Kirche keine Sonderstellung und keinen besonderen Heilsberuf mehr."

Im Blick auf den wiederkommenden Messias:
„Christus ist der Israel verheißene Messias, aber Christus ist auch des Messias Ende, d.h. die Verheißungen der Weltstellung Israels sind und werden in Christus nicht nur geistlich erfüllt, sofern der Sohn und Messias Israels zum Herrn über alle Menschheit wird, sondern eben diese Erwartungen sind in ihrer irdisch-nationalen judaistischen Art durch Christus mit der geistlichen Erfüllung zerbrochen und abgetan. Jesus lehnt das nationale Messiasideal seiner Zeitgenossen leidenschaftlich ab. Die Zeit für die noch nicht erfüllten Weissagungen und deren Erfüllung ist mit dem Kommen Christi zu Ende gegangen. Durch ihn sind Jerusalem, der Tempel, der Kultus und die ihnen geltenden Weissagung als Schatten (Kol. 2,17; Hebr. 8,8 und 10,1) überholt und abgetan, ein für allemal, jetzt und in alle Zukunft. Seit Christus da ist, kann die Stunde für Hesekiel, Kap: 40-48 (Vision des neuen priesterlichen Jerusalem) nicht mehr kommen. Es gibt keinen anderen Tempel mehr als die Gemeinde Christi selber."

Hier muss noch mal Luther zitiert werden. Er schreibt über Hes. 40-48: „Darumb ist dies Gebäu Hesekiels nicht von einem neu leiblichen Gebäu zu verstehen, sondern es ist nichts anders als das Reich Christi, die heilige Kirche oder Christenheit auf Erden bis an den Jüngsten Tag."

3 Hier können wir nur zustimmen
Wie sollte man auf einen neuen „Schatten" warten, wenn die Wirklichkeit in Jesus bereits „erschienen" ist?

Auch die Sammlung Israels in Palästina mag politisch und evtl. sogar weltgeschichtlich ein einmaliges und bewunderungswürdiges Ereignis sein, aber seit Christus da ist, besitzt sie keine heilsgeschichtliche Aktualität mehr, weil die besondere Bedeutung des Landes, der Stadt Jerusalem, des Reiches Israel, des Kultus vergangen ist.

So können wir den alten Dogmatikern nur recht geben. Die Verheißung der Rückkehr Israels sei „geistlich" erfüllt durch die fortgehende Sammlung von Juden durch das Evangelium in Christi Reich, zum himmlischen Jerusalem (Joh. Gerhard, bedeutendster luth. Theologe des 17. Jahrh., Verfasser einer neunbändigen Glaubenslehre: „Loci theologici". Er ist der Vorläufer des Pietismus).

Schlusswort

In einem Schlusswort möchte ich an die ernste Mahnung des Apostels Paulus erinnern: „Die Weissagung verachtet nicht, prüfet aber alles, und das Gute behaltet" (1. Thess. 5,21-21).

Seinem „Sohn" Timotheus gibt er den Hinweis: „Es wird eine Zeit kommen, wo man die heilsame Lehre nicht leiden kann, sondern nach ihren eigenen Lüsten werden sie sich Irrlehrer aufladen, nach dem ihnen die Ohren jücken; du aber sei nüchtern allenthalben. Tue das Werk eines evangelischen Predigers und richte dein Amt redlich aus" (2. Tim 4,3-5).

Für den redlichen evangelischen Prediger gilt:

Seine Verkündigung am ganzen Worte Gottes zu orientieren auf der Grundlage des allgemeinen biblischen Bekenntnisstandes im Sinne des Zeugnisses der Väter und der gesamten lebendigen Kirche.

Die Gemeindeglieder

Jedoch sollen es nicht mit den Athenern halten, die nur darauf aus waren, „etwas Neues zu sagen oder zu hören" (Apg. 17,21), sondern mögen sich ein Beispiel an den Beröa-Juden nehmen, die „täglich in der Schrift forschten, ob es sich also verhielte" (V.11).

Eine Faustregel

Wo nicht ausschließlich das Kreuz Jesu im Mittelpunkt der Verkündigung steht, da ist Irrlehre.

Bei seiner leidenschaftlichen Auseinandersetzung im Galaterbrief weist Paulus nicht nur jegliche jüdische Vorrangstellung zurück, sondern geißelt sie sogar mit heftigen Worten als ganz gefährliche Irrlehre, die den Zugang zum Kreuz verbaut, so dass Christus für sie vergeblich gestorben wäre (Gal. 2,21). Die ganze Kontroverse gipfelt in der sieghaften Feststellung: „Ich bin mit Christus gekreuzigt" (Gal. 2,19). Und weiter: „Ich lebe aber; doch nun nicht ich, sondern Christus lebt in mir. Ich lebe in dem Glauben des Sohnes Gottes, der mich geliebt hat und sich selbst für mich dargegeben. Ich werfe nicht weg die Gnade Gottes; denn so durchs Gesetz die Gerechtigkeit kommt, so ist Christus vergeblich gestorben" (Gal. 2,20-21).

Daher: Liebe Brüder, liebe Schwestern, betet mit mir, dass das vollmächtige Zeugnis an Israel von geisterfüllten redlichen, „evangelischen" Predigern ausgerichtet werden möchte, dass viele gerettet und selig werden.

III Der Jude Paulus über seine Erwählung: Phil. 3,7/8

Nach Damaskus in seine Herberge wird ein blinder und innerlich gebrochener Saulus geführt und heraus tritt ein „neuer Mensch" – Paulus – mit sehenden Augen, mit dem Heiligen Geist erfüllt, mit einem neuen Herzen, das nur noch eins weiß: Jesus starb für mich am Kreuz!

Kreuz und alttestamentliche Erwählung

Nach Jahren zieht Paulus ein Resümee seines Lebens. Er wird durch judaistische Irrlehrer herausgefordert, die seine treue Gemeinde in Philippi verwirren. Man rühmt die Autorität der „hohen Apostel" gegenüber dem „geringen" Paulus. Man hebt auch die Vorzüge des

Judentums hervor, vor allem die Bedeutung der Beschneidung als heilsnotwendiges Zeichen der Erwählung gegenüber der schlichten Botschaft vom Kreuz.

Dagegen setzt sich Paulus, ähnlich wie auch in den Briefen an die Gemeinden zu Galatien und Rom, leidenschaftlich zur Wehr. Er schreckt nicht davor zurück, diese judaistischen Irrlehrer als „Hunde" und „böse Arbeiter" zu bezeichnen. Mit schneidender Schärfe und Ironie betont er, dass deren Be-Schneidung nichts anderes ist als eine „Zer-Schneidung", das heißt Verstümmelung. Mit unmissverständlichen Worten spricht er es aus: Wir, die Christengemeinde, sind durch den Glauben an den Kreuzestod Jesu die wahre Beschneidung, das heißt: die wahrhaft Erwählten (Phil. 2,2/3).

„Ruhm" der Erwählung

Zur Bekräftigung führt Paulus im Philipperbrief etwa folgendes aus: Mir kann man doch nichts vormachen. Ich rede ja nicht von „böhmischen Dörfern". Ich habe es doch an meinem eigenen Leib und Herzen erfahren, was äußere Beschneidung taugt und wie viel die Erwählung des Alten Bundes wert ist.

Hört mir einmal gut zu: Das Rühmen hat ja keine Verheißung, ist praktisch dummes Zeug. Aber ich möchte euch doch die Augen öffnen. So will ich mich jetzt mal ein bisschen „rühmen".

Also: Ich bin von Geburt aus ein echter Israel, ein Vollblutjude. Ich kann meinen Stammbaum in ununterbrochenen Linie bis auf Benjamin zurückführen. Ich bin sonach ein wirklicher Hebräer, reinrassig von Hebräern abstammend. Auch auf meine Beschneidung könnte ich mir etwas einbilden; denn ich bin genau nach Vorschrift 8 Tage nach meiner Geburt beschnitten worden. Später gehörte ich der strengen Partei der Pharisäer an und verfolgte mit fanatischem Eifer die Gemeinde Jesu. Nach dem Gesetz und seiner Gerechtigkeit war ich hochgeachtet und untadelig.

Aber nun passt auf: Gerade das, was die Juden und die judaistischen Irrlehrer – und ich selbst damals natürlich auch – für Gewinn halten, das müsste ich nun geradezu als schädlich ansehen. Ja, um Christi willen muss ich auch jetzt noch alles für Schaden erachten. Wenn ich bedenke, was mir Jesus Christus in seiner Erlösungstat am Kreuz geschenkt hat, muss ich das, was ich vorher im Erwählungsglauben hatte, tatsächlich als Müll und Unrat bezeichnen, kurzweg als Dreck.

Dreck

Paulus weiß genau, was er vorher hatte und wessen die Juden sich rühmen. Aber er weiß auch, was er an Jesus hat. Paulus hat ja alles selbst ganz bewusst durchlebt und durchlitten. Er durfte den ganzen „Ruhm" für sich in Anspruch nehmen. Der hohe Rat hat ihn sehr geschätzt und mit Sondervollmachten ausgestattet. Ja, er lebte sogar jahrelang in der Vorstellung, er hätte auch vor Gott höchsten Ruhm. Doch aller Vorzug, Vorrang, Abstammungsstolz und das Erwählungsbewusstsein vor allen Völkern – der ganze „Gewinn" – zerfloss in nichts. Ja, schlimmer noch: er war bereits zu seinem Schaden geworden und hätte ihn schließlich vollends ins Verderben gerissen. Das ist der tödliche Schaden, wenn man im Glauben an die bedeutungslos gewordene Erwählung des Alten Bundes die uns am Kreuz – einmalig, nur am Kreuz, sonst nie und nirgends – entgegen gestreckte Retterhand Gottes ausschlägt.

Auf eine einprägsame Formel gebracht sagt Paulus: „Im Glauben an Jesus habe ich alles, im Glauben an die Erwählung des Alten Bundes habe ich Dreck."

Christus

Paulus hat den Tausch nie bereut. Er brauchte seine Überzeugung nie zu ändern oder zu korrigieren. Sogar im Gefängnis bezeugt er es freudig: „Früher: Schaden! Alles, ohne Ausnahme – Schaden, Kot, Dreck! Dagegen jetzt: Christus! Der ganze Inhalt meines Lebens ist

Christus. Welch überschwänglicher Reichtum!" Er hat den „Schatz im Acker" und die „eine köstliche Perle" gefunden und alles dafür hingegeben. Er hat Jesus persönlich kennengelernt als Retter aus Höllenqual und Todesnot, als geschlachtetes Gotteslamm, als „unaussprechlich Liebenden". Täglich, stündlich erfährt er seine unvergleichliche Gnade, seine beglückende Gegenwart. Er lebt trotz Kerkermauern und Folterqualen mit Jesus unter einem geöffneten Himmel.

Feinde des Kreuzes

Zum Schluss seiner Ausführungen im Philipperbrief muss Paulus eine erschütternde Feststellung treffen: Viele, die sich Christen und Nachfolger Jesu nennen, sind im Grunde „Feinde des Kreuzes". Sie nehmen wohl seine gnadenvolle Wirkung für sich in Anspruch, wollen aber nichts wissen von seinem richtenden Ernst, wodurch aller menschlicher Ruhm, auch der Ruhm einer ernstgemeinten Frömmigkeit und gläubigen Gesetzeserwählung, in Nichts zerfällt und alles, was „das Fleisch" hervorbringt, zum Tod verurteilt ist.

Mit noch größerer Schärfe wendet sich Paulus im Galaterbrief gegen die judaistischen Verfechter der Beschneidung als Zeichen ewiger Erwählung. Sie wollen die Erwählung gegen das Kreuz Christi ausspielen. Formell lassen sie zwar das Kreuz stehen, betonen daneben aber auch die Heilsnotwendigkeit der Beschneidung. Sie fürchten den radikalen Bruch mit dem gesetzestreuen Judentum.

Paulus meint niemand anders als diese judaistischen Irrlehrer, wenn er in höchster, vollmächtiger Erregung ausruft: „Wenn jemand – und sei es gar ein Engel vom Himmel – der Gemeinde ein anderes Evangelium verkündigt, der sei verflucht!" (Gal. 1,8/9). Auch hier schlisst er wieder ein persönliches Lebenszeugnis an mit der geistesmächtigen Feststellung: „Alle, die durch den Glauben an das

Kreuz Christi eine neue Kreatur geworden sind und danach leben, die sind das wahre Israel Gottes" (Gal. 6,15/16).

Heute

So muss man auch den heutigen neojudaistischen Irrlehrern zurufen: Wenn ihr an der Verkündigung des Ehrenvorrangs der Juden festhaltet, tretet ihr bewusst oder unbewusst auf die Seite der Feinde des Kreuzes. **Das Kreuz Jesu steht auf den Trümmern des Alten Bundes und ist von Gott hineingerammt in den ganzen Dreck und Morast der Sünde und Schuld der Menschheit aller Zeiten und Völker seit Adam.**

Wer dem Kreuz einen Ehrensockel bauen möchte aus eigener Gerechtigkeit oder vornehmer Abstammung und altüberkommener Erwählung, hat überhaupt noch nichts von der Radikalität des Kreuzes begriffen und geht am eigentlichen Wesen des Christentums und damit an der Botschaft des Neuen wie des Alten Testament vorbei. Auch das „A und O" des ganzen Heilsplans Gottes und des prophetischen Wortes ist nichts anderes als „das Wort vom Kreuz".

IV Was sagt die Bibel zur modernen Theologie der Neo-Judaisten?

– 20 Thesen –

Viele schlichte Bibelverse wie auch namhafte Theologen sind in das Fahrwasser eines neo-judaistischen Bibelverständnisses geraten. Die Ausschließlichkeit der biblisch-reformatorischen Rechtfertigungs- und Heilslehre wird „uminterpretiert". Sie messen der politischen Staatsgründung im Jahre 1948 und deren möglicher oder scheinbar alttestamentlich prognostizierter Entwicklung und Auswirkung absoluten Heilscharakter bei und setzen sie zum

Maßstab für ihre biblische Glaubensüberzeugung. „Kluge Leute" pressen dann das Ganze unter dem anmaßenden Etikett „Prophetisches Wort" in ein eschatologisches System, bei dem letztlich nicht nur die in schwärmerischem Dilettantismus verkürzte Interpretation von dunklen oder mehrdeutigen alttestamentlichen Bibelstellen den „kunstvoll" geknüpften Leitfaden liefert, sondern auch Spekulationen spätjüdischer Apokalyptik die Patenschaft übernommen haben.

Unter „Neojudaisten" verstehe ich in Erinnerung an die judaistische Irrlehre, die Paulus im Galaterbrief bekämpft, Christen, die heute erneut die heilsgeschichtliche Vorrangstellung der Juden gegenüber den Christen betonen.

1. **Während die Irrlehrer behaupten:** Israel ist und bleibt das auserwählte Volk, sagt **Jesus:** „Das Reich Gottes wird von dem Volk Israel genommen und einem Volk gegeben, das seine Früchte bringt" (Mat. 21,43). An vielen anderen Stellen der Heiligen Schrift wird diese Tatsache betont und nirgends zurück genommen.

2. **Irrlehrer:** Im Alten Testament ist dem Volk Israel die „Ewige Erwählung" zugesprochen.

Die Bibel: „Wenn ihr und eure Kinder meine Gebote nicht haltet, werde ich Israel ausrotten und verwerfen" (1.Kö. 9,6-9). Auch sonst lesen wir, dass die Dauer der Erwählung immer befristet ist für die Zeit des Gehorsams.

3. **Irrlehrer:** Gott kann Auserwählte nicht verwerfen.

Die Bibel: „Wisset aber, dass Esau hernach, da er den Segen ererben sollte, verworfen wurde" (Hebr. 12,17). – „Weil du (Saul) des Herrn Wort verworfen hast, hat er dich auch verworfen" (1.Sam.15,23). Das gilt auch von ganz Israel mit Priestern und

Propheten: „Du verwirfst Gottes Wort, so will ich dich auch verwerfen" (Hos. 4).

4. Irrlehrer: Gott hat Israel für seine Erwählung ewige Garantie gegeben.

Die Bibel kennt keine Garantien gegen die Verwerfung: Weder die Stadt Jerusalem noch Zion noch der Tempel mit seinem Allerheiligsten (Der Vorhang im Tempel zerriss!) noch göttliche Verheißungen. Dagegen: „Gott kann dem Abraham aus diesen Steinen Kinder erwecken" (Mat. 3,9). „Die Kinder des Reichs werden ausgestoßen in die Finsternis; da wird sein Heulen und Zähneklappern" (Mat. 8,12).

5. Irrlehrer: Rückkehr und Sammlung in Palästina sowie Konstituierung des Staates Israel im Jahr 1948 ist ein durch die Propheten vorausgesagtes heilsgeschichtlich notwendiges Ereignis (Hes. 37!). Es bedeutet ein endgeschichtliches Zeichen ersten Ranges. Das ist die Wiedergeburt der Nation Gottes. Der Feigenbaum steht bereits in voller Blütenpracht. Dies ist der erhobene Zeigefinger Gottes. Der kleine Zeiger an der Weltenuhr steht kurz vor Zwölf.

Die Bibel weiß hierüber nichts zu berichten. Dagegen sagt Jesus: „Mein Reich ist nicht von dieser Welt!" (Joh. 18,36). Mit der Vollendung von Jesu Erlösungswerk ist „alles neu" geworden. Gott interessiert jetzt nur noch eins: Die Sammlung der bluterkauften Gemeinde unter dem Kreuz seines Sohnes (1. Kor. 2,2). – Das sogenannte „heilige Land" mit seinen heiligen Stätten ist völlig irrelevant. Sie haben nur noch den Status von „Schattenbildern des Zukünftigen" (Hebr. 8 u. 10). Die Urgemeinde mit allen Aposteln war sich darin einig. Niemand hat sich für „heilige Stätten" interessiert. Paulus hat nicht im Traum daran gedacht, möglichst viele Juden nach Jerusalem zurück zu führen, um damit „den kleinen Zeiger der Weltenuhr" möglichst schnell auf „12" zu bringen. Trotzdem hat Paulus mit der ganzen Urchristenheit jeden Tag auf die Wiederkunft Jesu gewartet.

6. **Irrlehrer:** Wir warten gemeinsam mit den Juden auf den kommenden Messias.

Die Bibel: „Wenn aber der Menschensohn kommen wird in seiner Herrlichkeit und alle heiligen Engel mit ihm, wird er sitzen auf dem Stuhl seiner Herrlichkeit und werden vor ihm versammelt werden alle Völker (zum großen Weltgericht!) (Mat. 25, 31 ff). Wer noch nicht unterm Kreuz den Sünderheiland erlebt hat, kann nur mit Schrecken den kommenden Weltenrichter erwarten. Die Zeit der Gnade ist dann vorbei, für alle Völker, auch für das Volk Israel.

Es ist ein himmelweiter Unterschied, ob die Gläubigen ihren Bräutigam erwarten oder die Ungläubigen ihren Richter.

7. **Irrlehrer:** Die Juden brauchen sich nicht zu bekehren. Sie brauchen sich auch nicht taufen zu lassen.

Die Bibel: „So tut nun Buße und bekehrt euch, dass eure Sünden vertilgt werden!" (Apg. 3,19). „Tut Buße und lasse sich ein jeglicher taufen auf den Namen Jesu Christi zur Vergebung der Sünden" (Apg. 2,38) – Wir haben es hier mit einer totalen Irrlehre zu tun, die der ganzen Heiligen Schrift widerspricht.

8. **Irrlehrer:** „Der Feigenbaum blüht"; die Juden erkennen schon vielfach Jesus als ihren „Bruder" an. (Schalom ben Chorin: „Bruder Jesus").

Die Bibel: „Jesus sprach: „Wer ist meine Mutter, wer sind meine Brüder? Wer den Willen tut meines Vaters im Himmel, der ist mein Bruder, Schwester und Mutter" (Mat. 12,48; 50). Auch der engste Verwandtschaftsgrad garantiert noch nicht da Heil, wenn man nicht an Jesus als den Sohn Gottes glaubt.

9. **Irrlehrer:** Unser Heil wird kommen! Der Erlöser wird kommen! Die Heilszeit wird kommen! Das höchste Heilsgut kommt erst bei der Wiederkunft Jesu"

Die Bibel: „Und ist in keinem andern – Heil, ist auch kein andrer Name unter dem Himmel den Menschen gegeben, darin wir sollen selig werden (als nur der Name Jesus!)" (Apg. 4,12). „Wir haben die Erlösung durch sein Blut!" (Eph. 1,7). „Heute ist diesem Hause Heil widerfahren!" (Luk. 19,9).

Die Irrlehrer wollen nicht wahrhaben, dass diese Verheißungen alle bereits durch Jesus erfüllt sind. So leugnen sie, gegen den ganzen Inhalt des NT, die Erfüllung der messianischen Verheißungen durch Jesus und hoffen zusammen mit den ungläubigen Juden auf deren Erfüllung bei der Ankunft des „Messias".

10. **Irrlehrer:** „Das Heil kommt von den Juden", d.h. die Juden werden noch einmal als das große Missionsvolk der Endzeit den Völkern zum Heil.

Die Bibel: „Das Volk, das im Finstern wandelt, sieht ein großes Licht... denn uns ist ein Kind geboren..." (Jes. 9,1-6). – Das Heil kommt von dem Spross des jüdischen Königshauses David, nämlich Jesus. Die Bibel weiß von keinen Sonderaufgaben der Juden. Der Missionsbefehl Jesu (Mat. 28,18-20 und Apg. 1,8) gilt allen Christen zu allen Zeiten.

11. **Irrlehrer:** „Wer Israel liebt, liebt damit auch Jesus." Israel ist die rettende Institution für die Gläubigen.

Die Bibel: „ Wer euch ein anderes Evangelium predigt, und sei es ein Engel vom Himmel, der sei verflucht!" (Gal. 1,8). Mit dieser Verfluchung meint Paulus niemand anders als die damaligen Judaisten, die die Vorrangstellung der Judenchristen betonten. Was sich die heutigen Neojudaisten leisten, ist ungleich absurder: Sie deklarieren Israel zu einer zweiten Heilsgröße und stellen sogar die ungläubigen Juden über die bluterkaufte Gemeinde Jesu.

12. **Irrlehrer:** „In Auschwitz ist das Volk Israel ungewollt neben seinem unerkannten König geraten, als es millionenfach in seinen Tod mithineinstarb. Die Kreuze von Auschwitz und das Kreuz von Golgatha stehen auf **einem** Friedhof.

Die Bibel: „Das Blut Jesu Christi, des Sohnes Gottes, macht uns rein von aller Sünde" (1. Joh. 1,7). – „Siehe, das ist Gottes Lamm, welches der Welt Sünde trägt!" (Joh. 1,29). – Herrscht bei den neojudaistischen Irrlehrern nur totale Unkenntnis über die Bedeutung des Opfertodes Jesu oder blasphemische Verblendung?

13. **Irrlehrer:** „Seit Auschwitz sind die Verhältnisse im Himmel neu geregelt."

Die Bibel: „Diese (Märtyrer) sinds, die gekommen sind aus großer Trübsal und haben ihre Kleider gewaschen im Blut des Lammes, darum sind sie vor dem Stuhl Gottes... denn das Lamm mitten im Stuhl wird sie weiden..." (Offb. 7,14-17). – Hier begegnet uns eine andere Wirklichkeit. Man will sogar Auschwitz eine heilsgeschichtliche Funktion zuerkennen. Das neojudaistische „prophetische Wort" darf sogar Blicke in den Himmel tun. Hier bricht Nacht über christliche Erkenntnis herein. Hier wird das leichtfertige Spiel mit der Heiligen Schrift in blinder Arroganz auf die Spitze getrieben. Indem man die „Botschaft von Auschwitz" zu einer neuen Gottesoffenbarung macht, wird die ältere Generation in peinlicher Weise an die „Gottesoffenbarungen" von 1933-1945 erinnert.

14. **Irrlehrer:** Die Heiden müssen sich unter dem Kreuz bekehren, die Juden erst bei der Wiederkunft Jesu. „Wie einst der Auferstandene dem zweifelnden Thomas erschien, so

wird Jesus bei seiner Wiederkunft dem staunenden Volk Israel erscheinen. Es wird erkennen: „Der Mann von Golgatha und der Herr der Herrlichkeit ist einer: - Jesus!"

Die Bibel: „Denn es ist hier kein Unterschied: Sie sind allzumal Sünder und mangeln des Ruhmes, den sie bei Gott haben sollten und werden ohne Verdienst gerecht… ohne des Gesetzes Werke, allein durch den Glauben" (Röm. 3,23,24.28). „Es gibt nur einen Gott, der da gerecht macht die Beschnittenen aus dem Glauben und die Unbeschnittenen durch den Glauben" (Röm. 3,30). – Die Bibel kennt nur eine Gerechtigkeit durch den Glauben, nicht auch noch eine Gerechtigkeit durch das Schauen. Der Ruf zur Bekehrung war immer und „zuerst" an die Juden gerichtet. Jesus hat öfter darüber gesprochen, wie es bei seiner Wiederkunft sein wird. Wir hören klar aus seinem Mund: Er kommt nicht zum 2. Mal als Messias, sondern als Richter der Welt (Mat. 25; Offb. 20). „Heute, so ihr seine Stimme hören werdet, so verstocket eure Herzen nicht!" (Hebr. 3,7.8). – Alles andere ist unbiblische Schwärmerei.

15. **Irrlehrer:** „Im Nahostkonflikt kann die Kirche nur auf der Seite der Israelis stehen."

Die Bibel: „Wir aber predigen den gekreuzigten Christus, den Juden ein Ärgernis und den Griechen eine Torheit" (1.Kor.1,23). – Die Kirche hat nicht die Aufgabe, sich politisch zu arrangieren und entsprechende Ratschläge zu erteilen, sondern „Juden und Griechen" zum Kreuz zu rufen. – Die wichtigsten Waffen, auch im apokalyptischen Endkampf, werden im 6. Kapitel des Epheserbriefes aufgeführt: „Wahrheit, Gerechtigkeit, Friede, Schild des Glaubens, Helm des Heils, Schwert des Geistes (das Wort Gottes). Wer diese Waffen nicht im Namen Jesu empfiehlt, führt die gute Sache ins Verderben.

16. Irrlehrer: „Jerusalem will ich zum Laststein machen allen Völkern" (Hos. 12,3) bedeutet: Das Schicksal der Völker entscheidet sich an der Stellung zu Israel.

Die Bibel: (Jesus.) „Der Stein, den die Bauleute (Juden) verworfen haben, der ist zum Eckstein geworden. ... Darum sage ich euch: Das Reich Gottes wird von euch genommen und einem Volk gegeben werden, das seine Früchte bringt. Und wer auf diesen Stein fällt, der wird zerschellen; auf wen er aber fällt, den wird er zermalmen" (Mat. 21,42-44). – Wir merken, der „Laststein" ist völlig bedeutungslos geworden gegenüber dem „Eckstein".

17. **Irrlehrer:** Die Kirche muss ihre Botschaft vom „antijüdischen Virus" befreien. Die Grundlage des „Antijudaismus" wurde schon im Neuen Testament gelegt. Vor allem die vier Evangelien, die Paulusbriefe und der Hebräerbrief sind antijudaistisch verseucht, so dass auch ihr ganzes Christusbild nicht stimmt. Eine radikale Neuinterpretierung des Neuen Testaments ist unerlässlich.

Die Bibel: „Wer aus der Wahrheit ist, der höret meine Stimme" (Joh.18,37). – „Stellt euch selbst auf die Probe, ob ihr im Glauben steht, prüft euch selbst! ... Denn wir vermögen nichts gegen die Wahrheit, sondern nur für die Wahrheit" (2.Kor. 13,5-8). – Hier entfernt man sich radikal von der einzigen und allein maßgeblichen Grundlage unseres Glaubens, der Bibel, so dass keine Diskussion mehr möglich ist. Wir erleben damit das „Christentum" von Hitlers Pseudokirche mit umgekehrtem Vorzeichen.

18. **Irrlehrer:** „Ganz Israel wird selig" (Röm. 11,26). Dies ist eine absolute, uneingeschränkte, unumstößliche Heilszusage für alle Israeliten ohne Ausnahme, unabhängig von ihrem Glauben an Jesus Christus.

Die Bibel: „Ob Israel ist wie Sand am Meer, sollen doch nur seine Übriggebliebenen bekehrt werden. Denn Verderben ist beschlossen." (Jes. 10,22). – Außerdem wird an vielen andern Stellen des Alten Testaments der Restgedanke betont („Nur ein Rest wird selig!"). Paulus: Es gibt ein „Israel nach dem Fleisch" (d.h. solche, die nur biologisch Kinder Abrahams sind) und ein „Israel nach dem Geist" (d.h. die, welche neben der Abrahamsabstammung auch den Glauben an Jesus Christus haben. Nur diese Letzteren werden, wenn sie „Ihre Erwählung festmachen", selig. „Nur die des Glaubens sind, sind Abrahams Kinder" (Gal. 3,7).

19. **Irrlehrer:** Die Kirche darf sich nicht anmaßen, das Erbe der Juden anzutreten. Die Bibel kennt keine „Enterbungs-(Substitutions-)Lehre".

Die Bibel: „Welche der Geist Gottes treibt, die sind Gottes Kinder" (Röm. 8,14). „Sind wir aber Kinder, so sind wir auch Erben" (Röm. 8,17). Jesus gründet eine ganz neue Gemeinde auf das Bekenntnis des Petrus, d.h. den Glauben an die Gottessohnschaft Jesu. Auch in den Paulusbriefen werden die Christen immer wieder als „Auserwählte" angesprochen. Sogar: „Ihr (Christen) seid da Israel Gottes" (Gal. 6,16). – Schließlich: „Seid ihr aber Christi, so seid ihr ja Abrahams Same und nach der Verheißung Erben" (Gal. 3,29). – Ebenso überträgt Petrus unbedenklich und ohne Einschränkung die dem Volk Israel in 2. Mose 19,5.6 beigelegten Ehrentitel auf das neue Volk Gottes, d. h. die Kirche Jesu Christi. Er schreibt: „Ihr (Christen) seid das auserwählte Geschlecht, das königliche Priestertum, das heilige Volk, das Volk des Eigentums…" (1.Petr.2,9).

20. **Irrlehrer:** Wir haben keinen Missionsauftrag dem jüdischen Volk gegenüber. Wir können höchstens einen vorsichtig-demütigen Dialog führen.

Die Bibel: „Gehet hin und lehret alle Völker und taufet sie…" (Mat.28,19). „Wir können's ja nicht lassen, von Jesus zu predigen" (Apg.4,20). „Ich bin ein Schuldner der Griechen und der Ungriechen (Juden)" (Röm. 1,14). – Übrigens: Wer wirklich die

Freude der Errettung in Jesus erfahren hat, der zögert keinen Augenblick, dies auch andern, ganz gleich welcher Volkszugehörigkeit, mitzuteilen, dass sie auch Jesus annehmen, die „unaussprechliche Gabe" Gottes (2.Kor. 9,15).

Es ist nicht zu begreifen, wie eine solche Irrlehre, die in vielfachem diametralen Gegensatz zu den fundamentalen Heilstatsachen der heiligen Schrift sowie in krassem Widerspruch zu den Bekenntnissen steht, sich immer weiter ausbreiten konnte und heute bereits als eine das gesamte geistliche Leben der Kirche bedrohende Häresie angesehen werden muss.

Sie ist die schlimmste Herausforderung der Kirche seit den Tagen Hitlers, doch viel gefährlicher: Damals stand der Pseudokirche der „Deutschen Christen" eine starke „Bekenntnisfront" gegenüber, während heute nur einzelne Mahner ihre Stimme erheben.

Jesu Missionsauftrag

Der Herr Jesus beauftragte Seine Jünger, Seine Zeugen zu sein in aller Welt. In Jerusalem beginnend sollten sie das Evangelium verkündigen in ganz Judäa und Samaria bis an das Ende der Erde. So ging das Wort Gottes von Jerusalem aus und wurde von den Aposteln, die alle dem jüdischen Volke angehörten, weitergetragen. Die ersten Glaubensboten waren alle Juden. Sie haben die urchristliche Kirche – aus Juden und Heiden – auf dem „Fundament Jesus Christus" erbaut. So wurden auch die Missions-Verheißungen des Alten Testaments erfüllt.

Nun kann es nur unser inständiges Gebet sein, daß sich die Juden auch heute und hier retten lassen von dem, der einst Fleisch und Blut des jüdischen Volkes angenommen hat. Wir Christen sind Beauftragte Jesu Christi und rufen auch den Juden wie allen Menschen zu: „Laßt euch versöhnen mit Gott!"

– Soweit Paul Schenk –

201

II DAS REICH GOTTES

1 Reichserwartungen im Alten Testament

„Dein Reich ist ein Reich aller Zeitalter, und deine Herrschaft durch alle Geschlechter hindurch" (Ps.145,13).

Bei der Betrachtung des Reiches Gottes muss beachtet werden, wie sich das Reich Gottes in alttestamentlicher Zeit darstellte. Meist werden Bibelstellen im jüdisch-weltlichen oder gar politischen Sinne ausgelegt, ohne das Neue Testament in Betracht zu ziehen. Eine solche Auslegung kann ein Christ, der den Heiligen Geist hat, nicht nachvollziehen. Gewiss können wir das Alte Testament als inspiriert und wahr wörtlich nehmen, aber ebenso wörtlich im Lichte und Geiste des Neuen Testaments. Das Neue Testament ist, da der Tod des Erblassers, Christus, eingetreten ist, für uns das geöffnete Alte Testament, so dass wir nun Zugang haben zu den „gewissen Gnaden Davids" (Jes.55,3; Apg.13,34).

Schon durch Mose hatte Gott dem Volke Sein Reich verheißen: „Wenn ihr fleißig auf meine Stimme hören und meinen Bund halten werdet ..., so sollt ihr mir ein Königreich von Priestern und eine heilige Nation sein" (2.Mose 19,6). Gott Selbst wollte ihr König sein. Als Israel einen König wie die Nationen begehrte, sagte Er zu Samuel: „Nicht dich haben sie verworfen, sondern mich haben sie verworfen, dass ich nicht mehr König über sie sein soll" (1.Sam.8,7). Gott hatte bis zu dieser Zeit durch weltliche Königreiche gewirkt, und nun wollte Israel auch einen König haben wie alle Völker. Wie muss es den HErrn geschmerzt haben, dass Sein Volk lieber einen König von dieser Welt haben wollte als Ihn, den König des Himmels. Er hat ihnen geholfen, Er hat sie durchgetragen, Er hat sie geleitet, und wenn sie Ihm vertrauten, ging es immer gut. Nun gab Er ihrem fleischlichen Begehren nach und salbte ihnen Saul. Aber Saul versagte; er war ein Schrecken für sein Volk, er hat sie in größte Schwierigkeiten gebracht. Nachdem Gott Saul weggetan hatte, weil er dem Befehl Gottes ungehorsam war, erwählte Er David, den Mann nach Seinem Herzen; „hinter den

Säugenden weg ließ er ihn kommen, um Jakob, sein Volk zu weiden, und Israel sein Erbteil" (Ps.78,71). Das Königtum Davids ist das erste Vorbild auf das Reich Christ und das Königtum in Jesu. Es war nicht die äußere Macht, sondern die Gesinnung Davids, seine Demut und Sanftmut, vor allem seine Abhängigkeit von Gott, nichts ohne Ihn zu tun, die uns etwas von Gottes Reich und dem Wesen Christi zeigt. Daran wurden alle Könige Judas gemessen.

Unter Salomo erreichte das Königreich seinen Höhe- und Glanzpunkt, „er war größer als alle Könige der Erde an Reichtum und Weisheit" (1.Kön.10,23). Doch bei all seiner Herrlichkeit, womit er bekleidet war, musste er doch bekennen: „Alles ist Eitelkeit und ein Haschen nach Wind; und es gibt keinen Gewinn unter der Sonne" (Pred.2). Sein Herz blieb leer, ihm war noch nicht geoffenbart, dass der wahre Reichtum in einer anderen Welt liegt. Auch verdarben ihn seine vielen heidnischen Weiber; sein Reich wurde geteilt, die Herrlichkeit des Reiches war dahin. Gott muss wirklich ein Verlangen gehabt haben, dieses ganze System einmal aus dem Weg zu räumen, so dass Er wieder über Sein Volk regieren könnte. Nicht von weither, nicht von einem irdischen Thron; vielmehr wollte Er Seinen Thron in ihren Herzen aufrichten: Den Thron Seiner Kraft, wo Er durch den Heiligen Geist regieren könnte.

Mit der Wegführung war das Königtum Israels zu Ende, die Zeiten der Nationen begannen. Die Regierung Gottes über die Erde war hinfort den Nationen übergeben (Dan.2,37-38). Hier liegt der Ursprung der obrigkeitlichen Gewalten, die Gott verordnet hat zur Erhaltung der öffentlichen Ordnung (Röm.13,1-7). Bis heute ist das so und wird solange bleiben, wie Menschen und Völker auf der Erde leben. Die Wiederherstellung des Reiches Israels, wovon alle Propheten geweissagt haben, sollte auf einer gänzlich neuen Grundlage und in einer neuen Ordnung erfolgen. Denn das Königreich, von dem Mose geredet hat, sollte von anderer Art sein als die Reiche dieser Welt, nämlich ein Reich der göttlichen Natur und der Tugenden Christi.

Man müsste die Geschichte der gottesfürchtigen Könige und die Propheten im politischen Geiste, im Geiste der Welt, deuten, wie es die Bibelzerleger tun, um daraus auf ein „national-politisches

Reich" zu kommen, das lediglich von fremder Herrschaft zu befreien sei. Diese Hoffnung mögen ungläubige Genossen gehabt haben. Die Heiligen im Alten Testament schauten nach dem ewigen Leben in dem himmlischen Reich, nach dem Friedensreich für die Seele aus, das in dem „Sohne Davids" erscheinen sollte und in Christus, die Wurzel und das Geschlecht Davids, erschienen ist. „Viele Propheten und Gerechte haben begehrt zu sehen, was ihr anschauet, und zu hören, was ihr höret und haben es nicht gehört" (Matth.13,16-17). Die Erwartung der Propheten und Heiligen im Alten Testament, in denen der Geist Christi war, unterscheidet sich grundsätzlich von der abtrünnigen Masse und seinen Führern, soweit dieselben nicht taten, „was recht war in den Augen des HErrn". Der wahre Same Abrahams bekannte sich stets als Fremdlinge und ohne Bürgerschaft auf der Erde. Wer mit Gott wandelte, verlangte nach Ihm und nach dem himmlischen Vaterland (Hebr.11,13-16). „Wen habe ich im Himmel? Und neben dir habe ich an nichts Lust auf der Erde" (Ps.73), bekennt Asaph. Wie dürstete ihre Seele nach der wahren Lebensquelle, „meine Seele lechzt nach dir, o Gott!" (Ps.42,1). Wie sehnten sie sich nach Gott; „mein Herz und mein Fleisch rufen laut nach dem lebendigen Gott" (Ps.84). Der Hebräerbrief teilt uns in dem Kapitel der Glaubenshelden und Glaubenszeugen mit, dass „sie die Befreiung nicht annahmen, auf daß sie eine bessere Auferstehung erlangten". Sie suchten im Gegensatz zur leiblichen und zeitlichen Befreiung die „Errettung der Seele" (1.Petr.1,9-12). Das ist die vom Heiligen Geist bestätigte Deutung des prophetischen Wortes, und die den Heiligen gegebene Verheißung (Hebr.10,39; 11,13.39-40).

Kennen wir nicht auch ein solches Sehnen, um verstehen zu können, dass die Gläubigen im Alten Testament Menschen waren „mit gleichen Gemütsbewegungen wie wir" (Jak.5,17)? In der herrschenden Prophetie wird kein Unterschied gemacht zwischen der Hoffnung der Gerechten und der Gesetzlosen, zwischen dem, „der Gott dient, und dem, der ihm nicht dient" (Mal.3,16-18). Beide können nicht dieselbe Erwartung gehabt haben, ebenso wenig wie die Namenschristen und die wahren Kinder Gottes in derselben Hoffnung leben, auch wenn sie dieselbe Bibel haben.

Das Reich Gottes war nie ein Reich dieser Welt und Zeit, wie es etliche darstellen wollen. Gottes Reich ist höherer Natur und von ewiger Dauer. Seine Herrschaft ist nicht erst zukünftig, sondern sie war von Grundlegung der Welt an und ist gegenwärtig über Sein Volk und im weiteren Sinne über alle Menschenkinder. „Dem Herrn ist das Reich, und unter den Nationen herrscht er" (Ps.22,28); und: „Dein Thron, o Gott, ist immer und ewiglich, ein Zepter der Aufrichtigkeit ist das Zepter deines Reiches" (Ps.45,6). Diese Stelle wird im Hebräerbrief auf die gegenwärtige Herrschaft Christi im Neuen Bunde bezogen (Hebr.1,8-9).

Nebukadnezar rühmt dieses Reich als ein „ewiges Reich" (Dan.4,3), und die Herrschaft des „ewig Lebenden" ist eine „ewige Herrschaft" (V.34). Dieses Reich, das Israel gehörte und dann den Nationen zur Verwaltung übergeben, aber wiederum auch von diesen veruntreut wurde, sollte endlich den „Heiligen der höchsten Örter" gegeben werden; sie „werden es besitzen bis in Ewigkeit, ja, bis in die Ewigkeit der Ewigkeiten" (Dan.7,18. 27). Die „höchsten Örter" aber sind im Himmel (Eph.2,6).

An dem Traumbild Nebukadnezars wird es ganz deutlich, dass die vier Weltreiche durch „ein Königreich, welches ewiglich bestehen wird" abgelöst werden sollten (Dan.2). Daniel deutet den Traum auf den moralischen Wert der Reiche, der beständig abnehmen würde. Auf welch tiefem sittlichen und moralischen Stand das vierte Weltreich, bekannt als das römische Reich, zuletzt war, kann man in Röm.1 nachlesen. In den Tagen dieses vierten Reiches hat der „Stein", welcher Christus ist, alle heidnischen Elemente der vorhergehenden Reiche zerschlagen und wie Spreu vom Wind durch den Geist Gottes hinweggefegt. Er selbst aber „wurde zu einem großen Berge und füllte die ganze Erde". Sein Königreich „wird ewiglich nicht zerstört, und dessen Herrschaft keinen anderen Volke überlassen wird" (Dan.2,44). Zwischen der Zerschlagung des Bildes und der Aufrichtung des Königreiches Christi liegen keine 2000 Jahre, sondern liegt ganz einfach Pfingsten und die Ausbreitung des Evangeliums, „das gepredigt worden ist in der ganzen Schöpfung, die unter dem Himmel ist" (Kol.1,23).

Unter dem alten Bunde war das himmlische Reich verborgen. Was davon zu sehen war, waren die Schatten und Vorbilder, die in der Person des Sohnes Gottes lebendige Gestalt annehmen sollten. „Das Wort ward Fleisch und wohnte unter uns" (Joh.1,14). Man könnte ebensogut sagen, das Reich ist in der Person Jesu Fleisch geworden, und „wir haben seine Herrlichkeit angeschaut". Nach diesem „Herrscher in Gottesfurcht" (2.Sam.23,3) haben die Heiligen des Alten Testaments ausgeschaut. Abraham erwartete bereits die Stadt dieses Reiches, „welche Grundlagen hat, deren Baumeister und Schöpfer Gott ist" (Hebr.11, V.9-11).

Gottes Reich war immer dort, wo Gottes Wille geschah, wo Gott regierte und richtete, aber auch, wo man etwas vom Wesen Gottes sah; es war bei allen, die Gott fürchteten und auf Seine Güte harrten, die Ihm gehorchten und vertrauten. Manchmal wurde das Reich nur von wenigen Gottesfürchtigen repräsentiert, wie durch Daniel und seine Freunde, und Gott war mit ihnen und segnete sie. In der Geschichte der Könige Judas finden wir einzelne gottesfürchtige Könige, die sich demütigten und bemühten, das Reich zu reinigen und Gottes Reichsordnung wiederherzustellen, und Gott gab ihnen Macht und Reichtum und Ehre die Fülle. Aber diese Dinge brachten keinem Menschen die Errettung der Seele. Diese sollte der verheißene Messias bringen, „über welche Errettung Propheten nachsuchten und nachforschten, die von der Gnade gegen euch geweissagt haben ..." (1.Petr.1,9-12).

2 Das Evangelium des Reiches

Das Reich der Patriarchen und Propheten ist grundsätzlich auch im Neuen Testament das Reich Gottes, jedoch in der Ordnung des Neuen Bundes und als Reich der Himmel offenbart wegen seines himmlischen und geistlichen Charakters. Das verheißene Friedensreich sollte ein Versöhnungsreich sein für Israel und alle

Völker, wie geschrieben steht: „sie werden den Krieg nicht mehr lernen" (Micha 4,3). In Erfüllung dieser Verheißung führte Jesus als Erster die Feindesliebe ein – das Schwert soll für immer verbannt sein. Der treue Überrest, den wir bei der Geburt Jesu vorfinden, erkennt denn auch in dem Kindlein Jesu das Heil Gottes, „welches du bereitet hast vor dem Angesicht aller Völker" (Luk.2,30-35). Die Gottesfürchtigen wie ein Simeon und andere warteten auf den „Trost Israels", sie hofften auf Grund der Weissagung Daniels auf die Einführung einer „ewigen Gerechtigkeit", um den „Sünden ein Ende zu machen" (Dan.9,24), sie erwarteten die Aufrichtung des Reiches Gottes nicht durch Macht und Gewalt, sondern „durch meinen Geist, spricht der Herr der Heerscharen" (Sach.4,6).

„Friede auf Erden" verkünden die himmlischen Heerscharen den Hirten auf dem Felde. Dieser Friede konnte bereits im Stall zu Bethlehem genossen werden (Luk.2,11), – nur ein kleines Stückchen Erde, aber Menschenherzen, die von dem Frieden Gottes erfüllt waren. Genau hier, in diesen armseligen Verhältnissen, sollte nach Gottes weisem Rat das Friedensreich beginnen. Bei den Armen im Geiste beginnt es auch heute noch, denn Gottes Reich ist für die Niedrigen. Die Freudenbotschaft hörten zuerst die Hirten auf dem Felde: „Euch ist heute, in Davids Stadt, ein Heiland geboren, welcher ist Christus, der Herr" (Luk.2,11).

Gerade hier, bei den Evangelien, sind wir bei der eigentlichen Arbeit der Bibelzerleger, aber auch hier kann man sie am leichtesten widerlegen. Sie sagen, die Bergpredigt würde nicht uns gelten, sondern Israel im 1000jährigen Reich. Da aber die Völker mit den Evangelien missioniert wurden, auch Europa, wären schon die ersten 1000 Jahre Friedensreich abgedeckt. Oder haben wir etwa dem falschen Heilskonzept geglaubt? Man müsste die historischen Tatsachen leugnen.

Gottlob ist der verheißene Friedefürst geboren, um der ganzen Welt, sowohl Juden als Heiden, den ersehnten Frieden zu bringen, denn *„ein Kind ist uns geboren, ein Sohn uns gegeben, und die Herrschaft ruht auf seiner Schulter, und man nennt seinen Namen:*

Wunderbarer, Berater, starker Gott, Vater der Ewigkeit, Friedefürst. Die Mehrung der Herrschaft und der Friede werden kein Ende haben auf dem Throne Davids und über sein Königreich ..." (Jes.9,6-7).

Aus diesem ersten Kommen Christi machen die Reichszerteiler, wie sie eigentlich genannt werden müssen, zwei Kommen und zwei Reiche, womit sie auch die Christenheit in zwei Lager spalten. Die Einen bekennen, das Reich ist in der Kirche und die Kirche im Reich; das war die Lehre der Apostel, der Kirchenväter und Reformatoren, also anerkannte Kirchenlehre. Die Anderen, so unsere bedauernswerten dispensationalistischen Brüder, gehören gegenwärtig gar keinem Reich an, haben auch keinen König, sondern befinden sich isoliert, ohne Verbindung zu anderen Kindern Gottes, in einer „örtlichen Versammlung". Mitten in der Jesaja-Weissagung teilen sie Person und Reich auf: „Sein erstes Kommen bezieht sich natürlich auf Seine Geburt als Kind in Bethlehems Krippe. Sein zweites Kommen weist auf die Zeit Seiner Wiederkehr hin. Das erste ist verbunden mit Christi Leiden, das zweite mit der darauffolgenden Herrlichkeit. Den Propheten war nicht klar, dass sie zwei unterschiedliche Kommen des Messias sahen, mit mehr als 1900 Jahren dazwischen" (MacDonald, S.15). O, den Propheten war vollkommen klar, dass die Leiden auf dem Weg zur Herrlichkeit lagen. Joseph und David sind bekannte Beispiele dafür. Zwischen den Leiden Jesu und der Herrlichkeit lagen nicht etwa Hunderte oder gar Tausende von Jahren, sondern ganz einfach das Kreuz. Die Idee von einem künftigen Königreich auf Erden ist ein grober Irrtum, der Irrtum aller Irrtümer.

„Tut Buße, denn das Reich der Himmel ist nahe gekommen" predigt Jesus wie schon vorher Johannes der Täufer (Matth.3,2). Die Apostel haben die Verkündigung Jesu fortgesetzt, „indem Gott außerdem mitzeugte, sowohl durch Zeichen als durch Wunder und mancherlei Wunderwerke und Austeilungen des Heiligen Geistes nach seinem Willen" (Hebr.2,3-4). Jesus und die Apostel haben nicht zweierlei Herrschaften und Errettungen gepredigt, etwa eine auf der Erde und eine für den Himmel. Kein Ausleger, auch kein

Dispensationalist, ist bisher auf den Gedanken gekommen, das Evangelium des Reiches und die Errettung, von der im Missionsbefehl die Rede ist (Mark.16,15), noch einmal aufzuteilen in eine Errettung für Juden und eine für die Nationen. Wenn es aber nur *eine* Errettung gibt, warum dann zwei Reiche?

Die verschiedenen Bezeichnungen in den Evangelien „Reich der Himmel" und „Reich Gottes" sind keine zweierlei Reiche, sie haben dieselbe Bedeutung und Ausdehnung. Das eine ist nicht umfassender oder christozentrischer als das andere. Beide sind absolut deckungsgleich, haben denselben Anfang und erreichen dieselbe Größe (vgl.Matth.13,33 und Luk.13,20-21). Der Ausdruck „Reich der Himmel" (Himmelreich) deutet die Sphäre an, wo das Reich zu suchen ist, denn es ist kein Reich dieser Welt, sondern ein geistliches Reich. Das will uns Matthäus deutlich machen, der diesen Ausdruck alleine gebraucht, weil er den himmlischen König und Sein Reich vor Augen hat. Die anderen Schreiber des Neuen Testaments sprechen vom „Reich Gottes"; dieser Ausdruck weist auf den göttlichen Charakter des Reiches hin.

In der Bergpredigt hat Jesus die Grundsätze Seines Reiches dargelegt, indem Er die gerechten Forderungen des Gesetzes, die Er Selbst zu erfüllen gekommen war, auf Herz und Gewissen legt. Er sagt: Mord beginnt bereits beim bösen Wort, und Ehebruch beim begehrlichen Blick. Der Maßstab, den Jesus setzt, geht viel weiter als der Buchstabe des Gesetzes. Dies macht aber auch eine tiefgreifende Errettung des Menschen notwendig.

Es ist ziemlich „irdisch" gedacht, wenn man meint, die Apostel hätten ein irdisches Reich erwartet oder der HErr hätte ein solches einführen wollen, wie Ihm unterstellt wird. MacDonald deutet den Bußruf Jesu leicht um: „Tut Buße und empfanget den Messias, dann werdet ihr in das Reich Gottes eingehen, wenn es auf die Erde kommt" („Kommentar zum NT", S.36). Jesus verheißt den „Armen im Geiste" das Himmelreich, also eben kein irdisches Reich (Matth. 5,1-12). Niemals haben die Sanftmütigen, die Barmherzigen, die reinen Herzens waren, die verfolgt wurden, mit einem Wort, die Gerechten, nach einem irdischen Erbe getrachtet. Gerade ihr

Verzicht darauf zeigt an, dass sie nach einem besseren Land ausschauten (Hebr.11,13-16). Der HErr verheißt ihnen ausdrücklich einen „großen Lohn in den Himmeln". Der Besitz, die Tröstung, die Sättigung liegt dort, wo sie „Gott schauen", nämlich im Himmel. Dort sollten sie sich Schätze sammeln, „denn wo euer Schatz ist, da wird auch euer Herz sein" (Matth.6,19-21). Wie kann man dann behaupten, Jesus habe in der Bergpredigt von dem irdischen „Land" gesprochen? MacDonald legt es so aus: „Die Demütigen werden nicht schon jetzt die Erde erben, sie werden wörtlich die Erde erben, wenn Christus, der König, tausend Jahre lang in Frieden und Reich herrschen wird". So sollen auch „die nach der Gerechtigkeit hungern und dürsten im kommenden Königreich überreichlich beschenkt werden: Sie werden gesättigt werden, denn dann wird Gerechtigkeit regieren und die Korruption wird durch vollkommene Ehrlichkeit ersetzt werden" (S.37). Ein schwacher Trost für die Reichsgenossen, ein Vertrösten auf nunmehr schon zweimal tausend Jahre!–

Jünger Jesu können es ertragen, wenn man sie übervorteilt und selbst wenn sie ihrer Güter beraubt werden. Können sie das gelassen hinnehmen, weil ihnen im Tausendjährigen Reich alles erstattet wird? Weil sie reich sind in Gott, hängen sie nicht am Materiellen, sie brauchen auch nach dem Worte ihres Königs dem Bösen nicht widerstehen und können die Feinde lieben (Matth.5,38-48). Wenn dies aber die „Verfassung" des Reiches ist, (ein gerne verwendeter politischer Ausdruck für die Ordnung in dem „zukünftigen Reich"), dann können wir mit Christus wiederum nicht in Gerechtigkeit im weltlichen Sinne herrschen. Vielmehr sollen die „Untertanen des Reiches", wie Mac Donald die Jünger nennt, jetzt und dann „Salz der Erde" und „Licht der Welt" sein, obwohl er meint, dass hiermit nur die „Christen" angesprochen sind (S.39). Wie soll da jemand die Bibel recht verstehen und ernstnehmen, wenn man nie weiß, wem und wann das Wort nun wirklich gilt, besonders wenn man an die Konsequenzen denkt. Problematisch ist, wie wir jetzt „nach dem Reiche Gottes und seiner Gerechtigkeit trachten" sollen, wenn es millennialistisch übersetzt heißt: „Trachtet zuerst nach dem Tausendjährigen Reich".

Mit „Land" ist freilich nicht das „Erdreich" (n.Luther) gemeint, sondern nur ein anderer Ausdruck des himmlischen Kanaan. Es ist doch wahrlich nicht nach dem Evangelium von Jesus, dass die einen im Himmel und die anderen auf der Erde sein sollen. Solches lehren die Zeugen Jehovas.

Johannes der Täufer sagt von dem Sohne Gottes: „Der vom Himmel kommt, ist über allen, und was er gesehen und gehört hat, dieses bezeugt er; und sein Zeugnis nimmt niemand an" (Joh.3,31-36). Jesus hat nur von himmlischen Dingen geredet und vom Vater gezeugt, um Ihn zu offenbaren und uns ins Vaterhaus zu nehmen. Er ist der Weg zum Vater, die Wahrheit und das Leben (Joh.14,1-7). In dem fleischgewordenen Wort war Gottes Reich als ein Himmelreich so nahe gekommen, dass die Schatten des alten Bundes verschwanden und das wahrhaftige Licht „jeden Menschen erleuchtet" (Joh.1,9). Durch Christum ist das Reich Gottes „Gnade und Wahrheit" geworden (Joh.1,14-18), durch Ihn auch „Gerechtigkeit und Friede und Freude im Heiligen Geiste" (Röm.14,17).

Wir sollen an der Herrlichkeit Seines Reiches schon jetzt teilhaben, nicht erst im Himmel. „Wir haben seine Herrlichkeit angeschaut, eine Herrlichkeit als eines Eingeborenen vom Vater voller Gnade und Wahrheit" (Joh.1,14). Die Propheten haben richtig gesehen, dass der „Herrscher über Israel" in Bethlehem geboren werden sollte; „und seine Ausgänge sind von der Urzeit, von den Tagen der Ewigkeit her. Und er wird dastehen und seine Herde weiden in der Kraft des HErrn, in der Hoheit des Namens des Herrn, seines Gottes. Und sie werden wohnen; denn nun wird er groß sein bis an die Enden der Erde" (Micha 5,1-3). Hat Jesus nicht die verlorenen Schafe des Hauses Israels gesucht und geweidet? Nicht nur sie: „Ich habe andere Schafe, die nicht aus diesem Hofe sind, auch diese muss ich bringen, und sie werden meine Stimme hören, und es wird *eine* Herde, *ein* Hirte sein" (Joh.10,16).

Die Menschen warten vergeblich auf ein neues Zeitalter, das New Age ist längst gekommen, erfahrbar durch die Gegenwart Jesu Christi in der Versammlung der Heiligen, auch schon dort, wo zwei oder drei versammelt sind in Seinem Namen (Matth.18,20), und natürlich im alltäglichen Leben, in Herz und Haus, wo man sich der Herrschaft Christi unterstellt. Jeder, der den Herrn Jesus Christus im Glauben in sein Herz aufnimmt, hat auch das Reich aufgenommen und das Reich ihn, wo Gerechtigkeit und Friede wohnen. Das Reich Gottes ist Freude allezeit. Das Reich sollte die ganze Welt umspannen, anfangend in Jerusalem, und wurde auch in der ganzen Schöpfung kund. Einst war das Reich groß und mächtig, es breitete sich nach Osten und nach Westen aus, immer mehr Menschen wurden Christen, das Christentum eroberte ganze Völker. Im Kern aber machte das Reich nur die wahren Gläubigen aus, die sich unter die Herrschaft Christi stellten. Heute allerdings scheint das Reich immer kleiner und von dem Reich der Finsternis verdrängt zu werden, wenigstens im Westen. Übriggeblieben ist eine „kleine Herde", während es anderswo halbe Länder einnimmt (Philippinen, Südkorea u.a.).

In den Gleichnissen vom Reich versucht Jesus auf alle Weise, uns den Charakter und die Entwicklung des Reiches begreiflich zu machen, weil Sein Reich ja ein geistliches Reich ist (Matth.13). Jeder, der das Wort vom Reich hört, wird irgendwie davon berührt. Auch Gesetzlose, falsche Propheten und böse Geister haben Zugang zum Reich, wie auch im alten Bunde. Am Ende wird es jedoch wieder von den Gesetzlosen gesäubert, so dass die Herrschaft Christi und der Wille Gottes wieder zur Geltung und Darstellung kommen in und durch die wahren Kinder Gottes. Diese Sicht finden wir in den Schriften des Apostels Johannes, besonders in der Offenbarung.

Darum beten wir, „dein Reich komme …", eigentlich dass es wiederkomme, „daß der HErr von Tag zu Tag die Zahl der Gläubigen, die Seinen Ruhm durch ihre Werke verherrlichen, vermehre und daß Er Seine Gnade über sie in reichem Maße ergieße, damit Er in ihnen mehr und mehr herrsche und lebe, bis daß Er sie, die mit Ihm eins geworden sind, gänzlich erfüllet, und daß das Reich Gottes endlich erfüllet werde" (Johannes Calvin).

Wenn Darbysten vom „Evangelium des Reiches" reden, dann werden uns die „unterschiedlichen Aspekten des Evangeliums" erklärt, aus denen sie dann aber zweierlei Reiche konstruieren. Ein Aspekt ist eine Ansicht, ein Gesichtspunkt von einer Sache, wobei es natürlich verschiedene Gesichtspunkte gibt. Man kann ein Gebäude von verschiedenen Seiten betrachten, doch werden aus den verschiedenen Ansichten keine zwei Gebäude entstehen. Die vier Evangelisten betrachten die Person Jesu Christi von verschiedenen Seiten, aber daraus wird niemand schließen, Jesus habe vier verschiedene Gesichter gehabt und vier verschiedene Evangelien gepredigt. Gewiss bekennen Darbysten, dass es nur *ein* Evangelium gibt, und doch ist ihr „Evangelium des Reiches" als „irdische Hoffnung" mit „irdischen Segnungen" ein ganz anderes Evangelium. Hiervon unterscheidet sich in Wahrheit das „Evangelium der Gnade Gottes", welches sagt: Tut Buße und empfanget Christus, dann habt ihr Teil am Reich.

Die „unterschiedlichen Handhabungen des Evangeliums" sind in Wirklichkeit ein Missbrauch des *einen* Evangeliums vom Reiche Gottes. „Wer in seinem Herzen das Evangelium liebt und glaubt, dass es zu allen Zeiten dasselbe ist, und dass alle Menschen immer nur auf die eine Weise gerettet werden, dann möge er dies konsequent und schlüssig verkündigen und allen Ungereimtheiten seines Lehrsystems abschwören" (Gerstner, S.51). Der HErr kannte nur eine einzige Handhabung des Evangeliums, „und alle gaben ihm Zeugnis und verwunderten sich über die Worte der Gnade, welche aus seinem Munde hervorgingen" (Luk.4,22).

Die Jünger erwarteten von dem Messias die Rechtfertigung, die Vergebung der Sünden, die Befreiung der Seele. Der Sohn Gottes war Mensch geworden, um die Reinigung der Sünden zu vollbringen und „Israel zu weiden" (Matth.2,6). Der vorlaufende Dienst des Johannes galt der Bekehrung der Söhne Israels und der Versöhnung untereinander, auch in den Familien (Luk.1,16-17). Erstaunlich bereit war das Volk, seine Sünden zu bekennen und sich von ihm taufen zu lassen. Jahrhunderte hatte Gott geschwiegen und das Volk sich selbst überlassen, Satan plagte die Menschen mit unreinen Geistern. Die Befreiung, nach der sich viele sehnten, war die Befreiung aus ihren dämonischen Bindungen. Alles schrie nach Erlösung von dem traurigen Zustand innerhalb des Volkes und von der bedrückenden Gesetzesherrschaft der falschen Hirten. In diese geistliche Wüste und Finsternis rief Johannes als „Stimme eines Rufenden in der Wüste" die Botschaft: „Tut Buße, denn das Reich der Himmel ist nahe gekommen" (Matth.3,2). „Von da an wird das Evangelium des Reiches Gottes verkündigt, und jeder dringt mit Gewalt hinein" (Luk.16,16). Aber auch „alle Propheten und das Gesetz" haben von diesem Reich geweissagt (Matth.11,13).

Angeblich soll die Aufrichtung des Reiches an der Ablehnung der Juden gescheitert sein. Nicht das ganze Volk der Juden hat den König abgelehnt, im Gegenteil, es waren Ihm große Volksmengen gefolgt. In der Hauptsache war es die Führerschaft des Volkes, die Pharisäer und Schriftgelehrten, die den Anspruch Jesu ablehnten. Obgleich sie wie wir die Zeugnisse der Schrift über die Geburt des Sohnes kannten, so fehlte ihnen doch ein wirkliches Verlangen nach dem Heiland. Die Zöllner und Huren gingen ihnen darin voran, ein samaritisches Weib ahnt aus dem Gespräch mit Jesus, dass „dieser der Christus ist" (Joh.4,29). Bei Seiner Geburt konnten die Schriftgelehrten genau anzeigen, wo der Messias geboren werden sollte (Matth.2,5). Warum sind sie denn nicht den Magiern nach Bethlehem gefolgt? Die Antwort ist einfach: Bei ihnen war weder eine Bereitschaft, den König zu empfangen, noch ein Bedürfnis nach Erlösung, noch ein Mitgefühl für die Erlösungsbedürftigkeit des Volkes vorhanden. Darum hat Gott sie übergangen, und nachher verloren sie gänzlich die Spur. Als das Kindlein Jesu in Ägypten war und die Eltern danach in Nazareth wohnten, da wusste niemand mehr in Jerusalem, was vor Jahren in Bethlehem geschehen war, noch fragte jemand danach, wo das königliche Kind geblieben war. Dennoch hätten sie anhand der Schrift und an den Worten, dem Wesen und den Taten Jesu erkennen können, dass Jesus der Sohn Gottes und Davids ist. Zumindest hätten sie anerkennen müssen, dass Er ein Prophet war.

Ist Jesus gekommen, um ein theokratisches Königreich aufzurichten? Darbysten meinen es so: Christus habe es versucht und hätte es getan, wenn Er gekonnt hätte. Diese Absicht wurde durch die Verweigerung der Juden, Ihn als König anzunehmen, vereitelt. Darum hätte Jesus dieses Angebot zurückgezogen und ein neues Angebot an seine Stelle gesetzt, „nicht das Königreich, sondern Ruhe und Dienst allen …, die wissen, dass sie Seine Hilfe brauchen" (Pieters S.22). Bei Dr.Ironside ist „die prophetische Uhr auf Golgatha stehengeblieben. Nicht ein einziges Ticken war seitdem zu hören. Von dem Moment an, als Jesus Sein Haupt neigte, sind all die Herrlichkeiten des Königreichs, von denen die alttestamentlichen Seher und Propheten sprachen, im Zustand des Aufschubs" (Pieters S.54). Gott sei Lob und Dank: Die Uhr ist weitergelaufen, wie die Zitate und Berichte in der Apostelgeschichte beweisen. Wenn dem nicht so wäre, müsste Jesus ein falscher Prophet gewesen sein. Weil das aber Menschen, die Ihn verehren und lieben, niemals denken und sagen würden, wird alle Schuld auf die Juden abgewälzt. Sie sollen Gott gezwungen haben, das Reich auf spätere Zeiten zu verschieben? Wenn Jesus das Reich der Propheten gepredigt hat, dann konnte es niemand hindern. Ist etwa David gescheitert, weil sie Philister ihn ablehnten? Sollte der Sohn Davids es doch gerade deswegen einnehmen, um der Herrschaft der Gesetzlosen ein Ende zu bereiten: „Stimme des HErrn, der Vergeltung erstattet seinen Feinden" (Jes.66,6). Dem treuen Überrest wird verheißen, „die Gesetzlosen werden Asche sein unter euren Füßen" (Mal.4,3). Wenn das bis heute nicht geschehen ist, wie Buchstabengläubige behaupten, dann wollte Jesus auch damals nicht ein solches Reich einführen, sondern „sein Volk erretten von ihren Sünden" (Matth.1,21).

Kreuz und Auferstehung schaffen Klarheit

„O ihr Unverständigen … Mußte nicht der Christus leiden und in seine Herrlichkeit eingehen?" tadelt Jesus die Emmausjünger. Sie hätten an alles glauben sollen was die Propheten geredet haben. Das müsste man heute auch den Dispensationalisten sagen. „Und von

Moses und von allen Propheten anfangend erklärte er ihnen in allen Schriften das, was ihn betraf" (Luk.24,25-27). In Seinem Kreuzesleiden und Sterben ist alles erfüllt, sowohl die Leiden als auch die Herrlichkeit, die in Seiner Auferstehung besiegelt ist. Das Kreuz hat alle irdischen Hoffnungen zunichte gemacht, endgültig und unwiderruflich. Ein König der Juden existiert nicht mehr, sie haben ihn ja selbst beseitigt. Die Juden wollten die Überschrift über dem Kreuz gerne geändert haben, aber Pilatus sagte: „Was ich geschrieben habe, habe ich geschrieben". Nach römischen Recht konnte man eine Schrift nicht einfach ändern. Es liegt aber viel mehr darin, er musste es so schreiben, weil damit deutlich werden sollte, dass alle Hoffnungen auf einen Messias abgeschnitten sind. Nach Daniel sollte der Messias weggetan werden, genauer „ausgerottet" werden, das heißt „mit Stumpf und Stiel", wie man ein Unkraut ausrottet, denn mehr war Jesus für die jüdische Geistlichkeit nicht wert (Dan.9,26). Durch die Verwerfung ihres Königs haben sie sich selbst aller Verheißungen beraubt und damit die Zukunft abgeschnitten. Die Juden wussten sehr wohl, was die Überschrift bedeutete: „Dieser ist der König der Juden", und dies in den drei Weltsprachen, damit alle Menschen es lesen können (Luk.23,38). Deshalb war den Juden auch das Wort vom Kreuz ein Ärgernis. Nur Dispensationalisten scheinen der Beschuldigungsschrift keine besondere Bedeutung beizumessen.

Der verherrlichte Christus wird nie mehr König der Juden genannt, Er ist jetzt „König der Nationen!" und „König der Könige" (Offb.15,3; 19,16). Sein Reich ist universal, Er hat seine Herrschaft bereits angetreten, und sein Zorn ist gekommen, wie in der Offenbarung an den Plagen deutlich wird, unter denen die Menschen heute leiden. Die Überwinder über das Tier und sein Bild bezeugen: „Groß und wunderbar sind deine Werke, Herr, Gott, Allmächtiger, gerecht und wahrhaftig deine Wege, o König der Nationen! Wer sollte nicht dich, Herr, fürchten und deinen Namen verherrlichen?"

Kein „tolerantes" Reich

Völlig im Gegensatz dazu sieht Martin Heide das Reich Christi gegenwärtig als ein „tolerantes Reich", wobei er kräftig Anleihen bei Rabbinen macht, die nach dem „vorläufigen" Reich Gottes die „endgültige Offenbarung der Gottesherrschaft" erwarten (S.37). Bei Heide sind es die noch ausstehenden Gerichte, denn jetzt sei das Reich noch in einer „leidenden", das ist in einer duldenden, toleranten Gestalt. Bei dieser Sicht, richtiger gesagt judaistischen Blindheit, wird jedoch die Wirkung des Wortes Gottes unterschätzt. Als Jesus seinen öffentlichen Dienst begann, trat Er sogleich in königlicher und richterlicher Macht und Autorität auf. „Sein Wort war mit Gewalt" (Luk.4,32). Es war das Schwert aus Seinem Munde, das die Widersacher traf, und sie fühlten es tief. „Wähnet nicht, dass ich gekommen sei, Frieden auf die Erde zu bringen, sondern das Schwert" (Matth.10,34). Wenn Jesus den widersprechenden Juden sagt: „Ihr seid aus dem Vater, dem Teufel, und die Begierden eures Vaters wollt ihr tun", so ist das gerade der Pfeil der Wahrheit, der sie tödlich trifft und Mordpläne schmieden lässt. „Deine Pfeile sind scharf – Völker fallen unter dir – im Herzen der Feinde des Königs" (Ps.45,5).

Durch die Verwerfung des Königs konnten die Pharisäer und Schriftgelehrten das Reich nicht aufhalten, sondern sich nur selbst davon ausschließen und ihm den Weg in die Welt zu allen Menschen bahnen. „Deswegen sage ich euch: Das Reich Gottes wird von euch weggenommen und einer Nation gegeben werden, welche dessen Früchte bringen wird" (Matth.21,43). Bei anderer Gelegenheit sagt Jesus: „Die Söhne des Reiches werden hinausgeworfen werden" (Matth.8,12). Das war ihr Gericht, wie es die Propheten angekündigt hatten: „Siehe, meine Knechte werden sich freuen, ihr aber werdet beschämt sein; siehe, meine Knechte werden jubeln vor Freude des Herzens, ihr aber werdet schreien vor Herzeleid und heulen vor Kummer des Geistes" (Jes.65,13-16). Der große Jammer begann für das ungläubige Geschlecht am Pfingsttage als die Apostel in göttlicher Autorität auf Thronen saßen und die „zwölf Stämme Israels" richteten, wie der HErr ihnen verheißen hatte.

Das mag nicht ganz den Wünschen gewisser Exegeten entsprechen. Manche denken, dass Jesus gleich alle Widersacher mit einem Hauch vernichtet haben würde. Die Herrschaft des Messias ü b e r die Menschen konnte nur ihren Tod bedeuten; es würden Ströme von Blut geflossen sein bzw. müssten noch fließen, um ein gerechtes irdisches Reich aufzurichten. Wer blieb dann noch am Leben? Um dieses Gericht abzuwenden und der Welt das Leben zu geben, kam Christus und gab Sein Leben für alle, „auf dass jeder, der an ihn glaubt, nicht verloren gehe, sondern das ewige Leben habe" (Joh.3,16).

Wie wir in dem Reich leben sollen, zeigt uns das Leben Jesu und der Apostel. Durch die falsche Lehre, für einen Gläubigen gebe es keine letzte Verantwortung, die Irrlehre vom unverlierbaren Heil, die Vorentrückungslehre etc., sucht man sich der Abrechnung und Verantwortung zu entziehen. Daher ist man tolerant gegen das Böse und tut selbst Unrecht, ohne sich zu fürchten. Der HErr aber wird bei Seiner Erscheinung eine Scheidung herbeiführen. Der König sagt in Matth.25 an drei Beispielen sehr deutlich, was Er von uns erwartet, zum Schluss auch, dass wir Christus in „den Geringsten seiner Brüder", den bedürftigen und leidenden, vor allem auch in Seinen Zeugen erkennen. Die Wahrheit dieser Gleichnisse vom Reich der Himmel wird in der dispensationalistischen Reichstheologie geleugnet, da sie „nicht für uns" seien.

Als Bürger des Reiches genießen wir nicht nur Vorrechte, wir müssen auch Rechenschaft geben für das uns Unvertraute. „Denn wir müssen alle vor dem Richterstuhl Christi offenbar werden, auf dass ein jeder empfange, was er in dem Leibe getan hat, nachdem er gehandelt hat, es sei Gutes oder Böses" (2.Kor.5,10). Aber auch dann ist der HErr, der gerechte Richter, in keiner Weise tolerant. Dass es sich hier nicht um ein Preisgericht handelt, macht der „Schrecken des Herrn" im folgenden Vers deutlich. Vor einem Preisrichter braucht man sich nicht zu fürchten, man bekommt einen Preis oder keinen. Bibelzerleger haben auch hier wieder Gute und

Böse in gläubig und ungläubig aufgeteilt: Die Gläubigen bekommen das Gute, das sie getan haben, die Ungläubigen das Böse vergolten. Leider gibt es aber Gläubige, die viel Böses getan haben, und Ungläubige, die sehr viel Gutes getan haben. Durch gute Werke kann zwar ein Mensch nicht vor Gott bestehen, aber ebensowenig werden Gläubige, die ungerecht, unversöhnlich, verleumderisch waren, vor dem Richterstuhl Christi bestehen können. Letztlich kommt es für beide, ob gläubig oder ungläubig, darauf an, ob wir unsere Sachen noch vorher vor Gott in Ordnung bringen. „Und das Blut Jesu Christi, seines Sohnes, reinigt uns von aller Sünde" (1.Joh.1,7).

Wer nimmt überhaupt noch Gottes Wort ernst? Wir müssen wieder lernen, Gott zu fürchten, nicht nur angesichts des jüngsten Gerichts. Gott wirkt immer, sowohl in Gnade als im Gericht. Er lässt uns das ernten, was wir gesät haben. Die Kirche unterlag immer wieder dem Gericht, eine entchristlichte Welt und eine untreue Gemeinde leiden schwer unter der Zuchtrute der gerechten Regierung Gottes. Wer fühlte das nicht? Sind die Gemeinden voll Licht und Kraft und Leben wie zur Zeit der Apostel? Man sollte eher die lauen Gemeinden „tolerant" nennen. Setzt nicht die Entrückung einen heiligen bräutlichen Zustand voraus? Wie notwendig ist es, eifrig zu werden und Buße zu tun (Off.3,19).

Wir können nicht von dem wunderbaren Reich reden, ohne den gegenwärtigen praktischen Zustand des Reiches, der ja viele irre gemacht und auf andere Gedanken über das Friedensreich Christi gebracht hat, zu sehen. Wir müssen bekennen, dass wir schlechte Verwalter des Reiches gewesen sind. Die sichtbare Darstellung des Reiches durch die Bekenner ist äußerst fragwürdig für die Welt geworden. Gesetzlichkeit und Gesetzlosigkeit, Hochmut und Heuchelei, Spaltungen und Parteisucht, Ungerechtigkeit und Weltförmigkeit, Hurerei und Götzendienst, Gewinnsucht und Besitzstreben, Wohlfühl- und Sündenleben haben den Bekenntnischarakter des Reiches verdorben. Die Welt sieht nicht mehr die Reichseinheit, die nach den Worten Jesu die stärkste Überzeugungskraft ist. Statt des Weizens ist viel Unkraut in dem einstigen Paradiesgarten des Reiches aufgeschossen, Satans List hat viele über den wahren Charakter der Sünde getäuscht, falsche Lehren und unreine Geister haben sie verführt. Dies alles betrübt uns sehr, und nur eine echte Herzensbuße bewahrt uns vor dem Verlust des Reiches. Wir müssen daher zurückkehren zu den Geboten Gottes, die Er uns in Seiner Liebe zum Leben gegeben hat, um die Ordnung des Reiches für ein friedevolles Miteinander zur Ehre Gottes wiederherzustellen und aufrecht zu erhalten. Leider ist vielfach vergessen worden, dass auch das Reich Gottes ein Gesetz, Gebote, Grundsätze und Grenzen hat, die man nicht verletzen kann, ohne die Bürgerrechte zu verlieren.

Es ist durchaus nicht so, dass der HErr Jesus, unser König, den verderbten Zustand in Seinem Reich, die Verunehrung Seines Namens und die Verachtung Seiner Furcht schweigend hinnimmt. Gott schweigt zu den Dingen, die in der Welt geschehen, aber in Seinem Reich redet und handelt Gott immer, aber nicht alle verstehen Seine Sprache. Viele ernste Beispiele dafür, dass Gott in Seiner Gerechtigkeit Sein Volk richtet, sehen wir in der Geschichte Israels, die ja zu unserer Ermahnung aufgeschrieben ist. In den sieben Sendschreiben an die Gemeinden werden die verschiedenen Maßnahmen der Regierung des „Sohnes Davids" angekündigt, um die Gemeinden in Seinem Reich zu reinigen (Offb.2 u.3). Dieses Gericht über den ganzen Gemeindekreis ist bereits voll im Gange, indem Gott finstere Mächte zur Züchtigung und Läuterung Seines Volkes hat heraufkommen lassen, wie wir es weiter in der Offenbarung sehen, wovon jetzt nicht im Einzelnen zu reden ist. Wenn diese Mächte besiegt sind – „und das Lamm wird sie überwinden; denn er ist Herr der Herren und König der Könige, und mit ihm sind Berufene und Auserwählte und Treue" (Offb.17,14), wird sich das Friedensreich Christi ganz neu darstellen. In den beiden letzten Kapiteln der Offenbarung sehen wir, dass Gott alles neu macht und das Reich und die Stadt sich wieder genauso rein, frisch und kraftvoll darstellen wie in den Tagen der Apostel.

Die wichtigste Wahrheit für uns in dieser Zeit ist das Wort vom Reich. Und die wichtigste Botschaft, um Menschen in der Welt anzusprechen, ist heute wie damals das Evangelium vom Reiche. Von den Kirchen sind viele enttäuscht, die süße Jesus-liebt-dich-Botschaft zieht nicht mehr, aber das Reich Gottes ist Salz und Licht. Möge es in neuer Kraft und Klarheit verkündigt werden.

Es ringt die Welt sich müde in Angst und Herzeleid
Doch Gottes Reich ist Friede und Freude allezeit.

In diesem Reich regieret ein liebereicher Herr.
Die Herrschaft die er führet, drückt keinen hart und schwer

In diesem Reich steht allen der Zugang zu dem Herrn
Stets offen nach Gefallen, Er höret alle gern.

Warum noch auf andere Zeiten warten, da doch alle Verheißungen in Christo erfüllt sind, „Gott zur Herrlichkeit durch uns" (2.Kor.1,20). Das „Reich Gottes" ist die Herrschaft Jesu Christi hier und jetzt, und zwar in den und durch die Gläubigen. Christi Herrschaft soll in unserem Leben sichtbar werden in der Erkenntnis Seines Willens, im Gehorsam gegen Seine Gebote. Das eigene „Ich" muss entthront werden, damit Christus in uns herrschen kann. Christi Leben in uns ist das ewige Leben. Auf diese Weise haben wir teil an dem ewigen Reiche. Satan hat es fertiggebracht, viele Gläubige auf ein zukünftiges Reich zu vertrösten und damit das Werk Christi als gegenwärtig unvollständig hinzustellen. Dadurch wird die verbreitete Kraftlosigkeit unter dem Volke Gottes als Normalzustand gerechtfertigt, weil ja der eigentliche Auftritt Jesu erst noch kommt, wenn wir den Endzeitpropheten glauben. Welch eine Verleugnung der Erhöhung Christi!–

Vergessen wir es nicht: Das Erbe Christi bzw. „der Reichtum der Herrlichkeit seines Erbes" ist i n den Heiligen (Eph.1,18). Das war der ewige Vorsatz für die ewige Seligkeit der Glaubenden, und nicht

221

etwa nur eine Einschaltung mit zeitlicher Begrenzung. „Dem aber, der über alles hinaus zu tun vermag, über die Maßen mehr als was wir erbitten oder erdenken, nach der Kraft, die in uns wirkt, ihm sei die Herrlichkeit in der Gemeinde in Christo Jesu, auf alle Geschlechter des Zeitalters der Zeitalter hin! Amen" (Eph.3,20.21). Hier lesen wir es also ganz deutlich, wie und wo die gegenwärtige und zukünftige Herrschaft und Herrlichkeit Christi ist. Das Reich Gottes und Christi verwirklicht sich in der Gemeinschaft der Heiligen und kann sich auch nur hier darstellen, weil es außerhalb der Gemeinde des lebendigen Gottes keine Teilhabe am Segen und Frieden gibt. Man kann nicht Christus angehören, ohne zu Seinem Leibe zu gehören. Wir müssen das Reich und die Gemeinde dort suchen, wo Christus ist, nicht bei Institutionen und Organisationen. Die menschliche Darstellung wird immer schwach und mangelhaft bleiben. Gläubige, die sich ihrer Unvollkommenheit bewusst bleiben, bilden eine gute Gemeinschaft. In der örtlichen Gemeinde wird Segen und Friede sein, wenn Christus in der Mitte ist und Sein Wort gehört und geliebt wird. Wir laden die Menschen ein, in das Reich Gottes unter das Wort zu kommen und die Wahrheit des Evangeliums zu erfahren. Dies ist das Zeugnis des Johannes: „Der Vater liebt den Sohn und hat alles in seine Hand gegeben. Wer an den Sohn glaubt hat ewiges Leben ..." (Joh.3,35). Der Apostel Johannes bekräftigt dieses Zeugnis ultimativ: „Wer den Sohn hat, hat das Leben; wer aber den Sohn Gottes nicht hat, hat das Leben nicht" (1.Joh.5,12).

Alles ist Christus unterworfen, auch wenn wir Ihm noch nicht alles unterworfen sehen. Wir sind mit an dem Kampf beteiligt, dass alle Feinde unterworfen werden. Deshalb sagt Paulus: „Seid stark in dem Herrn und in der Macht seiner Stärke". Unser Kampf ist „nicht wider Fleisch und Blut, sondern wider die Fürstentümer und Gewalten, die Weltbeherrscher der Finsternis und die geistlichen Mächte der Bosheit in den himmlischen Örtern" (Eph.6,10ff). „Die Herrschaft Christi über die Welt wächst dadurch, dass die Gemeinde wächst" (Walter Lukas). Die Gemeinde aber wächst durch die kraftvolle Verkündigung des Evangeliums. Das Evangelium wird über alle Religionen, Philosophien und Ideologien triumphieren.

Hat das Christentum nicht schon einmal das Heidentum besiegt!? Als es die Welt eroberte, was galt da noch das Judentum und Griechentum oder Römertum? Wo das Reich Gottes sich ausbreitete, hatte es auch immer Auswirkungen auf die sozialen, wirtschaftlichen und politischen Verhältnisse. Schließlich hat es die abendländische Kultur geprägt.

Das tausendjährige Reich ist das Reich, das wir jetzt haben, nunmehr schon zweimal 1000 Jahre. Gegenwärtig zwar schwach und klein, aber das wird nicht so bleiben. Gottes Reich wird wiederkommen in Kraft. Darum beten wir umso inbrünstiger das Vaterunser. Sollte Gott dieses Gebet, das in allen Kirchen bei jedem Gottesdienst gesprochen wird, nicht erhören? Würde es doch auch in Brüdergemeinden gesprochen, zumindest sinngemäß. Der HErr wird Seine Herrschaft wieder zur Geltung bringen, „denn dein ist das Reich und die Kraft und die Herrlichkeit in Ewigkeit. Amen".

Alle, welche das Evangelium angenommen und in das gegenwärtige Reich Christi und Gottes eingegangen sind, finden auch Eingang in das *ewige* Reich unseres HErrn und Heilandes Jesus Christus (2.Petr.1,11). Das wird dann geschehen, wenn Er „unseren Leib der Niedrigkeit umgestalten wird zur Gleichförmigkeit mit seinem Leibe der Herrlichkeit, nach der wirksamen Kraft, mit der er vermag, auch alle Dinge sich zu unterwerfen" (Phil.3,21). Denn auch der Leib soll teilhaben am Reich, jetzt noch in Schwachheit, dann in Herrlichkeit (Röm.8,17.23; 1.Kor.15,43). Die Offenbarung sagt nichts von dieser leiblichen Verwandlung, denn sie zielt auf die Errettung der Seele und die Wiederherstellung der Gemeinde. Durch die erste oder geistliche Auferstehung ist uns das Friedensreich wieder aufgeschlossen, die zweite oder leibliche Auferstehung versetzt uns in das ewige Himmelreich, „um allezeit bei dem HErrn zu sein" (1.Thess.4,15-18).

3. Der Sohn Gottes

Reich und Sohn gehören zusammen wie David und sein Königtum. Aber was das Reich ausmacht, das ist der Sohn Gottes und Davids. Wir wollen uns hier besonders mit der Gottheit Jesu beschäftigen. Von sich selbst spricht Jesus von dem „Sohn des Menschen". Er war wahrhaftig Mensch, vom Weibe geboren, der erste und einzige Mensch, an dem Gott Wohlgefallen hatte, Sein geliebter Sohn (Matth.3,17). Die Bezeichnung „Sohn des Menschen" rührt von Hesekiel her, der auf dem Throne „eine Gestalt wie das Aussehen eines Menschen" sieht (Hes.1,26). Jesus selbst war der Menschensohn, den auch Daniel in Gesichten hat kommen sehen, dem „Herrschaft und Herrlichkeit und Königtum gegeben wurde ..." (Dan.7,13.14). Als Er von dem Hohepriester beschworen wurde, ihnen zu sagen, ob e r der Christus sei, der Sohn Gottes! Da sagt Er ganz deutlich: „Von nun an werdet ihr den Sohn des Menschen sitzen sehen zur Rechten der Macht ..." (Matth.26,64). Das konfrontierte sie augenblicklich, von nun an, mit der Herrschaft Christi. Unstrittig war für sie, dass der kommende Christus, der Sohn Gottes ist, aber dass J e s u s der Christus ist, durfte nicht wahr sein, denn dann stand ja Gott selbst vor ihnen. Es bedurfte der Offenbarung des Vaters, um den Sohn zu erkennen. Nathanael sagte bei seiner ersten Begegnung mit Jesus: „Rabbi, d u bist der Sohn Gottes, d u bist der König Israels" (Joh.1,49).

Juden erkennen Jesus nicht als Sohn Gottes an, und doch ist das entscheidend für die Errettung. Muslime sagen, Gott hat keinen Sohn, es gibt nur e i n e n Gott. Damit haben sie recht. In Jesus „wohnt die ganze Fülle der Gottheit leibhaftig" (Kol.2,9), in Seinem Namen sind Vater, Sohn und Heiliger Geist vereinigt (Matth.28,19). Leider gibt es auch unter Christen verschiedene Ansichten über den Sohn. Einige sagen, Jesus war nicht der Sohn von Ewigkeit her, sondern nur als Mensch. Andere ehren mehr die Mutter als den Sohn. Dabei erhöhen sie Jesus derart, dass Er nicht mehr für uns erreichbar ist, sondern nur durch die Mittlertätigkeit einer Maria. Es ist aber nur „e i n e r Mittler zwischen Gott und Menschen, der

Mensch Christus Jesus, der sich selbst gab zum Lösegeld für alle" (1.Tim.2,5).

Das Zeugnis der Schrift ist eindeutig: Jesus ist der ewige Sohn, „ehe Abraham ward bin ich" (Joh.8,58), „vor Grundlegung der Welt" (Joh.17,24), als noch keine Zeit war, also von Ewigkeit her. In Seiner Menschheit war Er wahrer Mensch und wahrer Gott. Vater, Sohn und Heiliger Geist werden unterschieden, sind aber dennoch nicht drei Personen im natürlichen Sinne, denn „Gott ist e i n e r " (Gal.3,20). Sehr deutlich wird die Trinität in dem Taufauftrag Jesu: „Taufet sie auf den Namen des Vaters und des Sohnes und des Heiligen Geistes" (Matth.28,19). Der eine Name steht für alle drei, er ist offensichtlich Jesus, denn die Apostel tauften auf den „Namen Jesu Christi" (Apg.2,38; 8,16; 19,5). Jesus war in Gestalt Gottes, Er achtete es nicht für einen Raub, Gott gleich zu sein, aber Er hat sich selbst erniedrigt (Phil.2,6-8). Er hätte sagen können: Ich bin Gott, doch dann hätte kein Sterblicher vor Ihm bestehen können. Als Er zu den Häschern sagte: „Wen suchet ihr? Sie sagten, Jesum, den Nazaräer. Jesus antwortete: I c h bins. Da wichen sie zurück und fielen zu Boden" (Joh.18,6). Der „Ich bin" ist hier Derselbe, der zu Mose sprach: „Ich bin, der ich bin" (2.Mo.3,14).

Jesus war der Mensch vom Himmel, gezeugt vom Heiligen Geiste. Vorsicht! Eine ungebührliche Betrachtung des Sohnes Gottes kann den Tod bedeuten. ER ist wie die heilige Bundeslade, in die man nicht hineinschauen, nicht einmal anfassen durfte (1.Sam.6,19; 2.Sam.6,7). Jesus konnte nicht sündigen, weil Er die göttliche Natur hatte, nicht wie wir, die wir von Mutterleibe einen Leib der Sünde haben. Die Zeugnisse Seiner Gottheit sind vielfältig, denn „in ihm wohnt die ganze Fülle der Gottheit leibhaftig" (Kol.2,9). Ist der Heilige Geist Gott? Selbstredend. „Der Heilige Geist sprach: Sondert mir nun Barnabas und Saulus zu dem Werke aus, zu welchem ich sie berufen habe" (Apg.9,5; 13,2).

Alle Versuche, die Dreieinheit Gottes zu leugnen, sind menschliche Vernunftschlüsse und nicht biblisches Zeugnis. Man muss hier fragen, ob nicht von solchen Lehrern klare Zeugnisse der Schrift gegeneinander ausgespielt werden. Sie beachten nicht, dass

Jesus als Mensch in einer anderen Stellung zum Vater war als in Seiner Präexistenz und jetzigen Erhöhung auf dem Thron Gottes. Der Sohn Gottes ist „Gott geoffenbart im Fleische" (1.Tim.3,16). Anschaulich wird das bei Abraham. Zu ihm kamen drei Männer. Wer waren sie, Engel oder Jehova (Jahwe) selbst? In der Geschichte in 1.Mo. 18 u.19 wechselt wiederholt der Ausdruck. Mal sind es drei Engel, mal zwei, mal einer, mal heißt es „sie", mal „er", aus allen spricht der HErr, Jehova. Auch in anderen Engelerscheinungen hat man Gott gesehen (Ri.13,22).

Wir können das Geheimnis der Gottheit nicht mit unserem Ratio ergründen, es erschließt sich nur dem Glauben. „Es war das Wohlgefallen der ganzen Fülle in ihm zu wohnen und durch ihn alle Dinge mit sich zu versöhnen" (Kol.1,19).

Ist Jesus auch der Vater? Die meisten Gläubigen haben mit der Vaterschaft Jesu Schwierigkeiten. Wenn aber der Sohn verheiratet ist und Kinder hat, ist er natürlich Vater. Sohn und Vater zugleich. Isaak war Abrahams lieber Sohn, den er opfern sollte – ein Vorbild auf Christus, der sich selbst opferte. Isaak blieb Sohn, aber nicht immer unter dem Vater, er wurde selbst Vater. Oder nehmen wir Salomo, er war der Sohn Davids, aber nachher größer und weiser als David. Ebenso war Jesus als Menschensohn dem Vater untertan, zugleich aber ist Er der Vater, denn „wer mich gesehen hat, hat den Vater gesehen, ... ich in dem Vater und der Vater in mir (Joh.14,7-11). Jesus hatte nicht nur den Charakter des Vaters, Er war der Vater in ganzer Person, identisch mit Gott, in Seiner Weisheit, in Seinem Wesen, in Seiner Macht, in Seinen Werken. „Im Anfang war das Wort, und das Wort war bei Gott, und das Wort war Gott ...Und das Wort ward Fleisch und wohnte unter uns ..., und wir haben seine Herrlichkeit angeschaut ..." (Joh.1,1.14). Wenn wir zu dem Sohn beten, beten wir auch zu unserem Gott und Vater, und wenn zu dem Vater, dann auch zum Sohne durch den Heiligen Geist.

Alles unter ein Haupt

Es war der Vorsatz Gottes, in der Fülle der Zeit, die nun gekommen war, „alles unter ein Haupt zusammenzubringen in dem Christus (Eph.1,10). Dazu gehörten die alttestamentlichen Heiligen wie die neutestamentlichen, dazu gehörten gläubige Juden und Heiden, die jetzt *eine* Gemeinde bildeten, *ein* Leib, von dem Christus das Haupt ist. Gott hat Ihn zu Seiner Rechten gesetzt auf Seinen Thron „über jedes Fürstentum und jede Gewalt und Kraft und Herrschaft und über jeden Namen der genannt wird ...“ (Eph.1,20-22). Darbysten, von denen man sagen muss, dass niemand wie sie den Sohn Gottes ehren und anbeten, haben aber Probleme mit Seiner Königsherrschaft. Jesus sei lediglich zum König „gesalbt“, seine Herrschaft sei zukünftig. Der Sohn auf dem Thron, „mit Herrlichkeit und Ehre gekrönt“ (Hebr.2,9), und doch ohne Macht? Da stimmt etwas nicht!

„Und er setzte ihn zu seiner Rechten in den himmlischen Örtern über jedes Fürstentum und jede Gewalt und Kraft und Herrschaft ...“ (Eph.1,20). Zwei auf dem Thron? „Ein Thron stand in dem Himmel, und auf dem Thron saß einer“ (Offb.4,2). Hier haben wir zumindest die Zweieinigkeit: Jesus ist Gott gleich, Er ist Gott und Vater zugleich. Sein Weib ist die Gemeinde (Eph.5,32), und wir sind Seine Kinder. „Siehe ich und die Kinder, die Gott mir gegeben hat“ (Hebr.2,13). Die Schar auf dem Berg Zion tragen „den Namen des Lammes und den Namen seines Vaters an ihren Stirnen“ (Offb. 14,1). Zwei Namen? Nein. Das Zeichen an ihren Stirnen (Offb.7,3) ist der Name Jesu. In Bezug auf den Sohn sagt die Schrift: „Dein Thron, o Gott, ist von Ewigkeit zu Ewigkeit“ (Hebr.1,8), Er ist „lebendig von Ewigkeit zu Ewigkeit“ Offb.1,18). „Dem Lamm“ gebührt die gleiche Ehre und Anbetung wie „Dem, der auf dem Throne sitzt“ (Offb.5). Genug der Zeugnisse Seiner Gottheit und Vaterschaft.

„Von Jesus her wird daher das christliche Gottesverständnis auf charakteristische Weise geprägt. Ganz vereinfacht ausgedrückt darf man als Christ sagen: So wie Jesus, so ist und handelt Gott. Gott bekommt ein geradezu menschliches Wesen und Gesicht durch ihn“

(Jochum). Fange an, Jesus als Gott anzuerkennen und Ihn zu ehren und sich nicht mehr krampfhaft bemühen, Ihn zu erniedrigen. Das findet man eigentlich nur bei Zeugen Jehovas, die Ihm die Anbetung versagen, und denen, die keine echte Verbindung zu Jesus haben. Vom Sohn wird wie von Gott gesagt, dass Er der „König der Könige und Herr der Herren ist" (1.Tim.6,15; Offb.19,16). Jesus sprach zu Thomas: „Sei nicht ungläubig, sondern gläubig. Thomas antwortete und sprach zu ihm: Mein Herr und mein Gott!" (Joh.20,28). Ein letztes Zeugnis: „... aus welchen, dem Fleische nach, der Christus ist, *welcher über allem ist, Gott, gepriesen in Ewigkeit. Amen*" (Röm.9,5). „Wir sind in dem Wahrhaftigen, in seinem Sohne Jesus Christus. Dieser ist der wahrhaftige Gott und das ewige Leben" (1.Joh.5,20).

Weil Ihm „alle Gewalt gegeben ist im Himmel und auf Erden" (Matth.28,18), können Jünger Jesu getrost hinausgehen und die gute Botschaft des Heils und der Herrschaft Christi verkündigen. Der HErr ist bei ihnen. Wir wollen glauben, reden, es in die Welt hinausrufen: Jesus Christus ist Herr und König, jedes Knie muss sich vor Ihm beugen.

Jesus Christus herrscht als König, alles sei ihm untertänig,
alles legt ihm Gott zu Fuß;
aller Zunge soll bekennen, Jesus sei der Herr zu nennen,
dem man Ehre geben muß.

Nur in Ihm – o Wundergaben! – können wir Erlösung haben,
die Erlösung durch Sein Blut.
Hört's: das Leben ist erschienen, und ein ewiges Versühnen
Kommt in Jesu uns zugut.

4 Die Endzeitrede Jesu (Matth.24, Luk.21)

Wenn irgendwo in der Welt eine Naturkatastrophe geschieht, dann wird prompt Matth.24 zitiert. Da steht es ja, dass am Ende „Hungersnöte, Seuchen und Erbeben an verschiedenen Orten sein werden". Diese werden dann als „Zeichen der Zeit", ja als „Strafgerichte Gottes über die Menschen" gedeutet. Man überlegt dabei jedoch nicht, warum die Erdbebenopfer in Nepal oder die zigtausend Tsunamiopfer, die durch das Seebeben umkamen, so böse gewesen sein sollen, da sie dieses traf. Eher müsste man erwarten, dass einige berüchtigte Städte im Westen in Schutt und Asche gelegt würden, wenn Gott Gericht wie im Alten Testament übt. Aber sowohl dort als auch hier kämen dann auch Gläubige mit den Sodomern um.

Wenn wir von „Endzeit" oder „letzte Tage" im Neuen Testament lesen, dann ist das noch nicht das Ende der Welt. Diese Annahme hat immer wieder zu Fehlschlüssen und Fehlberechnungen geführt. Wenn Jesus vom „letzten Tage" und der „Vollendung des Zeitalters" oder einfach vom „Ende" spricht, dann meint Er damit das Ende des jüdischen Zeitalters. Das Kreuz war die Vollendung, das Ende des alten Bundes. Die Zerstörung Jerusalems war das sichtbare Ende des alten Kultes und der Kultstätte der Juden. Dazwischen lagen die „letzten Tage", die von Petrus am Pfingsttage gemäß der Weissagung Joels verkündet wurden. Gott gab dem Volke als Ganzes dann noch fast vierzig Jahre Gelegenheit, das Zeugnis des Evangeliums anzunehmen. Danach hat Gott sich nie mehr dem jüdischen Volk oder einzelnen Juden in alter Weise offenbart.

Die meisten Ausleger verlegen die vom HErrn und den Aposteln angekündigten großen Ereignisse, die nachweislich ihre Erfüllung gefunden haben, nach fast zweitausend Jahre wiederum in die Zukunft, als sei das, was damals mit dem jüdischen Volke im Lande geschah, nur ein Vorspiel gewesen. Sie meinen, die eigentliche „große Drangsal" für die Juden stehe noch aus. Die meisten deuten Matth.24 gleich auf heutige Weltereignisse und auf kosmische Zeichen, in denen sich die Weissagung erstmalig so wörtlich erfüllen soll. Dabei sagen sie selbst, dass ihre Prophetie wie ein

Puzzlespiel ist. Bei dem Versuch, prophetische Aussagen der Bibel wie Puzzlestücke in ihr Bild von Israel, Antichrist, große Trübsal einzufügen, werden dann Bibelstellen solange beschnitten, bis sie zu den Tages- und Weltereignissen passen. Diese Methode verfolgt Norbert Liete, Nachfolger Wim Malgos, in seinem Buch „Die Zeit ist nahe". Angeblich fehlen nur noch wenige Puzzlestücke, und dann ist das Bild vollständig. Tatsächlich mussten gerade von dieser Seite her die Puzzlestücke immer wieder ausgewechselt werden, besonders angesichts der Friedensbemühungen Israels. Diesen Schachzug der Politiker in Palästina hatten die Endzeitler nicht erwartet, aber diese fragen bei ihren nüchternen Überlegungen nicht die Puzzlepropheten. Was Letztere tun, ist eben nur ein Spiel, ein Spielen und Spekulieren mit dem prophetischen Wort. Das alles soll, so die Buchempfehlung, „die Freude, den HErrn Jesus bald sehen zu dürfen, ganz neu entfachen". Büchertitel wie „Was kommt auf die Menschheit zu?" u.a. wollen den Blick auf biblische Erfüllungen lenken, aber sie sind irreführend, weil sie das alles übergehen, was sich in jenen „letzten Tagen" des Judentums bereits buchstäblich erfüllt hat.

Unbestreitbar hat die Weissagung Jesu auch für uns Bedeutung, aber nur im übertragenen Sinne, und zwar auf den Tempel der Kirche und die christliche Welt. Das, was Jesus über den Ablauf der letzten Dinge prophezeit, ist nicht nur Geschichte geworden, es hat auch grundsätzliche Bedeutung, es sind typische Endzeiterscheinungen, wie wir sie heute am Ende des christlichen Zeitalters erleben. Zunächst aber müssen wir festhalten, dass Jesu Voraussagen zuverlässig waren und sich alles genau so erfüllt hat. Am Beispiel des Judentums sollen wir Gottes Handeln mit der Christenheit erkennen.

In der Endzeitrede Jesu spricht Er von Dingen, die unmittelbar bevorstanden, die „dieses Geschlecht" noch erlebten sollte und auch erlebt hat. Etliche wollen die Bezeichnung „Geschlecht" auf das jüdische Geschlecht aller Zeiten deuten. Die geschichtliche Erfüllung lässt keinen Zweifel darüber offen, wer mit „diesem Geschlecht" gemeint ist, nämlich die damals lebende Generation, die den Sohn Gottes gekreuzigt und das Zeugnis der Apostel verworfen hat. Von den drei Evangelisten wird die Weissagung Jesu zwar unterschiedlich mitgeteilt, aber wir gehen wohl in der Annahme nicht fehl, dass es sich um ein und dieselbe Rede handelt. Der HErr wird sie den Jüngern nicht zweimal gehalten haben, auch nicht doppeldeutig. Es war eine deutliche Warnung für die Jünger, und sie hatte eindeutig Bezug auf ihren Lebenskreis innerhalb des jüdischen Volkes. Was sich nach Luk.21 erfüllen sollte, muss sich auch nach Markus und Matthäus so erfüllen. Lukas redet am deutlichsten von der Verwüstung Jerusalems, dass „alles erfüllt werde, was geschrieben steht". Bei Matthäus und Markus steht mehr der Tempel im Mittelpunkt. Der Einwand, das schreckliche Ende, die große Drangsal, stehe noch aus, findet bei keinem der Evangelisten eine Stütze. Alle berichten von einer unvergleich- lichen „großen Drangsal" und „großen Not in dem Lande", und diese ist gekommen.

Bei Johannes bleibt das Ende offen, er erwähnt zwar wiederholt den „letzten Tag", den Tag der Auferstehung sowohl geistlich wie leiblich, schweigt aber gänzlich über die Endzeitereignisse. Etliche haben daraus geschlossen, dass er ja das Buch der Offenbarung über diese Dinge geschrieben hat. Aber die Offenbarung ist viel später geschrieben, etwa dreißig Jahre nach der Zerstörung Jerusalems, sie kann daher nicht mehr vom Gericht an dem Judenvolk handeln, „denn der Zorn ist völlig über sie gekommen" (1.Thess.2,16). Paulus weiß schon von seiner Kreuzesbotschaft her, dass der Fall Israel als Nation erledigt ist. Jeder Glaubende kann am Laufe des Evangeliums unter den Völkern sehen, dass den Juden das Reich weggenommen worden ist (Matth.21,43). Es ging auf die „Nationen" über, die das Evangelium angenommen haben und in den edlen Ölbaum Israels eingepfropft worden sind. Gleichwohl waren sie als neue Verwalter des Reiches verantwortlich. Wenn sie nicht treu waren, würde ihnen dasselbe wie Israel passieren. Nachdem sich alles buchstäblich an den Juden erfüllt hat, gewinnt Matth.24 auch jetzt für uns Bedeutung, aber nicht mehr natürlich, sondern geistlich, denn die Kirche ist ein geistliches Haus. In der Offenbarung sehen wir denn auch einen anderen Ablauf des

Geschehens, weil die Dinge die Kirche bzw. Gemeinde betreffen und daher geistliche Mittel angewandt werden.

Als Jesus Seinen öffentlichen Dienst begann, zeigte Er die Erfüllung des Propheten Jesaja an: „Der Geist des Herrn ist auf mir, weil er mich gesalbt hat, Armen gute Botschaft zu verkündigen ... auszurufen das angenehme Jahr des Herrn" (Luk.4,18-19). Mitten im Vers hält Jesus an, rollt das Buch zu und gibt es dem Diener zurück. Seht, hier haben wir es! Höre ich einwenden. Jesus las nicht weiter, weil der „Tag der Rache" noch nicht da war. Hatte Er doch auf Buße gehofft. Für die dreieinhalb Jahre Seines Dienstes war für das Volk der Juden der Tag des Heils, und noch vier Jahrzehnte danach währte die Langmut Gottes. Sie hatten reichlich Gelegenheit, die gute Botschaft zu hören und anzunehmen, und viele haben sie gehört und sind an den HErrn Jesus gläubig geworden. Erwähnt werden die Gemeinden in Judäa und Galiläa und Samaria, eine große Bewegung im ganzen Lande (Apg.9,31). Doch die Mehrheit des Volkes in Jerusalem, vor allem die Geistlichkeit, glaubte nicht und fiel unter die Gerichtsprophezeiung. Jetzt, am Ende des Dienstes Jesu, war der Zeitpunkt gekommen, von den „Tagen der Rache" zu reden und den „Zorn über dieses Volk" anzukündigen (Luk.21,22-23), damit die Auserwählten sich in Sicherheit brächten.

Wir müssen uns einmal vorstellen, was es für die Juden und auch für die Jünger bedeutete, dass ihr heiliger Tempel, ihr Stolz und Zufluchtsort zerstört werden sollte: Hier sollte nicht ein Stein auf dem anderen bleiben, „der nicht abgebrochen wird". Welche Gedanken mögen ihre Herzen beschäftigt haben, als sie auf dem Wege zum Ölberg waren. Dort erst fragen sie Jesus: „Sage uns, wann wird dieses sein?" Das war keine neugierige Frage, die Jünger waren zutiefst betroffen. Es ging jetzt auf das Ende zu, wo alles erschüttert werden sollte und Himmel und Erde vergehen. Das Ende aller Dinge bedeutete aber zugleich die Wiederherstellung aller Dinge am Tage des HErrn. So fragten die Jünger: „und was ist das Zeichen deiner Ankunft?" Ihre einzige Hoffnung blieb die Wiederkunft des HErrn, womit ihre Erlösung verbunden war. Wir dürfen uns nicht so kalt über die Gefühle der Jünger hinwegsetzen, denn für sie war der Tempel das, was für uns die Kirche oder die eigene Gemeinde ist, vielleicht sogar noch mehr, solange der Vorhang noch nicht zerrissen war. Beachten wir, Jesus und die Jünger stehen hier zeitlich noch vor dem Kreuz, in dem sich alles erfüllen sollte, was später sichtbar geschah.

Endzeit – Verführungszeit

Zuerst warnt Jesus Seine Jünger davor, sich nicht verführen zu lassen (Matth.24,4). Verführungen sind gerade in der Endzeit zu erwarten. Bereits vor Jesus traten Verführer auf, die sich als Retter ausgaben (Apg.5,36-37). Nach der Himmelfahrt Jesu konnte die Verführung umso größer werden, als viele unter Seinem Namen kommen würden und sagen: „I c h bin der Christus". So offen wird das vielleicht kaum ein Verführer gesagt haben, zumindest dann nicht mehr, als die Weissagung Jesu allgemein bekannt war. Es handelte sich um solche Verführer, die nicht „Jesum Christum im Fleische gekommen bekennen" (2.Joh.7). Damals waren jüdische Verführer für die Gemeinde eine wirkliche Gefahr; auch heute werden Verführer nicht oder zu spät erkannt. Schon hatten falsche Lehrer die Galater mit einem anderen Evangelium bezaubert, um sie zum Judentum zu bekehren (Gal.3,1). Heutige Verführer kommen im Allgemeinen nicht mehr mit dem Gesetz, sondern mit dem ominösen „prophetischen Wort", worin aber „das Wort vom Kreuz" fehlt. Diese bringen die Leute um die Wahrheit und Kraft des Evangeliums, ja sie übergehen, genauer sie überspringen mit ihren Deutungen bewusst das Evangelium. Wehe ihnen!

In seinem Buch „Plötzlich – in einem Augenblick" bekennt Grier: „Eine Untersuchung über die alttestamentliche Prophetie, besonders in bestimmten Teilen des Buches Hesekiel, verbunden mit einer neuen Untersuchung der neutestamentlichen Schriften im Blick auf das zweite Kommen Christi zwangen den Verfasser, die Schau eines Tausendjährigen Reiches nach dem Kommen Christi aufzugeben" (S.25). Um die falsche Prophetie überwinden zu können, und alle Übel, die die Lehren der falschen Propheten mit sich bringen, müssen ihre Irrlehren bloßgelegt werden. Die Jünger Jesu sollten darauf achten, was die Verführer sagen und auch das, was sie nicht sagen. Verführer jener Zeit predigten wie die Apostel auch eine Naherwartung, indem sie sagten: „Die Zeit ist nahe gekommen" (Luk.21,8). Wir sagen, „der Herr ist nahe!" Falsche Lehrer aber legen das Kommen des HErrn als Vorentrückung aus, wonach die Gemeinde mit all dem, was Jesus hier und in der Offenbarung sagt, nichts zu tun hat, da sie vorher entrückt sei. Diese Erwartung haben viele übernommen, sie gehört allgemein schon zum Herzstück der „christlichen Hoffnung", obwohl sie ganz unnüchtern ist. Wenn Paulus von dem Geheimnis der Entrückung spricht, lenkt er unsere Hoffnung auf den Tag des HErrn (1.Kor.1,8; 1.Thess.5,2), dem noch der Abfall voraufgehen muss, der allein durch Verführung entsteht (2.Thess.2,3). Die Auferstehung und Entrückung findet erst bei der „letzten Posaune" statt, sie ist nicht nächstes Ereignis, sondern letzter Akt (1.Kor.15,52).

Jesus sprach von der kommenden großen Verwüstung, Unruhen, Erschütterungen und Drangsal würden sich ereignen. Auch Verführer prophezeiten schlimme Dinge, die über die Welt kommen sollen, um die Menschen auf sich zu lenken und Anhänger ihrer Erlösungslehre zu finden. Ihre Methode haben auch gewisse Evangelisten übernommen, indem sie den Menschen Angst machen, damit sie sich bekehren. Da sich die Menschen von der Hölle nicht mehr beeindrucken lassen, droht man ihnen mit dem Weltuntergang, wie z.B. in einem Evangeliumstraktat „Das Ende aller Dinge ist nahe!" Dem Leser wird zunächst das „Zeichen Israel" vorgeführt, um ihm dann die Schrecken des „antichristlichen Reiches" vor Augen zu malen, „wo alle Dinge durcheinandergeraten und die ganze Welt erschüttert sein wird ... In dieser Zeit wird der Friede von der Erde hinweggenommen. Gewalt, Terror, Krieg, Seuchen, Pestilenz, Erdbeben, Dürre, Stürme, Überschwemmungen, Hungersnöte und Katastrophen aller Art werden die Welt durchziehen. Wirtschaft und Währung werden zusammenbrechen. Millionen von Menschen werden auf der Flucht sein. Es werden Ereignisse auftreten, die die Wissenschaftler nicht mehr erklären können. Viele Menschen werden vor Furcht und Angst verschmachten. Es wird eine sehr, sehr teure Zeit sein". Dann soll noch einmal das Evangelium weltweit verkündigt werden, und dann kommt das Ende: „Katastrophen, Schrecknisse und Verwirrungen auf jeglichem Gebiet wird die falsche Zuflucht der modernen Gesellschaft in Verzweiflung, Verzagtheit und Ratlosigkeit versinken lassen". Mag sein, dass sich jemand auf Grund solcher Ankündigungen bekehrt, aber es bleibt ein Seelenbetrug.

In den letzten Jahren vor der Jahrtausendwende häuften sich dieser Art Prophezeiungen, die Endzeitliteratur hatte noch einmal Hochkonjunktur. Im Augenblick ist es stiller geworden um den Weltuntergang. Jetzt sind es mehr ökologische Gründe und politische und wirtschaftliche Befürchtungen und was die Medien so täglich berichten. Endzeitler sehen das große Chaos vor der Herrschaft des Antichristen kommen, der die Welt wieder in Ordnung bringt und Friede und Sicherheit verspricht. Wer weiß, womit sie als nächstes die christliche Masse in Hysterie versetzen.

Als das Jahr 1000 herannahte, schien sich schon einmal die Prophezeiung Jesu vom Ende der Welt zu erfüllen, wie man meinte. Man glaubte die beunruhigendsten Zeichen an Sonne und Mond zu erblicken. Miller berichtet: „Die Geistlichkeit predigte es, das Volk glaubte blindlings seinen Leitern, und so verbreitete sich jene Meinung mit Windeseile über ganz Europa. Überall wurde dreist behauptet, dass die Welt nach Ablauf von 1000 Jahren, von der Geburt Christi an gerechnet, untergehen werde. In der letzten Hälfte des zehnten Jahrhunderts nahm der Schrecken immer mehr zu" (Geschichte der Christlichen Kirche). Ist nicht ein ähnlicher Wahn durch die völlig falsch verstandene Prophezeiung Jesu in der letzten Hälfte des vorigen Jahrhunderts hervorgerufen worden?

Wem soll man glauben, wenn Verführer und Wahrhaftige in demselben Namen kommen? Die Verführer kommen sogar mit derselben Bibelübersetzung. Nur wer ihnen beitritt, überlebt das Inferno in Harmagedon. Verführung ist immer im Spiel, wenn diejenigen von den Gerichtswegen Gottes ausgenommen sein sollen, die den Verführern glauben, wenn den ihnen Hörigen nur die Verheißungen und die Entrückung gepredigt werden, wenn eine Prophetie vertreten wird, von der die Gemeinde nicht betroffen sein soll. Hingegen predigen die wahren Knechte Gottes ein Gericht, das nach den Worten der Propheten und Apostel zuerst am Haus Gottes beginnt (Hes.9,6; 1.Petr.4,17), und sie weisen nach, dass es schon begonnen hat. Wer dies erkennt, wird nicht auf noch schlimmere Dinge warten, und schon gar nicht Dinge ankündigen, die Gottes Haus nicht betreffen. Denn ein geistliches Haus kann nicht durch natürliche Mittel erschüttert werden, nicht einmal Babylon in der Offenbarung. Beide Arten endzeitlicher Verkündigung werden im 2.Timotheusbrief einander gegenübergestellt: Hier von einzelnen Wahrheitszeugen die ernste Predigt vom Gericht und vom Reich, dort die falschen Lehrer, die dem Volke das predigen, was sie gerne hören, „indem es ihnen in den Ohren kitzelt", auch den Nervenkitzel von Horrorprophezeiungen.

Zeichen der Zeit

Weitere Anzeichen des bevorstehenden Endes waren Kriege, Kriegsgerüchte, und im Gefolge davon Hungersnöte, Seuchen, auch Erdbeben würden geschehen. Aber dies war erst „der Anfang der Wehen", sozusagen einleitende Geburtswehen. Aus der Geschichte ist bekannt, dass gerade die Jahre zwischen 30 und 70 n.Chr. im Römischen Reich voller Kriege waren. Es gab ständig Unruhen und Aufstände. Diese noch einmal so buchstäblich für unsere Tage zu erwarten, hieße die Geschichte übersehen. Im christlichen Bekenntniskreis, der nicht durch solche Mittel erschüttert werden kann, sind die Erschütterungen anderer Art. Erdbeben Kriege, Seuchen, Erdbeben hat es in der ganzen Weltgeschichte gegeben, sie sind keine Vorboten von etwas Besonderem. Wir hören nur heute mehr davon, weil jedes kleinste Erdbeben registriert, jeder lokale Konflikt sofort weltweit live publiziert wird. Aber zur Zeit der Apostel waren es Zeichen, es stand etwas Gewaltiges bevor. Beachten wir, dass Jesus nicht von Kriegen, Hungersnöte usw. irgendwo in der Welt spricht, sondern nur insoweit diese das jüdische Land umgaben und auf dasselbe zukamen. In und um Israel wurde es immer unruhiger und unsicherer. Alle diese Dinge sollten dazu dienen, sich an den Heiland der Welt zu wenden, um errettet zu werden.

Eine große Hungersnot sollte über den ganzen damaligen Erdkreis kommen, „die auch unter Klaudius eintraf" (Apg.11,27). Die Hungersnot, die zur Zeit Josephs über die ganze Erde kam, war auch im Lande Kanaan, und sie hatte den Zweck, die Brüder zu Joseph zu treiben (1.Mo.42,5). Hungersnöte und Seuchen sind für unsere Breitengrade keine typischen Endzeiterscheinungen. Sie treten nur noch dort auf, wo Dürrekatastrophen sind, Krieg oder Misswirtschaft herrscht, keinesfalls deshalb, weil diese Völker besonders große Sünder wären vor allen Menschen. Mit den neuen Verkehrswegen und -mitteln und bei gerechter Verteilung der Güter brauchte kein Mensch auf dieser Erde zu hungern. In unserer Wohlstandsgesellschaft bedeutet Hungersnot schon, wenn man nicht mehr aus dem Vollen schöpfen kann. Wollte man das Ende an diesen Dingen messen, würde die Wiederkunft Jesu zumindest für die westliche Welt noch in weiter Ferne liegen. Den Apokalyptikern gefällt der Friede und die Freiheit nicht, sie sähen es lieber wie Jona, dass Gott zuschlagen würde, damit ihre Prophezeiungen sich bestätigen. In jeder Teuerung sehen sie schon den Anfang vom Ende undsoweiter. Sie betrachten die Endzeitereignisse aus der Wohlstandssituation. Ein Christ in Rußland wird bestimmt nicht darauf kommen, die dortigen enormen Verteuerungen als Zeichen der Zeit zu deuten, deren Gründe in einem abgewirtschafteten Land ganz andere sind. Die Deutung einer Verteuerung haben sie aus dem 3.Siegel (Offb.6,5). Wenn sie genau läsen und dazu 2.Kön.7 aufschlagen würden, kämen sie auf eine enorme Verbilligung, also genau das Gegenteil.

Die „Zeichen der Zeit" können nicht mit der Tagespolitik beurteilt werden, wie etliche immer wieder versuchen und damit die ihnen Glaubenden in Spannung halten. Ein übles Geschäft! Auch sind sie nicht an der Klimaveränderung, an der Umweltbelastung oder an einer Sternenkonstellation abzulesen. Das alles kann sich wieder ändern und hat sich geändert. Wir brauchen untrügliche, feste Zeichen, die deutlich lesbar sind. Statt Katastrophen in der Welt zu erwarten, sollte man die viel größere Katastrophe der Kirche im Lichte der Endzeitrede Jesu deuten. Es ist ausschließlich das veränderte Verhalten der Menschen, welches einer Zeit das Gepräge gibt; die Menschen machen die Zeit, nicht die Zeit die Menschen. Sichere Zeichen des Endes sehen wir an der Medienflut, welche täglich die Menschheit mit Schrecken und Unrat überschwemmt. Die Medienabhängigkeit verleitet viele Christen zu angstvollen Deutungen. Wenn die Zeitung die Bibel verdrängt, der Rundfunk das Gebet ersetzt und der Fernsehgötze zum Hausaltar wird, hat man natürlich kein Ohr mehr dafür, „was der Geist den Gemeinden sagt" (Offb.2,7). Die Medien sind ausgesprochen endzeitliche und antichristliche Phänomene, deren Wirkung vielfach unterschätzt wird. Sie wirken wie eine Droge, bewirken eine Bewusstseins-veränderung, lenken die Menschen von Gott ab und fördern die Gesetzlosigkeit in einem Maße, wie es zu keiner Zeit gewesen ist. Das Denken und Handeln der Gesellschaft wird heute von der Television gesteuert. Demgemäß erkaltet auch die „Liebe der Vielen", schwindet die Bußfertigkeit und nimmt der Unglaube zu, aber auch Unruhe und Angst der Seele.

Von dieser Entwicklung in den letzten 40 Jahren wissen die Evangelisten ein Klagelied zu singen. Konnten vordem durch die Predigt oder durch ein Traktat noch verhältnismäßig viele Menschen von ihrer Verlorenheit überführt werden, kommt heute erst einer zum Glauben, wenn die Sünde ihn kaputt gemacht hat, und auch dann noch ist es schwer, ihn zu überzeugen. Die moderne Gesellschaft entwickelt sich durch die Medienhörigkeit und ihre starke Bildbezogenheit in eine Richtung wie in den Tagen Noahs, wie in den Tagen Lots. „Dies aber wisse, dass in den letzten Tagen schwere Zeiten da sein werden; denn die Menschen werden eigenliebig sein, geldliebend, prahlerisch, hochmütig, Lästerer, den Eltern ungehorsam …" (2.Tim.3,1-5). All dies, insbesondere die Selbstsucht, Lieblosigkeit und Undankbarkeit sind traurige „Zeichen" gerade unserer Zeit, sichere Zeichen, dass das christliche Zeitalter zu Ende geht. Ein Neuheidentum macht sich breit, der große Abfall vollzieht sich vor unseren Augen. Darauf kann nur noch das Gericht folgen, wenn es nicht schon angefangen hat.

Mit der materiellen Sättigung und Genusssucht steigt parallel dazu ein gewisses Maß an seelischer Leere an und nehmen Depression zu. Immer mehr Menschen brauchen psychiatrische Hilfe, und selbst viele Gläubige leiden an Depressionen und Angstzuständen. Infolge Mangel an geistlicher Speise ist die Seele dürre, krank und kraftlos geworden. Unsere Not in den „letzten Tage" ist wahrhaftig nicht äußerer Art. Es scheint, als habe Gott auch über die Gemeinden eine „Hungersnot" kommen lassen. Es fehlt die rechte Speise zur rechten Zeit, der Dienst am Wort berücksichtigt nicht unsere Zeit und ihre besonderen Bedürfnisse. In manchen Gemeinden könnte man verhungern, so arm und oberflächlich ist die Predigt. Für die jungen Menschen hat dies zur Folge, dass sie sich zu den Quellen der Welt wenden.

Im selben Maße wie sich der Heilige Geist zurückzieht, nehmen Unruhen, Streit, Spaltungen in den Gemeinden zu. Weil keine geistlichen Führer und Vorbilder mehr da sind, gehen die Schafe ihre eigenen Wege, wie geschrieben steht: „Wir wandten uns ein jeder auf seinen Weg" (Jes.53,6). Alles seufzt und liegt in Geburtswehen. Wer wünschte da nicht den Tag der Erlösung herbei? Wir sollten aus der Rede Jesu lernen, die Vorgänge in der Kirche und Gemeinde zu beobachten und nicht den Blick in der Welt umherschweifen zu lassen. Auf keinen Fall darf man das wechselvolle Geschehen in der Welt mit der biblischen Prophetie in Verbindung bringen. Uns sollte mehr das Schicksal der Kirche interessieren, denn hier sind gewaltige Veränderungen im Gange.

Was Jesus den Jüngern prophezeit, dass sie verfolgt und „von allen Nationen gehaßt werden", haben sie erduldet. Wir wissen aus der Apostelgeschichte, dass der größte Hass ihnen von Seiten der Juden entgegen schlug. Auch das war ein Zeichen, dass das jüdische Zeitalter zu Ende ging. Denn die Juden kämpften erbittert um den Bestand ihrer Religion und ihren Vorrang, den sie durch das christliche Zeugnis bedroht sahen. Immer, wenn Gott ein fleischliches System beseitigen will und ein Zeugnis dagegen aufrichtet, entsteht eine ähnliche Verfolgungssituation. Alle Propheten mussten das so erfahren, und auch die Jünger Jesu sollten dies erleben. In der Reformationszeit wurden die wahren Zeugen verfolgt, und auch heute wird vor ihnen gewarnt. Warum werden treue Zeugen in manchen Gemeinden mundtot gemacht und dazu ausgestoßen? Was bis dahin nur von Seiten der Welt geschah, geschieht in zunehmendem Maß innerhalb des christlichen Bekenntnisses. Man eifert für die Form, vielfach eine tote Form, für den Bestand des Systems, das kein Leben mehr hat. Nach der Wahrheit im Innern und nach dem Wohl der Seelen fragt man nicht.

Um das jüdische System zu stützen, standen „viele falsche Propheten" auf und verführten viele. Die Apostel warnen ausdrücklich vor den falschen Propheten. In den letzten Briefen der Apostel, die alle vor dem Jahre 70 geschrieben sind, werden die jüdischen Lehrer, die für das brüchige Judentum eiferten, als eine ernste Gefahr für die Gemeinden in Asien bloßgestellt (2.Thess.2, 2.Tim.2-4, 2.Petr.2, 1.Joh.4,1).

Ein weiteres Kennzeichen der falschen Propheten ist, dass sie das Volk in eine falsche Sicherheit einwiegen, indem sie „Friede, Friede …" predigen, „kein Unglück wird über uns kommen" (Jer.5,12; 7,14). Nur über die anderen. Die Predigt der Propheten Gottes beginnt immer mit der Buße: „Tut Buße, denn das Reich der Himmel ist nahe gekommen" (Matth.3, 2). Jeder Neuanfang beginnt mit Buße. Das Evangelium des Reiches würde eine Ernüchterung bringen, um die Zeit zu erkennen und einen neuen Ausblick zu bekommen. Für manche wäre dieses Evangelium sehr heilsam, es wäre das Ende der Vogel-Strauß-Prophetie.

Den Juden wurde ihre Sicherheitspolitik zum Fallstrick, indem sie meinten, Jerusalem sei die Zufluchtsstadt vor den Römern. Denken viele Christen heute nicht ebenso wie die Juden, indem sie auf sich selbst vertrauen und sagen: Friede und Sicherheit? Wer so spricht, sollte bedenken, dass über die Sicheren plötzlich ein Verderben kommen kann (1.Thess.5,3). Genau das sagen die falschen Propheten auch, aber sie deuten die Rede auf alle Welt, wo Friedensverträge geschlossen werden. Sie misstrauen allen Friedensbemühungen. Wenn der Staat Israel sich aus vernünftigen Gründen in Friedensverhandlungen mit seinen Nachbarn einlässt, sind die Israelexperten gleich mit dabei und sagen: „Seht, wie die Schrift sich erfüllt: Wenn sie sagen: Friede und Sicherheit! … das kann nicht gut gehen". Sie warten förmlich darauf, dass „ein schreckliches Verderben" über die Juden kommt, und dabei geben sie sich als Israelfreunde aus. Sie sollten das nicht öffentlich sagen, damit ihnen nicht Antisemitismus unterstellt wird. Echte Freunde der Juden sind diejenigen, die ihnen das Evangelium des Friedens verkündigen, wie es die zwölf Apostel taten und Paulus. Wenn sie aber dem Evangelium nicht glauben, dann sollten sie ihnen Jeremia und die kleinen Propheten lesen, denn genau das ist ihr heutiger Zustand. Nicht allein aber ihr, sondern der Westkirche und der ganzen demokratisch-pluralistischen Gesellschaft.

In den paulinischen Briefen wird bezeugt, dass das Evangelium bereits damals, also vor der Zerstörung Jerusalems, auf dem ganzen Erdkreis verkündigt worden ist. Paulus betont ausdrücklich, „dass ihr Schall ausgegangen ist zu der ganzen Erde, und ihre Reden zu den Grenzen des Erdkreises" (Röm.10,18). Auf diese Weise ist das Evangelium auch nach Europa gekommen, „welches ihr gehört habt, das gepredigt worden in der ganzen Schöpfung, die unter dem Himmel ist" (Kol.1,23). Wir können annehmen, dass die Juden, die am Pfingsttage gläubig geworden sind, „aus jeder Nation derer, die unter dem Himmel sind", das Evangelium in die ganze Welt trugen (Apg.2,5). Allerdings dürfen wir nicht unsere heutige globale Weltsicht mit dem damaligen bekannten Erdkreis gleichsetzen. Beachten wir, dass Amerika damals noch nicht bekannt war. Man muss die Weissagung Jesu zunächst einmal in dem Raum und der Zeit stehen lassen, in den sie hineingesprochen ist. Die Zerstreuung der Juden war für sie das Ende ihrer Welt, aber eben noch nicht das Ende der Menschheit. Gott bereitete mit dem Untergang des Judentums etwas Neues vor, und das war, wie wir wissen, das neue Reich Gottes, aus dem eine christliche Welt hervorging. Gleichwie die alte Welt zur Zeit Noahs unterging, weil sie reif war für das Gericht, und nur Noah Gnade fand in den Augen Gottes, so auch die gerichtsreife jüdische Welt. Für Noah war die Sündflut eine Erlösung von den Gottlosen, und er durfte mit seinem Hause einen Neuanfang machen. So auch die Jünger und alle, die an Jesus Christus, den Sohn Gottes, glaubten.

Ich bin gewiss, dass Gott auch für uns eine neue Gemeinde bereitet hat, in der Gnade und Wahrheit, Gerechtigkeit und Friede wohnen. Die Offenbarung berechtigt uns zu dieser Hoffnung. Wann das Ende der Welt ist, bestimmt Gott allein. Was wir mit großer Gewissheit sagen können, ist, dass die abtrünnige Kirche und das landläufige Christentum keinen Bestand haben werden. Gerade deshalb, weil die Christenheit ohne Christus lebt und die Welt ohne Gott ist, wird der Auftrag Jesu umso dringender: „Gehet hin und machet alle Nationen zu Jüngern" (Matth.28,19). Wir sollten uns wieder auf das Evangelium des *Reiches* besinnen und „in seinem Namen Buße und Vergebung der Sünden predigen" Luk.24,47), und zwar allen Menschen, an jedem Ort und zu jeder Zeit, wie die Erweckungsprediger und Missionare es getan haben. Das Reichsevangelium hat die großen Erweckungen bewirkt.

Die erste Forderung ist Aufrichtigkeit des Herzens, sie ist auch, wie bereits zitiert, das Szepter des Reiches Gottes. Nur auf diese Weise können die Menschen Frieden bekommen. Gottes Reich in uns und unter uns in der Person Christi, des Friedefürsten, in Seiner Gemeinde, nur dort ist Friede. Die Verführer predigen ein anderes Reichsevangelium, das keinen Frieden bringt. Der HErr wird erst dann kommen, wenn das Evangelium des Reiches verkündigt worden ist, „allen Nationen zu einem Zeugnis", vor allem im christlichen Bekenntniskreis. „Zu einem Zeugnis" heißt ja nicht, dass sie es nicht annehmen werden. Im Gegenteil, das Zeugnis des Evangeliums hat dazu gedient und soll dazu dienen, dass es geglaubt wird.

Greuel der Verwüstung

Was wir im ersten Teil der Rede Jesu gesehen haben, waren die Vorzeichen des kommenden Endes. Akute Gefahr drohte der Jüngerschar, wenn „ihr den Greuel der Verwüstung, von welchem durch Daniel, den Propheten, geredet ist, stehen sehet an heiligem Orte" (Matth.24,15). Daniel spricht in zweifacher Hinsicht von Verwüstung, erstens von dem „verwüstenden Frevel" bzw. „Greuel" (Dan.8,13; 11,31), dann von dem „Verwüster", der daraufhin kommen würde, um „die Stadt und das Heiligtum zu zerstören" (Dan.9,26). Der frevelhaften sittlichen Verwüstung sollte die buchstäbliche Verwüstung folgen. In die letzten Verse von Dan.9 kann nicht ein Antichrist eingeschoben werden. Es handelt sich in Vers 26 um dieselbe Person, den Messias, den „kommenden Fürsten"; Er hat den neuen Bund mit den Glaubenden geschlossen. Genau in der Hälfte der letzten Jahrwoche hat er „Schlachtopfer und Speisopfer aufhören lassen", und zwar in jenem Augenblick, als der Vorhang des Tempels zerriss. Wenn der Opferdienst auch noch eine Zeit weiterging, so hatte er für Gott und die jüdischen Brüder doch keine Bedeutung mehr. Der Hebräerbrief lässt uns Blicke in den offenen Himmel tun, dass Christus der wahre Hohepriester und zugleich das Opfer geworden ist. Mit dem alten Bund war es aus, die Opferstätte sollte verschwinden. Gott wandte sich den Nationen zu, die in Daniel schon „Volk des kommenden Fürsten" genannt werden.

Aus den Worten Stephanus hatte man ganz richtig verstanden, dass „dieser Jesus, der Nazaräer, diese Stätte zerstören und die Gebräuche verändern wird" (Apg.6,14). Einst geschah dies durch Nebukadnezar, den Gott Seinen Knecht nennt, jetzt aber sollte es durch die Römer ausgeführt werden, die danach missioniert wurden. Als erster von den Nationen war der römische Hauptmann Kornelius gläubig geworden (Apg.10). Mit ihm wird das neue Volk des Messias eingeführt, da „Gott also auch den Nationen die Buße gegeben hat zum Leben" (Apg.11,18).

„Der Greuel der Verwüstung", den Antiochus Epiphanes (175-163 v.Chr.) anrichtete, indem er allem Frevel, dass er die Gebote Gottes abschaffte, noch dieses hinzufügte, dass er den Tempel entweihte und Schweine auf dem Altar opferte, – wahrlich, ein Greuel für die gottesfürchtigen Juden –, aber den Tempel zerstörte er nicht. Es war noch nicht die letzte Verwüstung. Daniel weissagt, dass wegen „der Beschirmung der Greuel ein Verwüster kommen wird". Diesmal waren es die Juden selber, die, gewiss mit Abscheu auf jenen Frevler blickten, aber nun noch greulicher das Heiligtum verwüsteten, indem sie es zu einer Räuberhöhle gemacht hatten und den Sohn des Hauses Gottes hinauswarfen.

Der HErr spricht von einer doppelten Verwüstung. Matthäus erwähnt die sittliche, die innere Verwüstung, Lukas die äußere: Jerusalem wird von Heerscharen umzingelt, „alsdann erkennet, dass ihre Verwüstung nahe gekommen ist" (Luk.21,20). Zweifellos ist der greulichste Frevel darin zu sehen, dass die Obersten des Volkes, die Hohenpriester und Schriftgelehrten, den Heiligen und Gerechten verspotteten und der öffentlichen Schmach und Schande preisgaben, indem sie Ihn an das Fluchholz hängten. Was nach dieser Tat noch im Tempel geopfert wurde, war ebenso gewiss Gott und den Heiligen ein Greuel. Auch sittlich und moralisch muss die Heilige Stadt eine Wüste gewesen sein, schlimmer als vor der ersten Zerstörung und Wegführung (Jes.1,21; Jer.11,9-13; Hes.9,4). Der Apostel Paulus weist ihnen nach, dass die etablierte Frömmigkeit und eine heidnische Welt auf gleicher Stufe stehen (Röm.1-3). Schon Stephanus hatte ihnen gesagt, dass sie lieber ihre Greuel hüteten, als das Zeugnis des Heiligen Geistes anzunehmen (Apg.7,51; 22,22). Für die Zerstörung der Stadt und des Tempels gab es nun keinen Aufschub mehr.

Wenn die Entwicklung in Jerusalem solche frevelhaften Formen annahm, sollte es für die Jünger das Signal sein, die Stadt eilends zu verlassen. Wie die Geschichte berichtet, soll bei der Einnahme Jerusalems kein an Christus gläubiger Jude, zu dieser Zeit schon Christ genannt, mehr in der Stadt gewesen sein. Da sie dem Worte Jesu glaubten, haben sie noch rechtzeitig die Flucht ergreifen können. Doch die ungläubigen Juden, die sich immer noch als den auserwählten Überrest des Volkes verstanden, glaubten bis zuletzt, als die Römer schon in die Stadt eingedrungen waren, dass Gott ihnen helfen werde. Es kam jedoch kein Engel vom Himmel, kein Retter auf ihr Schreien, keine Hilfe in der Not. Das machte ihre Drangsal so unvergleichlich schrecklich gegenüber allen früheren Drangsalen, die ihrer Abtrünnigkeit wegen über Israel gekommen waren.

Auf dem Lande war nicht geringere Not, wovon insbesondere auch die Jünger betroffen waren. Auch sie mussten fliehen und sich in Sicherheit bringen, aber Jesus zeigt ihnen einen Zufluchtsort. Er vergleicht diese Zeit mit den Tagen Noahs und Lots (Luk.17,26-29), die Gott aus der Versuchung bzw. durch das Gericht hindurch rettete. In Seiner bekannten bildlichen Sprache macht Jesus den Jüngern deutlich, dass das „Dach" (Gebet) ein sicherer Platz ist vor der ansteigenden Flut, und das „Feld" (Arbeit für den Herrn) vor dem Feuer Sodoms bewahrt. Zuletzt geht es nur noch um die eigene Errettung.

Jetzt kam es darauf an, die Gebote Jesu genau zu befolgen, damit der Tag sie nicht plötzlich überrasche und ihnen zum Fallstrick werde. „Gedenket an Lots Weib!" warnt der HErr. Wer nicht vorher daran gedacht hat, seine Sachen in Ordnung zu bringen, wird auch dann nichts mehr verändern können, wenn die große Not da ist. Dies macht Jesus an den drei Gleichnissen in Matth.25 noch deutlicher, die auch wir bedenken sollten. Deshalb hieß es zu wachen und zu beten! Sehr schwierig war es in jener Zeit für die Schwangeren und Säugenden, dem Unglück zu entfliehen. Allein die Jünger sollten beten, dass ihre Flucht nicht im Winter geschehe, noch am Sabbat. Sie möchten sonst umkommen oder in schwere innere Gewissenskonflikte kommen wegen des Sabbatgebotes, denn noch galt für sie als Juden die Heiligung des Sabbats. Die Drangsal, von der Jesus spricht, war eine einmalige und endgültige Rache über dieses Volk. Nie mehr wird und kann dergleichen geschehen. Aus welchem Grunde sollten die Juden noch einmal in eine „große Drangsal" kommen? Welche Schuld haben die heute lebenden Juden am Tode Jesu? Nicht einmal den Juden in der Zerstreuung, zu denen die Apostel der Beschneidung und Paulus gesandt wurden, wird irgendwelche Schuld am Kreuzestod Christi zur Last gelegt. Hatten sie doch Jesus gar nicht gekannt.

Wenn wir eine Ahnung von jener großen Drangsal haben, was sich damals ereignete, wo „alles erfüllt wurde, was geschrieben steht" (Luk.21,22), bleibt weder Raum noch Anlass für eine nochmalige Drangsal über die Juden. Warum müssen die Juden wiederum in ihr Land zurückkehren, um zerstreut, bedrängt und dezimiert zu werden? Weil noch „die Decke auf ihren Herzen liegt", weil sie „verstockt" sind? Was unterscheidet diese Menschen von anderen Sündern? Sind nicht die Moslems genauso verstockt und die halbe Christenheit? Verstockt sind im Grunde alle Menschen, die dem Leben Gottes entfremdet sind (Eph.4,18). Hier liegt offenbar eine Augendecke auf den Israelpropheten.

Die Weissagung Daniels und Jesu gilt auch uns. Sie lässt im Lichte der Offenbarung noch schlimmere Greuel befürchten. Das was damals die Juden sittlich und die Römer gewaltsam besorgten, erledigt heute der Zeitgeist, das Tier. Die nächste große Drangsal, von welcher das Buch der Offenbarung spricht, kommt über das christliche Bekenntnis, und was wollen wir, wenn sie schon da ist? Wer empfindet nicht die Greuel unserer Zeit? Große Trübsal leiden die Auserwählten, wenn ihre heiligsten Gefühle verletzt werden. Wie einst die Jünger den Greuel der Verwüstung an dem für sie heiligen Orte empfanden, so erleben heute Gläubige in der Kirche schreckliche Greuel und Perversitäten, zu sehen auf einem Kirchentag. Viele fliehen aus der entweihten Kirche, aber sie wissen nicht wohin. In manchen Freikirchen kommen die Gläubigen in ähnliche Glaubens- und Gewissenskonflikte. Moderne Gemeindemitglieder bezeichnen die Greuel als eine „andere Art des Gottesdienstes". Ganz toll! aber für gottesfürchtige Gläubige zum Davonlaufen. Für etliche reichen diese Greuel noch nicht, sie leben in der Vorstellung, dass es noch viel schlimmer kommen werde. Obwohl uns heute drinnen und draußen ein Maß von Sittenlosigkeit und Gottlosigkeit umgibt, das in der ganzen Menschheitsgeschichte beispiellos ist und nur mit den Tagen vor der Sündflut und Sodom verglichen werden kann. Wir haben uns an Vieles schon so sehr gewöhnt, dass wir erschrecken würden, wenn das Licht Gottes einmal auf dies alles fällt. Wir sind wie ein Betrunkener: „Man hat mich geschlagen, es schmerzte mich nicht; man hat mich geprügelt, ich fühlte es nicht" (Spr.23,35).

Klar ist, dass die Antichristen, die den verwüstenden Frevel in der Öffentlichkeit und an heiligem Orte aufstellen und damit die wahren Kinder Gottes in Trübsal bringen, selbst kein Empfinden darüber haben. Sie sind wie das Tier, das weder Scham noch Gewissen kennt. Man kann sie nicht einmal dafür tadeln, es liegt in ihrer Natur, wie bei einem Raubtier, wenn es gierig über seine Beute herfällt. Aus diesem Grund werden uns in der Offenbarung die finsteren Mächte im Tiercharakter vorgestellt. Diese zerstören das

Christentum und führen Gottes Volk in eine Gefangenschaft. Doch auch über diese Geister und Mächte wird eine große Drangsal kommen, gleichwie einst über die gesetzlosen Juden und danach auch über die grausamen Römer, der sie nicht werden entfliehen können. Der HErr sagt in den Sendschreiben an die sieben Gemeinden, wer in die „große Drangsal" kommt, aber auch, wie man wieder herauskommt (Offb.7,14). Endlich werden auch das Tier und seine Diener gerichtet.

In der leidvollen Endphase der jüdischen Drangsal wurde die Frage nach der Ankunft des Christus immer dringender. Falsche Leute nutzten die Trübsal aus, um wenn möglich auch die Gläubigen von der Erwartung ihres HErrn, des wahren Christus Jesus, abzulenken. „Alsdann, wenn jemand zu euch sagt: Siehe hier ist der Christus, oder hier! so glaubet nicht". In dieser letzten Verführung, die besonders auf die Leiden und Schwachheit der Auserwählten eingehen will, gab sich niemand mehr wie im Anfang als Christus aus. Auch in unserer Zeit wird kein Verführer mehr als „Christus" oder als „Prophet" auftreten, jedenfalls werden ernste Gläubige nicht darauf hereinfallen. Heute kommen Leute mit neuen Heilserfahrungen, neue Heilslehren und Heiligungsgemeinden entstehen, um schwache Gläubige zum „Siege" zu verhelfen. Wenn man etwas seine Bibel kennt, kann man die falschen Lehrer und ihre falschen Heilslehren erkennen. Sie kommen auch mit der Bibel, aber sie gehen nicht sehr korrekt mit dem Worte Gottes um. Meist haben sie ihre ausgewählten Bibelstellen, die übrigen aber, die ihrer Lehre widersprechen, deuten sie um oder ignorieren sie ganz.

Diese Methode findet man vor allem bei zwei Irrlehren, die sich leicht verkaufen, weil sie eine gewisse Heilssicherheit versprechen: Die Lehre vom unverlierbaren Heil und die Allversöhnungslehre. Wenn wir dem Zeugnis der Schrift mehr glauben als dem Zeugnis der Menschen, wer es auch sei, dann kann uns niemand verführen, dann wissen wir, was das Teil der Gesetzlosen und Abgefallenen ist (Gal.5,21; Eph.5,5). Für uns, die wir den Tag des HErrn und die Offenbarung Jesu Christi erwarten, ist es wichtig, dass wir „die Heiligkeit vollenden in der Furcht Gottes" (2.Kor.7,1). Ja, die Gottesfurcht bewahrt uns vor vielen Verirrungen und Verführungen.

In der endzeitlichen Verführung hört man immer wieder Worte wie Geistestaufe und Geistesgaben, Zungenrede und Krankenheilung, Visionen und Offenbarungen, Zeichen und Wunder. Das was in der Anfangszeit der Kirche zur Bestätigung des Wortes Gottes diente, wird am Ende von falschen Geistern nachgeahmt. Sie machen es wie die falschen Christusse jener Zeit, welche die auf den Messias wartenden Juden an geheime Orte lockten, wo sich der Christus, der kommende Fürst und Befreier, angeblich aufhalten sollte. Wie viele mögen sich haben täuschen lassen und den Messias in den „Gemächern" in Jerusalem gesucht haben und sind dort umgekommen. Die Jünger Jesu wussten dann längst, dass der Gekreuzigte und Auferstandene im Himmel war; von dort Er wiederkommen wird, „wie ihr ihn habt hingehen sehen in den Himmel" (Apg.1,11). Das gleiche Spiel der falschen Propheten mit dem Christus treiben sie heute mit dem Antichristus. Wo der nicht überall vermutet wird, in Rom, im Computer, in der Identifikationsnummer etc. Davon lassen sich sogar Gläubige beeindrucken. Wer die Wahrheit liebt, wird genau aufs Wort achten und sich weder von Schwarmgeistern noch von Buhmännern täuschen lassen.

Das was Jesus Seinen Jüngern ankündigt, war gewiss keine schöne Aussicht, aber damit mussten sie rechnen. Dem Judentum, in dem sie verwurzelt waren, war das Ende bereitet. Wer dem Sohne glaubte, konnte die düstere, bedrängnisvolle Zeit durchstehen bis auf den Tag der Erlösung, den viele erleben durften. Wenn wir dem prophetischen Wort glauben, dann wissen wir, was auf uns zukommt; denn wir haben eine Lampe, „welche an einem dunklen Ort leuchtet, bis der Tag anbreche und der Morgenstern aufgehe in euren Herzen" (2.Petr.1,19). Der wahre Christus ist nicht mehr hier oder dort auf der Erde zu suchen wie in den Tagen Seines Fleisches, Er ist jetzt im Himmel, Er ist ein Gegenstand des Glaubens geworden, und „gläubig" ist, wer an den verherrlichten HErrn Jesus Christus glaubt.

Wie sie damals ihren „Christus" suchten, suchen manche heute ihr „Israel": „Siehe hier ist das Israel, oder hier!" Gottes Israel ist ein himmlisches Volk, mit Christus versetzt in die himmlischen Örter (Eph.2,6). Dieses Volk der Heiligen wird in der Offenbarung

Jesu Christi offenbar werden. Wenn wir die Salbung von dem Heiligen haben, werden wir den Unterschied sehen, wer zu Gottes Volk gehört und wer nicht. Sogar Weltmenschen hört man über die Operationen der Israelis sagen: „Das soll Gottes Volk sein, die so grauenhafte Vergeltungsschläge üben ohne Rücksicht auf Frauen und Kinder?" Nur verführte Christen glauben, dass noch ein „jüdischer Überrest" irgendwo verborgen lebt. Wo, das wissen sie auch nicht zu sagen, und dennoch behaupten sie es. Wie kann man von einem „gläubigen Überrest" reden, wenn der nicht einmal glaubt, dass Jesus der Christus ist? Haben etwa die Apostel die Ungläubigen in Judäa Gläubige genannt? Nur die an Jesum Christum Glaubenden sind Sein Israel. „Erkennet denn: die aus Glauben sind, diese sind Abrahams Same" (Gal.3,7;22). Diese brauchen und sollen sich nicht verbergen, sondern „inmitten eines verdrehten und verkehrten Geschlechts erscheinen wie Lichter in der Welt, darstellend das Wort des Lebens" (Phil.2,15). Den „gläubigen jüdischen Überrest" in den sogenannten „messianischen Gemeinden" zu suchen, dürfte problematisch sein. Wenn sie wirklich an Jesus Christus glauben, dann gehören sie zur Gemeinde. Wollen sie aber Juden bleiben und das Judentum pflegen, stehen sie auf dem Boden der Galater. Dem heutigen Judentum fehlen alle Kennzeichen eines Überrestes. Die Gott „sich hat übrigbleiben lassen" sind andere (Röm.11,4).

Die Ankunft des Menschensohnes aus den Himmeln sollte wie der Blitz ausfährt geschehen. Schon zog sich ein Gewitter zusammen, die Blitze zuckten und erhellten für einen Augenblick die Nacht des Grauens „von Osten bis gen Westen". Die Aussage Jesu reicht sehr weit. Wenn sich das Zeugnis nach Westen fortpflanzte, würden auch dort einmal die Blitze Seiner Ankunft leuchten. In der Offenbarung kracht und blitzt es gewaltiger als jemals zuvor. Wie der Adler sich auf das Aas stürzt, so würde die Ankunft des Menschensohnes sein. Überall würde Gericht geübt werden, wo es etwas zu richten gab. In jener Zeit war das „Aas" in Jerusalem zu suchen, das fleischliche System war reif für das Endgericht, und darauf stürzten sich jetzt die römischen Adler.

Ein solches Ende ist auch der Hure Babylon prophezeit, die vornehmlich durch ihre falsche Prophetie so heruntergekommen ist. Ihre Feinde werden „die Hure hassen und werden sie öde und nackt machen, und werden ihr Fleisch fressen und sie mit Feuer verbrennen" (Offb.17,16). Für Gottes Volk wird es notvoll werden, wenn es dem dringenden Aufruf, Babylon zu verlassen, nicht eilends folgt „Geht aus Babylon hinaus, mein Volk, auf dass ihr nicht ihrer Sünden mitteilhaftig werdet, und auf dass ihr nicht empfanget von ihren Plagen" (Offb.18,4). Zu sehr sind wir noch mit Babylon verbunden, als dass wir durch einen Kirchenaustritt schon völlig von ihrem Wesen Abstand genommen hätten. Sind wir doch darin geboren, davon geprägt, haben unsere Kirche und Gemeinde geliebt und manches Gute darin gelernt und erlebt. Und nun sollen wir uns von allem trennen, was uns lieb und wert war? Für viele sicher eine schmerzliche Ablösung. Aber Gott hat für uns etwas Besseres bereitet, das wir noch gar nicht recht begreifen, aber von Gott in dem Herniederkommen der heiligen Stadt verheißen ist. Wir werden dann die Jünger verstehen können, wie schwer ihnen der Abschied von der heiligen Stätte und ihrem altehrwürdigen, einmal von Gott selbst eingeführten Kultus war.

Worin man geboren ist, davon kann sich ein Mensch von sich aus nur schwer lösen, er muss gelöst werden. Die Endzeitrede Jesu kann uns helfen, in unserer Zeit des sittlichen und moralischen Verfalls, der mutwilligen Zerstörung heiliger Werte, ewiger Normen und guter Sitten, die rechte geistliche Haltung einzunehmen. Dies bedeutet, die Sünde, die Gesetzlosigkeit und die Weltförmigkeit zu fliehen. „Seid nicht gleichförmig dieser Welt (diesem Zeitlauf), sondern werdet verwandelt durch die Erneuerung eures Sinnes ..." (Röm.12,2).

Gemeindlich muss man wohl noch ausharren, bis der HErr Sein Volk öffentlich herausruft, was bald geschehen muss. Solange man uns duldet, können wir ein Licht sein. Vorsicht bei neuen Gemeindeangeboten und Geistesbewegungen! Es gibt heute viele neue sektiererische Gruppen, welche arglose Seelen anlocken, als sei bei ihnen der Christus, als seien nur sie die Gemeinde Gottes, oder wo Personen mit großen Heilungen und Wundern aufwarten.

Wenn in der Endzeit von „Zeichen und Wundern" in der Schrift die Rede ist, dann stehen sie mit den falschen Propheten in Verbindung (2.Thess.2,9; Offb.13,13). Gewiss tut auch Gott heute noch Wunder, aber eben keine auf Bestellung oder als Schauspiel, beispielsweise bei charismatischen Gemeinden. Die gefühlsabhängige Masse lässt sich durch den „Sensations-Gottesdienst" blenden. Die hier aufgezählten Kennzeichen treffen auch auf viele andere Gemeinden zu, die ausgesprochen anti-pfingstlich sind. Wenn sie die falsche Prophetie haben, wenn sie nicht wissen, was auf die Kirche und somit auch auf ihre Gemeinde zukommt, wenn sie nicht die Offenbarung als Weg und Handeln Gottes mit Seiner Gemeinde verstehen, dann werden uns solche Gemeinden nur zum Fallstrick, das heißt in erster Linie zur Verführung.

Das Ende

In der letzten Phase geschehen nun gewaltige Dinge, die alles erschüttern, was nicht in Christus gegründet ist. „*Alsbald aber nach der Drangsal jener Tage wird die Sonne verfinstert werden, und der Mond seinen Schein nicht geben, und die Sterne werden vom Himmel fallen*" (Matth.24,29). Wollte man dies natürlich verstehen, würde dies bedeutet haben, dass damals schon alles Leben auf der Erde erloschen wäre. Auf die Zukunft gedeutet, würde ein zukünftiges Reich völlig gegenstandslos werden. Wir wissen heute, dass die Sterne viel größer sind als die Erde, sie würden schon im Vorbeistreifen die Erde vernichten. Jesus spricht hier in der Sprache der Propheten, indem Er den Blick der Jünger auf den Himmel und auf geistliche Dinge lenkt. Sonne, Mond und Sterne bedeuten Autoritäten, Regierungen und Zeitbestimmungen, die für das Judentum lebenswichtig waren. Der HErr will damit sagen, dass die Zeit für Israel abgelaufen ist, ihr Reich wurde verfinstert, ihre Religion hatte keine Bedeutung mehr für die Welt. Das ganze alte religiöse System würde plötzlich erschüttert werden, um eine neue Weltordnung aufzurichten, in welcher „die Sonne der Gerechtigkeit" den Tag des Heils beherrscht (Mal.4,2).

Wenn Petrus von diesen Dingen spricht, erinnert er an den Untergang der alten Welt, die nicht eine Vernichtung des Planeten Erde war, sondern das Gericht über die Welt der Gottlosen, über ein böses System. Noah und seine Familie überlebten die weltweite Flut. In den „jetzigen Himmeln und der Erde" des jüdischen Weltbildes war Jerusalem der Mittelpunkt der Erde und der Tempel das Bethaus für alle Völker. Alles dieses sollte im Brande aufgelöst werden und vergehen (2.Petr.3). *„Jetzt aber hat er verheißen und gesagt: Noch einmal werde ich nicht allein die Erde bewegen, sondern auch den Himmel"* (Hebr.12,27). Schon dem Weibe am Jakobsbrunnen hatte Jesus angekündigt, dass *„die Stunde kommt, da ihr weder auf diesem Berge, noch in Jerusalem den Vater anbeten werdet"* (Joh.4,21).

Bei den Aussagen über die Verwandlung der Dinge werden wir nur zuverlässige Deutungen auf unsere Zeit machen können, wenn wir die historische Wahrheit glauben und verstehen, welche Erschütterungen und Veränderungen damals wirklich stattfanden. Damit ist auch der geistliche, moralische und prophetische Schriftsinn gesichert, wie wir die Warnungen Jesu für unsere Zeit verstehen sollen. Was gemäß Offb.6,12-17 mit unserer Sonne, unserem Christusbild, geschehen wird, und unserem Mond, der Kirche, und den glänzenden Sternen am christlichen Himmel, an denen wir uns geistlich orientieren oder orientiert haben, werden wir bald erfahren, wenn wir es jetzt noch nicht sehen. Pfarrer Wilhelm Busch hat das treffend in einem Traktat „Mitternacht der Weltgeschichte" ausgelegt: „Da wird es sehr dunkel sein …".

Dass gewaltige Veränderungen bevorstehen, braucht uns kein Prophet im härenen Mantel zu sagen. Lasst uns aus der Geschichte Israels, die uns zum Vorbild aufgeschrieben ist, lernen. Als im Jahre 70 nach Christus „der große und furchtbare Tag des HErrn mit Blut und Feuer und Rauchdampf" (Apg.2,19-20), den Petrus am Pfingsttage angekündigt hatte, hereinbrach, war „das Ende aller Dinge" gekommen (1.Petr.4,7). Es war der Tag der Rache über ein System, dessen Verteidiger sich 40 Jahre lang hartnäckig geweigert hatten, Buße zu tun und das Zeugnis Jesu zu ihrem Frieden anzunehmen. Jerusalem wurde ihnen selbst zu einer Taumelschale, sie wurden buchstäblich mit „Blindheit geschlagen", was nach Sach.12 ursprünglich den Völkern gelten sollte.

Die falschen jüdischen Propheten deuteten die Ereignisse auf die Nationen, die sich gewisslich an Jerusalem verwunden würden, denn Gott würde für Juda streiten. In Jerusalem fühlte man sich sehr sicher, waren sie doch der Augapfel Gottes (Sach.2,8). Jerusalem ist ihnen selbst zum „Laststein" geworden, die heilige Stadt wurde zerstört, vom Tempel blieb nicht ein Stein auf dem anderen. Das ist Geschichte, warnende jüdische Geschichte, und doch wollen falsche Propheten mit Sacharja wieder die Gegenwart und Zukunft Israels beschwören. Damals war der Laststein Jesus, den sie wegschaffen wollten und an dem sie sich verwundeten.

Eine Millionen Juden sollen zu dieser Zeit Zuflucht in Jerusalem vor dem anrückenden römischen Heer gesucht haben und gingen dem Feind sämtlich in die Falle. Es muss schrecklich gewesen sein, was sich in jenen Tagen der Belagerung in Jerusalem abgespielt hat, wovon der jüdische Geschichtsschreiber Josephus berichtet. Für die ungläubigen Juden ging die Welt unter, alle Sterne fielen vom jüdischen Himmel, als das Unglaubliche geschah: Ihr Heiligtum wurde zerstört. Titus wollte es noch retten, aber ein römischer Soldat hatte bereits eine Brandfackel in den Tempel geworfen. Trotz ihres Schreiens zu Gott kam keine Hilfe, kein Retter. Bis zuletzt haben sie geglaubt, dass der Messias auf den Wolken komme, sie zu retten. Viele Juden kamen um, der Rest zog in die Gefangenschaft. Damit war die 1800jährige Geschichte Israels seit Abraham zu Ende.

„Dann wird das Zeichen des Sohnes des Menschen in dem Himmel erscheinen". Er sagt hier nicht *am* Himmel, sondern *im* Himmel. Der Menschensohn thront jetzt im Himmel zur Rechten Gottes. Ein „Zeichen" weist auf etwas anderes neben dem Geschehenen hin. „Kein Zeichen wird (diesem Geschlecht) gegeben werden, als nur das Zeichen Jonas, des Propheten" (Matth.12,39). Das leere Grab und die leinenen Tücher waren das Zeichen, dass Christus auferstanden war. Ein deutliches Zeichen für die Juden war gleichfalls, dass das Evangelium sich unter den Nationen ausbreitete. Ein letztes Zeichen war die Vernichtung Jerusalems, dass Gott sich von ihnen abgewandt hatte. Und dann begann die große Wehklage. Gar mancher Israeltourist lässt sich davon beeindrucken, wenn die Juden nach alter Sitte ihre Wehklage an der Klagemauer halten. Das ist nicht die Wehklage einer gottgemäßen Betrübnis, sondern ein Ritual. „Und sie werden den Sohn des Menschen kommen sehen auf den Wolken des Himmels mit großer Macht und Herrlichkeit". Wir sind es so gewöhnt, in diese Aussage Sein Kommen „auf die Erde" hineinzulesen. Aber das steht nicht da und ist auch nicht der Sinn. Die „Wolken" sind eine Verhüllung Gottes im Gericht. „Du hast dich in eine Wolke gehüllt" (Klagel.3,44). Oder: „Der Herr kommt auf schneller Wolke und kommt nach Ägypten" (Jes.19,1). Das kann man nicht mit dem natürlichen Auge sehen. Man sieht das Unwetter herannahen, aber man weiß nicht, dass es von Gott ist, man spürt den Wind, aber man sieht Den nicht, der „seine Engel zu Winden macht, seine Diener zu flammendem Feuer" (Ps.104,3.4). Doch „der HErr tut nichts, es sei denn, dass er sein Geheimnis seinen Knechten, den Propheten, geoffenbart habe" (Amos 3,7). Das ist der Unterschied zwischen denen, die gerichtet werden und denen, die Gnade und Rettung finden im Gericht. Die Knechte Gottes sehen das Gericht kommen und hoffen auf Gottes Barmherzigkeit, die anderen sind verblendet und kommen um. Nur die Jünger wussten an jenem Tage, wer und was sich hinter den „Wolken des Himmels" verbarg, als der römische Sturm Stadt und Land heimsuchte.

Christi Himmelfahrt geschah mit einer Wolke, wie schon Daniel schaute: „Und siehe, mit den Wolken des Himmels kam einer wie eines Menschen Sohn; und er kam zu dem Alten an Tagen und wurde vor denselben gebracht". Dort empfing Er „Herrschaft und Herrlichkeit und Königtum". Hier wird ausdrücklich hinzugefügt, dass „seine Herrschaft eine ewige Herrschaft ist, die nicht vergehen, und sein Königtum ein solches, das nie zerstört werden wird" (Dan.7,13- u.14). Diesen verherrlichten Christus hat Paulus verkündigt (Eph.1,20-23). Wenige Tage nach Seiner letzten Rede erklärt Jesus vor dem Synedrium, dass sie ihn „von nun an werden sitzen sehen zur Rechten der Macht und kommen auf den Wolken des Himmels" (Matth.26,64). Der Hohepriester verstand sehr gut, was Jesus damit meinte, dass Er für ihn verhüllt wie Gott wiederkäme. Das war für sie eine schwere Gotteslästerung.

Die Zerstörung Jerusalems ist der sichtbare Beweis, dass Gott Jesum zum König und Richter im Himmel über alle Fürstentümer und Gewalten gemacht hat. In jenem unheilvollen Jahr war der Tag des HErrn für die Juden gekommen. In Joel heißt es der „furchtbare Tag", in der Tat furchtbar für die Bewohner Jerusalems, ihr Heiligtum und alle ihre Werke „im Brande zerschmelzen" zu sehen (2.Petr.3,10.12). Bis zu diesem Augenblick waren die Obersten und Ältesten der Juden jeden Tag eingeladen worden, zu dem Hochzeitsmahle des Königs zu kommen. Aber die Geladenen kamen nicht. „Da wurde der König zornig und sandte seine Heere aus, brachte jene Mörder um und steckte ihre Stadt in Brand" (Matth.2,7). Das jüdische System hat keine Heilsbedeutung mehr, obgleich jeder einzelne Jude wie der Heide bis heute eingeladen bleibt. Das Endziel des ganzen Geschehens würde die Sammlung der Auserwählten sein: „Und er wird seine Engel aussenden mit starken Posaunenschall, und sie werden seine Auserwählten versammeln". Der starke „Posaunenschall" ist das Evangelium, die Evangeliumsposaune wurde von den Boten Gottes geblasen, um die Auserwählten zu Seiner Gemeinde zu sammeln. Das geschieht noch immer. Christus ist auch gestorben, um „die zerstreuten Kinder Gottes in eins zu versammeln" (Joh.11,52). Diese Weissagung fand in der Aussendung der Engel ihre Erfüllung, hat also noch nichts mit der Entrückung zu tun. In der Offenbarung sind es wieder die Posaunenengel, die Gottes Volk sammeln werden, zuerst horizontal, dann, nachdem die Braut des Lammes sich bereitet hat, endlich vertikal, „in Wolken dem Herrn entgegen in die Luft" (1.Thess.4,17).

Für die allgemeine Christenheit ist die Offenbarung Jesu Christi in gleicher Weise verhüllt wie die Endzeitrede Jesu für die Juden. Auch für uns kommt Er mit den „Wolken", und „ringsum ihn stürmt es gewaltig" (Ps.50,3). Wenn Er anfängt, die Gemeinden zu richten, werden „Stimmen und Donner und Blitze und ein Erdbeben geschehen" (Offb.8,5), und „wehklagen werden seinetwegen alle Geschlechter der Erde. Ja, Amen" (Offb.1,7). Wenn keine Buße erfolgt, wird es noch viel Wehklage geben, wenn nicht heute schon genug Wehklage zu hören ist. Von dem Feigenbaum aber sollten die Jünger Jesu lernen, dass für sie eine schöne Zeit bevorsteht, weil ihre Erlösung naht. Das Gericht am jüdischen System beendete die Verfolgung der Christen, welche die Juden immer wieder in Szene gesetzt hatten, es beendete auch die geistige Auseinandersetzung mit den judaisierenden Lehrern. Das war wahrhaft eine Erlösung für die Nachfolger Jesu. Die späteren Verfolgungen im Römischen Reich konnten viel besser ertragen werden als die Nachstellungen derer, die noch immer behaupteten, das auserwählte Volk zu sein. Der „Feigenbaum" war das aufblühende christliche Zeugnis, das der Welt die Botschaft des Friedens brachte. Wie widersinnig, in dem neu gegründeten Staat Israel den Feigenbaum zu sehen. Wer ist dort weich geworden, was hat Blätter getrieben, wo sind die Früchte für Gott? Es ist eine Gesellschaft wie die westliche, zum großen Teil agnostisch. Viele Christen haben in der ersten Begeisterung gesagt: Seht, jetzt ist die Zeit, da der Feigenbaum ausschlägt. Mittlerweile weiß jeder, wie welk das Ganze aussieht, gegen wen die Bäume hin und her „ausschlagen". Etwas Gutes ist für keine Seite und keine Seele dabei herausgekommen, nur Feindschaft, Vergeltungsschläge, Terror und Mord. Das kann Jesus nicht gemeint haben. Der nahe „Sommer" würde nicht Kälte und Dürre bringen, sondern Wärme in die Herzen und Regen des Segens. Für die Christen damals begann eine schöne, ruhige Zeit, die Feindschaft der Juden hörte auf und das Evangelium breitete sich schnell aus.

Alles, was Jesus vorausgesagt hatte, ist an „diesem Geschlecht" geschehen. Das waren die Juden damals. Ein ganz anderes Geschlecht bilden die Juden im heutigen Israel. Weder der moderne noch der orthodoxe Jude hat etwas mit dem Judentum zur Zeit der Apostel gemein. Dies umso weniger, als die heutigen Juden mehr und mehr ihre Identität verlieren. Das Wort Gottes kann sich nur als Evangelium an sie richten, und gerade dieses wird ihnen von den christlichen Judaisten vorenthalten. Welch eine Verantwortung laden „Knechte Gottes" auf sich, wenn sie ihr „Pfund" um eitler Ehre willen vor den Juden vergraben.

Im Anschluss an die Weissagung Jesu folgen die Gleichnisse vom Reich der Himmel, mit denen Er auf das christliche Bekenntnis überleitet, um Seine Jünger an ihre Verantwortung und die Abrechnung zu erinnern. Für alle Gläubigen wäre es eine wahre Erlösung, wenn wir von den falschen Propheten befreit würden. „Wer ist nun der treue und kluge Mitknecht, den sein HErr über sein Gesinde gesetzt hat, um ihnen die Speise zu geben zur rechten Zeit?" (Matth.24,45).

5 Die „Hoffnung Israels"

Nachdem wir das Ende der jüdischen Hoffnungen beschrieben haben, wollen wir uns nun der Frage zuwenden, für wen die „Hoffnung Israels" weiterbesteht und was ihr Inhalt ist.

Welche Gedanken hatten die Emmausjünger, als sie auf dem Wege nach Hause ihrer Enttäuschung Ausdruck gaben, dass sie gehofft hatten, dass „Jesus der sei, der Israel erlösen solle" (Luk.24,21)? Aus dem weiteren Verlauf der Unterhaltung wird ihre Erwartung deutlich. Sollte nicht der Messias kommen, um Israel aus dem elenden Zustand ihrer gesetzlichen Knechtschaft zu befreien? Angenommen, die beiden Jünger hätten an eine äußere Befreiung gedacht, so wird diese Hoffnung sogleich von dem Auferstandenen tadelnd korrigiert. Anhand der ganzen Schrift, anfangend von Moses und den Propheten, führt er sie in den Heilsplan Gottes ein. Jakob spricht von dem Ruhebringer; und Jeremia sagt: „Ihr werdet Ruhe finden für eure Seelen" (Jer.6,16). Meinte Jesus bei diesen Worten die Ruhe vor den Römern? (Matth.11,28-30). Christus war nicht dazu in die Welt gekommen, Israel von fremder Herrschaft zu befreien, sondern „Sünder zu erretten" (1.Tim.1,15); Jesus war geboren, „um sein Volk zu erretten von ihren Sünden" (Matth.21). Als Er Seinen öffentlichen Dienst begann, proklamierte er nicht die Unabhängigkeit des Staates Israel, sondern verkündigte „den Armen gute Botschaft, Gefangenen Befreiung ..." (Luk.4,18).

Dies alles bezog sich, wie wir wissen, auf die innere Erlösung. Nachdem das Erlösungswerk am Kreuz vollbracht war, wo Christus den Sieg über alle Feinde davongetragen hatte, und nachdem der Auferstandene den Jüngern das Verständnis geöffnet hatte und sie die Schriften auf Christus hin verstehen konnten, so dass ihre Herzen in Brand gerieten, und dann den Heiligen Geist empfingen (Joh.20,22), ja, nachdem der HErr noch vierzig Tage nach Seiner Auferstehung „über die Dinge redete, welche das Reich Gottes betreffen" (Apg.1,3; 28,31), – dann also sollen die Apostel noch einmal in die „jüdische" Denkweise zurückgefallen sein und nach der Wiederherstellung eines politischen Reiches für Israel gefragt haben? Das ist ziemlich unwahrscheinlich. Eher sollten wir glauben, dass alle diese Israellehrer Opfer einer falschen Auslegungs-methodik geworden sind als die nunmehr geisterfüllten und mit geistlichem Verständnis ausgerüsteten Apostel (vgl.Joh.2,22; 7,39). Ihre Frage nach dem Zeitpunkt der geistlichen Wiederherstellung Israels wurde vom HErrn mit der „Kraft aus der Höhe" beantwortet, mit der sie nun bald bekleidet werden sollten, wenn der Heilige Geist auf sie gekommen war (Apg.1,6-8). Die Wiederherstellung des Reiches sollte das Werk des Heiligen Geistes sein. Jesus hatte die Jünger beten gelehrt: „Dein Reich komme!" (Matth.6,10). Ihr Gebet wurde erhört, das Reich erschien „nach nunmehr nicht vielen Tagen".

Dann kam der Tag der Pfingsten, an dem die von allen Propheten verheißene Wiederherstellung Israels nun voll begann. Petrus hatte die Schlüssel des Reiches vom HErrn bekommen, durch seine Predigt wurden an jenem Tage dreitausend Seelen zu der bereits vorhandenen Reichsgemeinde hinzugetan und auf den Namen des HErrn Jesu getauft. Sie waren von dem „falschen Geschlecht" gerettet und gehörten nun zu dem Geschlecht Jesu Christi und dem wahren Israel.

Zunächst besteht das Reich nur aus Juden, bis Petrus den Auftrag erhält, auch die „Nationen" hereinzulassen (Apg.10). Wenn Gott, wie Petrus später bezeugt, „auch den Nationen die Buße gegeben hat zum Leben" und auf sie auch die Gabe des Heiligen Geistes ausgegossen worden ist (Apg.10,45; 11,18), – daraus wird doch niemand schließen, dass alle Heiden in jeder Nation errettet wurden. Gottes Nation wird nicht national berufen, im neuen Bund müssen alle einzeln kommen, jeder muss sich als Sünder vor Gott erkennen, dann aber darf er auch die Gnade und Vergebung annehmen und das ewige Leben empfangen. So bildete sich die übernationale Gemeinde Israel.

Wer verstanden hat, oder besser gesagt, glauben kann, was der Neue Bund für Israel ist, der weiß, dass es keine nationale Segnung gibt. „Denn die Schrift hat alles unter die Sünde eingeschlossen, auf dass die Verheißung aus Glauben an Jesum Christum denen gegeben würde, die da glauben" (Gal.3,22). Auch im alten Bund ging der Segen Abrahams nur auf denjenigen über, die Gott geglaubt haben, die übrigen aber fielen durch den Unglauben.

Durch die Berufung des Apostels Paulus wird die Reichsbotschaft auf den Kreis der Nationen ausgedehnt. Hinfort ist Antiochien der Ausgangspunkt, um auch die Juden in der Zerstreuung und die Nationen als *ein* Volk unter dem Neuen Bund zu vereinigen (Joh.10,16; Eph.2,11-22). Dies bestätigt auch Jakobus in Apg.15, wie auch Heide zugeben muss, dass „Jakobus offenbar seine Zeit irgendwie mit einem Wiederaufbau der Hütte Davids verknüpft". Leider nimmt er auch hier das erfüllte Wort Gottes solange auseinander, bis wieder die „noch-nicht"-Erfüllungstheorie herauskommt, indem er fragt: „Aber welche 'Hütte Davids' ist nach den Worten Jakobus wiederhergestellt? Das Haus Israel als solches gewiss nicht" (S.51). Wenn wir so mit den biblischen Verheißungen umgehen, werden wir jede Erfüllung in Frage stellen müssen, weil da irgendetwas noch nicht ganz unseren Vorstellungen entspricht. Vor allen Dingen wird aufgrund einer solchen Auslegung, die wir ja Zer-Legung nennen müssen, niemand an die so notwendige Wiederherstellung der Gemeinde in der jetzigen Zeit glauben, noch danach fragen. Wenn wir nicht glauben, was Gott im Anfang erfüllt hat, als das Reich in Kraft und Herrlichkeit erschien, wie werden wir glauben, wenn Gott ein Werk in unseren Tagen wirkt? Doch was nach der Verfallstheorie nicht sein darf, kann nicht sein.

Dass die Hoffnung Israels in dem Evangelium erfüllt ist, eben das erklärt Paulus in seiner Verteidigungsrede vor Agrippa:

„Und nun stehe ich vor Gericht wegen der Hoffnung auf die von Gott an unsere Väter geschehene Verheißung, zu welcher unser zwölfstämmiges Volk, unablässig Tag und Nacht Gott dienend, hinzugelangen hofft, wegen welcher Hoffnung, o König ich von den Juden angeklagt werde. Warum wird es bei euch für etwas Unglaubliches gehalten, wenn Gott Tote auferweckt" (Apg.26,6+7)?

Welche Hoffnung hatte Israel? Paulus spricht es hier aus: Die Toten-Auferstehung. Hesekiel sieht diese Auferstehung im Tal der Totengebeine. „Menschensohn, werden diese Gebeine lebendig werden?" fragt ihn die göttliche Stimme. Und dann soll er über diese Gebeine weissagen: „So spricht der HErr, zu diesen Gebeinen: Siehe, ich bringe Odem in euch, dass ihr lebendig werdet". Die Gebeine rücken zusammen, Gebein an Gebein, es kommen Sehnen darüber, Fleisch wuchs, und Haut überzog alles, zuletzt haucht der Geist Gottes die Getöteten an und sie standen auf ihren Füßen. „Diese Gebeine sind das ganze Haus Israel", sie waren verdorrt, ihre Hoffnung war verloren; „wir sind dahin", sprachen sie (Hes.37).

Nun verkündigt Paulus den Juden, dass in der Auferstehung Jesus Christi eben diese Hoffnung erfüllt ist, „dass er als Erster durch Toten-Auferstehung Licht verkündigen sollte, sowohl dem Volke als auch den Nationen" (Apg.26,23). Von dieser Hoffnung hatte bereits Jesus den Juden gesprochen: „Wahrlich, wahrlich, ich sage euch, dass die Stunde kommt und jetzt ist, da die Toten die Stimme des Sohnes Gottes hören werden, und die sie gehört haben, werden leben". Die Bedingung war der Glaube, „wer mein Wort hört und glaubt dem, der mich gesandt hat, hat ewiges Leben und kommt nicht ins Gericht, sondern er ist aus dem Tode in das Leben übergegangen" (Joh.5,23-25). Auferstehung und ewiges Leben ist die große Hoffnung Israels, wovon auch durch Daniel geweissagt ist (Dan.12,1-3). Aber nur die Glaubenden haben diese Hoffnung erlangt und sind mit Christus auferstanden, Er aus dem leiblichen Tode, wir aus dem geistlichen Tode zu ewigem Leben, aber nach derselben Kraft Gottes. „Ohne Glauben aber ist es unmöglich Gott zu gefallen" (Hebr.11,6).

Der Apostel beschließt sein Zeugnis in der Apostelgeschichte damit, dass er allen, die zu ihm kommen, „das Reich Gottes predigte und die Dinge, welche den HErrn Jesus Christus betreffen" (Apg.28,31). Es war eine tragische Ironie, dass die Juden den Apostel wegen der „Hoffnung Israels" anklagen. Den Juden missfällt, dass Paulus ihre messianische Hoffnung als in Christus erfüllt verkündigt. Weil Paulus glaubt und verkündigt, dass J e s u s der Christus (hebr. Messias) ist, das heißt der gesalbte König des verheißenen Friedensreiches, deswegen wird er fortwährend von den ungläubigen Juden verfolgt (Apg.13,23-39. 45-50; 17,3.5-7; 18,5.6.12.13). Das Evangelium Pauli entspricht also n i c h t der jüdischen Messiashoffnung, die sich, am Buchstaben klebend, in natürlichen und politischen Vorstellungen ergeht.

Eine noch größere Ironie ist, wenn Christen nicht in der Auferstehung Jesu die Auferstehung Israels sehen. Paulus lehrt in seinem Evangelium nichts anderes als die Erfüllung alttestamentlicher Verheißungen in Christus, „indem ich nichts sage außer dem, was auch die Propheten und Moses geredet haben, dass es geschehen werde" (Apg.26,22). Sie alle haben von den Leiden Christi und Seiner Auferstehung geschrieben. Wäre Paulus in Ketten gewesen, wenn er eine messianische Herrschaft nach jüdischer Erwartung gepredigt hätte? „Wir aber predigen Christum als gekreuzigt, den Juden ein Ärgernis, und den Nationen eine Torheit" (2.Kor.1,23). Warum? Weil das Kreuz alle irdischen Hoffnungen, auch die Hoffnung auf einen König Israels zunichte gemacht hat.

Woher haben die Israelfreunde den Glauben, dass Gott mit Israel als Nation wieder anknüpfen wird? Sie operieren immer noch mit einem „gläubigen Überrest" (Heide S.211), ohne zu sagen, worin dessen Gläubigkeit besteht bzw. wo dieser angebliche Überrest heute zu finden ist. Das was der Apostel einst „Ungläubige" nannte, nennen sie „gläubig". Im Alten sowie im Neuen Testament ist die Menschheit zweigeteilt, in Israel und Nationen, in Israel noch einmal in Gerechte und Gesetzlose, Heilige und Gottlose, neutestamentlich generell in Gläubige und Ungläubige. Seit die Jünger Christen genannt werden, gibt es nur Christen und Nichtchristen (Heiden), worunter nach Paulus auch die ungläubigen Juden fallen (Röm.15,31). Ernst Schrupp ist anderer Meinung, er hält es für unmöglich, dass die Juden heute immer noch „der nichtchristlichen Seite zugezählt werden". Dabei beruft er sich auf Paulus, der die „Dreiteilung der Menschheit" bezeuge: „Israel, die Gemeinde Gottes und die Nationen. Zu Israel (Juden) und den Weltvölkern (Griechen) tritt die Gemeinde als das 'dritte Geschlecht' hinzu" (S.90). Diese Argumentation ist ein Fündlein der Dispensationalisten, aber nicht das, was der Apostel an dieser Stelle lehrt (1.Kor.10.32). Paulus meint nämlich hier nur die kulturellen Unterschiede, die man beachten sollte, um keinen Anstoß zu erregen.

Glaubt der imaginäre „Überrest" an den HErrn Jesus Christus? Nun, dann gehören sie heute ebenso zur Gemeinde Christi wie die gläubigen Juden in den Tagen der Apostel. Sind wir uns aber klar darüber, dass dann jede Verbindung zu einem nochmaligen „messianischen Reich" fehlt? Denn so oft Gott etwas Neues begann, benutzte Er die letzten Treuen zu einem neuen Anfang. Dieser treue, gottesfürchtige jüdische Überrest fehlt jetzt gänzlich. Wenn sogar die wahre Kirche Christi zu einem Überrest zusammengeschrumpft ist, sollten wir lieber dort den „treuen Überrest" suchen. Diesen will Gott als Sein Israel versiegeln (Offb.7).

6 Wiederbelebung der Hoffnung

„Unser größter Trost liegt darin, dass es die Sache Gottes ist und dass Er es in Seine Hand nehmen wird, sie zu einem glücklichen Ausgang zu führen. Würden sich auch alle Fürsten der Erde zum Schutz unseres Evangeliums vereinigen, so dürften wir das dennoch nicht zur Grundlage unserer Hoffnung machen. Und ebenso: Wenn wir auch sehen, mit welchem Widerstand sich heute nahezu alle Welt der Ausbreitung des Evangeliums entgegenstellt, dürfen wir dennoch nicht daran zweifeln, dass unser HErr endlich kommen wird, um alle ihre Pläne zu durchkreuzen und Seinem Wort den Weg zu bereiten. So lasst uns denn mutig über unser Verstehen hinaus hoffen; denn Sein Handeln wird all unsere Gedanken und Hoffnungen übertreffen". *Johannes Calvin*

Die Hoffnung der Puritaner (von Iain Murry)

Da die puritanische Bewegung (16./17.Jahrh., von England ausgehend) dicht auf die Reformation folgte, überrascht es nicht, dass sie Erweckungen als die Hauptfaktoren für das Wachstum der Kirche in dieser Welt ansah. Die Reformation war im Grunde die größte Erweckung seit Pfingsten – eine Frühlingszeit neuen Lebens für die Kirche in einer solchen Größenordnung, dass die überlieferten Beispiele aus apostolischer Zeit von dreitausend Bekehrungen an einem Tag und von einer großen Zahl der Priester, die gläubig wurden (Apg.2,41), nachvollziehbar wurden.

Die Reformation und der Puritanismus sind unter vielen Aspekten betrachtet worden; aber man übersah allzu oft, dass die Hauptmerkmale dieser Bewegungen – die Weite ihres Einflusses, die herausragende Stellung, die der Heiligen Schrift eingeräumt wurde, und die charakterliche Umwandlung moralisch verkommener Menschen – allesamt typische Wirkungsweisen von Erweckungen sind. Wenn der Heilige Geist an einem „Tage der Kraft" ausgegossen wird, werden ganze Gemeinden, ja ganze Länder die Auswirkungen spüren: Sündenerkenntnis, eifriges Verlangen nach Gottes Wort, Vertrauen in jene Wahrheiten, die in der Errettung des Menschen Gott verherrlichen, sind die natürlichen Früchte.

Ein Beispiel ist das große Werk Gottes in Cambridge: Wenn es je so etwas wie eine geistliche Springflut gab, dann ist es jetzt in England der Fall ... Das Evangelium hat dieses Königreich und diese Stadt zu einer ‚herrlichen Krone in der Hand des HErrn' gemacht, wie es von Jerusalem heißt, ‚zum Ruhm der ganzen Erde'!

Ebenso die Erweckung in Schottland. Im Rückblick auf die glorreiche Zeit schrieb der schottische Kirchenhistoriker Kirkton:

„Die Kirche Schottlands war einzigartig unter den Kirchen.

Zunächst muss man bewundern, dass, während es dem HErrn in anderen Ländern ausreichend schien, *einige* in einer Stadt, in einem Dorf oder in einer Familie zu überführen und den Rest in Finsternis zu lassen, in Schottland die ganze Nation in einem Stück bekehrt wurde. Und innerhalb von zehn Jahren nach Abschaffung des Papsttums in Schottland waren nicht zehn Personen von Rang und Namen darin zu finden, die sich nicht zum wahren reformierten Glauben bekannten; und dasselbe gilt, im Verhältnis, für das gewöhnliche Volk. Siehe, hier war eine Nation an *einem* Tag geboren (Jes.66,8).

Selbst wenn man gewisse Abstriche macht, weil vielleicht einige mehr durch äußerliche als durch innerliche Überzeugung mitgetragen wurden, liefert die schottische Reformation ein beredtes Zeugnis für den großen Erfolg, den das Evangelium damals hatte. Es war eine große Erweckung.

Unerfüllte Prophetie: Die Entfaltung der Hoffnung
John Owen sagt von der unerfüllten Prophetie: Dass Gott zu einer festgesetzten Zeit dem Reich des HErrn Christus zu größerer Herrlichkeit und Kraft verhelfen wird als in vergangenen Tagen, davon, so denke ich, sind wir alle überzeugt. Sicherlich wird das noch mehr beinhalten, doch die folgenden Punkte sind klar verheißen:

Fülle von Frieden für das Evangelium und seine Bekenner: Jes.11,6-7; 54,13; 33,20-21; Offb.21,15.
Reinheit und Schönheit der Ordnungen und des Evangeliums-Gottesdienstes. Offb.11,2; 21,3. Das Heiligtum war ganz nach Gottes Anordnungen geschaffen: Mal. 3,3-4; Sach.14,16; Offb.21,27; Sach.14,20; Jes.35,8.
Zahlreiche Bekehrungen, viele Menschen, ja ganze Völkerscharen: Jes.60,6-7; 66,8; 49,18-22; Offb. 7,9.
Völlige Verbannung und Ausschließung alles Götzendienstes und der damit verbundenen Greuel: Offb.11,2.

Wie sich diese Hoffnung entfalten würde, gaben die Puritaner eine bedeutsame Antwort. Sie lautete: Ausbreitung und Sieg des Reiches Christi werden durch mächtige Kraftwirkungen des Heiligen Geistes geschehen, der in Erweckungen auf die Kirche ausgegossen wird. Solche Erweckungszeiten werden auf den Befehl Christi kommen; erneute „Pfingsten" werden zeigen, dass Er noch immer „HErr und Christus" ist. Die naturalistische Idee eines automatischen geschichtlichen Fortschritts lehnten die Puritaner ab. Sie erklärten hingegen, dass Gottes souveräne Absicht im Evangelium, wie sie in den bislang unerfüllten Verheißungen der Heiligen Schrift angezeigt ist,   die gewisse Hoffnung einer zukünftigen Ausgießung des Geistes nahe legt. Darauf gründeten die Puritaner ihre Erwartungen; das Reich Christi kommt allein durch Erweckungen voran.

Durch dieses Verständnis von der gegenwärtigen und zukünftigen Regentschaft Christi in der Welt war die Erwartung des Puritanismus' notwendigerweise von Hoffnung geprägt, verbunden mit einer ernsten Frömmigkeit.

Der Niedergang der Hoffnung

In England gab es über 800 Jahre in jedem Jahrhundert eine nationale Erweckung, besonders große durch die puritanische Bewegung. Aber es gab auch Zeiten des geistlichen Niedergangs, des Todesschlafes und der Verfolgung. Danach aber geschah es wie eine zweite Reformation, durch gesegnete Werkzeuge wie Georg Withefield und die Brüder Wesley. In England, Wales, Schottland und Amerika ging das große Bekehrungswerk mit erstaunlicher Schnelligkeit voran. Ich glaube, sagte Georg Withefield, „dass ein Werk begonnen hat, wie es weder uns noch unseren Vätern zu Ohren gekommen ist. Große Massen werden allerorts erweckt".

Bis die Prophetie der Brüderbewegung aufkam, (die im 19.Jahrh. verbreitet wurde und bis heute in den Köpfen vieler Christen vorherrscht) – sie machte jede Hoffnung auf eine Ausbreitung des Reiches Gottes und Wiederherstellung der Kirche durch Erweckungen zunichte. Darby schockte die Gläubigen mit seiner negativen prophetischen Sicht vom Fortschritt des Bösen, dem Abfall und dem kommenden Gericht. Die „unerfüllten Verheißungen" projizierte er sämtlich auf die Juden im „Tausendjährigen Reich". Mit dieser Sichtweise gingen auch die Erweckungen in Europa zurück und hörten schließlich ganz auf, ihre Endzeitprophetie erfüllte sich an ihren eigenen Versammlungen.

... Diesen „Propheten" entgegnete C.H.Spurgeon, der letzte Puritaner: „David war kein Verfechter der Theorie, dass die Welt nur immer schlechter werden und diese Weltordnung in allgemeiner Finsternis und Götzendienerei zu Ende gehen wird. Inmitten einer zehnfach schwarzen Nacht wird die irdische Sonne sinken, wenn man einigen unserer prophetischen Brüder glauben muss. Wir erwarten nichts dergleichen, sondern halten Ausschau nach einem Tag, an dem die Bewohner aller Länder Gerechtigkeit lernen und dem Erlöser vertrauen werden, wenn sie Dich allein, o Gott, anbeten und ‚Deinen Namen verherrlichen' werden. Die moderne Sicht hat den Missionseifer der Kirche sehr gedämpft; und je eher gezeigt wird, dass diese Sicht unbiblisch ist, umso besser ist es für die Sache Gottes. Sie deckt sich weder mit den Aussagen der Propheten, noch ehrt sie Gott, noch entflammt sie die Kirche zu neuem Eifer. Also hinfort mit ihr so weit wie möglich!"

Soweit Iain Murry, „Die Hoffnung der Puritaner".

Der Ruhm der Hoffnung

„Laßt uns den Ruhm der Hoffnung bis zum Ende standhaft festhalten", mahnt uns der Hebräerbrief (3,6). „Wir rühmen uns in der Hoffnung der Herrlichkeit Gottes ..." Röm.5,2). Glaube, Liebe, Hoffnung – daran mangelt es heute, besonders an der Hoffnung, dass Gott noch ein Werk in unseren Tagen tun wird. Diese Hoffnung aber kann man nur haben, wenn man an die Verheißungen Gottes glaubt. Purer Unglaube hat die Idee eines sogen. Tausendj.Reiches erfunden, weil er keine Hoffnung mehr für die Kirche und die Welt sah. Der Nationenapostel sah das anders, der Erfolg seines

Evangeliums ist auf die Hoffnung gegründet, dass die Verheißungen der Propheten in Christus erfüllt sind. Man kann es nicht oft genug sagen: „So viele der Verheißungen Gottes, in ihm ist das Ja und in ihm das Amen, Gott zur Herrlichkeit durch uns" (2.Kor.1,20). Seine Briefe sind voll von diesen Zeugnissen (Röm.1,2).

„Und es wird geschehen an jenem Tage: der Wurzelspross Isais, welcher dasteht als Panier der Völker, nach ihm werden die Nationen fragen; und seine Ruhestätte wird Herrlichkeit sein.

An jenem Tage wird der Herr zum zweiten Male seine Hand ausstrecken, um den Überrest seines Volkes, der übrigbleiben wird, loszukaufen ..." (Jes.11,10-16; Röm.11,5; 15,12).

Hier beschreibt der Prophet, wie der HErr in der letzten Zeit Sein bluterkauftes Eigentumsvolk sammelt, um durch sie der Welt das Heil zu bringen. Das erfüllte sich in den Tagen der Apostel. Daraus ergeben sich auch die Zukunftsperspektiven für unsere Zeit.

„Siehe, du wirst eine Nation herbeirufen, die du nicht kanntest; und eine Nation, die dich nicht kannte, wird dir zulaufen, um des HErrn willen, deines Gottes, und wegen des Heiligen Israels; denn er hat dich herrlich gemacht" (Jes.55,5; 65,1; Röm.10,20).

In einer Erläuterung zu diesem Text verleiht der Bibelübersetzer seinem erhabenen Eindruck die Worte: „O, neue Gemeinde!"

Für die gegenwärtige Situation gibt das prophetische Wort der Schrift großen Trost und gute Hoffnung:

„Die Befreiten des HErrn werden zurückkehren und nach Zion kommen mit Jubel, und ewige Freude wird über ihrem Haupte sein" (Jes.35,8.10).

Die Propheten, denen diese große Errettung offenbart wurden, weissagten von der Gnade gegen uns, „suchten und forschten", wann diese Zeit wohl kommen würde, die in Christo gekommen ist und jetzt verkündigt wird, „durch den vom Himmel gesandten Heiligen Geist, in welche Dinge Engel hineinzuschauen begehren" (1.Petr.1,9-12).

„Und zu derselben Zeit werden die Tauben die Worte des Buches hören, und aus Dunkel und Finsternis werden die Augen der Blinden sehen" (Jes.29,18; Luk.4,18).

Die Schau der Propheten ist gewaltig, sie hat schon einmal durch den Segen des Evangeliums Völker und Reiche geistlich, sittlich und moralisch verändert, und vermag es wiederum.

Was aber muss geschehen, ehe die Welt und auch die Kirche sich wieder dem wahren und vor allem dem ganzen Evangelium öffnet? Angesichts des sittlichen und geistlichen Niedergangs, der Zerstörung christlicher Werte und Ordnungen, bis in die Gemeinden, müssten wir alle Hoffnungen auf eine Wiederherstellung begraben. Die Offenbarung gibt neue Hoffnung: „Ich sah die heilige Stadt, das neue Jerusalem, aus dem Himmel hernieder kommen von Gott" (Offb.21,2). Vorher muss erst einmal abgebrochen, der alte Schutt beseitigt und die Fundamente freigelegt werden. Gott ist bereits damit beschäftigt, nämlich das leblose, verdorbene Christentum zu beseitigen, damit der echte und lebendige Glaube wieder hervorkomme und das Evangelium in einem neuen Glanz erstrahle und wieder glaubhaft werde für die Welt. „Denn der HErr wird sein Volk richten, und er wird sich's gereuen lassen über seine Knechte, wenn er sehen wird, dass geschwunden die Kraft, und der Gebundene und Freie dahin ist" (5.Mo.32,36; Hebr.10,30). Um das Gericht zu verstehen, müssen wir die Propheten auf die Kirche und das allgemeine Christentum anwenden, wie es die Reformatoren getan haben. „Stehe auf, o Gott, richte die Erde! Denn d u wirst zum Erbteil haben alle Nationen" (Ps.82,8). Noch im Gericht gilt: „Wer an den Sohn Gottes glaubt, wird nicht gerichtet" (Joh.3,18).

Viele Christen kämpfen noch für die christliche Kultur, nicht wissend, was Gott beschlossen hat. Sie kämpfen einen aussichtslosen Kampf gegen das Tier, das Gott losgelassen hat, um alles auf die Probe zu stellen (Offb.13). „Siehe, der Herr der Heerscharen haut mit Schreckensgewalt die Äste hernieder; und die von hohem Wuchse werden gefällt, und die Emporragenden werden erniedrigt" (Jes.10,33). Im Alten Testament waren es feindliche Heere, im Gemeindezeitalter sind es geistliche Mächte der Finsternis. Diese alle dienen dem Plane Gottes, um die Gemeinde Gottes zu reinigen und ein neues Verlangen nach der Gnade zu wecken. Schon hat das Gericht am Hause Gottes begonnen.

Die Sache des Evangeliums ist noch nicht verloren, der Sieg Christi muss noch offenbar werden. „Wir rühmen uns in der Hoffnung der Herrlichkeit Gottes. Nicht allein aber das, sondern wir rühmen uns auch der Trübsale, da wir wissen, dass die Trübsal Ausharren bewirkt, das Ausharren aber Erfahrung, die Erfahrung aber Hoffnung; die Hoffnung aber beschämt nicht, denn die Liebe Gottes ist ausgegossen in unsere Herzen ...“ (Röm.5,1-5).

Wenn wir die Erfolglosigkeit der Evangeliumsverkündigung beklagen, müssen wir zuerst das was die Bibelzerleger zerteilt haben, wieder zusammenfügen. Auch nachdem die Jünger wussten, dass Jesus aus den Toten auferstanden war, fischten der zum Menschenfischer gemachte Petrus und seine Genossen immer noch im Trüben. „In jener Nacht fingen sie nichts“, lesen wir (Joh.21,1-6). Sie lebten zeitlich immer noch wie vor dem Kreuz, als die Propheten noch unerfüllt waren. Die „nicht erfüllten Prophezeiungen“ sind auch heute noch oder wieder das Problem unserer „Fischer“. Vielleicht gehen einige Fische ins Netz, meist aber sind es faule und kranke, die sehr viel Mühe in der Nacharbeit und Unterhaltung benötigen und doch nicht frei werden.

Jesus sagte daraufhin: „Werfet das Netz auf der rechten Seite des Schiffes aus, und ihr werdet finden!“ Was ist die *rechte* Seite? Auf jeden Fall die richtige. Richtig ist, die Propheten und das Evangelium wieder zusammenzubringen. In dem „Wort vom Kreuz“ ist alles erfüllt.

7 Wird das ganze Israel gerettet?

Wir kommen jetzt zu den Versen, die am häufigsten aus dem Stall bemüht werden, wenn der Wagen der Israelerwartung in Gang gebracht werden soll. Darum wollen wir sie lesen: *„Denn ich will nicht, Brüder, dass euch dieses Geheimnis unbekannt sei, auf daß ihr nicht euch selbst klug dünket: daß Verstockung Israel zum Teil widerfahren ist, bis die Vollzahl der Nationen eingegangen sein wird; und also wird ganz Israel errettet werden, wie geschrieben steht: Es wird aus Zion der Erretter kommen, er wird die Gottlosigkeit von Jakob abwenden; und dies ist für sie der Bund von mir, wenn ich ihre Sünden wegnehmen werde"* (Röm.11,25-27). Wir hören hier von einem Geheimnis, einem Erretter, von einem Bund und von Sündenwegnahme. Das Geheimnis ist gelüftet, der Erretter ist gekommen, der Bund ist gestiftet und durch Sein Blut eingeweiht, so dass jeder, „der Jude zuerst als auch der Grieche", durch Buße und Umkehr im Glauben an das Blut Jesu Vergebung der Sünden empfangen und errettet werden kann. Ist das so schwierig zu verstehen? Um diese Errettung geht es im Römerbrief und auch heute noch; eine andere ist nicht vorgesehen, auch nicht für die Juden. Dies bedeutet Mission. Ohne Judenmission kommen genauso wenig Juden zum Glauben wie ohne Heidenmission Heiden.

Vor Jahren korrespondierte ich mit dem jüdischen Schriftsteller Schalom Ben-Chorin. Ich wollte ihn als meist gelesenen religiösen Schriftsteller auf das Alte Testament als Gottes Wort festlegen. Er antwortete mir: „Das sind archaische Vorstellungen, die heute kein Rabbiner mehr hat". Für alle drei Gruppen, orthodoxe, konservative Juden und Reformjuden ist die Bibel lediglich ein Geschichtsbuch oder Moralbuch, mehr nicht. Auf einen weiteren Brief von mir antwortete er in der Jüdischen Zeitung „Allgemeine": „Ein christlicher Bibelforscher schrieb mir: 'Mich würde brennend interessieren, was Sie mit Ihren Sünden machen' – ‚denn da ist kein Mensch, der nicht sündigt' (1.Kön.8,46). Die Gebote kann kein Mensch halten, nicht die zehn Gebote, nicht einmal das erste Gebote, weshalb der heilige Gott erzürnt ist. Gottes Zorn kann nur das Blut des Lammes abwenden (2.Mo.12); oder ein geringeres Opfer? Soviel ich weiß, wird bei Ihnen der Opferdienst, wie er von Gott angeordnet war, nicht mehr ausgeübt. Auch existiert kein Tempel und kein Priestertum ... Wo sehen Sie das vollgültige Opfer, welches nicht nur die Juden, sondern auch alle Menschen zur Versöhnung mit Gott dringend bedürfen?' „Die Antwort auf diese Frage", so schreibt Ben-Chorin, „die immer wieder von christlicher Seite gestellt wird, gibt der Begriff der Umkehr, der Theschuva, dem der Schabbath zwischen Neujahrsfest und Versöhnungstag gewidmet ist."

Das Halten eines Feiertages mit einem murmelnden Gebet vor der Klagemauer ist für den Juden Umkehr, aber in seinem Leben ändert sich nichts. Zu dem Begriff „Umkehr" führt Ben-Chorin aus: „Wir müssen wieder hören lernen (auf die innere Stimme), um den Weg der Umkehr zu suchen, in uns selbst zu suchen und zum Mitmenschen hin zu führen".

Schön humanistisch ausgedrückt, aber daraus wird ersichtlich, dass das heutige Judentum eine Selbsterlösungs- und Mitmenschlichkeitsreligion ist, die nicht zu Gott führt, ebensowenig wie andere Religionen. Gott im Menschen, das ist die Denkweise und das Gottesbild des modernen Juden, und nicht nur des Juden, sondern überhaupt unserer Zeitgenossen. Trotz „Glaube an den Messias" und allem Messianismus ist jede andere Errettung eine Illusion, die nicht im Glauben an Jesus als den wahren Messias und Sohn Gottes ihren Grund gefunden hat. Der Messias, den das gegenwärtige Judentum erwartet, wenn sie überhaupt einen erwarten, ist jedenfalls nicht unser HErr Jesus Christus, sondern eine politische Figur, durch den sich „Gerechtigkeit und Frieden in der Welt durchsetzen" (Schrupp S.80). Solche Aussagen eines Bibellehrers beseitigen alle Klarheiten des Evangeliums. Es kann keinen Weltfrieden geben ohne persönlichen Frieden mit Gott durch den Glauben an die Gerechtigkeit Gottes in Christus Jesus.

Um die strittigen Kapitel im Römerbrief (9-11) zu verstehen, müssen wir uns einmal die damalige Situation, in die das Wort von der Errettung Israels hineingesprochen ist, vor Augen führen. Die alte Kirche hat diese Kapitel besser verstanden als wir heute.

Probleme und Verwirrung hat es erst gegeben, seitdem das Heilsvolk geteilt wurde. Wir sehen in der Apostelgeschichte, dass die Rettung der Juden in zwei Phasen verläuft. Petrus rief am Pfingsttage: „Laßt euch retten von diesem verkehrten Geschlecht!" (Apg.2,4). Das „verkehrte Geschlecht" in Jerusalem ist im Römerbrief schon als Israel ausgeschieden, da es die Propheten getötet und auch den Sohn Gottes verworfen und umgebracht hat, es kann daher nicht mehr als Volk Gottes angesprochen werden. Auch das Volk in der Zerstreuung, obwohl nicht am Tode Jesu schuldig, aber in Sünden und Lüsten lebend wie die Welt, ist „nicht mein Volk" (Hosea 1,9).

Diese beiden Gruppen entsprächen etwa dem, was Schalom Ben-Chorin über das heutige Judentum sagt: „Das orthodoxe Judentum stellt die Nachfolge des pharisäischen Judentums dar". Natürlich will er das nicht „so negativ dargestellt sehen wie im Neuen Testament". In Wirklichkeit sind die orthodoxen Juden weit weniger gesetzestreu als damals die Pharisäer es waren. Und das übrige Judenvolk? Schalom Ben-Chorin verrät mir, schon vor dreißig Jahren, als ich ihn für die Offenbarung interessieren wollte: der überwiegende Teil der jüdischen Gesellschaft sei sozialistisch und glaube an gar nichts mehr. Das entspricht der westlichen Gesellschaft. Und dann noch „auserwähltes Volk"? Ihr Gott ist nicht unser Gott, sie leben auch nicht im alten Bunde, sie leben in gar keinem Bund, eher ein Bund mit dem Tode (Jes.28,15).

Wie kann man entgegen dem Evangelium das falsche Israel für das wahre Volk Gottes erklären? Täglich sterben Juden im Unglauben, kaum einer, der 1948 die Staatsgründung bejubelte, dürfte noch leben, Generation um Generation ist seit 2000 Jahren verloren gegangen. Wo sind sie jetzt? „Wenn jemand nicht geschrieben gefunden wurde in dem Buche des Lebens, so wurde er in den Feuersee geworfen" (Offb.20,5). Leider ist auch unser lieber, sehr geschätzte Informatiker Professor Gitt den falschen Israel-freunden auf den Leim gegangen. In einem Traktat „Und er existiert doch – unser Gott" schreibt er: „Die Bibel enthält über 3000 prophetische Aussagen, die sich bereits erfüllt haben. Als ein gut nachvollziehbares Beispiel sei hier die in 5.Mose 28,64-65 von Gott angekündigte Zerstreuung des Volkes Israel genannt, dann die in Jeremia 16,14-15 zugesagte Rückkehr in das verheißene Land, die im Jahre 1948 nach fast 2000 Jahren durch die Staatsgründung Israels in Erfüllung ging …". Wenn das der „prophetisch-mathematische Gottesbeweis" sein soll, dann ist die Bibel keine Empfehlung für ihre Glaubwürdigkeit. Gitt sollte lieber bei seinen Leisten bleiben und den Weltraum ausmessen.

Von Petrus hören wir eine andere Verkündigung: Nur die sich nicht an dem kostbaren Eckstein stoßen und dem Evangelium glauben, empfangen Barmherzigkeit und werden gemäß der Verheißung Moses und Hoseas zu dem „auserwählten Geschlecht", der „heiligen Nation" und als „Volk Gottes" gerechnet (1.Petr.2,9-10; Hosea 1,10; 2,23). Diese an Jesus Christus gläubigen Juden stellen also das wahre Israel dar. Sie sind der übriggebliebene „dritte Teil", von dem Sacharja spricht (Kap.13).

In einer zweiten Läuterungsphase wird Israel noch einmal von Israel ausgeschieden: „Nicht alle, die aus Israel sind, diese sind Israel, auch nicht, weil sie Abrahams Same sind, sind alle Kinder …" (Röm.9,6ff). Jener „dritte Teil" kommt noch einmal ins Feuer, um von den Schlacken des Judentums geläutert zu werden (Sach.13,8.9). Das geschah durch den Dienst des Apostels der Nationen; sein Evangelium bewirkte den zweiten Schritt der Erlösung, nämlich die Loslösung vom Gesetz und den Überlieferungen des Judentums einschließlich ihrer Kultstätten. An diesem Punkte scheiterten viele Gesetzesjuden, auch Jakobusjuden genannt. Sie glaubten an Jesus Christus und seinen Opfertod, aber sie wollten Juden bleiben und sich nicht auf die Stufe der Nationen herabwürdigen lassen. Es war kein Problem, sie zu überzeugen, dass sie in Christus Jesus gerechtfertigt werden könnten. Aber sobald die Nationen hereinkamen, regte sich in ihnen der Stolz. Es gab dann meistens eine Spaltung in der Synagoge, so dass Paulus die glaubenden Juden absonderte (Apg.19,9). Paulus erlebt diese Szene beinahe an jedem Ort. Nicht dass Jesus der Christus ist, ist für sie das Problem, sondern dass für die Nationen dasselbe Heil gilt. Allein das war für die griechischen Juden der Stein des Anstoßes und der Grund der Feindschaft gegen Paulus und seine Verkündigung.

Aus diesem letzten Grunde setzt nun eine Verstockung bei einem Teil der Juden ein, was der Apostel in dem Bilde des Ölbaumes als Ausschneiden der „natürlichen Zweige" bezeichnet. Es wäre unkorrekt, pauschal von einer „Beiseitesetzung Israels" zu sprechen. Es handelt sich nur um einen Teil, die „übrigen", wie der Apostel sagt, die wegen ihres Unglaubens an das universale Heil verstockt worden sind. An ihrer Statt wurden die Nationen eingepfropft und so „der Wurzel und der Fettigkeit des Ölbaumes" teilhaftig, eigentlich mitteilhaftig. „Seid fröhlich ihr Nationen, mit seinem Volke!" (Röm.15,10).

Dennoch bleiben die Ausgeschnittenen „Geliebte", weil sie ja an Jesus glauben, nur glauben sie nicht an den Christus, den Paulus verkündigt, der des Gesetzes Ende ist. Können wir den Schmerz des Apostels nachfühlen, dass sie die Sohnschaft und die Verheißung hatten, und, weil sie nicht seinem Evangelium glauben, ihren ganzen geistlichen Besitz einbüßen? (Röm.9,1-5).

Ist es so unmöglich, zu glauben, dass diese gläubigen Juden verstockt wurden, wenn wir wissen, dass auch Christen sich verstocken können und verstockt werden? Eine Parallele zu dem, was Paulus erlebt, sind die Kirchentrennungen, bei denen sich die Geister schieden und aus denen dann auch immer wieder die wahre Kirche hervorging. Kirche bleibt Kirche, ändern tut sich nur, wer sie bildet. Gläubige suchen die wahre Gemeinde Jesu. Wer weiß ob und wann nochmal eine Scheidung kommt. Mit Israel war das nach der Rückkehr aus der babylonischen Gefangenschaft bis in die Evangeliumszeit nicht anders. Und doch haben sich im Laufe der Geschichte sowohl Juden als Christen von ihrem Unglauben bekehrt und sind wieder eingepfropft worden.

Am Ölbaum waren nur Gläubige und bleiben auch nur Glaubende dran. Auf keinen Fall ist dort ein Platz für Ungläubige und Gesetzlose.

Der Ölbaum

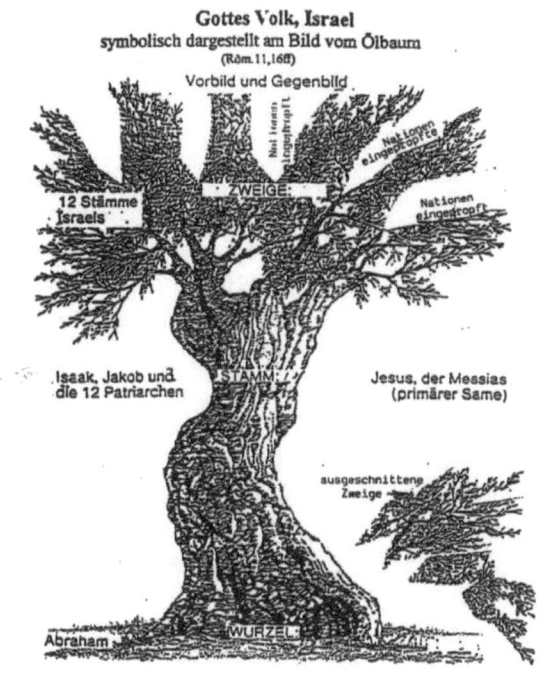

Gewisse gläubige Juden waren noch zu stolz, ihr Erwählungsdünkel und ihr Traditionsglaube standen ihnen im Wege, als dass sie sich als Sünder wie die Heiden erkannt hätten. Das war ihr Fall, aber nicht aller. Gott hatte sich einen „Überrest nach Wahl der Gnade" übrigbleiben lassen, der das erlangte, was Israel suchte: Die Errettung der Seele (1.Petr.1,9-11), das ewige Leben (Joh.5,39) und die geistlichen Segnungen in Christus (Röm.11,4-7; Eph.1,12). Sie, und nur diese „Auserwählten" sind mit dem „auserwählten Gefäß", Paulus, der Beweis, dass Gott Sein Volk nicht verstoßen hat.

Die Nationen kamen hinzu und bildeten durch ihre Einpflanzung mit jenen *eine* Gemeinde und sitzen auch in einer Gemeinde nebeneinander. Der Apostel erinnert sie sowohl hier als auch im

Epheserbrief daran, nicht zu vergessen, wer sie waren und wo sie hergekommen sind. Sie sollten fein demütig und gottesfürchtig bleiben und sich nicht über die ausgebrochenen Zweige rühmen. „Sonst wirst auch du ausgeschnitten werden" (V.22). Beachten wir hier die Anrede „du". Damit ist jeder persönlich angesprochen (vgl.Röm.2,1.17). Denn wie die Einpfropfung einzelpersönlich geschah, so auch das Wiederausschneiden, wenn wir nicht an der Güte bleiben.

Was ist nun mit jenem Teil, der seines Unglaubens und seiner Feindschaft wegen gegen das paulinische Evangelium ausgebrochen worden ist? Der Apostel sagt, dass Gott sie wieder einpfropfen wird, „wenn sie nicht im Unglauben bleiben" (V.23). Das ist die Bedingung. Manche mögen sich noch besonnen haben. Bedingung ist aber der Glaube, der Glaube an das befreiende Evangelium der Gnade Gottes für alle Menschen, die Gnade, die nicht nur von Sünden befreit, sondern auch vom System und vor allem von der verderbten Natur des Menschen erlöst. Das ist die Errettung im umfassenden Sinne, die Paulus im Römerbrief entwickelt hat. Keine andere kommt für das ganze Israel in Frage. „Ganz Israel" ist hier nur der letzte damals noch lebende Teil des Volkes, von dem bereits ein Teil errettet wurde (V.5). Tatsächlich gerettet worden sind aber nur die, die ihren Unglauben aufgaben (V.23); die übrigen aber sind verloren gegangen, wenn sie nicht zu ihren Lebzeiten anderen Sinnes geworden sind. „Denn wer da glaubt und getauft wird, wird errettet werden; wer aber nicht glaubt, wird verdammt werden" (Mark.16,16). Die Errettung ist eine persönliche Sache. Denn wenn der Apostel sagt, dass die „Nationen unter die Begnadigung gekommen sind", so ist klar, dass die Begnadigung nicht völkerweise stattfand, sondern nur da, wo das Evangelium gepredigt worden ist und wo Menschen zum Glauben kamen. Es ist aber genauso vom persönlichen Glauben abhängig, ob „sie", (die übrigen Juden, die verstockt wurden), „unter die Begnadigung kommen".

Die Verse 25 und 26 bilden nur eine scheinbare Schwierigkeit. Sie entsteht nur dann, wenn sie aus dem Textzusammenhang herausgerissen werden, man obendrein den historischen Raum vergisst. Die „Nationen" gibt es heute so nicht mehr, ihre Vollzahl kann sich nicht 2000 Jahre hingezogen haben, oder sie liegt am Ende der Zeiten. Johann Albrecht Bengel (1687-1752) hatte die Wiederkunft Jesu auf das Jahr 1836 berechnet. Dann würden die Juden sich bekehren. Der „Fehler", den er immerhin für möglich hielt, war nicht die Fehlberechnung, sondern die „Vollzahl". Wenn Christen immer noch sagen: „Wir, die Nationen", dann vergessen sie eine große historische Wahrheit, nämlich diese, dass sie, sofern sie aus der Welt gekommen sind, Mitleib geworden sind, mit in den Leib Christi und Israel einverleibt worden sind. Denn Jesus Christus hat durch Seinen Kreuzestod die Trennwand zwischen Israel und den Heiden weggenommen und die bestehende Feindschaft beendet, „auf daß er die zwei, Frieden stiftend, in sich selbst zu einem neuen Menschen schüfe" (Eph.2,14). Die Nationen bilden nun mit dem Volk der Heiligen, Israel, eine neue Menschheit, gehören zur Familie Gottes. Wie man in der zweiten und dritten Generation nicht mehr von Migranten oder Flüchtlingen spricht, sondern von Bürgern des Landes, so sind auch die aus den „Nationen" inzwischen eingebürgerte Reichsgenossen.

Einige judaistische Theologen erklären den Sachverhalt so, dass man zum Schluss den Eindruck hat, als wäre das gläubige Israel etwas außerhalb der gläubigen Nationen Stehendes und umgekehrt und als bliebe das auch in Zukunft so. Dies ist aber nicht die Sicht des Neuen Testaments, entspricht auch nicht den geschichtlichen Vorbildern im Alten Testament. Im Buche Esther lesen wir, dass „viele aus den Völkern des Landes Juden wurden" (Esth.8,17). Blieben sie nun „Nationen"? Sie waren *aus* den Nationen, und solange sie lebten, werden sie das auch noch immer gesagt haben. Aber ihre Kinder und Kindeskinder werden sich als Volljuden und als zu Israel gehörig verstanden haben, jedoch nicht von der Linie Jakobs her, sondern vom Glauben Abrahams her und der Furcht Isaaks.

Wir können noch ein anderes Bild von „ganz Israel" anziehen, genauer ein Vorbild in der Geschichte Josephs, die bereits die ganze Geschichte Israels enthält. Jakob segnete die beiden Söhne Josephs, Manasse und Ephraim, und sagte: „sie sollen mein sein … wie

Ruben und Simeon …; in ihnen werde mein Name genannt und der Name meiner Väter, Abraham und Isaak" (1.Mo.48). Joseph ist ein Vorbild auf Christus, und die Asnath, ein heidnisches Weib, ist ein Vorbild auf die Gemeinde der Nationen. Aber ihre Kinder werden zu Israel gerechnet. Da haben wir also das ganze Israel, wobei Ephraim der größere Teil war. Nach ihm werden von Hosea auch die 10 Stämme benannt. Hesekiel hat die Wiederherstellung mit zwei Hölzern verglichen, die zu *einem* Holze in seiner Hand zusammengefügt werden sollten, offensichtlich ein Kreuz (Hes.37,15-22). Nur das Kreuz schafft die Verbindung nach oben, die Versöhnung mit Gott; das Querholz weist auf die Verbindung untereinander hin, so dass sie zu *einer* Nation werden. Nichts wäre nötiger für die Einheit der Kinder Gottes. Ganz Israel unter dem Kreuz!

Die Verstockung eines Teiles von Israel gegen das Evangelium Pauli sollte andauern, „bis die Vollzahl der Nationen eingegangen ist". Paulus denkt hier an seinen Wirkungskreis. „Eingegangen" wohin? Ins Reich Gottes! Eingegangen in Israel und Mitbürger der heiligen Stadt geworden. Oder, um bei dem Bild vom Ölbaum zu bleiben, eingepfropft in den Ölbaum. Das ist die Sicht und das der hohe Missionsauftrag des Völkerapostels. Bis dahin sollte auch das ganze Israel wieder zusammen sein, das heißt jene wieder zurückkehren, die zuvor ausgeschnitten worden waren. Und „also" heißt nicht „und dann", sondern „auf diese Weise", und zwar auf dieselbe Weise, wie auch die Nationen errettet wurden. Da brauchen wir nicht unbedingt das griechische Wort, wobei sich die Griechen untereinander auch nicht einig sind. Das „also" ist hier dasselbe Wort wie in Vers 5 und weitere zehnmal im Römerbrief eine Umstandsbestimmung der Art und Weise. Über hundertmal kommt das Wort im Neuen Testament vor. Auf keinen Fall ist es eine Zeitbestimmung, die auch dem Sinn des ganzen Briefes widerspräche. Die Vollzahl der Nationen sowie die Sammlung des letzten Teiles Israels kann Paulus mit dem Ende seines öffentlichen Dienstes als abgeschlossen betrachten, spätestens mit dem Ableben seines letzten jüdischen Zeitgenossen. Das „ganze Israel" pflanzt sich bei den apostolischen Vätern in der Kirche Christi fort.

Damit soll nicht gesagt sein, dass Römer 9-11 heute etwas von seiner Aktualität verloren hätte. Im Gegenteil, bevor man Aussagen über Israel macht, sollte man sich zuerst fragen, bin ich denn an der Güte geblieben. Und wer dann absolut immer noch zu den „Nationen" gehören will, sollte prüfen, ob er nicht ein Zweig an dem großen Baum der Nationen in Babylon ist (Dan.4). Röm.11 findet seine Entsprechung in Offb.7 und kann nur im Lichte der Offenbarung für unsere Zeit recht gedeutet werden. Die Auseinandersetzung zwischen Masse und Überrest findet heute innerhalb des *christlichen* Bekenntnisses statt. Wir haben an die Reformation erinnert, wir stehen auch heute in großen Auseinandersetzungen um das evangelische Bekenntnis, um die wahre Kirche Christi, gerade auch mit der modernen Form des Judaismus. Röm.11,28 ist eine ernste Warnung, keine Feindschaft gegen Brüder wegen ihrer anderen Erkenntnis aufzubauen. Vielleicht liegen wir ja selbst verkehrt.

Ich war Zeuge einer traurigen Spaltung unter rußlanddeutschen Brüdergemeinden, die bis in die Familien hineinreicht und unbegreifliche Feindschaft unter Brüdern gesät hat. Meine Vermittlungsversuche scheiterten an der Unversöhnlichkeit und dem Stolz der Gegenseite. Da möchte man ihnen auch das Ausschneiden vorstellen. Der HErr schickt den zur Hölle, der nicht seinem Bruder vergeben will. (Matth.18,21-35). In Unversöhnlichkeit verharren ist das Schlimmste was ein Mensch in Gottes Versöhnungsreich tun kann. Der HErr wird ihm die Vergebung entziehen, „sowohl dem Juden zuerst als auch dem Griechen" (Röm.2,9).

Schon im alten Bunde wurden Israeliten, die Gottes Gebote verwarfen, vom Volke ausgeschlossen, und jene Juden, die Christus verwarfen, befanden sich ebenfalls außerhalb Israels. Diese kommen, wie wir vorhin gezeigt haben, in Röm.11 schon gar nicht mehr vor. Die Juden sollen gerettet werden, doch nicht auf Grund natürlicher Abstammung, die sie nicht einmal nachweisen können, sondern auf Grund der Begnadigung in Jesus Christus und somit auf dem Weg der Eingliederung in die Gemeinde Gottes. Einen anderen

Weg des Heils kennt das Neue Testament auch für die Juden nicht (vgl.Joh.1,12.13).

Der Ölbaum war für den Apostel ein zeitgemäßes Bild, das aber so nicht mehr in den heutigen Streit passt. Denn die Kirche hat längst ihren eigenen Baum mit vielen Verästelungen, deren immer mehr werden. Realistischer wäre, uns mit dem Traumbild Nebukadnezars von dem großen Baum zu beschäftigen, woran nicht einzelne Zweige ausgeschnitten wurden, sondern der ganze Baum umgehauen wurde. „Doch seinen Wurzelstock lasset in der Erde …" (Dan.4,15).

Stammbaum der Konfessionen

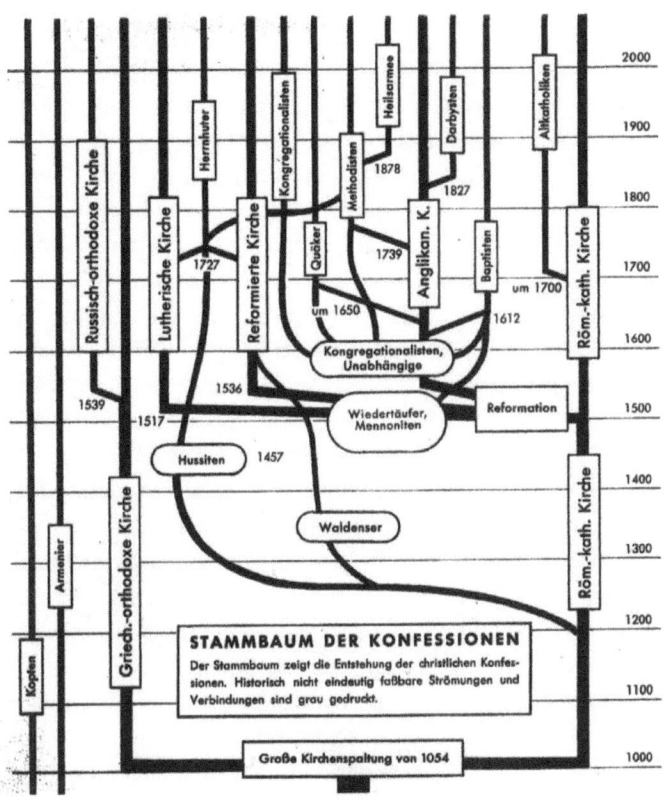

STAMMBAUM DER KONFESSIONEN

Der Stammbaum zeigt die Entstehung der christlichen Konfessionen. Historisch nicht eindeutig faßbare Strömungen und Verbindungen sind grau gedruckt.

8 Die Wiederkunft Jesu

8.1 Der Tag des Herrn

Das Thema Wiederkunft hat bei Vortragsankündigungen immer einen besonderen Anreiz. Alle, die den HErrn Jesus Christus aufrichtig lieben, freuen sich darauf, Ihn zu sehen wie Er ist; „und jeder, der diese Hoffnung zu ihm hat, reinigt sich selbst, gleichwie er rein ist" (1.Joh.3,3). Gewöhnlich sagen uns Prediger nicht, was noch zu tun ist, um vor dem HErrn tadellos erfunden zu werden. Etliche verkündigen den Gläubigen die Wiederkunft Jesu nur als Entrückung der Gemeinde, die dann sehr dramatisch ausgeschmückt wird. Vor der Staatsgründung Israels war die Vorentrückungslehre mehr oder weniger nur in darbystischen Gemeinden bekannt, und auch dort während der Nazi-Zeit auf Eis gelegt. Sie lebte erst nach dem Krieg wieder auf und verbreitete sich rasch in vielen Gemeinden, die vorher noch an die Wiederkunft Jesu zum Gericht, „zu richten die Lebendigen und die Toten", wie es im Glaubensbekenntnis heißt, glaubten (Heidelberger Katechismus). Viele sahen in den politischen Ereignissen um den Staat Israel ein Zeichen, dass die Entrückung jetzt unmittelbar bevorstehe. Während des Sechs-Tage-Krieges um die Sinaihalbinsel verkündete Wim Malgo in sehr dramatischer Weise: „Jetzt, gleich muss es geschehen …". Blinder Alarm! Die Gemeinde blieb, und sie wird bleiben, bis die *letzte* Posaune geblasen wird, nachdem sie sich geheiligt und gereinigt hat, „denn ohne Heiligkeit wird niemand den HErrn schauen" (Hebr.12,14).

Die Vorentrückungslehre wird häufig damit begründet, dass die Gemeinde „vor den Gerichten" weggenommen würde und daher nicht mehr durch die „7-jährige Trübsalszeit" gehen müsse. Die „große Trübsal" würde erst nach der Entrückung ihren Lauf nehmen, wenn die 70.Jahrwoche nach Dan.9,27 beginne, während welcher sich der Antichrist in den dritten von Israel gebauten Tempel setze. Das sei dann die in Matth.24,21 erwähnte Trübsal. So etwa fassen Evangelikale „die Reihenfolge der Geschehnisse anhand der Unterweisung aus dem Worte Gottes" zusammen („Bibel und Gemeinde" 4/90).

Auch die Gegner der Vorentrückungslehre, die an eine große Trübsal glauben, liefern selbst die Argumente, dass die Gemeinde nichts mit der Trübsal zu tun hat. Eine in der Zukunft liegende „Trübsalszeit", „70.Jahrwoche", „dritter Tempel", „Römisches Reich (EU)", sind ja an sich schon falsche Annahmen, die jedes Schriftbeweises ermangeln und nur mit der Einschublehre begründet werden, die davon ausgeht, dass das Gemeindezeitalter eine Einschaltung sei. Dagegen gehört die in Matth.24 erwähnte Drangsal der jüdischen Geschichte an, wie wir bereits untersucht haben. Die erste Hälfte der letzten Danielschen Jahrwoche endete mit dem Kreuz, die zweite Hälfte liegt als unbestimmte Verkündigungszeit in der Apostelgeschichte. In den Propheten ist nichts von einem dritten Tempel geweissagt. Die Apostel sprechen nur vom Tempel Seines Leibes, die Gemeinde ist der neue Tempel Gottes, der allerdings auch verdorben werden kann (1.Kor.3,17).

Die ganze Diskussion, ob die Entrückung vor, in oder nach der großen Trübsalszeit stattfindet, wird hinfällig, da es eine nochmalige Trübsal für ein nationales Israel gar nicht gibt. Auch nicht für die Gemeinde, wenn man darunter eine besondere Bedrängnis- und Verfolgungszeit unter der Herrschaft eines angeblich kommenden Antichristen versteht. Dass „wir durch viele Trübsale in das Reich Gottes eingehen müssen" (Apg.14,22), ist bereits apostolische und unsere Erfahrung. In große Trübsal kommen nur die Bösen (1.Thess.5,3; 2.Thess.1,6).

Es besteht kein Grund, die Wiederkunft Jesu noch einmal aufzuteilen in eine heimliche Entrückung und eine zum Gericht. In der Lehre der Apostel und selbst bei Paulus wird sie als *ein* Ereignis am Tage des Herrn betrachtet. Das Gericht und die Rechenschaft werden im 1.Korintherbrief der Entrückung vorangestellt.

Die Entrückung stellt heute in evangelikalen Gemeinden das beliebteste Thema dar, weil „kein einziges Ereignis der Entrückung voraufgehen muss" und außer der Bekehrung nichts kostet, für viele nicht einmal einen heiligen Wandel. Die Vertreter der Vorentrückungslehre berücksichtigten nicht, was der Entrückung der Gemeinde voraufgehen muss: Der Anbruch des Tages Gottes und die Zubereitung der Braut des Lammes. Der Tag des HErrn und die Offenbarung der Macht und Herrlichkeit des HErrn interessiert die Vorentrückungslehrer erst in zweiter Linie, „da wir ja dann schon beim HErrn sind". Können wir so leichtfertig die Mahnungen des HErrn und der Apostel beiseiteschieben? Wird etwa die Scheidung der Schafe von den Böcken auf der Himmelsweide stattfinden? Oder gibt es dort tatsächlich ein „Fegfeuer" und die „Seligsprechung", wie es die Katholiken glauben? Beides muss zu Lebzeiten stattfinden.

Denn es kommt ein Tag, der in Feuer geoffenbart wird, und dann muss sich unser Werk bewähren. Das sind Dinge, die, wenn wir den Worten Jesu glauben und der Lehre der Apostel folgen, noch vor der Entrückung liegen. Paulus beginnt seinen Brief an die Korinther mit der Erwartung der Offenbarung Jesu Christi an Seinem Tage, auf den wir uns vorbereiten sollen. Deshalb sollen wir klug sein und nicht mit „Holz, Heu und Stroh" bauen, das heißt auch keine solchen theologischen Werke lesen oder schreiben, die nur fürs Feuer taugen, denn jener Tag „wird in Feuer geoffenbart" (1.Kor.3,12-15). Nur das, was wirklich geistlichen Wert hat, wird bleiben. Erst am Schluss des Briefes teilt der Apostel das Geheimnis der Verwandlung mit, die nicht schon bei der ersten Posaune, sondern bei der „letzten Posaune" stattfindet (1.Kor.15,52).

Auch in den übrigen Briefen wird der Blick auf den Tag des HErrn als das nächste zu erwartende Ereignis gelenkt, an welchem Christus erscheint bzw. offenbar wird. Das kann plötzlich geschehen, unerwartet „wie ein Dieb in der Nacht" (1.Thess.5,2; 2.Petr.3,10). Unsere Naherwartung soll deshalb auf Seinen Tag gerichtet sein, „auf dass ihr lauter und unanstößig seid auf den Tag Christi, erfüllt mit der Frucht der Gerechtigkeit, die durch Jesum Christum ist" (Phil.1,11). Dieser Tag bedeutet für uns Erfüllung und Freude, aber auch, dass wir Gott Rechenschaft geben müssen, „denn wir werden alle vor den Richterstuhl Gottes gestellt werden" (Röm.14,10). An diesem Tag werden wir die Belohnung bekommen für alles, was wir für Gott getan haben. Auch die Ungerechten werden ihren Lohn bekommen. „Siehe, ich komme bald, und mein

Lohn mit mir, um einem jeden zu vergelten, wie sein Werk sein wird" (Offb.22,12).

Nach allem, was Fehldeutungen und Enttäuschungen gebracht haben, bedarf es einer prophetischen Neuorientierung und einer Zurüstung für den großen Tag des HErrn. Die Entrückung der Gemeinde ist nicht aufgehoben, wir müssen sie nur an dem Platz und in der Ordnung sehen, in der sie der Apostel, dem sie geoffenbart war, stellt: Die Entrückung der Heiligen ist ein abschließenden Akt der Wege Gottes mit Seiner Gemeinde und der Welt.

Untersuchen wir einmal die Schriftstellen, in denen der HErr und die Apostel von der Wiederkunft Jesu in Macht und Herrlichkeit an Seinem Tage reden:

Matth.24,42-44: „Wachet..., seid bereit, denn in der Stunde, in welcher ihr es nicht meinet, kommt der Sohn des Menschen". Der HErr redet hier nicht von der Entrückung, sondern von Seiner Ankunft „auf den Wolken des Himmels in Macht und großer Herrlichkeit" (V.30), welche Seine jüdischen Jüngern erwarteten und schon seit Pfingsten erlebten. Dieselbe Mahnung gilt auch uns, in der Spannung und Bereitschaft der ersten Christen den Tag des HErrn, den uns die Offenbarung bezeugt, zu erwarten. Die Entrückung hängt nicht davon ab, ob wir gerade „wach" sind. Wir werden zuvor geweckt werden.

Matth.25,1-13: „Um Mitternacht aber entstand ein Geschrei: Siehe, der Bräutigam! gehet aus, ihm entgegen". Das „Geschrei" weckt erst einmal die Schlafenden und Träumenden auf. Das werden auch die „törichten Jungfrauen" hören. Da ist noch ein Weg oder Umweg zu gehen, dem Bräutigam entgegen.

Matth.25,14-30: „Nach langer Zeit aber kommt der HErr jener Knechte und hält Rechnung mit ihnen". Wenn Jesus wiederkommt, wird Er erst einmal Abrechnung halten, was wir mit den uns anvertrauten Talenten gemacht haben. Der Tag des HErrn ist

Lohntag. Danach gehen die treuen Knechte in die Freude ihres HErrn ein.

Matth.25,31-46: „Wenn aber der Sohn des Menschen kommen wird in seiner Herrlichkeit, und alle Engel mit ihm …". Im dritten Gleichnis wird die große Scheidung im Bekenntniskreis vollzogen zwischen den wahren und den falschen Bekennern. Da sollen ja die Schafe Christi offenbar werden und das Reich der Himmel empfangen. Der König kommt hier mit den „Engeln" (nicht Heiligen). Wenn die Heiligen entrückt werden, kommen sie nicht mehr auf die Erde.

1.Kor.1,8-9: „Indem ihr die Offenbarung unseres HErrn Jesus Christus erwartet …, dass ihr untadelig seid an dem Tage unseres HErrn Jesus Christus". Als nächstes Ereignis sollen wir die Offenbarung des HErrn Jesu erwarten, der Tag des HErrn steht unmittelbar bevor.

Kol.3,4: „Wenn der Christus, unser Leben, geoffenbart werden wird, dann werdet auch *ihr* mit ihm geoffenbart werden in Herrlichkeit". Seine Offenbarung ist auch unsere Offenbarung vor der Welt, und das hat noch nichts mit der Entrückung zu tun.

Phil.1,10: „Damit ihr prüfen möget, was das Vorzüglichere sei, auf dass ihr lauter und unanstößig seid auf den Tag Christi". Unser Wandel endet nicht vor dem Tag des HErrn, sondern soll ja gerade an diesem Tage offenbar werden.

1.Thess. 1,10: „Dem lebendigen und wahren Gott zu dienen und seinen Sohn aus den Himmeln zu erwarten … – Jesum, der uns errettet (befreit) von dem kommenden Zorn". Während das Gericht über die Gottlosen ergeht, bleiben die Heiligen unversehrt.

1.Thess.2,19: „Wer ist unsere Freude und Krone des Ruhmes? Nicht auch ihr vor unserem HErrn Jesus bei seiner Ankunft?" Die „Ankunft" ist noch nicht die „Abfahrt". Der Apostel verbindet seine

Hoffnung direkt mit dem Tag der Ankunft des HErrn. Von der Entrückung spricht er erst im 4.Kapitel.

2.Thess.1,7: „Ruhe mit uns bei der Offenbarung des HErrn Jesu vom Himmel, mit den Engeln seiner Macht, in flammendem Feuer, wenn er Vergeltung gibt denen, die Gott nicht kennen ...". Auch dieser Vers sagt aus, dass die Heiligen noch da sind, aber Ruhe haben werden von allen Bedrängern. Dann wird Christus in den Heiligen verherrlicht und bewundert werden wegen ihres Ausharrens. Das ist öffentlich, wie bei den Freunden Daniels, als sie aus dem Feuerofen kamen (Dan.3).

1.Petr.1,7.13: „Hoffet völlig auf die Gnade, die euch gebracht wird bei der Offenbarung Jesu Christi". Petrus sagt überhaupt nichts von der Entrückung, es ist Pauli Geheimnis. Beide verbinden unsere Hoffnung direkt mit dem Tag, wenn Jesus vor der Welt offenbar wird. Die Gnade besteht darin, dass der HErr Seine Schafe auf Seine Seite stellt.

2.Petr.3,11: „Welche solltet ihr dann sein in heiligem Wandel und Gottseligkeit! indem ihr erwartet und beschleuniget die Ankunft des Tages Gottes". Dieser Erwartung ist nichts zwischen- und vorgeschoben. Ein unheiliger Wandel wird den Tag nicht herbeiwünschen, aber die Gottseligen werden sich danach sehnen.

1.Joh.2,28: „... auf dass wir, wenn er geoffenbart wird, Freimütigkeit haben und nicht beschämt werden bei seiner Ankunft". Daher sollen wir „in ihm" bleiben, das heißt Seine Gebote halten. Es könnte sein, dass wir uns haben verführen lassen und dann plötzlich vom HErrn bloßgestellt werden, wenn Er kommt.

Noch einige Stellen aus der Offenbarung, wo der HErr den Gemeinden sagt, was bei Seinem Kommen an Seinem Tage zunächst innerhalb der Gemeinden geschehen wird.

Offb.2,5: „So komme ich dir und werde deinen Leuchter aus seiner Stelle wegrücken, wenn du nicht Buße tust". Dies geschieht vor der Entrückung. Der „Leuchter" stellt das Zeugnis dar. Der HErr wird das Zeugnis einer untreuen Gemeinde wegnehmen, so dass sie keine Gemeinde Gottes mehr ist, und einer anderen geben, die Ihn liebt.

Offb.2,16: „So komme ich dir bald und werde Krieg mit ihnen führen mit dem Schwerte meines Mundes". Der HErr duldet in Seiner Gemeinde keine Irrlehren und Irrlehrer. Wenn es nicht mehr möglich ist, sie hinauszutun, wird Er Selbst kommen und Seine Gemeinde von diesen Irrgeistern säubern. Demnach haben wir noch vor der Entrückung einen Gemeindekrieg zu erwarten. Wenn wir uns jetzt mit jenen eins machen, werden wir dann das Schwert gegen uns haben.

Offb.2,25: „Doch was ihr habt haltet fest, bis ich komme". Wenn Jesus gegen das Treiben des Isebelwesens vorgeht und einem jeden nach seinen Werken gibt, findet Er einen Überrest der „siebentausend" vor, den Er zur Standhaftigkeit ermutigt, bis auf jenen Tag Seiner Dazwischenkunft.

Offb.3,3: „Wenn du nun nicht wachen wirst, so werde ich über dich kommen wie ein Dieb". Es ist wichtig, das richtige Verständnis vom Kommen Jesu zu haben und nicht in Illusionen zu leben, damit wir nicht die Zeit und den Zeitpunkt Seines plötzlichen Kommens verträumen und dann das Nachsehen haben, wenn der HErr mit den Heiligen „in weißen Gewändern" einhergeht.

Offb.3,11: „Ich komme bald; halte fest was du hast, auf dass niemand deine Krone nehme". Der HErr will die Überwinder öffentlich krönen bei Seiner Erscheinung. Sie haben die Krone der Schmach getragen, sie haben an dem neuen Tempel gebaut, so sollen sie auch dort einen Ehrenplatz bekommen und das Zeugnis mittragen.

Offb.3,16: „Weil du lau bist und weder kalt noch warm, so werde ich dich ausspeien aus meinem Munde". Das geschieht an Seinem Tage, wenn Er auf Seinem Throne sitzt. Die Überwinder sollen mit Ihm die Herrschaft in Seinem Reiche teilen, das Er von den Gesetzlosen reinigen wird.

Offb.6,12-17: Es bedarf offenbar eines Erdbebens, wobei Sonne und Mond verfinstert werden und die Sterne vom Himmel fallen, um die Uneinsichtigen zu überzeugen, dass der Tag des Herrn gekommen ist, für sie aber ist es der „große Tag seines Zornes", so dass sie sich verstecken möchten vor „dem Angesicht dessen, der auf dem Throne sitzt". Weshalb „der Zorn des Lammes"? Weil sie Seinen Namen missbraucht haben.

Offb.11,18: „Die Zeit ist gekommen … den Lohn zu geben deinen Knechten, den Propheten, und den Heiligen und denen, die deinen Namen fürchten, den Kleinen und den Großen, und die zu verderben, welche die Erde verderben". Auch in dieser Stelle ist noch nicht von der Entrückung die Rede, sie findet sich überhaupt nicht in der Offenbarung. Die Entrückungsgemeinde muss erst einmal aufgeweckt und zubereitet werden.

Offb.16,5: „Siehe, ich komme wie ein Dieb. Glückselig, der da wacht und seine Kleider bewahrt, auf dass er nicht nackt wandle und man seine Schande sehe". Das Kleid ist das gute Bekenntnis, das wir bewahren und bezeugen sollen, damit wir nicht beschämt werden bei seiner Ankunft. Wenn der HErr kommt, wird Er erst einmal den Guten das Gute vergelten, den Bösen aber das Böse. „Siehe, ich komme bald, und mein Lohn mit mir, um einem jeden zu vergelten, wie sein Werk sein wird" (Offb.22,12.16).

8.2 Die Entrückung

Das was in den „geistlichen Liedern" der Brüder zum Ausdruck kommt, findet, wenn der Tag des Herrn gekommen ist, seinen Platz und seine Erfüllung. Nicht „eh noch die Gerichte toben, werden wir zu Dir erhoben", sondern aus ihnen heraus. Auch nicht „nach kurzem Morgengrauen", wie es in einem ihrer Liede heißt, wird die Entrückung der Brautgemeinde sein. Vielmehr werden die Siegel und Posaunen in der Offenbarung erst einmal die Gemeinde wachrütteln, ja die Nacht zum hellen Tag machen und Gottes Volk zum Kampfe rüsten. Harmagedon steht uns noch bevor, denn das Hochzeitsmahl des Lammes wird zum Anlass für einen „Weltkrieg", wenn das Tier und seine Heere angreifen. Aber „das Lamm wird sie überwinden und mit ihm sind Berufene und Auserwählte und Treue" (Offb.17,14; 19,19). Das wird die Entscheidungsschlacht sein, sie wird zeigen, wer zu dem Lamme gehört.

„Der Herr selbst wird mit gebietendem Zuruf, mit der Stimme eines Erzengels und mit der Posaune Gottes herniederkommen vom Himmel". Zuerst wird Er die Toten auferwecken (1.Thess.4,16). Welch ein Tag wird das sein! Wir werden unsere Lieben wiedersehen, sie werden uns erscheinen wie jene entschlafenen Heiligen nach der Auferweckung Jesu (Matth.27,53.54). Ja, welch ein Tag wird das sein! Ob sie uns unterstützen und stärken sollen in der letzten großen Anfechtung? Wahrscheinlich (Offb.20,7-10).

Ihre Leiber, die wir zu Grabe getragen haben, und die um ihres Glaubens willen Getöteten oder die in Kriegen und Katastrophen umgekommen sind, werden auferstehen in einem neuen Leib. Ihre Seele, ihr Geist ist beim Herrn, aber auch der Leib soll teilhaben an der herrlichen Erscheinung Jesu. Gott bringt die Substanzen wieder zusammen und verwandelt sie; „es wird gesät in Verwesung, es wird auferweckt in Unverweslichkeit" (1.Kor.15,42). Da sie einen geistigen Leib bekommen, werden sie Essen und Trinken nicht mehr nötig haben. Ein geistiger Leib aber ist wie der Leib Jesu nach Seiner Auferstehung: Er stand plötzlich im Raum, so dass die Jünger ihn erkennen konnten und wurde auch wieder unsichtbar. Gerade diese Erscheinungen Jesu haben den Aposteln solche

Überzeugungskraft und Macht gegeben, auch die Erscheinungen der auferweckten Heiligen. Mose und Elia hatten sie bereits auf dem heiligen Berge gesehen.

Was Paulus in 1.Thess.4 von der Auferstehung der Entschlafenen und uns, den Lebenden, sagt, damit wollte er die trauernden Hinterbliebenen trösten. Sie sollten sich nicht betrüben wie die übrigen, die keine Hoffnung haben. Unsere Hoffnung ist, dass wir unsere Lieben wiedersehen, schon hier auf Erden wiedersehen werden, nicht erst im Himmel. Das mag nur kurz sein, auf jeden Fall werden sie vor unserer eigentlichen Entrückung zu sehen sein. Die Worte „zuerst" und „danach" (V.16 u.17) sowie die „Zeiten und Zeitpunkte" (5,1) lassen dafür Raum. Die Entrückung zusammen mit ihnen „dem Herrn entgegen in die Luft" ist der zweite und letzte Akt in diesem Geschehen „der letzten Dinge", die das Weltende beschließen. In Matth.25 macht Jesus an drei Gleichnissen den Abschluss deutlich: „Die Gerechten werden eingehen in das ewige Leben". Die törichten Jungfrauen, die bösen Knechte, die zur Linken gehen „in die ewige Pein".

„Siehe, ich sage euch ein Geheimnis: Wir werden zwar nicht alle entschlafen, wir werden aber alle verwandelt werden, in einem Nu, in einem Augenblick, bei der letzten Posaune" (1.Kor.15,51-52). Was wird das für ein Augenblick sein, wenn wir unseren Herrn und Heiland sehen werden, „denn wir werden ihn sehen, wie er ist". O, seliges Entzücken, wenn wir Ihm entgegengerückt werden, um allezeit bei Ihm zu sein und wir uns ungetrübt Seines Anblicks erfreuen im ewigen Hallelujah. Keine Sorgen mehr, keine Trübsal und Not, nur Friede und Freude werden uns erfüllen.

O sel'ge Stund'
voll Wonne und Entzücken,
wenn Deine Braut Dir wird entgegenrücken!
„Er ist's", frohlockt dann jeder Mund.

Es ist nicht auszudenken, welche Seligkeit uns erwartet. „Jeder, der diese Hoffnung zu ihm hat, reinigt sich selbst, gleichwie er rein ist" (1.Joh.3,1-3).

Die „letzte Posaune" bezeichnet klar einen Zeitpunkt, der nicht bei der *ersten* Posaune liegt. Es gehen der Entrückung unüberhörbare Posaunenstöße vorauf, die uns anzeigen werden, wann es soweit ist. Die Verwandlung geschieht nicht heimlich, sie wird durch Posaunen angekündigt. Im Buche der Offenbarung erfahren wir, dass es sieben Posaunen sind. „Als der siebente Engel posaunte, geschahen laute Stimmen in dem Himmel ..." (Offb.11,15). Bei dieser letzten Posaune muss also die Entrückung liegen. Die Entrückung hat Voraussetzungen, die erst durch die sieben Posaunen geschaffen werden.

Wir erwarten wie die Korinther „die Offenbarung unseres HErrn Jesus Christus", wir warten mit Spannung auf den großen Tag des HErrn. Dieser Tag wird wie ein Fallstrick über alle Menschen kommen, die nicht darauf vorbereitet sind. Deshalb sollen wir wachen. Es soll bei Seiner Wiederkunft offenbar werden, was Er am Kreuz für Seine Gemeinde vollbracht hat: Die Einheit der Gläubigen, dass der HErr herrscht und regiert inmitten Seines bluterkauften, heiligen Eigentumsvolkes. Alles dieses wird mit starkem Posaunenschall begleitet sein. Dann sind die Wege Gottes mit der Erde abgeschlossen, die Gemeinde ist mit Christus vereint im Himmel, die Erde ohne Bewohner.

III. DIE GEMEINDE GOTTES

1 Vorbilder im Alten Testament

Neben den „Christuszeugnissen im Alten Testament", wie sie Paul Schenk in seinem Buch „Bist du, der da kommen soll?" (Gießen 1991) herausgestellt hat, gibt es in den alttestamentlichen Gestalten, Gegenständen, Zeichen und Weissagungen auch ebenso viele Zeugnisse auf die Gemeinde Gottes, die im Licht des Neuen Testaments ihre eigentliche Bedeutung erhalten. Dies kann auch nicht anders sein, denn die Gemeinde ist ein Teil von Christus, durch Ihn geschaffen und in Ihm vollendet. In der Fülle der Zeit, auf welche die ganze Schrift hinzielt, als das Wort Fleisch wurde, nahm auch die Kirche sichtbare Gestalt an, zuerst noch heimlich, dann öffentlich. Das Bekenntnis Simons: „D u bist der Christus, der Sohn des lebendigen Gottes" (Matth.16,16), ist die unerschütterliche Grundlage der Gemeinde Gottes.

Auch das große Geheimnis, dass die Nationen mit in diese Gemeinde eingebaut und einverleibt werden sollten, wie es Paulus geoffenbart war und auch uns jetzt offenbart ist, liegt in den „Schriften" verborgen. Aus einer anderen Quelle konnte es ihm wie auch uns nicht offenbart werden. Zweifellos bedarf es des geistlichen Verständnisses durch die Anleitung des Heiligen Geistes, „um die Schriften zu verstehen" (Luk.24,45) und das wunderbare Geheimnis des Christus im Alten Testament zu sehen. Zahlreiche Bezugsstellen in den Briefen der Apostel helfen uns dabei, wenn wir ihre Erfüllung uneingeschränkt für die „Gemeinde des lebendigen Gottes" gelten lassen, welche „der Pfeiler und die Grundfeste der Wahrheit ist" (1.Tim.3,16).

Gott hat den Vätern und Lehrern der Kirche viel Verständnis über den unausforschlichen Reichtum des Christus aus der nämlichen Quelle gegeben. Dies ist unser Erbe, aber „vom Lande ist sehr viel übrig in Besitz zu nehmen" (Jos.13,1). Es gehören alle Heiligen dazu, um den uns von Christus erworbenen Besitz völlig zu erfassen (Eph.3,18). Wenn Gott uns ein Stück mehr von dem herrlichen Gegenstand, den wir betrachten wollen, gezeigt hat, dann wollen wir davon zeugen, besonders um unserer irrenden Brüder willen, die das immer noch nicht sehen, was sie selbst mit Vorliebe betrachten. Wir wollen uns zunächst mit den Vorbildern und dann mit den Weissagungen des Alten Testaments auf die Gemeinde hin beschäftigen. Dabei werden wir feststellen, dass sie im Licht des Neuen Testaments zu einem eindrucksvollen und lebendigen Zeugnis der „Stadt auf dem Berge" aufleuchten.

1.1 Biblische Gestalten

Jedes der biblischen Vorbilder auf die Gemeinde hin zeigt uns auch ein Stück des Wesens der Gemeinde.

Eva, die Mutter aller Lebendigen (1.Mo. 2,18-25; 3,20).
Christus, der zweite Adam, wäre ohne die Gemeinde, welche Sein Weib ist, allein geblieben. Wie Eva aus der Rippe Adams gebildet wurde, so ist die Gemeinde aus Christus und für Ihn geworden; „und die zwei werden ein Fleisch sein". Bekanntlich wendet Paulus dieses Geheimnis auf „Christum und die Gemeinde" an (Eph.5,32). Natürlich sind aus dieser Ehe Kinder hervorgegangen, genannt „Same des Weibes" (Offb.12,17).

Sarah und *Hagar* (1.Mo.18,11-15; 21,1-21)
Die beiden Frauen bedeuten zwei Bündnisse und Systeme: „Eines vom Berge Sinai, das zur Knechtschaft gebiert, welches Hagar ist. Aber das Jerusalem droben ist frei, welches unsere Mutter ist" (Gal.4,24.28). Abrahams Weib, Sarah, ist also der Typus für die Gemeinde der an Jesus Christus Gläubigen; sie stellt mit ihren Kindern das himmlische Jerusalem und das „Israel Gottes" dar (Gal.6,16; Hebr.12,22).

Rebekka (1.Mo.24).
Die Brautwerbung Eliesers weist hin auf die Tätigkeit des Heiligen Geistes, um für Christus ein Weib „aus seinem Lande und seiner Verwandtschaft" zu nehmen. Die „Verwandten" waren die Juden,

aus ihnen wurde zuerst die Gemeinde Christi gebildet. „Die nun sein Wort aufnahmen, wurden getauft" (Apg.2,41-47). Dass die Gemeinde das ganze Israel ist, bestätigt Jakobus „den zwölf Stämmen, die in der Zerstreuung sind" (Jak.1,1; 1.Petr.1,1). Von der Gemeinde in der Zerstreuung der Kinder Gottes ist die Verbindung Jakobs mit Rahel ein Vorbild (1.Mo.28,2; 29,15-30).

Asnath, das Weib Josephs (1.Mo.41,45.50.52)
Joseph ist ein Vorbild auf Christum in Seiner Erniedrigung und Erhöhung, in Seinen Leiden und Seiner Herrlichkeit, und Asnath stellt die Gemeinde dar, die mit Ihm verherrlicht ist. In dieser Verbindung erblicken wir auch die Gnade, die den Nationen zuteil wurde, indem sie Mitleib Christi wurden. Die Miteinverleibung in den Leib Israel begann in Antiochien, wo die Jünger zuerst Christen genannt wurden (Apg.11,19-26). Dass die Nationen, welche sich zu Gott bekehrt haben, zu Israel gehören, kommt in dem Segen Israels zum Ausdruck, wenn er auf die beiden Söhne Josephs Anspruch erhebt: „Ephraim und Manasse sollen mein sein wie Ruben und Simeon" (1.Mo.48,5). Ephraim war, wie sein Name besagt, die „doppelte Fruchtbarkeit", er bildete später die Mehrheit in Israel, Ephraim steht für alle zehn Stämme (Hos.5,3; Hes.37,19).

Ruth, die Moabitin (Ruth 1,16)
Das Buch Ruth ist ausgefüllt mit der Geschichte unseres „Blutsverwandten" Jesus Christus, von dem Boas ein schönes Vorbild ist, und seiner Liebe zu den Nationen. Ruth, eine Heidin, erweist sich als das wackere Weib, welche den Gott Israels annimmt, „unter dessen Flügeln Zuflucht zu suchen du gekommen bist" (Ruth 2,12). Dasselbe wird von den Ephesern gesagt, die auf Christus gehofft haben, „nachdem ihr gehört habt das Wort der Wahrheit, das Evangelium eures Heils" (Eph.1,13). Die Erlösung vom Gesetz durch das paulinische Evangelium, wodurch die Heirat mit Christus überhaupt erst möglich war, findet im Buche Ruth, Kapitel 4, in einer eindrucksvollen Handlung ihre Bestätigung.

Abischag, die Sunamitin (1.Kön.1,1-4)

Die Pflegerin Davids ist die besungene Braut im Hohenliede, sie stellt die Gemeinde als Braut Christi in ihrer Schönheit, Reinheit, Lieblichkeit und Zuneigung dar. Sie blieb die Unberührte, das Bild der göttlichen Liebe, an der das Auge des Herzens sich weidet und die Sehnsucht der Heiligen sich entzündet. Abischag ist das Bild der Braut Israel, wie wir es in den Schriften des Johannes sehen.

Salomos Weib, die Tochter des Pharao (1.Kön.3,1).

Wie Asnath ist auch die Tochter des Pharao ein Bild der Gemeinde aus den Nationen, vereinigt mit dem König Israels. Salomo brachte sie zunächst in die Stadt Davids, „bis er den Bau seines Hauses und des Hauses Jehovas und der Mauer von Jerusalem ringsum vollendet hatte". Das entspricht auch dem neutestamentlichen Werdegang der Gemeinde. Erst als die Gemeinde gegründet war und das Zeugnis befestigt war, kommen die Nationen herein. Die „Nahen und die Fernen" finden beide ihr Bürgerrecht in der heiligen Stadt und werden mitaufgebaut zu einem „heiligen Tempel im HErrn" (Eph.2,17-22). Gott hat schon im alten Bunde an die Nationen gedacht, dass sie in dem wahren Salomo gesegnet werden und die gleiche Stellung wie die Juden haben sollten.

Die Königin Esther (Est.2,9)

Die letzte in der Reihe der alttestamentlichen Vorbilder auf die Gemeinde in Gestalt berufener Frauen ist die Königin Esther. Ahasveros ist ein Vorbild auf den HErrn Jesus als König der Nationen im großen Reich Gottes. Wenn er eine neue Königin anstelle Vastis sucht, die ein Bild der abtrünnigen Kirche ist, dann geht dieses Vorbild schon auf die Offenbarung über. Das Buch Esther wird so zu einem prophetischen Buch, denn Esther stellt die neue Gemeinde dar, die als das neue Jerusalem erscheint. Das Geheimnis ihrer Herkunft wird erst in der Offenbarung gelüftet.

1.2 Zeichen

Die Gemeinde Gottes ist auch als Paradies, als Stadt, Bauwerk oder Heiligtum vorgebildet. Der Bilder sind viele, alle aber zeugen von dem einen großen Geheimnis, das den Menschen im alten Bunde nicht kundgetan worden ist: Christus und die Gemeinde. Es war in Gott verborgen vor Grundlegung der Welt, wurde dann in schattenhaften Bildern und Zeichen als Sein Wort aufgeschrieben und am Ende der Zeiten als Wirklichkeit Gottes verkündigt.

Der Garten Eden (1.Mo.2,4-17)
Die Gemeinde Gottes sollte nach den Gedanken Gottes ein Garten der Wonne und Lieblichkeit sein, ein Paradies für die Seele, in dem Christus der Lebensbaum ist und das Evangelium der Lebensstrom. Das war sie auch im Anfang (Apg.4,32), und soll sie auch in der Vollendung wieder sein, wenn das Ende zum Anfang zurückkehrt. „Und keinerlei Fluch wird mehr sein; und der Thron Gottes und des Lammes wird in ihr sein; und seine Knechte werden ihm dienen, und sie werden sein Angesicht sehen" (Offb.22,1-5). Wir sind als Sein Werk, „geschaffen in Christo Jesu zu guten Werken", schon im Geiste in diesen Garten in den „himmlischen Örtern" versetzt (Eph.2,6-10).

Noah und die Arche (1.Mo.6,9-22)
Wenn Noah ein Vorbild auf Christum ist, dann ist die Arche, die er gebaut hat zur Rettung seines Hauses, ein Bild für das Schiff der Kirche (Matth.8,23-27), die den Glaubenden Geborgenheit gibt in den Stürmen der Zeit. Wie Noah war Jesus in den Tagen Seines Fleisches der einzige unter Seinen Zeitgenossen, der gerecht und vollkommen war: „Dieser ist mein geliebter Sohn, an welchem ich Wohlgefallen gefunden habe" (Matth.3,17). Er hat für die Seinen die Gemeindearche gebaut, sie ist unsere Rettung und Sicherheit vor dem Gericht der Welt. Den Ungläubigen ist sie ein Zeichen, dass sie gerettet werden können. Alle, die an Den glauben, Der vollkommener ist als Noah und uns eine ewige Gerechtigkeit erwirkt hat, werden in der Arche Jesu Christi „errettet vor dem

kommenden Zorn". Die einzelnen Anweisungen über den Bau und die Einrichtung der Arche geben uns wichtige Belehrungen über das große Gegenbild, die Gemeinde Jesu Christi.

Das Passahmahl (2.Mo.12)

Mit der Einsetzung des Passahmahles begann für Israel eine neue Zeitrechnung „Dieser Monat soll euch der Anfang der Monate des Jahres sein". Als das Gegenbild, das Abendmahl, vom HErrn eingesetzt wurde, begann ebenfalls eine neue Zeitrechnung für die Jünger Jesu. Diese wurde sogar zu einem neuen Kalender für die christliche Kirche, der bezeichnenderweise mit der Geburt Christi beginnt (v.Chr. und n.Chr.). Zum ersten Mal werden die Kinder Israel hier als „Gemeinde Israel" angesprochen. Die Gemeinde feiert das Mahl als Erinnerung der Heilstat Gottes, „denn auch unser Passah, Christus, ist geschlachtet worden" (1.Kor.5,7).

Wasser aus dem Felsen (2.Mo.17,1-7)

Der Apostel Paulus deutet gewisse Ereignisse der Geschichte Israels auf die Gemeinde. Das Volk des alten Bundes ist das Vorbild der Gemeinde des Neuen Bundes. Denn „alle diese Dinge widerfuhren jenen als Vorbilder und sind geschrieben worden zu unserer Ermahnung". Die Väter Israels sind „unsere Väter", ihr Fels war unser Christus, ihre Speise ist unsere „geistliche Speise", ihr Trank ist unser „geistlicher Trank" (1.Kor.10,1,13). Worauf wäre die Gemeinde gegründet, wovon sollte sie leben, wenn wir die Schriften des Alten Testaments nicht hätten? Alles dies wäre nicht aufgeschrieben worden, wenn es nichts mit der Versammlung Gottes zu tun hätte. „Ihr erforschet die Schriften, und sie sind es, die von mir zeugen"; wir dürfen erkennen, dass sie ebenso von der Gemeinde Jesu Christi zeugen (Joh.5,39).

Die Stiftshütte (2.Mo.25-30)

In dem Bau der Stiftshütte kommt Gottes tiefes Verlangen zum Ausdruck, unter seinem Volke zu wohnen und die Versammlung zu segnen. „Sie sollen mir ein Heiligtum machen, dass ich in ihrer Mitte wohne" (2.Mo.25,8). Das ist dort schon Wirklichkeit, „wo zwei oder drei versammelt sind in meinem Namen, da bin ich in ihrer Mitte" (Matth.18,20). Die einzelnen Teile der Wohnung und ihre Einrichtung sind „Abbilder der himmlischen Dinge" (Hebr.8,5; 9,23), die der Geist uns lebendig macht, so dass wir die Herrlichkeit Christi und der Heiligen darin erkennen können. Die Bretter der Wohnung stellen die Heiligen in ihrer Zusammenfügung dar, den siebenarmigen Leuchter legt der HErr Selbst uns als Zeugnis von den Gemeinden aus, die aus Ihm geworden sind und als das neue Israel betrachtet werden, der Tisch mit den zwölf Schaubroten ist ein Zeichen der Einheit des Leibes Christi, die jetzt in dem *einen* Brote sinnbildlich dargestellt ist. Zugleich soll hierdurch in Erinnerung gebracht werden, dass Gottes Volk immer ein „zwölfstämmiges", das heißt ein vollkommenes Volk ist, nach der Zahl der Söhne Israels, ihrer Segnungen wegen. Wir würden nur wenig verstehen, welche Einrichtung und Ordnung, welche Schätze und Herrlichkeiten uns Gott durch die Gemeinde geschenkt hat, wenn wir das Vorbild der Stiftshütte nicht hätten. Was heute Allgemeingut ist, bedurfte immerhin einst der Offenbarung Gottes durch geistliches Verständnis eines Geheimnisses, von dem Mose und die Propheten nur etwas ahnen konnten. Es gibt über das Zelt der Zusammenkunft hervorragende Auslegungen, die tiefsten Gedanken paradoxerweise von Bibellehrern, die zugleich leugnen, dass die Gemeinde im Alten Testament zu finden ist.

Der Tempel Salomos (1.Kön.6-7).
Das wertvolle Material für das Haus Gottes, das Gold und Silber und die Edelsteine, alles Erz und Eisen, hatte bereits David gesammelt (1.Chron.29,1-5). Er selbst durfte das Haus nicht bauen, aber sein Sohn Salomo, „Der wird meinem Namen ein Haus bauen, und *er* soll mir Sohn sein, und *ich* will ihm Vater sein; und ich werde den Thron seines Königtums über Israel befestigen" (1.Chron.22,6-10). Durch Jesus, den Sohn Davids, ist der wahre Tempel Gottes der Gemeinde gebaut worden, nicht vor dem Kreuz, denn zuerst musste Blut fließen, nicht wie David das der Feinde, sondern Sein eigenes teures Blut. Auf dieser Grundlage konnten Menschen versöhnt und als lebendige Steine in den Tempel eingefügt werden. Aber die

Schätze für das Haus Gottes sind im Alten Testament gesammelt worden und konnten im Leben Jesu als Herrlichkeit, „eine Herrlichkeit als eines Eingeboren vom Vater, voller Gnade und Wahrheit" (Joh.1,14), angeschaut werden. „Darum ist jeder Schriftgelehrte, der im Reiche der Himmel unterrichtet ist, gleich einem Hausherrn, der aus deinem Schatze Neues und Altes hervorbringt" (Matth.13,52).

Der Tempel Salomos birgt noch ein Geheimnis, das erst durch das Zeugnis des Apostels der Nationen ans Licht kam: der Anteil der Nationen. Das Holz kam vom Libanon, die Steine, „große Steine, wertvolle Steine", wurden im Gebirge unter Mithilfe der Bauleute Hirams, des Königs von Tyrus, gebrochen (1.Kön.5). Dieses Vorbild findet im Lichte des Epheserbriefes seine Erklärung, dass die von den Nationen mitaufgebaut wurden „zu einer Behausung Gottes im Geiste" (Eph.2,22). Die Steine waren bereits im Gebirge behauen, „Hammer und Meißel, irgend ein eisernes Werkzeug, wurde nicht am Hause gehört, als es erbaut wurde" (1.Kön.6,7). Wie sollten so verschiedene Menschen, Naturen, Charaktere in einer Gemeinde miteinander auskommen? Sie sind vorher durch die Gnade Gottes „behauen" worden und harmonieren „mit aller Demut und Sanftmut, mit Langmut, einander ertragend in Liebe, euch befleißigend, die Einheit des Geistes zu bewahren in dem Band des Friedens" (Eph.4,1-3). Diese kostbaren Tugenden haben wir in dem Werk vor Augen, dass „Huram-Abi, der Sohn eines Weibes von den Töchtern Dans, und dessen Vater ein Tyrer war", errichtet hat (2.Chron.2,14); die von ihm gefertigten zwei Säulen des Tempels weisen hin auf „das Haus Gottes, welches die Versammlung des lebendigen Gottes ist, der Pfeiler und die Grundfeste der Wahrheit" (1.Tim.3,16). Ohne diese beiden Säulen, deren Bedeutung wir noch erfahren werden, würde das ganze Lehr- und Gottesdienstgebäude der Gemeinde zusammenstürzen.

Der zweite Tempel (Esra 3,10)
Die Zerstörung des salomonischen Tempels machte den Wiederaufbau eines zweiten Tempels auf der Grundlage des ersten notwendig. Die Erbauer sind Serubbabel und Jeschua, unterstützt

von den Propheten Haggai und Sacharja. Dieses Haus sollte größere Herrlichkeit haben als das erste (Hagg.2,9). Sacharja sieht auch die Nationen am Bau beteiligt, denn „Entfernte werden kommen und am Tempel Gottes bauen" (Sach.6,12-15); „und viele Völker und mächtige Nationen werden kommen, um den HErrn der Heerscharen in Jerusalem zu suchen und Gott anzuflehen" (Sach.8,22).

Die Gemeinde Gottes hat es immer gegeben seit Israel das Passah feierte (2.Mo.12), und sie bestand auch immer aus Menschen. Das wirklich Neue an der Gemeinde ist die Grundlage in Christus und die Berufung der Nationen. Im alten Bunde waren Heiden von der Gemeinde ausgeschlossen, „kein Ammoniter noch Moabiter soll in die Versammlung des Herrn kommen". Nicht mal einer vom Volke oder von den Priestern, wenn ein Gebrechen an ihm war, hatte Zutritt (3.Mo.21; 5.Mo.23). Jetzt aber ist jeder eingeladen, und wer an den Herrn Jesus glaubt und Vergebung der Sünden hat, ist Mit-Glied der Gemeinde. Keine andere Mitgliedschaft ist erforderlich.

Die Berufung der Nationen konnte erst dann geschehen, als der zweite Tempel abgebrochen war, um einem größeren und herrlicheren Platz zu machen, dem Tempel des Leibes Christi, der für alle Völker ist. „Brechet diesen Tempel ab, und in drei Tagen werde ich ihn aufrichten" (Joh.2,19). Jesus lässt das Missverständnis bestehen. Tatsächlich sollte auch von dem Tempelgebäude nicht ein Stein auf dem anderen bleiben. „Gott war in Christo" (2.Kor.5,19) – das war die größere Herrlichkeit, herrlicher als alle Tempel, die Menschen zur Ehre der Gottheit gebaut haben. Als dieser neue Tempel verkündigt wurde, in den auch die Nationen eingefügt werden sollten, war das Wort erfüllt: „In jenen Tagen, da werden zehn Männer aus allerlei Sprachen der Nationen ergreifen, ja, ergreifen werden sie den Rockzipfel eines jüdischen Mannes und sagen: Wir wollen mit euch gehen, denn wir haben gehört, dass Gott mit euch ist" (Sach.8,23). Der jüdische Mann war Paulus, der Apostel der Nationen.

Durch das Evangelium ist ein vollständig neuer Tempelbegriff entstanden, so dass an einen stofflichen Tempel nicht mehr gedacht werden kann, denn „der Höchste wohnt nicht in Tempeln, die mit Händen gemacht sind" (Apg.7,48). Hier hören alle Sinnbilder und Gleichnisse auf. Das was alle Vorbilder und Zeichen nur schattenhaft darstellen konnten, ist nun unbeschreibliche Wirklichkeit geworden: In Christo „wohnt die ganze Fülle der Gottheit leibhaftig" (Kol.2,9). Seitdem der Leib Christi der Tempel Gottes geworden ist und Seine Kirche als Sein Leib bezeichnet wird, wird auch die Gemeinde Gottes als Tempel betrachtet. Am Ende der Offenbarung Jesu Christi ist der Tempel, den der Seher suchte und nicht fand, wieder Gott selbst und das Lamm (Offb.21,22).

Es wäre recht unsinnig und über die Schrift hinaus spekuliert, noch auf einen weiteren Tempel warten zu wollen, etwa im „Tausendjährigen Reich". Von einem dritten Tempel ist nichts geweissagt. Hesekiel beschreibt (Kap.40-48) den „Bau einer Stadt", die nach der babylonischen Gefangenschaft, wenn die Herrlichkeit Gottes zurückkehrt, wieder aufgebaut werden sollte. Wir dürfen im Lichte der Offenbarung darüber hinaussehen, und zwar auf das neue Jerusalem und den neuen Tempel, das heißt Christus und Seine erneuerte und vollendete Gemeinde, „welche sein Leib ist, die Fülle dessen, der alles in allem erfüllt" (Eph.1,23). Im Lichte des Neuen Testaments können wir die Weissagungen der Propheten auf die Gemeinde, hier insbesondere Hesekiels Tempelschau, verstehen. „Das Alte Testament wird im Neuen offenbar. Das ist ewig wahr" (Luther). Wir brauchen Gaben, die das Wort der des Alten Testaments geistlich auslegen und praktisch anwenden.

2 Weissagungen auf die Gemeinde

Mehr als Zeichen und Vorbilder reden die Weissagungen der Propheten direkt von der Gemeinde Christi. Wir zitierten schon einige. Die Propheten sahen die Kirche von ferne und begrüßten sie und bekannten, dass „sie nicht für sich selbst die Dinge bedienten, die euch jetzt verkündigt worden sind durch die, welche euch das Evangelium gepredigt haben durch den vom Himmel gesandten Heiligen Geist, in welche Dinge Engel hineinzuschauen begehren"

(1.Petr.1,12). Wir können nicht alle diesbezüglichen alttestamentlichen Verheißungen anführen. Aus der Fülle der Verheißungen, besonders zahlreich in Jesaja, seien nur einige bekannte herausgegriffen. Wir beschränken uns auf diejenigen, die auch das Heil den Nationen und ihre Mitteilhaberschaft mit Israel bezeugen. Zunächst drei bekannte Bezüge auf dieses Geheimnis, das „jetzt seinen Heiligen geoffenbart worden ist" (Kol.1,26):

Licht den Nationen (Jesaja 49,3.6; Apg.13,47):
„Ich habe dich auch zum Licht der Nationen gesetzt, um mein Heil zu sein bis an das Ende der Erde". Diese von dem Apostel der Nationen angezeigte Erfüllung des prophetischen Wortes lässt bei den Nationen in Antiochien keinen Zweifel offen, dass das Heil auch zu ihnen gekommen ist (vgl.Röm.11,11); „und es glaubten, so viele ihrer zum ewigen Leben verordnet waren" (Apg.13,48). Christus, das Heil der Nationen, öffnet auch ihnen die Türe zur Gemeinde. Es gäbe keine paulinische Gemeinde und keinen Epheserbrief, wenn nicht die Nationen an das Evangelium Gottes geglaubt hätten, „welches er durch seine Propheten in heiligen Schriften zuvor verheißen hat" (Röm.1,2).

Gute Botschaft den Nationen (Jesaja 52,7.15; Röm.10,15):
„Wie lieblich sind auf den Bergen die Füße dessen, der frohe Botschaft bringt..., der Heil verkündigt, der zu Zion spricht: Dein Gott herrscht als König! ... Ebenso wird er viele Nationen in Staunen setzen."

Dieses Evangelium von der Herrschaft Gottes ist das Evangelium des Reiches der Himmel, wie es Jesus und die Apostel verkündigt haben. Das Evangelium war und ist noch immer das Mittel, um der Welt Frieden und Heil in Jesus Christus, unserem Gott und König, zu verkündigen. Der Glaube kommt aus der Verkündigung. Das Evangelium ist bereits gepredigt worden „in der ganzen Schöpfung, die unter dem Himmel ist" (Kol.1,23). „Aber nicht alle haben dem Evangelium gehorcht" (Röm.10,16-18), denn „der Glaube ist nicht aller Teil" (2.Thess.3,2).

Schwerter zu Pflugscharen (Jesaja 2,1-4; Eph.2,13-19):

„Viele Völker werden hingehen und sagen: Kommt und laßt uns hinaufziehen zum Berge Jehovas, zum Hause des Gottes Jakobs! und er wird uns belehren aus seinen Wegen, und wir wollen wandeln in seinen Pfaden". Der erste, an dem sich diese Weissagung erfüllte, war der Kämmerer aus Äthiopien. Er war in Jerusalem gewesen, hatte aber dort nicht gefunden, was er suchte. Der Tempel war nicht mehr „Haus Gottes", was Bethel für Jakob war, eine Begegnung mit Gott. Doch der Eunuch hatte die Jesajarolle erstanden, aus der ihm Philippus das Evangelium von Jesu verkündigt und ihn so zur Anbetung höheren Orts führt. Jesus hatte schon dem Weibe am Jakobsbrunnen gesagt, dass „ihr weder auf diesem Berge noch in Jerusalem den Vater anbeten werdet" (Joh.4,21). Der Gottesdienst im neuen Bund ist nicht mehr an einen bestimmten Ort gebunden, es kommt einzig und allein auf die rechte Art an, wie man anbetet, nämlich „in Geist und Wahrheit".

Noch deutlicher sehen wir die Weissagung Jesajas im Epheserbrief erfüllt. Der Apostel ermahnt die Nationen, „dass ihr, einst die Nationen im Fleische, … ohne Christum waret, entfremdet dem Bürgerrecht Israels …" (Eph.2,12). Weil Christus durch Sein Blut Frieden gemacht hat zwischen den Nationen und Israel, – tritt jeder, der an Jesum Christum glaubt, in diesen Frieden ein und wird ein „Hausgenosse Gottes". Da ist das Wort erfüllt, „sie werden ihre Schwerter zu Pflugmessern schmieden, und ihre Speere zu Winzermessern" (Jes.2,4). Wunderbare Erfüllung, wie sie nicht größer und herrlicher sein kann.

Mutter der Völker (Jesaja 54,1; Gal.4,27):

„Jubele, du Unfruchtbare, die nicht geboren, brich in Jubel aus und jauchze, die keine Wehen gehabt hat! denn der Kinder der Vereinsamten sind mehr als der Kinder der Vermählten". Hier haben wir eine unmittelbare Verheißung auf die Gemeinde, welche unsere Mutter ist. „Denn es steht geschrieben", sagt der Apostel, wenn er die Erfüllung der Jesajastelle anzeigt, dass die neue Gemeinde einmal fruchtbarer sein würde als das alte Bündnis der Kinder nach dem Fleische. Von „unserer Mutter" ist dann auch geweissagt, dass sie „geboren hat, ehe sie Wehen hatte. Wer hat solches gehört, wer hat dergleichen gesehen?" (Jes.66,7-9). Dies war nur durch die Predigt des Evangeliums möglich, wodurch auf einen Schlag einige tausend Seelen in Jerusalem geboren wurden, darüber hinaus auch noch viele Tausende und Abertausende aus den Nationen unter die Begnadigung gekommen sind und also zu der Gemeinde Gottes hinzugetan wurden (Apg.2,39-41; Röm.11,30).

Das Panier der Völker (Röm.15,12; Jes.11,1-10): „Es wird sein, die Wurzel Isais und der da aufsteht, über die Nationen zu herrschen – auf den werden die Nationen hoffen". In Jesus ist das Reich Gottes als ein paradiesisches Friedensreich erschienen. Durch Seinen Geist findet eine völlige Umwandlung der menschlichen Natur statt. An Paulus können wir sehen, wie sich diese Verheißung erfüllt hat: Aus ihm, dem Wolf Saulus, ist ein Lamm Paulus geworden; und er erlebt es, wie die Nationen ebenso umgewandelt werden und nach dem Heil in Christus fragen, „auf welchen auch ihr gehofft, nachdem ihr gehört habt das Wort der Wahrheit, das Evangelium eures Heils" (Eph.1,13). Weil Christus das Lamm Gottes geworden ist, können Menschen mit Gott und untereinander versöhnt werden. Nur durch einen Wandel im Geiste und durch den Dienst der Liebe untereinander, indem wir einander annehmen, können wir den Friedenszustand, den Christus durch Sich Selbst geschaffen hat, verwirklichen. „Bleibet in mir, und ich in euch", heißt das Gebot, um viel Frucht zu bringen (Joh.15,5). Mit einem Glauben, dem nicht die Tugend folgt, werden wir nicht Teilhaber der „göttlichen Natur" (2.Petr.1,4-6). Ohne Glauben wäre nicht einmal das „Reis" aus Davids Stamm aufgeschossen, wenn nicht ein gottesfürchtiges Weib bereit gewesen wäre, den Sohn Gottes im Leibe zu empfangen. „Glückselig, die geglaubt hat, denn es wird zur Erfüllung kommen, was von dem HErrn zu ihr geredet ist!" (Luk.1,45).

Noch viele andere Prophetenstellen weisen hin auf die Gemeinde Gottes. Der große Gegenstand, Christus und die Gemeinde, zieht sich durch die ganze Schrift. Weitere prophetische Hinweise finden sich in

Jes.12 ---------> Eph.2,1-10; Jes. 26, 1-2.12 -------> Röm.5,1-2; Jes.30,19 -------> 2.Kor.1,3-7; Jes.32,15 -------> Tit.3,6; Jes. 33,20 -------> Eph.3,17-21; (Hebr.10,19-25; 1.Petr.2,4-5); Jes.40,1-8 -------> Matth.3,3; Jes. 40,9-11 ------- Apg.13,38-39; (Joh. 10,9; 2.Kor.4,6-7); Jes. 49,8 -------> 2.Kor.6,2; Jes. 52,1 -------> Phil.3,3; (Kol.3,12); Jes.61 -------> Luk.4,17-19; (2.Petr.1,3-11; Offb.3,5); Jes. 65,1 (Röm.10,20); Jes. 65,17-19 (Röm.12; 2.Petr.3,13; Offb.21,5); Jes. 66,10-14 Röm.15,29; 1.Kor.2,9-13); Jes. 56,7 -------> Apg.8,26-39; (Hebr.12,22-24); Jer.31,1-14 ----- ---> Röm.11,4-7; (Hebr.9,11); Hes. 34,11-31-------> Joh.10; Hes. 36,26-27 -------> 2.Kor.3,3-6; Hes.37 ------->Apg.26,6- 8.22; 28,20; (1.Petr.2,24); Hes. 40,2; 43,10-11, 47,1 ------ > Joh.2,21; (1.Kor.3,16; Offb.22,1); Dan. 9,24 -------> Hebr.10,1.14.19ff; Hosea 1,10; 2,23 ------- Röm.9,24-26; Amos 9,11.12 -------> Apg.15,16-18; Haggai 2,6-9 -------> 2.Kor.3,11.18; Sach.1,16-17; 4.6-10; 12,2; 14,12.20.21 -------> 1.Kor.3,10-15; (10,14-17; 15-57-58; 2.Kor.2,16).

„Und alle zu erleuchten, welches die Verwaltung des Geheimnisses sei, das von den Zeitaltern her verborgen war in Gott, der alle Dinge geschaffen hat, auf dass jetzt den Fürstentümern und Gewalten in den himmlischen Örtern durch die Versammlung kundgetan werde die gar mannigfaltige Weisheit Gottes, nach dem ewigen Vorsatz, den er gefasst hat in Christo Jesu, unserem Herrn" (Eph.3,8-11).

3 Gemeindeepochen

Wie in der Geschichte Israels im alten Bund gibt es auch im Zeitalter des neuen Bundes verschiedene Epochen oder Etappen. Sie lassen sich an dem Kanon des Neuen Testaments, der in drei Teile zerfällt, ablesen. Wenn man einmal zeitlich und geistlich zwischen dem Dienst der Apostel in Jerusalem und dem Zeugnis des Apostels Paulus unter den Nationen unterscheidet, entdeckt man drei Zeitabschnitte. Die zwölf Apostel der Beschneidung läuten am Pfingsttage die Heilszeit der Gemeinde Israel ein, die sich zunächst noch im jüdischen Rahmen bewegt. Paulus ist der Apostel der Nationen, sein Evangelium ist eine weitere Offenbarung, es hebt die jüdischen Elemente auf und vereinigt Juden und Heiden zu einem Leib. Während die Verkündigung der Zwölfe das Leben Jesu auf der Erde bis zu Seiner Himmelfahrt zum Gegenstand hat, predigt Paulus, daran anknüpfend, den verherrlichten Christus im Himmel und das Geheimnis der universalen Gemeinde. Beide Dienste sind wie zwei „Paradiesströme" des Evangeliums, die einer Quelle entspringen, bis sie in der Errettung des ganzen großen Gottesvolkes zu *einem* Dienst zusammenfließen.

Die erste Epoche nimmt mit der Verkündigung Jesu ihren Anfang, bricht durch die Ausgießung des Heiligen Geistes zentral in das Judentum ein und wird seitdem als Erfüllung aller Verheißungen der Propheten in der „Fülle der Zeit" gepredigt (Apg.3,24). Der zweite Teil der Apostelgeschichte (ab Kap.10) und die paulinischen Briefe beschäftigten sich mit den „Gemeinden der Nationen" (Kirche) während der „Zeiten der Nationen", in welchen Israel zerstreut ist, das von den Aposteln Jakobus, Petrus und Johannes bedient wird. Beide Epochen verbindet der Hebräerbrief, er führt die Judenchristen von dem jüdischen Kult zu dem Gottesdienst des Neuen Bundes und vom Sinai zum „Berge Zion".

Zugleich ist der Brief an die Hebräer der Übergang zur letzten Epoche, die wieder mit Israel anknüpft, um es aus der „Wüste der Nationen" in das „Land der Verheißung" zu bringen, um mit dem Vorbilde zu reden. Die Briefe Jakobus, Petrus, Johannes und Judas richten sich an das Volk Israel in der Zerstreuung in dem anbrechenden Zeitalter der Offenbarung. Dann wird ganz Israel gesammelt und die „Nationen"-Gemeinden als abtrünnige Babylonkirche gerichtet werden. Endlich wird Gottes Volk aus Babylon befreit und zur heiligen Stadt, dem neuen Jerusalem zurückgeführt wird. Dann steht auch den heilsverlangenden „Nationen" das neue Jerusalem offen.

Die Heidenkirche ist in der Tat eine Parenthese, nur mit einem ganz anderen Ausgang, nämlich wie im Vorbilde die „Nationen" im Buche Daniel. Endlich wird das gesamte gemeindliche Gedankengut des Apostels Paulus, das die „Nationen" sich angeeignet, aber missbraucht haben, nach „Zion" zurückgebracht. Allein dies erfordert geistliches Verständnis. Denn das Israel des neuen Bundes ist ein himmlisches Volk, „ein geistliches Haus, ein heiliges Priestertum, um darzubringen geistliche Schlachtopfer, Gott wohlannehmlich durch Jesum Christum" (1.Petr.2,5). Der Apostel Petrus hat später die gleiche geistliche Sicht vom neuen Bundesvolk wie Paulus, er begreift, was viele Christen heute (noch) nicht verstehen, dass „Gott keinen Unterschied macht zwischen uns (Juden) und ihnen (Nationen), indem er durch den Glauben ihre Herzen reinigte" (Apg.15,9). Wie im Anfang der Kirche wird auch am Ende ein Nicht-Volk ein Volk Gottes, „so viele irgend der HErr, unser Gott, herzurufen wird" (Apg.2,39). Dieses neue Israel vereinigt alle Kinder Gottes in der heiligen Stadt, dem himmlischen Jerusalem. Betrachten wir nun die drei Gemeindeepochen anhand der neutestamentlichen Schriften.

3.1 Die Gemeinde Israel in Jerusalem

Wie lagen die Dinge im Anfang des christlichen Gemeinde-zeitalters? In den Evangelien wird die Jüngerschar gesammelt. Zuerst besteht sie nur aus zwölf Jüngern. Zwölf deshalb, weil sie das neue Israel repräsentieren sollen. Es kamen noch viele andere hinzu, bekannte Namen und Ungenannte. Zuletzt wird von fünfhundert Brüdern gesprochen, dann von hundertzwanzig auf dem Obersaal. Immer noch eine „kleine Herde", aber doch schon als Gemeinde, wenn auch noch nicht an einem Ort. Das war erst am Pfingsttage. „Als sie alle an e i n e m Orte beisammen waren" treten sie in der Kraft und Vollmacht des Geistes hervor und bezeugen der großen Volksmenge die Erfüllung der Verheißung Joels und die Auferstehung und Erhöhung Jesu, den sie ermordet hatten. Aus allen Himmelsrichtungen, „von jeder Nation derer, die unter dem Himmel sind", waren Juden an diesem Tage in Jerusalem versammelt, die das Zeugnis hören sollten. Für einen Augenblick war auch die babylonische Sprachenverwirrung aufgehoben, so dass sie die großen Taten Gottes in ihren Sprachen hören konnten. Damit zeigt der Heilige Geist an, dass es für die Zerstreuung der Juden keinen Grund mehr gab, es war jetzt gleichgültig, wo jemand wohnte, ob in Israel oder in Ägypten. „Euch ist die Verheißung und euren Kindern und allen, die in der Ferne sind, so viele irgend der HErr, unser Gott, herzurufen wird", beschwört Petrus sie. Jeder konnte hören und glauben, wie die Verheißung Joels und Jesajas sich gerade erfüllte, als „der Geist ausgegossen wurde aus der Höhe" (Jes.32,15; Joel 2,28). Die nun das Wort aufnahmen, wurden getauft und empfingen die Gabe des Geistes. Es wurden der schon vorhandenen Gemeinde Israel an jenem Tage bei dreitausend Seelen hinzugetan. Und täglich tat der HErr zu der Gemeinde Israel noch viele mehr hinzu. Das fleischliche Israel wird, worauf wir schon hingewiesen haben, als das „verkehrte Geschlecht" bezeichnet, von dem sie sich retten lassen sollten.

Das neue Israel nach dem Geiste wächst nun zu einem großen Volk. Sehr rasch erhöht sich die Zahl der Jünger in Jerusalem auf fünftausend Männer, die Frauen nicht mitgezählt (Apg.4,4). Auch die Menge der umliegenden Städte kommen nach Jerusalem, „Scharen von Männern sowohl als Weibern wurden dem HErrn hinzugetan" (Apg.5,12-14). Weiter meldet uns der geheiligte Bericht, dass „das Wort des HErrn wuchs, die Zahl der Jünger mehrte sich sehr, auch eine große Menge der Priester wurde dem Glauben gehorsam" (Apg.6,7). Zunächst sind sie noch in Verbindung mit dem Tempel, nicht um zu opfern, sondern Gesetz und Propheten in der Auslegung der Apostel zu hören. Zu Hause aber brechen sie das Brot, und zwar täglich.

In den ersten zwölf Kapiteln der Apostelgeschichte wird die Ausbreitung des Evangeliums unter den Juden geschildert. Die Nationen sind hier noch gar nicht im Blickfeld, außer zwei Ausnahmen (Apg.8 u.10). Alle Verheißungen werden bis hierher ausschließlich auf Israel gedeutet; die dem Zeugnis der Apostel glauben, bilden die wiederaufgebaute „Hütte Davids" (Apg.15,16). Eine große Menge wird in dem HErrn „ein Herz und eine Seele" (Apg.4,32), ein Leib und eine Brautgemeinde. Das wahre Jerusalem ist erschienen, wie Jesajas sagt: „Wie der Jüngling sich mit der Jungfrau vermählt, so werden deine Kinder sich mit dir vermählen" (Jes.62,5). Nach der Lehre der Apostel sind nun alle die großen Verheißungen, die von der Sammlung Israels und Wiederherstellung Jerusalems reden, an dem Glaubensvolk erfüllt. Erfüllt ist die Schrift: „Siehe, ich wandle Jerusalem in Frohlocken um und sein Volk in Freude" (Jes.65,18ff).

Zunächst konzentrierte sich das Zeugnis der Apostel auf Jerusalem, um die Verheißungen der Propheten buchstäblich an diesem Ort zu bestätigen. Jedoch waren die Verheißungen nicht auf die Versammlung in Jerusalem beschränkt, wie sie bald erfahren sollte. Jerusalem als Stadt war nur Sammelplatz und Ausgangspunkt für ein weltweites Zeugnis. Der geisterfüllte Stephanus löste durch sein mutiges Zeugnis eine große Verfolgung wider die Versammlung aus, so dass „alle in die Landschaften Judäa und Samaria zerstreut wurden, ausgenommen die Apostel" (Apg.8,1). Wenige Wölfe genügten, um eine große Herde zu zerstreuen. Andererseits hatte Gott es so gefügt, damit sie sich nicht in Jerusalem festsetzten. Sollten sie doch nach dem Auftrag Jesu in alle Welt gehen und alle Nationen zu Jüngern machen. Es gehen nun die Zerstreuten umher und verkündigen überall im Lande das Wort, und „Samaria nahm das Wort Gottes an" (Apg.8,4.14). Da, wo sie zuvor mit Jesus gesät hatten, konnte nun geerntet werden, „und es war eine große Freude in jener Stadt". Auf ihrer Rückreise nach Jerusalem verkündigen die Apostel vielen samaritischen Dörfern das Evangelium vom Reiche Gottes in dem Namen Jesu Christi. Es müssen auf diese Weise viele Versammlungen im ganzen Lande entstanden sein. Durch die Bekehrung des Saulus war die

Feindschaft gegen den Namen Jesu weithin gebrochen, so dass die Versammlungen durch „ganz Judäa und Galiläa und Samaria" hin Frieden hatten (Apg.9,31).

Die Gemeinde Jesu ist zuerst noch rein jüdisch, die Gläubigen bleiben in Verbindung mit dem Tempel und dem Gesetz. Eine Abschaffung des Zeremonialgesetzes oder Änderung der Vorschriften steht nicht zur Debatte. Die Speisevorschriften bleiben in Kraft, eine Gleichstellung der Nationen mit den Juden in der Gemeinschaft ist so noch nicht denkbar. Die Apostel selbst haben das Gesetz Mose für die Juden, welche an Jesu Christus glaubten, nicht in Frage gestellt. Weil es Gottes Wort und Gebot war, eifern die gläubigen Juden immer noch dafür und suchen es zu erfüllen. Die Apostel sehen jedoch nicht mehr die Gesetzeswerke als Mittel zur Errettung an, sondern die Gnade des HErrn Jesu, wie Petrus auf dem Apostelkonzil erklärt. Sie pflegen aber noch die jüdische Tradition. Jesus Selbst hatte das Gesetz nicht aufgelöst, sondern ganz erfüllt. Er hatte nicht gesagt, dass die Jünger nach Seiner Auferstehung nichts mehr damit zu tun hätten. Als echte Söhne Israels stehen sie unter dem gleichen Gehorsam wie ihr Meister, alles zu erfüllen, was Mose angeordnet hat. Jakobus ist darin besonders gesetzestreu, er weist Paulus darauf hin: „Du siehst, wie viele Tausende der Juden glauben, und alle sind Eiferer für das Gesetz" (Apg.21,20). Doch Gott wollte Sein Volk vom Gesetz, vom Judentum und dem ganzen überlieferten jüdischen Kult losmachen, um es mit denen aus den Nationen zu einem Volke, ja zu einem Leibe in Christus zu verschmelzen. Der Auftrag des HErrn umfasste bereits „alle Nationen" in der „ganzen Welt", anfangend von Jerusalem bis an das „Ende der Erde" (Matth.28,19; Mark. 16,15; Luk.29,47); Apg.1,8).

Noch war der Zeuge nicht berufen, der die Einheit und Freiheit in Christus verkündigen sollte. Stephanus hatte einen ersten Vorstoß gegen „die heilige Stätte und das Gesetz" gemacht und die Zerstörung bzw. Veränderung angedeutet. Es wäre jedoch von den Aposteln, insbesondere von Petrus und Jakobus zuviel erwartet, zu diesem Zeitpunkt schon über das Judentum hinaus zu denken. Schon gar nicht dachten sie an eine Auflösung, zumal sie die

Wiederannahme Israels in dem Namen Jesu verkündigten (1.Petr.2,10). Keiner der Apostel der Beschneidung sprach von einem Ausschneiden der natürlichen Zweige, wie es später Paulus in Röm.11 tut. Davon konnte erst dann die Rede sein, als Paulus den Nationen das Heil verkündigt. Seine Botschaft brachte die Scheidung, sie wurde zu einer Herausforderung für die Juden, sowohl für die ungläubigen als auch für die bereits an Jesus Christus gläubigen Gesetzesjuden.

Petrus ist als Erster auserwählt, den Nationen das Evangelium zu predigen; er lernt verstehen, dass „Gott die Person nicht ansieht, sondern in jeder Nation, wer ihn fürchtet und Gerechtigkeit wirkt, ist ihm angenehm „(Apg.10,35). Aber eine Eingliederung der Nationen in Israel ist auch hier noch nicht erkennbar, im Gegenteil, die Brüder in Jerusalem machen ihm Vorwürfe, dass er bei Männern eingekehrt war, die Vorhaut haben. Petrus kann sie beruhigen, bis die Frage der Beschneidung für die Nationen auf dem Apostelkonzil behandelt wird.

Sollten die Nationen jüdisch leben oder die Juden etwa ihre traditionelle, einmal von Gott selbst angeordnete Lebensweise aufgeben? Als Paulus den Aposteln in Jerusalem sein Evangelium vorlegt, das er unter den Nationen predigt, vermeidet er tunlichst alles das, was sich gegen das Judentum richten muss (Gal.2,1-10). Die Apostel erkennen seinen Dienst unter den Nationen an, aber seine Tragweite verstehen sie noch nicht. Für Petrus bleiben die Schriften Pauli lange schwer verständlich, und die Unwissenden und Unbefestigten verdrehten sie sogar und deuten sie als Abtrünnigkeit (2.Petr.3,16).

Es wäre freilich verkehrt, zwischen den beiden Diensten, dem der Beschneidung und dem der Vorhaut, einen Gegensatz konstruieren zu wollen, denn Gott hat beide berufen und in beiden gewirkt, nur in unterschiedlichen Bereichen, die aber, wenn die „Zwischenwand der Umzäunung" auch für die restlichen Gesetzesjuden abgebrochen war, in eins zusammengefasst werden sollen. Der Ausgangspunkt der Predigt bei Petrus wie bei Paulus ist der gleiche: Sie beginnen beide mit dem Leben Jesu, Seinem Sühneopfertod und der Auferstehung, woraus der Ruf zur Buße,

Bekehrung und Glauben an Jesus Christus folgt. Die das Evangelium annehmen, werden getauft, empfangen Vergebung der Sünden und bekommen den Heiligen Geist und die Verheißung des Erbes. Doch Paulus empfängt weitere Offenbarungen über die Gemeinde Gottes und den neuen Gottesdienst.

Auf dem Apostelkonzil zu Jerusalem (Apg.15) kommt es zu schweren Auseinandersetzungen mit den Verfechtern des Judentums. Es sind dies gläubige Pharisäer, welche für die Beschneidung und das Gesetz eifern und die Nationen zu Proselyten machen wollen. Da steht Petrus auf und erinnert an seine Erfahrungen unter den Heiden, dass sie das Wort annehmen und glauben, „Gott gab ihnen den Heiligen Geist, gleichwie auch uns; und er machte keinen Unterschied zwischen uns und ihnen, indem er durch den Glauben ihre Herzen reinigte" (V.8-9). Dann erzählen Barnabas und Paulus, was Gott unter den Nationen durch ihren Dienst getan hat. Jakobus stimmt der Auffassung des Petrus und Paulus zu und bekräftigt sie durch Schriftbeweise, indem er die Amosstelle zitiert (9,11.12), wodurch noch einmal klargemacht wird, dass das Werk unter den Nationen nach dem Willen Gottes sich zu keinem selbständigen Heilskörper entwickeln soll, sondern eine geistliche Herzubringung und Ausrichtung der Nationen zur „Hütte Davids" ist. So hat es auch Paulus immer verstanden und die Nationen in seinen Briefen gelehrt (vgl.Eph.2,19-22).

Nachdem die Kompetenzen abgesteckt sind, wird der Beschluss der Apostel und Ältesten allen Gemeinden der Nationen mitgeteilt. Hierdurch wird die Wirksamkeit von Paulus und Barnabas nachträglich bestätigt, was für sie eine große Stärkung war. Sie können nun freudig und freimütig den Nationen das Evangelium verkündigen, ohne sie an das Judentum zu binden. Den Nationen, welche sich zu Gott bekehrt haben, werden keine weiteren Gebote auferlegt, außer den bekannten vier Stücken (Apg.15,20). Für die gläubigen Juden gab es keine Frage hinsichtlich der traditions-bedingten jüdischen Elemente und des Gesetzes. Wie wäre wohl das Konzil ausgegangen, wenn Paulus hier seine These „Christus des Gesetzes Ende", nicht nur für die Nationen, sondern auch für die

Juden, vorgebracht hätte? Hier ist für Paulus nicht der Ort, seine Lehre zu entfalten.

Nach diesem entscheidenden Beschluss bricht der Bericht des Lukas von dem Wirken der Apostel der Beschneidung ab, um sich weiter mit dem Missionsdienst des Apostels der Nationen zu beschäftigen. Die zweite Gemeindeepoche hatte begonnen.

3.2 Die Gemeinden der Nationen

In den Gemeinden, die Paulus gründete, treffen wir zahlreiche Juden an, waren sie doch die Erstlinge unter den Nationen, ohne die ein Gemeindebau gar nicht denkbar gewesen wäre, da sie bereits das Wort Gottes kannten. Es mag uns wundern, dass sich überall jüdische Synagogen befinden. Wie kommt es, dass sich so viele Juden im Westen angesiedelt haben, da sie doch einst nach Osten weggeführt worden sind? Ist es überhaupt noch die Zerstreuung, die als Gericht über das Volk kam, oder ist es inzwischen eine innere Uneinigkeit, die aus ihnen „die zerstreuten Kinder Gottes" gemacht hat (Joh.11,52)? Keine weltliche Macht hinderte sie, in das Land Israel zurückzukehren, wenn dieses Land der Ruheort war (Micha 2,10).

*

Exkurs

Ein Blick in die jüdische Geschichte kann uns helfen, die Stellung der Juden als Vorposten für das Werk unter den Nationen zu verstehen. Wie wir wissen, endete die Geschichte des alttestamentlichen Bundesvolkes mit der Wegführung nach Assyrien und Babel (2.Kön.17 u.24). Dies war ein durch Moses und von allen Propheten zuvor angekündigtes Gericht über Israel und Juda. Nach der siebzigjährigen Gefangenschaft kehren die Deportierten nach Jerusalem zurück, um den Tempel wieder aufzubauen. Unter den Kindern der Wegführung findet zugleich eine geistliche Erneuerung statt, die sie in tiefe Buße führt, wie es in Israel vorher nie zu sehen war (Esra 9, Neh.9). Sie konnten dann auch auf die gewissen Gnaden Davids rechnen und auf die Verheißungen der früheren Propheten bauen, welche durch die beiden Propheten Haggai und Sacharja in ein neues Licht gerückt werden. Da die Heimgekehrten überwiegend aus dem Stamme Juda waren, bürgert sich die Bezeichnung „Juden" für „ganz Israel" ein (Esra 10,5).

Das Israel in nachbabylonischer Zeit ist nun nicht mehr zu vergleichen mit dem Volk in der Königszeit. Es unterscheidet sich durch rege Teilnahme am Gottesdienst, tiefe Demütigung, entschiedene Abgrenzung von den Nationen, Halten der Gebote, Heiligung des Sabbats und der Feste, die Schriftlesung wird allgemein eingeführt. Priestertum und Tempel sind wiederhergestellt, man wartet nur noch auf die Ankunft des Königs, den Sohn Davids.

Wie lange dieser gute Zustand andauerte, wird nicht berichtet. Durch Maleachi erfahren wir, dass man zwar äußerlich am Bekenntnis festhält und auch ordnungsgemäß den Opferdienst versieht, aber der Herzenszustand ist nicht mehr derselbe wie im Anfang, als die Bauleute den Grund legten zum Tempel Gottes (Esra 3,10-13). Die Masse der Priester war lau und selbstgefällig geworden, wir würden sagen „laodicäisch". Von diesen unterscheidet sich wiederum ein gottesfürchtiger Überrest von Gerechten, denen der HErr alle Verheißungen zuspricht (Mal.3,16). Von diesem Überrest begegnen uns um Christi Geburt einige Alte in Jerusalem (Luk. 1 u. 2).

Israel in der Zerstreuung gibt wieder ein anderes Bild. Von „unserem zwölfstämmigen Volk" (Apg.26,7) hat sich ein Teil im Lande angesiedelt, die übrigen sind im Wandel der Weltreiche nach Westen abgewandert und gründen jüdische Gemeinden in den Landschaften Kleinasiens und darüber hinaus; zugleich bleibt für sie Jerusalem religiöser Mittelpunkt. An allen bekannten Plätzen des römischen Reiches finden wir Synagogen, wo man die Gebete verrichtet und aus der Schrift (A.T.) gelesen wird. Hier treffen wir auch zahlreiche Nichtjuden an, die sich zur Synagoge halten und Gott anbeten, und Proselyten, die zum Judentum übergetreten sind.

Die „Brüder" in der Zerstreuung waren bisher ohne das Zeugnis des Evangeliums vom Reiche Gottes geblieben, obwohl die Kunde von Johannes und Jesus bis zu ihnen durchgedrungen ist. Sie sollen nun auch von dem Erlösungswerk Christi erfahren. Gleichwie Jesus vom Vater zu den „verlorenen Schafen des Hauses Israel" im Land gesandt war, so sendet Er jetzt Paulus zu den griechischen Juden, und „weit weg zu den Nationen" (Apg.22,21). Bisher lasen sie in der Synagoge Moses und die Propheten in der Erwartung des verheißenen Messias, dem kommenden Fürsten, von dem Daniel geweissagt hatte, und den Paulus ihnen jetzt als den bereits gekommenen Jesus, den Gekreuzigten, verkündigt. Sie selbst, also die Juden in der Zerstreuung, hatten keinen Anteil am Tode Jesu, waren insofern auch völlig unbelastet. Nun wird aber auch für sie der Name Jesu Christi zum Prüfstein bzw. das universale Evangelium, und für viele zum „Stein des Anstoßes".

*

Wenn wir weiter dem Bericht des Lukas als Begleiter des Apostels Paulus folgen, sehen wir Paulus zuerst immer in der Synagoge. Er sucht seine Brüder, die Söhne Israels, um ihnen als Diener des Neuen Bundes das Evangelium der Rechtfertigung aus Glauben zu bringen. Sie nehmen zuerst sein Zeugnis an und wollen noch mehr hören (Apg.13,42). Als sie aber sehen, dass die Heiden in großer Menge herzukommen und das Evangelium annehmen, werden die ungläubigen Juden eifersüchtig. Ihr Widerspruch richtet sich zunächst nicht gegen den Namen Jesu, dass Er der Christus ist, durchaus nicht, sondern dass sie sich plötzlich ihrer Vorzugsstellung beraubt und mit den Heiden auf eine Stufe gestellt sehen. An diesem Punkte entzündet sich allerwärts die Feindschaft gegen den Apostel und sein Evangelium. Die Juden waren durchaus an der Rechtfertigung in Christus interessiert, wollten sich aber nicht demütigen, wodurch sie sich selbst davon ausschlossen. Umso freimütiger können Paulus und Barnabas erklären, dass Christus auch zum „Licht der Nationen" gesetzt ist und sie gesandt sind, Sein Heil aller Welt zu verkündigen. Diese Situation wiederholt sich nahezu an allen Orten, wohin Paulus kommt. Dennoch glauben insgesamt viele Tausende der Juden und empfangen das ewige Leben; an ihnen erfüllt sich die „an die Väter geschehene Verheißung", sie erweisen sich als echte Söhne Israels und bilden somit zusammen mit den Gläubigen aus den Nationen die neue Gemeinde Israel.

Gemeindegründungen

Auf der ersten Missionsreise hat der Apostel offenbar keine neuen Gemeinden gegründet. Die Jünger bleiben zunächst noch mit der Synagoge in Verbindung (gleichwie die Versammlung in Jerusalem mit dem Tempel). Erst die dritte Reise bringt notgedrungen eine Trennung, zuerst in Ephesus (Apg.19,9). Wir müssen bedenken, dass die verschiedenen jüdischen Sekten gewöhnlich räumlich nicht getrennt waren. Auch die „Sekte der Nazaräer" wurde anfänglich als eine mit den Pharisäern vergleichbare Glaubensrichtung innerhalb des Judentums angesehen. Alle kamen im Tempel bzw. in der Synagoge zusammen, um das Wort Gottes zu hören (Jak.2,2). Naturgemäß mussten sich die Spannungen durch den Zuwachs der Gläubigen aus den Nationen erhöhen, und das umso mehr, als die von den Aposteln in Jerusalem verfügte Freistellung vom Gesetz bekannt wurde. Das war jedoch noch nicht alles, Paulus stellt das Gesetz in Frage, es hat nach der ihm gegebenen Offenbarung keine buchstäbliche Bedeutung mehr, sondern geistliche, womit er im Grunde das Judentum aufhebt.

Das neue geistliche Verständnis des Gottesdienstes musste zu einer Scheidung zwischen den Glaubenden und den ungläubigen Juden führen, so dass Paulus die Jünger absondert und sich mit ihnen in Privathäusern versammelt. In Ephesus war es „die Schule des Tyrannus" (Apg.19,9). Auf diese Weise entstanden selbständige Gemeinden, die ständig an Zahl zunahmen, während die Synagoge ins Abseits gerät und die ungläubigen Juden nur noch mit Neid und Bosheit reagieren und nun gänzlich den Anschluss an die neue Bewegung verlieren.

Wenn die Juden sich verhärten, so riskieren sie, von den Vätern und den Verheißungen Israels abgeschnitten zu werden. Diese Situation findet in Röm.9-11 ihren Niederschlag. Durch ihren Unglauben und Ungehorsam gegen das Zeugnis des Evangeliums von der freien Gnade Gottes gegen alle Menschen schließen sie sich selbst davon aus. Sie gehören dann nicht mehr zu Israel, „selbige Seele", so heißt es oft in Mose, „soll ausgerottet werden aus Israel" (2.Mo.12,15). Paulus gibt ihnen Zeugnis, dass sie zwar Eifer für Gott haben, aber sie sind zu stolz und selbstgerecht, sich unter die Gerechtigkeit Gottes zu beugen (Röm.10,1-3). Nur und nur deshalb gingen sie der Segnungen des Neuen Bundes und des ewigen Lebens verlustig. Strauchelten die einen über das „Heil der Nationen", stoßen die anderen sich an dem Stein „Christus ist des Gesetzes Ende" und kommen zu Fall. Eine dritte Gruppe hatte im Geiste angefangen, fällt aber durch die böse Arbeit jüdischer Lehrer in Gesetzeswerke zurück, wie etwa die Juden in Galatien (Gal.1,6). So wendet sich das Heil mehr und mehr den Nationen zu.

Die Briefe
Die Gemeinden waren auf der „Grundlage der Apostel und Propheten aufgebaut, indem Jesus Christus selbst Eckstein ist" (Eph.2,20). Inzwischen waren die Nationen, anders als in den Gemeinden in Judäa, weit in der Mehrheit. Paulus spricht in beiderlei Hinsicht von einer Vollzahl, einer Fülle, die durch seinen Dienst ins Reich Gottes eingehen soll. Der Herold und Apostel der Nationen hatte sie im Geiste nach Israel geführt, nicht zu dem Land und der Stadt der Juden, sondern zu der Stadt des lebendigen Gottes, dem himmlischen Jerusalem, um der geistlichen Güter Israels teilhaftig zu werden. Das Mittel waren „die heiligen Schriften", also das, was wir heute Altes Testament nennen. Für sie war es jedoch nicht veraltet, wie es heute viele Christen ansehen, sondern brandaktuell, da sich gerade alles, was geschrieben stand, an ihnen und in ihnen erfüllte; es war das lebendige und wirksame Wort Gottes, welches alle Grundsätze für Lehre und Wandel enthält. Insbesondere sind es die „prophetischen Schriften", die zum Evangelium, zur „Botschaft des Guten", werden, sowohl dem Juden

zuerst als auch dem Griechen (Röm.1,2; 10,15). Für weitere Schriften lag in der ersten Zeit noch kein Bedürfnis vor, man schöpfte im Neuen des Geistes aus dem Reichtum der Schrift. Nicht einmal die Evangelien waren geschrieben; die Gemeinden waren neben dem Zeugnis der Schriften auf die mündlichen Zeugnisse vom Leben Christi angewiesen – ein unerschöpfliches Thema, von dem die Evangelien nur ein Ausschnitt sind. Obgleich viele die Feder ergriffen hatten, die Worte und Taten Jesu aufzuschreiben, galten ihre Berichte noch nicht als heilige Schriften, die Auswahl erfolgte erst später. Allein Paulus bezieht seine Beweisführung, dass Jesus der Christus ist, und seine Gemeindelehre aus dem Alten Testament, (woher wir sie auch beziehen), was allerdings nur gläubige Juden nachvollziehen können. Hier erweisen sich auch die Brüder aus dem Judentum für die unwissenden Heiden als notwendige Hilfe, da sie ja die Schrift kennen.

In der Reihe der paulinischen Briefe an die Nationen steht der *Römerbrief* als Grundbelehrung an erster Stelle. Der Kampf, den Paulus gegen den jüdisch-tradierten Erwählungsglauben führt, trägt er besonders scharf im Brief an die Gläubigen in Rom vor. Auch hier sitzen Juden in der Gemeinde, die sich womöglich besser dünken als die Heiden. Andererseits neigen die Heiden zum Hochmut, da sie in der Mehrheit sind, und berücksichtigen nicht die Gewissens-gebundenheit der jüdischen Brüder an ihre Kultur (Röm.14).

Das aufgezeigte menschliche Verderben, sowohl des Juden zuerst als auch des Griechen, stellt unterschiedslos beide auf *einen* Boden, denn „alle haben gesündigt und erreichen nicht die Herrlichkeit Gottes" (Röm.3,23). Der Jude hat keinen Vorzug, seine Beschneidung ist Vorhaut geworden. Entscheidend ist der Glaube, von dem schon Abraham, der Stammvater Israels, ein Zeuge ist. Ein Vorteil war allerdings, dass sie zuerst die „Aussprüche Gottes", die Schrift, hatten. Ab Kapitel 9 spricht Paulus von seinem Schmerz über seine ungläubigen Verwandten, welche Israeliten sind. Er weist auf die prophetischen Schriften hin, dass nur ein Überrest von Israel errettet wird. Das neue Volk Gottes besteht allein aus den „Gefäßen der Begnadigung", die Gott nicht allein aus den Juden, sondern auch aus den Nationen berufen hat, wie er auch in Hosea sagt: „Ich werde Nicht-mein-Volk mein Volk nennen" (Röm.9,24). Gott hat also sein Volk nicht verstoßen, die Linie Israels geht mit Paulus und in dem „Überrest nach Wahl der Gnade" weiter (Röm.11,5). Indem die Nationen hinzukommen, nimmt Gottes Volk zahlenmäßig zu und wird zu einer mächtigen Größe. Wenn der letzte Auserwählte, sowohl aus den Nationen als auch aus den Juden, ins Reich Gottes eingegangen war, war Israel wieder vollzählig. Ein Kreis ist immer ein Kreis, ob klein oder groß.

Mit diesem Ergebnis hofft Paulus, der Herold und Apostel der Nationen, seinen Dienst zu vollenden. Er sagt: „Auf diese Weise wird ganz Israel errettet werden" (Röm.11,26). Für die Verstockten und Ausgeschnittenen blieb immer noch die Hoffnung, dass sie wieder eingepfropft würden, wenn sie nicht im Unglauben blieben. Noch immer bekehrten sich Juden. Dies sollten die Nationen bedenken und sich nicht über die „natürlichen Zweige" erheben. Gott hatte sie als wilden Ölbaum ganz gegen die Natur in den edlen Ölbaum eingepfropft, das heißt in Israel eingegliedert. Das Ausschneiden war kein Kahlschlag des Ölbaumes, sondern nur ein Läutern. Es waren noch genug „natürliche Zweige" und vor allen Dingen der Stamm und die Wurzel vorhanden. Die Gläubigen aus den Nationen gehörten jetzt zu dem Volk der Heiligen und waren Mitteilhaber an dem Erbe Abrahams. Der Apostel begegnet sogleich der Gefahr einer Erhebung bzw. Separation der Nationen, dass sie sich innerlich von Israel ablösen und vergessen könnten, dass sie zu dem Teil Israels gekommen sind und nicht umgekehrt. Sonst würde ihnen dasselbe drohen wie jenen, die gefallen sind. Dass der Apostel jeden Leser und Hörer des Wortes meint, zeigt seine persönliche Anrede (vgl.2,1.17). Ebenso wenig wie ein pauschales Ausschneiden stattfand, geschieht im Hinblick auf die Errettung von „ganz Israel" kein pauschales nationales Einpfropfen. Paulus hat in diesem Brief mit Nachdruck kundgetan, dass die Errettung eine individuelle Sache ist und den persönlichen Glauben erfordert.

Im *1.Korintherbrief* wird betont, dass es keinen anderen Grund (Fundament) gibt, auch nicht in Zukunft, als der, welcher gelegt ist, „welcher ist Jesus Christus" (1.Kor.3,11). Die Identität der Koritnther als Israel ist von „unseren Vätern" her, die aus Ägypten zogen und durch die Wüste pilgerten, vollkommen klar. Aber „an den meisten derselben hatte Gott kein Wohlgefallen, denn sie sind in der Wüste hingestreckt worden" (1.Kor.10,1ff). Die Korinther sollten bedenken, dass das was jenen geschah, als Vorbilder für sie aufgeschrieben war. Unter ihnen traten nämlich ähnliche Züge in Erscheinung wie bei dem Volke in der Wüste, das sich, als Schwierigkeiten auftraten, nach Ägypten zurücksehnte. Bei den Korinthern kam das heidnische Wesen wieder hervor. Weltweisheit, Neid, Streit, Spaltungen, sogar Hurerei, Ungerechtigkeiten, Unordnung, Lieblosigkeit und auch eine Form des Götzendienstes machten sich trotz hoher Erkenntnis und reicher Gaben in der Gemeinde Gottes breit. Der Apostel richtet bei der Erinnerung an die Heiligkeit des Tisches des HErrn ihren Blick noch einmal auf das „Israel nach dem Fleisch", um nicht wie jene an dem Dämonen-Tisch teilzuhaben.

Gewiss bauten sie auf die rechte Grundlage, ja, stellten bekenntnismäßig den Tempel Gottes und das geistliche Jerusalem dar, aber in sittlicher Hinsicht waren sie auf dem Wege nach Babylon. Die Vermischung mit dem Weltgeist und demzufolge die Verwirrung wegen der „Geistesgaben", insbesondere mit dem Gebrauch der „Zungen", passt eher zu Babylon als zu Jerusalem. Der Zustand der Gemeinde in Korinth zieht nicht nur das Vorbild der Kinder Israel in der Wüste in den Kreis der Betrachtung, sondern auch den geschichtlichen Teil des Propheten Daniel. Korinthisches und babylonisches Wesen führen zu den gleichen fleischlichen Erscheinungen. Glücklicherweise lassen sich die Korinther ihren Stand zeigen. Der erste Brief des Apostels hatte sie zur Buße geführt, im zweiten fordert er sie auf, die Vermischung aufzugeben und „aus ihrer Mitte (Babylon) auszugehen" (2.Kor.6,14-7,1; Jes.52,11) und sich von dem ungöttlichen Wesen zu trennen, ggf. auch von Personen, damit sie sich als echte Kinder Gottes und Israels erweisen.

Am Schluss des 2.Briefes ermahnt Paulus sie noch einmal ernstlich, sich nicht von anderen Lehrern und Lehren verführen zu lassen. Falsche Apostel waren am Werk, um sie aus dem Verlobtenstand mit Christus zu locken; ein anderer Jesus mit einem anderen Geist und einem anderen Evangelium wäre den Korinther vielleicht lieber gewesen (2.Kor.11,1-15). Die weiteren Kapitel der Anfänge in Korinth lesen wir in der Kirchengeschichte.

Im *Galaterbrief* wird es noch deutlicher, dass der Glaube an Jesus Christus die Berufenen zu „Gottes Israel" macht. „Erkennet denn: die aus Glauben sind, diese sind Abrahams Söhne" (3,7). Christus ist *der* Same Abrahams, und die an Ihn glauben, empfangen die Segnungen Abrahams. Christus hat Sich für unsere Sünden hingegeben, „damit er uns herausnehme aus der gegenwärtigen bösen Welt" (1,4). Zur „Welt" gehörte auch und zunächst die religiöse (jüdische) Welt. Für den Apostel stand zwischen ihm und der Welt das Kreuz. Das Judentum war für ihn erledigt, war es doch nicht mehr der von den Patriarchen gelebte Glaube, sondern eine fleischliche Religion. „Ihr aber Brüder, seid wie Isaak, Kinder der Verheißung", und das Jerusalem droben ist unsere Mutter (4,26). Der Apostel bekräftigt dies mit dem Jesajawort, das von eben diesem himmlischen Jerusalem redet (Jes.54,1). Indem die Galater sich wieder dem Judentum zuwandten, denn jüdische Lehrer hatten sie überredet, das Gesetz zu halten, die Beschneidung anzunehmen und die Feste zu halten, um auf diese Weise zum gesegneten Samen Abrahams zu gehören, fielen sie ins Fleisch zurück, in die Wüste, in die Knechtschaft Ägyptens. In einer leidenschaftlichen Predigt geht Paulus gegen die judaistische Irrlehre vor, die Judenchristen hätten einen heilsgeschichtlichen Vorzug. Der Rückfall ins Gesetz war ein Rückfall in die Welt, aus der sie herausgenommen waren. Der Einfluss des Judaismus hat sich nach dem Ableben des Apostels verstärkt, und bald war die ganze Kirche mit jüdischen Elementen durchsäuert. Sogar Gebäude, Zeremonien, Gewänder und vieles mehr ahmte später die Kirche aus dem alten Bund nach.

Am Schluss betont er noch einmal, dass die Beschneidung keine Bedeutung mehr hat, sondern eine neue Schöpfung in Christus. Die nach dieser Richtschnur wandeln – „Friede über sie und Barmherzigkeit, und über den Israel Gottes". Wie jemand darauf kommen kann, mit Gottes Israel habe Paulus das ungläubige jüdische Volk gemeint, ist absurd. Der ganze Brief beweist, dass nur der Glaube zählt bei dem Samen Abrahams, der allein Erbe der Verheißung ist.

Der Brief an die *Epheser führt* die Nationen zu dem geistlichen Verständnis ihrer Mitteilhaberschaft an dem Bürgertum, der Stellung und den Segnungen Israels in Christo. Die Nahen (Juden) und die Fernen (Nationen) waren nun *ein* Leib, ein neuer Mensch, ein Herz und ein Geist geworden. Die Zwischenwand, die das Gesetz aufgerichtet hatte und Juden und Heiden trennte, war abgebrochen, alle Feindschaft war durch das Versöhnungswerk Christi begraben. Denn es war der Vorsatz Gottes für den „Haushalt der Fülle der Zeiten", der jetzt angebrochen war, „alles unter ein Haupt zusammenzubringen in dem Christus" (Eph.1,10). Das vollzog sich gerade in Ephesus. Das Geheimnis, dass die Nationen nun Miterben, Miteinverleibte und Mitteilhaber der Verheißungen Israels sein sollten, war nicht allein Paulus offenbart, mittlerweile wussten es alle Christen aus der Schrift. Wenn der Apostel sagt, dass es in den vorigen Zeiten den Menschen nicht kundgetan wurde, wie es jetzt geoffenbart worden ist und verkündigt wird, dann sagt er keineswegs, dass dieses Geheimnis außerhalb der Schrift liegt. Wie könnte dies auch sein, da er seine Gemeindelehre beständig mit der Schrift untermauert, insbesondere mit den prophetischen Schriften. Paulus hatte von allen Aposteln das tiefste geistliche Verständnis in den Schriften. Die Gemeinde als Leib, Weib, Tempel, Stadt, zu der auch die Nationen gekommen sind, – alle diese Darstellungen finden sich in der Fülle der Vorbilder und Verheißungen im Alten Testament, die nun in Christo ihre Erfüllung gefunden haben. Wenn wir die alttestamentlichen Vorbilder auf die Gemeinde zu deuten wissen, dann dürfen wir sicher sein, dass Paulus diese schon vor uns offenbart waren. Beispielsweise hat das Geheimnis der Ehe in vorchristlicher Zeit niemand auf Christus und Seine Gemeinde gedeutet, wie könnte man auch. Nun aber ist das Geheimnis offenbart, dass Adam als Vorbild auf Christus hinweist, und die Gemeinde mit dem erhöhten Haupt vereinigt ist. „Der hinabgestiegen ist, ist derselbe, der auch hinaufgestiegen ist über alle Himmel, auf dass er alles erfüllte" (Eph.4,3).

Den Ephesern war der ganze Ratschluss Gottes verkündigt worden, sie waren in die höchste Stellung mit Christo versetzt, aber der Apostel sagt ihnen später auch den Niedergang voraus. Verderbliche Wölfe würden von außen in die Herde einbrechen und die Seelen abziehen, und falsche Lehrer würden von innen aufstehen, so dass bald aus der heiligen Stadt eine Hure, aus Jerusalem Babylon werden würde (Apg.20,29-30). In dem Sendschreiben an die Gemeinde in Ephesus wird denn auch schon getadelt, dass „du deine erste Liebe verlassen hast" (Offb.2,5). Wenn keine Buße erfolge, sollte sie ihren Platz im Heiligtum des Tempels verlieren. Den Nationen gehörte dann nur noch der Vorhof, aber auch hier stimmte es nicht mehr mit dem Sündenbekenntnis und der Reinigung. Das Ende dieser traurigen Entwicklung war eine völlige Verselbständigung der Nationen mit Babylon als geistlichen Mittelpunkt. Darauf geht Offb.11 ein, „und sie werden die heilige Stadt zertreten". Das Wort von dem Fall Babylons in Offb.14,8 muss uns gar nicht so überraschen, es war zwangsläufig die prophezeite Entwicklung

Der Epheserbrief hat selbstverständlich nichts von seinem Wert und seiner Kostbarkeit für die Heiligen eingebüßt. Schmerzlich ist für die Treuen nur, dass die Kirche der Nationen sich mit dem Bekenntnis aller geistlichen Segnungen schmückt, und doch nicht im Wesen Israel ist. Inmitten dieses selbstherrlichen Kirchensystems war allezeit ein treuer Überrest wahrer „Juden" vorhanden, die in der Kirche unterdrückt und zu Zeiten auch von ihr verfolgt wurden.

Die *Philipper* waren, als sie den Brief empfingen, schon von vielen weltlichen Christen umgeben, über die der Apostel trauerte. Er bezeichnete sie als „Feinde des Kreuzes Christi". Das waren Christen, die zwar nicht Jesus ablehnten, aber das Kreuz, die Schmach Christi nicht wollten, „deren Ehre in ihrer Schande ist, die auf das Irdische sinnen". Himmlisch Gesinnte gibt es auch heute nur wenige, die meisten haben nur irdische Interessen. Der Apostel hatte zuvor gesagt, dass seine Herkunft nach dem Fleische, seine Vorzüge und Auszeichnungen als gesetzestreuer Jude ihm nichts mehr bedeuten, sondern allein Christus. Nicht die Juden, sondern *wir* sind die Beschneidung, die wir durch den Geist Gottes dienen und uns Christi Jesu rühmen und nicht auf Fleisch vertrauen" behauptet der Apostel. Paulus warnt sie vor den „bösen Arbeitern", die das Judentum als Vorzug und Gewinn anpreisen wollten, das doch gänzlich seinen Wert verloren hatte und nur das geistliche Leben behinderte. In dem Abfall der Kirche spielte denn auch das alttestamentliche Erwählungs-Prinzip eine Hauptrolle. Dadurch verließ die Kirche die Gnadenstellung und verfiel in einen Erwählungsdünkel, der wie bei den Juden böse ausging.

Bei den *Kolossern* kam die Gefahr mehr von der (griechischen) Philosophie her, mit der sie sich auseinandersetzen wollten, die sie aber vom Glauben wegführte, wenn sie nicht Christus, das Haupt und die Erkenntnis und Weisheit Gottes festhielten. Der Versammlungsplatz der Gläubigen ist das „Reich des Sohnes" Gottes und Davids, dessen Mittelpunkt das Jerusalem droben ist. Dort, wo der Thron Gottes ist, sind die „Schätze der Weisheit und der Erkenntnis" (2,3). Die Nationen waren durch den Glauben in dieses Reich versetzt, ja sie hatten ebenso „Anteil am Erbe der Heiligen" Israels (1,12). Das Erbe besteht in erster Linie im Besitz der Schrift, die in den ersten Tagen der Kirche nur aus den Schriften des Alten Testament bestand. Gerade darin ist das Gold und Silber der Erkenntnis verborgen. Diese Schätze werden durch geistliches Verständnis erkannt, sie dienen der Erkenntnis des Willens Gottes durch das Licht des Neuen Testaments. In der Philosophie lässt sich der Mensch bei der Wahrheitssuche von der Vernunft leiten, nach dem Grundsatz:. „Ich erkenne, um zu glauben". Der Gnostizismus (Gnosis: „Erkenntnis, Wissen"), eine philosophisch-theologische Richtung, behauptete mehr zu erkennen als was in Christo geoffenbart ist, in dem die „ganze Fülle der Gottheit leibhaftig wohnt" (2,9). Die angeblich höhere Erkenntnis, aus dem Menschen selbst und nicht durch Offenbarung der göttlichen Geheimnisse führte zu einem „eigenwilligen Gottesdienst" mit einer schichtenweisen Heiligkeitsstufe wie später das Mönchtum. Die Gnostiker gewannen schon früh nach dem Ableben der Apostel Einfluss in der Kirche, indem sie „Elemente der Welt" aus dem Judentum und Griechentum mit dem Christentum vermischten. Allmählich trat eine Loslösung vom Alten Testament ein, es besaß fortan allgemein nur noch geschichtlichen und archäologischen Wert. Die Kirche machte aus den Evangelien und den Schriften der Apostel ihre eigene Bibel mit einer eigenen Philosophie, die man Theologie nannte.

Im ersten Brief an die *Thessalonicher* sehen wir die Gemeinde Gottes, vermutlich fast ausschließlich aus Heidenchristen bestehend, in ihrer ersten Frische. Der Brief ist ein „junger Liebesbrief", in dem das Herz des Apostels noch unbeschwert von Gemeindenöten bei dem Wunder der Gemeindewerdung, bei der Liebe und Verbundenheit miteinander, verweilen kann. Es bestehen dort scheinbar keine nennenswerten Schwierigkeiten zwischen Juden und Nationen, sie sind als das neue auserwählte Gottesvolk, das die heidnischen Götzenbilder hinter sich gelassen hat, harmonisch zusammengefügt und erwarten Jesum aus den Himmeln – „der uns errettet von dem kommenden Zorn" (1,10). Dieser Zorn ist bereits über die ungläubigen Juden in Judäa völlig gekommen (2,16), obwohl das Gericht zu diesem Zeitpunkt noch nicht ausgeführt ist. Das vernichtende Urteil des Apostels über die bisherigen Verwalter des Reiches lässt keine Wiederannahme als Nation zu. Gerettet vor dem „kommenden Zorn" wird nur der Einzelne, der dem Evangelium gehorcht, wie der Apostel im zweiten Brief bezeugt.

Das zukünftige Reich ist nun nicht mehr das Reich eines nationalen Israel, sondern Gottes eigenes Reich und Seine eigene Herrlichkeit (2,12). Der Blick ist auf den Tag des HErrn gerichtet, für den sie sich „überströmend in Liebe" und „tadellos in Heiligkeit" vom HErrn zubereiten lassen sollten. Denn an diesem Tage sollte, anlässlich der Auferstehung der Toten, die Entrückung der

Gemeinde geschehen, und diese setzt Liebe und Heiligkeit, Wachsamkeit und Nüchternheit voraus. Leider blieb die Versammlung der Thessalonicher nicht in diesem ersten Zustand, so dass ein zweiter Brief erforderlich wird, der sie eindringlich vor der schleichenden Gesetzlosigkeit warnt.

Der *2.Thessalonicherbrief* deutet bereits den Abfall an, der in dem „Mensch der Sünde" in einer nicht zu überbietenden Frevelhaftigkeit gipfeln würde, „so dass er sich in den Tempel Gottes setzt und sich selbst darstellt, dass er Gott sei". Statt der unmittelbar erwarteten Ankunft des Tages des HErrn Jesu, wie etliche meinten, war nun zuerst mit der Ankunft des Gesetzlosen zu rechnen, den dann der HErr bei Seiner Erscheinung vernichten würde. Den „Nationen" wird hier derselbe Weg des Abfalls vorhergesagt wie ihn einst Mose dem Volke im alten Bundes vorstellte (5.Mo.31,29). Darum sollten sie feststehen und die Überlieferungen, die sie gelehrt worden waren, halten.

Auch die „Nationen" haben ihre Abfallgeschichte, von der im Vorbild im ersten Teil des Buches Daniel geschrieben ist. Schwierigkeiten mit dem Typus „der Gesetzlose" und welcher „Tempel Gottes" hier gemeint ist, haben nur solche Lehrer, die ein Abfallen des Gläubigen leugnen. Vor solcher Selbstüberschätzung und Leichtgläubigkeit will der Apostel die Thessalonicher warnen. Wenn *sie* der „Tempel Gottes" sind, der bei Paulus die Gemeinde ist, dann war höchste Wachsamkeit geboten. Der Gesetzlose würde nicht an ihrer Türe vorbeigehen, sondern sich einzuschleichen versuchen. Vor einer Wirksamkeit der Gesetzlosigkeit in unserer Mitte können wir bewahrt werden, wenn wir die Warnung des Apostels ernstnehmen.

„Mensch der Sünde" ist ein anderer Ausdruck für den Gesetzlosen und stellt mehr dar als ein sündiger Mensch, als der auch der Gläubige sich sehen muss. Dieser Typ aber sündigt mit Wissen und Willen, er leugnet jede Bindung an Gottes Gesetz. Er ist also gesetzlos, er hat kein Gewissen mehr von Sünden. Ein solcher kommt aus dem Verderben und ist reif für das Verderben, daher auch „Sohn des Verderbens" genannt. Dieser neue Typ von „Christen", die eigentlich Antichristen genannt werden müssen, stellt sich heute in allen christlichen Kirchen und Gemeinden dar. Es sind Menschen, Kinder des Zeitgeistes, die keine Autorität mehr über sich anerkennen wollen und sich selbst über alles was Gott heißt und den Gottseligen heilig ist erheben. Leben wir doch in einer Zeit der Selbstvergottung des Menschen. Der 2.Thessalonicherbrief ist denn auch die letzte Mahnung an die Gemeinde der Nationen, die dann tatsächlich, entgegen der falschen Prophetie, im offenen Abfall und schließlich im Gericht endet, worüber uns das Buch Daniel und die Offenbarung noch genaueren Bescheid geben.

„Und jetzt wisset ihr, was zurückhält, dass er zu seiner Zeit geoffenbart werde. Denn schon ist das Geheimnis der Gesetzlosigkeit wirksam; nur ist jetzt der, welcher zurückhält …" (2,6-7). Was hält den Abfall zurück? Niemand, man muss nur richtig lesen. Gefragt war nach dem „Tag des HErrn", was und wer diesen zurückhält, weil etliche sagten oder schrieben, er sei schon da. Der Apostel sagt, erst müsse der Abfall kommen und der gesetzlose Mensch offenbar werden, der ja nicht ans Licht will und mit aller List und Lüge sich gegen seine Bloßstellung wehrt und somit den Tag des HErrn hinausschieben möchte. Endlich wird er doch offenbar und vom HErrn gerichtet, wenn Jesus kommen wird „mit den Engeln seiner Macht, in flammendem Feuer, wenn er Vergeltung gibt denen, die Gott nicht kennen …, um an jenem Tage verherrlicht zu werden in seinen Heiligen und bewundert in allen denen, die geglaubt haben".

Knechte Gottes, Söhne Israels

Die übrigen Briefe des Apostels der Nationen richten sich an Einzelpersonen, zum Teil seines Glaubensgeschlechts. Es sind die wahren Söhne Israels, geistlicherweise aus dem Stamme Benjamin wie Paulus, der sie als seine echten Kinder im Glauben bezeichnet: Timotheus („ein Gott Ehrender", Titus („Ehrwürdig") und Onesimus („Nützlich") im Brief an Philemon („Liebender"). Ihr alter Vater, der greise Apostel, gibt ihnen Anweisung für ihren Dienst in der Gemeinde Gottes, die in Unordnung und Abfall zu geraten droht.

Im *ersten Timotheusbrief* bittet der Apostel seinen Mitarbeiter, gegen die „anderen Lehren" vorzugehen, insbesondere gegen die Manie der Judenchristen, die sich noch mit „endlosen Geschlechtsregistern" abgaben, die doch jetzt keine Bedeutung mehr haben, sondern allein die Kindschaft im Glauben. Ebenso wird der rechte Gebrauch des Gesetzes klargestellt, nämlich zur Überführung der Sünder (1,9). Timotheus steht einer bedrohlichen Tendenz zum Abfall gegenüber, es werden verschiedene Personen genannt, die bereits abgefallen sind, weil sie sich kein gutes Gewissen bewahrten. Andere achten auf „betrügerische Geister" und öffnen sich „Lehren von Dämonen". Die Gemeinden sind gefährdet durch den Einfluss falscher Gesetzes- und Heiligungslehrer. Die zerstörende Wirkung „fremder Lehren" ist heimlich und schleichend und greift langsam um sich. Timotheus fällt die schwere Aufgabe zu, ihnen offen und mit der Autorität des HErrn entgegenzutreten. Als sein bester Mitarbeiter erhält er von Paulus den Auftrag, die Ordnung im Hause Gottes aufrechtzuerhalten und das anvertraute Gut zu bewahren. Angesichts der Unterwanderung der Gemeinde durch fremde Geister kommt es auf den rechten Dienst an und auf das Vorbild des Dieners Christi, sich selbst, als auch die, welche ihn hören, zu erretten.

Aus dem *zweiten Timotheusbrief* ist zu entnehmen, dass der Abfall in den Gemeinden der Nationen in die entgegengesetzte Richtung umgeschlagen ist. War es im ersten Brief die Verführung zu mehr Frömmigkeit durch gesetzliche Enthaltsamkeitsübungen, ist es jetzt die fortschreitende Gesetzlosigkeit und Gottlosigkeit. Im Anfang freuten sich die Nationen, dass auch ihnen das Heil wurde, aber sie haben die wahre Gnade vergessen und sich auch von Paulus losgesagt; „alle, die in Asien sind, haben sich von mir abgewandt" (1,15). Nachdem er ihnen zu Diensten gewesen war als Sklave Christi, stand der „Herold und Apostel der Nationen" zuletzt praktisch allein. Man gedachte des gefangenen Apostels nicht mehr und vergaß ihn. Wir müssen betrübt feststellen, dass das

Evangelium des Paulus heutigen Tages dem Willen der Nationen preisgegeben ist. Es befindet sich gleichsam im Gefängnis. Obgleich man auf Paulus schwört, hat man sich doch von seinem Geiste abgewandt und hält denselben gebunden. Das gleiche Schicksal ist auch Luther widerfahren. Jedes Kind des Apostels, das die Lehre seines geistlichen Vaters erkannt hat und bezeugt, wird die gleiche Erfahrung machen.

Unter der religiösen Form entwickelt sich eine Art von Menschen, die das Vergnügen mehr lieben als Gott; ihr Charakter erinnert an das heidnische Wesen, wie es vor der Missionierung der Nationen bestand (vgl.2.Tim.3 mit Röm.1,21-32). Es würde eine Zeit sein, da sie die Wahrheit nicht mehr hören wollen, sondern nach ihren eigenen Lüsten „sich selbst Lehrer aufhäufen, indem es ihnen in den Ohren kitzelt" (2.Tim.4,3-4). Die christliche Masse besteht zuletzt nur noch aus Verführern und Verführten. Wenn der Abfall so weiter fortschreitet, sind greuliche Zeiten der Nationen zu erwarten. Die „letzten Tage" werden daher für die treuen Knechte Gottes sehr schwere Zeiten sein. Von ihrer Treue im Glaubenskampf wird es abhängen, dass das Zeugnis des Evangeliums, wie es Paulus gelehrt und gelebt hat, erhalten und weitergetragen wird. Es ist inmitten dieses verweltlichten Christentums noch ein treuer Überrest vorhanden, der sich reinigt und sich vom HErrn gebrauchen lässt, aber Trübsal leiden muss. Er harrt der Erscheinung des HErrn und Seines Reiches entgegen, bei welchem Er richten wird Lebendige und Tote.

Der *Titusbrief* schlägt den Ton gegenüber den ungehorsamen Heidenchristen noch härter an: „Weise sie streng zurecht". Der wilde Charakter der Kreter ist prophetisch betrachtet nicht nur ein Volkscharakter, er zeugt auch von einem entarteten Christentum am Ende. Titus, auch ein „echtes Kind" des Apostels, sollte mit aller Vollmacht gegen diese Leute auftreten. Denn die heilbringende Gnade Gottes war erschienen, auf dass wir die Gottlosigkeit und die weltlichen Lüste verleugnen, sie „unterweist uns, besonnen und gerecht und gottselig zu leben in dem jetzigen Zeitlauf" (2,12). Der HErr hat Sich aus der Welt der Gesetzlosigkeit ein Eigentumsvolk erkauft und gereinigt, eifrig in guten Werken. Das ist der wahre Same Abrahams, das Israel des neuen Bundes. Hingegen haben Geschlechtsregister, die eine natürliche Abstammung aus den Stämmen Israels nachweisen wollen, keinen Sinn mehr, ebenso sind Streitigkeiten über das Gesetz unnütz und eitel, da es keine buchstäbliche Bedeutung mehr hat, sondern geistlich ist (3,9). Der Apostel erkennt kein anderes Geschlecht an als das, welches durch den Heiligen Geist erneuert ist durch die Wiedergeburt. Diese Auserwählten im Glauben sollen sich jetzt herauskristallisieren. Die jüdischen Sonderlehren führen zu Sektenbildung, den Anfängen sollte bei einem „sektiererischen Menschen" gleich gewehrt werden.

Von besonderer Liebe und Gnade zeugt der Brief an *Philemon*. Onesimus, ein Sklave, war seinem HErrn, dem Philemon, entlaufen, um die Gemeinschaft mit dem gefangenen Apostel zu suchen. Dieser nun sendet ihn zurück, indem er sich für ihn verpfändet. Paulus bittet um Freilassung seines geliebten Kindes, das nicht länger im Sklavendienst stehen, sondern als Bruder anerkannt werden sollte.

Warum wurde auch dieser Brief in den Kanon des Neuen Testaments aufgenommen? Der Brief ist ein schönes Zeugnis von echter Bruderliebe. In unserer Betrachtung der Gemeindeepochen wird er zu einem prophetischen Bild von der endlichen Freilassung und Anerkennung des Israel der wahren Heiligen, mit denen der Apostel im Herzen und im Geiste eins ist. Denn noch immer werden sie von der freien Heidenkirche als Sklave behandelt, das heißt sie stehen in ihren Augen eine Stufe tiefer. Das trifft aber genauso Paulus, sein Geist wird heute gefangen gehalten.

Die Gemeindezeit der Nationen geht jetzt rasch ihrem Ende zu. Die „Zeichen der Zeit" aber sind nicht in natürlichen oder politischen Ereignissen zu sehen, sondern in dem Zustand der Kirche und dem Charakter der Menschen wie in den Tagen Noahs und Lots. In dieser letzten Zeit müssen die Gerechten leiden, werden geringgeachtet und verspottet und verfolgt. Da tut es so gut, Brüder zu kennen, die das Herz des Apostels haben und deren Liebe wie die des Philemon ist. Der HErr wird kommen in Seiner Herrlichkeit und wie der Hirt die Schafe von den Böcken scheiden. Alle, die Seinen Brüdern, den Geringen, wohlgetan haben, werden das Reich ererben. (Matth.25,31-40).

3.3 Die dritte Gemeindeepoche im Anbruch

Die weiteren Briefe richten sich an Israel, an erster Stelle der *Hebräerbrief* (nach dem Kanon der Elberfelder Übersetzung). Bei Luther kommen die Petrus- und Johannesbriefe noch davor, aber so oder so sind die Empfänger „Same Abrahams". Für die „Nationen" ist das der schwerverständlichste Brief. Schwer zu verstehen aber nur deshalb und solange, wie man nicht die volle Identität des Sohnes mit den Brüdern, den Kindern Israel, erkannt hat. Schon an dem Autor des Briefes wird immer wieder gerätselt. Deshalb sagte man: „Der Schreiber des Hebräerbriefes ...", der zweifelsohne Paulus war.

Der Brief an die Hebräer hat das Volk Gottes vor sich, das wie im Vorbilde aus der Knechtschaft „Ägyptens" erlöst ist durch das Blut des Passahlammes, aber noch durch die „Wüste" pilgern muss, um in das Land der Verheißung zu kommen. Die Hebräer waren an den HErrn Jesus Christus gläubig geworden, aber noch dem jüdischen Kult verhaftet. Der Brief führt uns mit ihnen in die Bücher Mose zurück und zeigt uns von dort die neue Bedeutung der Dinge im Lichte des Neuen Testaments. Nachdem der Tod des Messias, des Erblassers, eingetreten ist, ist das Alte Testament geöffnet und das Erbe zugänglich (9,15-17). Die Juden liefen immer noch den Schatten nach, den altbündischen Gegenständen und Formen, die nur Abbilder der Dinge in den Himmeln sind. Jetzt schauen wir in einen geöffneten Himmel und sehen mit den Augen des Herzens die himmlischen Dinge.

Prophetisch betrachtet gewinnt der Hebräerbrief eine neue Aktualität für das bekennende Volk Gottes, und das aus zwei Gründen: Erstens ist der kirchliche Gottesdienst wieder auf dem jüdischen Stand herabgesunken. An die Stelle des lebendigen Glaubens sind wieder Riten, tote Formen, kirchliche Tradition getreten – die Freiheit des Geistes wird durch pharisäische Gesetzlichkeit behindert, das Christentum ist zu einer Religion geworden. Dieser Zustand hält die Gläubigen gewissermaßen in Knechtschaft, denn das geistliche Leben und jede geistliche Bewegung wird von dem etablierten kirchlichen System unterdrückt. Zweitens ist nichts nötiger, als die tote Prophetie des Buchstabens abzuschaffen, da sie nichts zur Vollendung gebracht hat. Man braucht statt „Gebot" oder Gesetz nur „Prophetie" zu lesen und kommt zu dem gleichen Ergebnis, dass beides der „Nutzlosigkeit wegen abgeschafft" wurde (7,18).

Zwar bekennen Christen alle die Dinge, die der Hebräerbrief als das eigentlich Neue vorstellt, und viele Christen dünken sich weit darüber hinaus, aber praktisch ist das Volk des Bekenntnisses wieder in die „Wüste" zurückgefallen und weithin unerlöst. Sowohl die äußere Form des Gottesdienstes als auch seine Inhalte haben mehr mit dem levitischen Priesterdienst gemeinsam als mit dem Dienst des Neuen Bundes. Dabei haben viele keinen wirklichen Ausblick auf das Land der Verheißung. Bei diesem Befund können die Seelen in den täglichen Übungen und Versuchungen nicht zur Ruhe kommen, man findet es normal, wenn man sich ständig anklagt. Wird die Sünde nicht überwunden, erlebt man eine Niederlage nach der anderen und wird nicht wirklich frei und froh im HErrn. Das ist ein trauriger Zustand. Doch Gott hat das Elend Seines Volkes angesehen und möchte es aus dem Sklavendienst der Welt und ihrer Religion befreien.

Der Hebräerbrief spricht stellenweise eine äußerst ernste Sprache, die nicht überhört werden darf. Gott will ein abgesondertes Volk haben, das Ihm dient und nicht der Welt, das Ihm glaubt und gehorcht, andernfalls aber gerichtet wird. „Der Herr wird sein Volk richten" (10,30).

Zu Beginn des Briefes wird den „heiligen Brüdern" die Person Jesu groß gemacht, Seine Gottheit und Menschheit, dann Seine tiefe Erniedrigung, Sein Leiden und Sterben, um „viele Söhne zur Herrlichkeit zu bringen". Christus wurde wie im Vorbilde Mose in allem den Brüdern gleich, war Er doch als Mensch von demselben Volke, dessen Sünden Er gesühnt hat. Der Hohepriester ist selbst das Opfer geworden, der Hirte litt für die Schafe. Die „Genossen der himmlischen Berufung" sollen Den betrachten, der größer ist als Mose, Jesum, den „Apostel und Hohenpriester unseres Bekenntnisses". Hier erfahren wir unwiderlegbar, dass Israel die *himmlische* Berufung hat. Schon die Väter Israels „trachteten nach einem besseren Land, das ist himmlischen" (11,13-16). Der Glaube hat ein neues Ziel vor Augen, eine neue Hoffnung durch den neuen, ewigen Bund; und die „Söhne Israels" haben durch das Blut Jesu Zugang zu einem neuen Heiligtum und „der wahrhaftigen Hütte, welche der Herr errichtet hat, nicht der Mensch" (8,2). Der Heilige Geist führt sie im Geiste von dem Dienst des alten Bundes zu dem neuen Priestertum und von der irdischen Stadt zu dem himmlischen Jerusalem.

Bei dem Auszug der Kinder Israel aus Ägypten ist auch „viel Mischvolk" mitgezogen (2.Mo.12,38). Dasselbe ist bald rückfällig geworden, es wurde nach den „Fleischtöpfen Ägyptens" lüstern (4.Mo.11,4), weswegen der Zorn Gottes entbrannte und eine große Niederlage unter dem Volke entstand. Ungeistliches „Mischvolk" bereitet auch im neuen Bundesvolk große Probleme, Menschen, die das Natürliche lieben, die seelisch sind und an dem Geistlichen wenig Geschmack finden. Bei der nächsten Versuchung oder Drangsal fallen sie massenweise wieder ab – eine Tatsache, die schon bei den gläubigen Hebräern beklagt wird (6,4-8).

Zum dritten Mal in den Briefen finden wir hier das Habakukzitat: „Der Gerechte aber wird durch seinen Glauben leben", wobei hier die Betonung auf „leben" liegt (10,38). Die „Wolke von Glaubenszeugen" in Kap.11 zeigt, dass der Glaube und das Vertrauen auf Gott schon im Alten Testament das entscheidende Fundament war. Eine genetische Abstammung von Abraham findet im Lichte des Hebräerbriefes keinerlei biblischen Rückhalt. Der Glaube öffnet in der Gnadenhaushaltung jedem Menschen, dem „Eingeborenen" wie dem „Fremdling" in Israel, das himmlische Kanaan und die himmlische Stadt, die wir wie Abraham erwarten.

Gemäß dem *Jakobusbrief* sind die „zwölf Stämme in der Zerstreuung" das ganze Israel. Ein nationales Israel existiert für die Apostel der Beschneidung und selbst für Jakobus nicht mehr. Die „verlorenen 10 Stämme" sind in dem Glauben „des HErrn Jesus Christus, des HErrn der Herrlichkeit" wiedergefunden. „Nach seinem eigenen Willen hat er uns durch das Wort der Wahrheit wiedergezeugt, auf dass wir eine gewisse Erstlingsfrucht seiner Geschöpfe seien" (1,18). Unter den „Brüdern" sind alle Unterschiede beseitigt, es gilt jetzt das „Gesetz der Freiheit", das „königliche Gebot" der Nächstenliebe ist auszuüben. Niedrige und Hohe, Reiche und Arme stehen in derselben Gnade durch den Glauben. Der Glaube hat nur dann Wert, wenn er sich in mildtätigen Werken beweist. Das ungezügelte, schlechte Wesen des Volkes muss noch „beschnitten" werden, und das tut Jakobus mit entsprechend grober Sprache, die auch wir nötig haben. Sehr scharf zieht er die Trennungslinie zwischen den Kindern Gottes und der Welt. „Wer irgend ein Freund der Welt sein will, stellt sich als Feind Gottes dar". Demütigung und Reinigung geziemt sich für alle, die bekennen, zu Gottes Israel zu gehören.

Der Jakobusbrief war nie ein Lieblingsbrief der „Nationen", und dennoch ist er sehr wertvoll, weil er den geliebten Brüdern ungeschminkt die Wahrheit sagt. Dahinter steckt eine glühende Liebe, die das Wahre und Echte für die Kinder Abrahams und Rahabs sucht. Jakobus hilft den Zweifelnden zum Glauben, dem niedrigen Bruder zur Erhöhung und dem Reichen von seinem hohen Ross herunter. Für alle im Volke Gottes hat der Apostel ein ermahnendes und ermunterndes Wort, und auch dieses: „Gott widersteht den Hochmütigen, den Demütigen aber gibt er Gnade". Der HErr wird Sein Israel wieder groß machen und herrlich segnen, wenn es sich demütigt, so dass es den „Spätregen" empfangen kann. „Die Ankunft des Herrn ist nahe gekommen" (5,8).

Der Apostel *Petrus* fasst den Kreis des wahren Israel in seinem *ersten Brief* noch etwas enger: Es sind die „Fremdlinge von der Zerstreuung", die wie Abraham und die Glaubensväter Israels „Fremdlinge und ohne Bürgerschaft" in dieser Welt sind (2,11). Ihr

Vaterland, ihr Erbteil ist im Himmel, nicht auf der Erde. Denn in dem Israel, das unter die „Blutbesprengung Jesu Christi" gekommen ist, geht es um die „Errettung der Seele", wonach schon die Propheten suchten. Jetzt wird die *Seelen*errettung (im Gegensatz zu zeitlichen und leiblichen Befreiungen) verkündigt, und die sie geglaubt haben, sind zu dem „auserwählten, kostbaren Eckstein" in Zion gekommen, auf dem ein neuer Gottesdienst gegründet ist. So sind also die dem Evangelium geglaubt haben, im Gegensatz zu den ungläubigen Juden, das „auserwählte Geschlecht". Als ungehorsame Juden waren sie „nicht mein Volk", jetzt aber sind sie in Erfüllung der Weissagung Hoseas durch die Barmherzigkeit Gottes „ein Volk Gottes" geworden (2,9). Jeder Heide, welcher glaubt, kann zu diesem begnadigten Israel gehören, wie Paulus schon im Römerbrief dargelegt hat. Die Verheißungen der Propheten von der Wiederannahme Israels in Christus wurden naturgemäß zuerst den Juden verkündigt, gelten aber für jeden Glaubenden. Für die gegenwärtige Zerstreuung der Kinder Gottes ist dieser Brief ein Sammelort, sich des neuen Namens als Gottes Israel und des gemeinsamen Erbes in der Offenbarung Jesu Christi bewusst zu werden: E i n Erbe, e i n Volk, e i n e Herde, e i n Hirte, der Hüter Israels.

Die praktischen Ermahnungen, wie wir uns als Fremdlinge in der Welt der Obrigkeit und dem Nächsten gegenüber, am Arbeitsplatz sowie in der Ehe und Gemeinde zu verhalten haben, sollen bewirken, dass die Gläubigen sich in diesen Verhältnissen, in denen sie manchmal auch Versuchungen und Leiden ausgesetzt sind, bewähren. Die Gnade Gottes befähigt sie dazu.

In seinem *zweiten Brief* erinnert Petrus die „Geliebten" des geistlichen Hauses Israel an die „kostbaren Verheißungen" der Propheten, die ihnen geschenkt sind. Eine der größten Verheißungen, die durch Mose den Kindern Israel zugesprochen wurde, hat der Apostel der Beschneidung schon im ersten Brief genannt: sie sind „ein Königreich von Priestern und eine heilige Nation". Bei Mose noch unter der Bedingung die Gebote zu halten (2.Mo.19,5.6), nach Petrus durch „die Gerechtigkeit unseres Gottes und Heilandes Jesus Christus" zu solcher gemacht. Uns sind „die größten und kostbaren Verheißungen geschenkt, auf dass ihr durch diese Teilhaber der göttlichen Natur werdet" (2.Petr.1,4). Diese Natur ist die Lammesnatur, in die wir verwandelt werden sollen. Die Veränderung der bösen menschlichen Natur war nur durch die Tugenden Christi möglich und wurde zuerst an den gläubigen Juden demonstriert, dann aber auch von den Nationen begehrt, wie geschrieben steht: „ … auf den werden die Nationen hoffen" (Röm.15,12). In der Herrschaft Christi gibt es keine Staatsgewalt, die ja oft Löwen als Wappen versinnbildlicht, Seine Herrschaft ist in den Herzen, die Gott verändert hat. Das prophetische Wort ist durch die Verherrlichung und Umgestaltung des HErrn auf dem Berge der Verklärung noch befestigter, dass es auch uns umgestalten kann in Sein Bild. So besitzen wir die Propheten in sittlicher Hinsicht als Lampe in der uns umgebenden moralischen Finsternis.

Falsche Propheten und falsche Lehrer, die Petrus bloßstellt, verkündigen nicht die Erfüllung der Propheten, vielmehr gründen sie verderbliche Sekten und erfinden Sonderlehren, die die Menschen nicht von ihrer verderbten, bösen Natur erlösen, sondern sie darin bestärken. Am Tage des HErrn, der wie ein Dieb kommt, werden die prachtvollen Lehrgebäude und kostbaren schrift-stellerischen Werke, die nicht auf Christus gegründet sind und auf ein anderes Israel bauen und ein anderes Reich erwarten als „das ewige Reich unseres HErrn und Heilandes Jesus Christus" (1,11), mit großem Krachen zusammenstürzen (3,10). Von einem 1000jährigen Reich weiß Petrus nichts, denn „bei dem HErrn ist ein Tag wie tausend Jahre, und tausend Jahre wie ein Tag" (3,8).

Dass die Lehre von einer neuen Welt oder Erde im natürlichen Sinne eine betrügerische Utopie der falschen Propheten ist, können wir auch den Schriften des „geliebten Bruders Paulus", auf die Petrus verweist, entnehmen. Paulus spricht von einer „neuen Schöpfung" nur im Hinblick auf die Erneuerung des Menschen, „was die Unwissenden und Unbefestigten verdrehen zu ihrem eigenen Verderben" (3,16). Diese Erneuerung, die euch die Erneuerung der Gemeinde einschließt, erwarten wir als „neue Himmel und eine neue Erde, in welchen Gerechtigkeit wohnt".

Diese aus dem Propheten Jesajas entnommene Verheißung meint nicht die Auflösung der Materie für einen neuen Globus, sondern, wie dort nachzulesen ist, die sittliche Verwandlung der bekennenden Gemeinde zu einem neuen Jerusalem. „Meine Auserwählten sollen es besitzen, und meine Knechte darin wohnen" (Jes.65,9-25). Es ist das, was auch Paulus in Röm.11,7 sagt: „Was Israel sucht, das hat es nicht erlangt; aber die Auserwählten haben es erlangt".

In den *Johannesbriefen* wird im Lichte Gottes klar geschieden, was aus Gott ist und was nicht aus Gott ist. Johannes macht die falschen Juden oder Christen, die auch von Christus reden, aber nicht Christus als im Fleische gekommen bekennen, als Antichristen offenbar. Glücklicherweise entfernten sie sich wieder aus der Gemeinde. Lasst sie gehen! Gefährlicher ist, wenn sie sich einschleichen (Jud.4). Diese sind Welt, Finsternis, er bezeichnet sie unverblümt als Kinder des Teufels, wie schon im Johannesevangelium genannt. (Bei Johannes ist die „Welt" wie bei Paulus in erster Linie die religiöse Welt, das jüdische System). Der Prüfstein für die Gotteskindschaft ist die Liebe, nicht nur Liebe als Haltung, die wir annehmen müssen, sondern Liebe als Ausfluss der göttlichen Natur. Wer diese Natur hat, kann nicht seinen Bruder hassen. Denn wer den Vater liebt, liebt auch die Brüder. „Jeder, der liebt, ist aus Gott geboren und erkennt Gott. Wer nicht liebt, hat Gott nicht erkannt" (4,7-9). An der Liebe und ihrer praktischen Betätigung in der Gerechtigkeit wird heute wie damals ein Christ offenbar. Wer die Welt liebt, schließt sich von der Liebe des Vaters aus, und wer das weltliche Israel liebt; „die ganze Welt liegt in dem Bösen" (5,19).

Der Verführer und Antichrist, und das kann jeder sein, hat ein anderes Evangelium, in dem nur die Liebe vorkommt und nicht mehr die Gebote Gottes. Doch „dies ist die Liebe, dass wir nach seinen Geboten wandeln" (2.Joh.6). Verführer müssen abgewiesen werden, denn ihre Lehre geht über die „Lehre des Christus" hinaus. Die Lehre vom irdischen Reich, die diese Verführer gerne an der Türe verkaufen, ist nicht aus dem Geist der Wahrheit, sie geht über das hinaus, was Jesus und die Apostel gelehrt haben, denn weder

Christi Reich noch Sein Volk sind von dieser Welt. Die wahren Knechte Gottes, die daran erkannt werden, dass sie für den Namen Jesu ausgehen, in dem allein das Heil ist, sollen aufgenommen werden, und die, welche in der Wahrheit wandeln, erkennen solche und tun ihnen wohl (3.Joh.5-8).

Als letzter der Apostelbriefe ruft der *Judasbrief* die Berufenen zum Kampf auf, „für den einmal den Heiligen überlieferten Glauben zu kämpfen". Denn die Gemeinde droht unterwandert zu werden von gottlosen Elementen, welche die Gnade missbrauchen. Es ist ein Unterschied zwischen Antichristen, wie sie Johannes kennzeichnet, und Gottlosen. Erstere verfälschen das Bekenntnis und verbreiten Irrlehren, Letztere verderben das Leben in der Gemeinde. Judas bezeichnet sie als Gottlose, die in Ausschweifung leben, und „seelische Menschen, die den Geist nicht haben". Diesen ist schwer beizukommen, man kann sie nicht einmal ausschließen. Der HErr wird sie richten, wie es im Buche der Offenbarung Jesu Christi gezeigt wird, was bald geschehen muss. Die Weissagung Henochs sehen wir in den Gerichten der Offenbarung erfüllt. Bis dahin bleibt für die Heiligen nur übrig, dass sie sich gegenseitig in ihrem allerheiligsten Glauben stärken und betend „sich selbst erhalten in der Liebe Gottes". Es ist jetzt nicht mehr die Zeit zum Feiern oder Streitgespräche zu führen, sondern die letzte Stunde zu erkennen und die Menschen aus dem Feuer zu reißen. Denn schon brennt das jüdische Haus, inzwischen auch die Kirche Babylon. Das „vom Fleische befleckte Kleid" war zur Apostelzeit das jüdische Bekenntnis, heute ist es das verdorbene christliche Bekenntnis.

Die Heiligen dürfen auf die Barmherzigkeit des HErrn vertrauen, dass Gott sie „vor seiner Herrlichkeit tadellos darzustellen vermag mit Frohlocken". Die Herrlichkeit, Majestät, Macht und Gewalt, die der HErr „vor aller Zeit und jetzt und in alle Ewigkeit!" hat, aber in dieser Zeit vielfach verleugnet wird, kommt im letzten Buch der Bibel zur Darstellung.

Die *Offenbarung* vollendet die letzte Gemeindeepoche, in der sieben ausgewählte Gemeinden bzw. deren Geist von Christus als

Hohepriester geprüft werden. Es sind sieben Gemeindesituationen, wie sie damals bestanden und nach denen auch heute jede Gemeinde beurteilt werden kann. *Ephesus*, die Gemeinde in der Wüste (dieser Welt), ist starken Versuchungen ausgesetzt, die sie nicht mehr überwindet, weil der Glaubenskampf durch die Liebe zur Welt erlahmt (Eph.6,10-18). *Smyrna* kommt deshalb in Bedrängnisse und Verfolgungen; in *Pergamus* finden zwei Irrlehren Eingang, nach denen alle Irrlehren erkannt werden: die eine lehrt eine höhere Heiligkeit, die andere Abfall, Vermischung mit der Welt. In *Thyatira* hat offensichtlich der Weltgeist die Herrschaft. *Sardes* ist lebendig tot, kann aber erweckt werden. In *Philadelphia* ist ein neuer Anfang gemacht, die zerstörte Gemeinde wird wieder aufgebaut. Schließlich kommen wir nach *Laodica* und finden dort das reine Pharisäertum vor, ohne offenbare Sünde, aber selbstgerecht, die absolute Endzeitgemeinde.

Der Weg aller sieben Gemeinden führt in der Offenbarung nach Babylon. Der erste Schritt dorthin ist das Verlassen der „ersten Liebe", was der HErr im ersten Sendschreiben tadelt. Da ist man nicht etwa nur lau oder schläfrig geworden und gar schon eingeschlafen, sondern fremdgegangen. Einschlafen ist kein Sündenfall, auch die klugen Jungfrauen waren eingeschlafen. Nein, hier geht es um Hurerei, wie an dem Beispiel der Frau in 4.Mo. 5,11ff. gezeigt wird. Dann ist Buße angezeigt, wozu der Geist auffordert.

Dann führt Gott Sein Volk nach dem Gericht auch wieder aus Babylon heraus. Bis dahin ist der Weg der wahren Gemeinde ein verborgener und nur an den Überwindern erkennbar. Die Frage, wie die Gerichtsankündigungen und Visionen des Johannes der Gemeinde Jesu noch heute den Weg weisen können, hängt davon ab, was man unter „Gemeinde Jesu" versteht. Die Antwort wird sicher bei einem Katholiken anders ausfallen als bei einem Lutheraner oder Darbysten, der sich dann schon entrückt sieht. Die „dem Lamme folgen" wissen auch den Weg und das Ziel (Offb.14,4).

4 Die Offenbarung verstehen

Theologisch ist die Offenbarung nur sehr schwer zu deuten, weil sie ganz aus dem biblischen Rahmen fällt. War sie doch gerade deshalb bis ins 12.Jahrh. umstritten. Alle Deutungsversuche danach, sie in das Zeitgeschehen einzuordnen, sind misslungen. So blieben die Ausleger praktisch unter sich und tauschten ihre Kommentare untereinander aus. Die einen wollen in der Offenbarung die Vergangenheit sehen, die anderen deuten daraus die Zukunft, was noch auf die Menschheit zukommt. Es gäbe fünfzig verschiedene Auslegungen, und meine sei die einundfünfzigste, sagte mir ein christlicher Journalist, ohne meine gelesen zu haben.

Daher ist die Frage von Lesern meines Buches „Geheimnis, Babylon" nicht unberechtigt, wie ich zu dieser ungewöhnlichen Auslegung der Offenbarung gekommen bin und von wem ich gelernt habe. Manche, besonders Theologen, können es sich nicht vorstellen, dass man ohne fremde Kommentare zu einer eigenen Meinung kommen kann. Grundsätzlich ist es ja nicht verkehrt, andere Auslegungen zu Rate zu ziehen. Doch ich wusste von keiner anderen, außer die von Darby, die ich in der christlichen „Versammlung" gehört habe. Diese befriedigte mich nicht, so dass ich selbst in der Bibel forschte. Es hat mich keineswegs gereizt, eine eigene Auslegung zu schreiben, die dann wahrscheinlich nur eine modifizierte von Darby geworden wäre. Nein, gewisse Umstände und meine dadurch entstandene innere Verfassung zwangen mich, nach der Wahrheit zu suchen.

Ich hielt es für besser, nächst den HErrn die Schrift selbst zu befragen, was die Wahrheit ist, die uns dieses geheimnisvolle Buch mitteilen will. Was meine Auslegung von anderen unterscheidet ist der biblische Bezug. Ich entdeckte beim Forschen den biblischen Hintergrund, vor mir tat sich mit einem Mal die ganze Bibel auf. In Wahrheit sind mir durch göttliche Offenbarung die Geheimnisse des letzten Buches der Bibel erleuchtet worden. Das ist sicher ungewöhnlich. Es gibt Offenbarungen, Erleuchtungen, Erkenntnisse, die schon andere besaßen, und es gibt solche, die noch niemand vorher hatte.

Zwei Beispiele machen das deutlich:

Luther wurde ganz neu die Rechtfertigung aus Glauben offenbart. Diese Wahrheit aber war an sich nicht neu; schon andere vor ihm und zu seiner Zeit kannten sie. Sie war auch ihm nicht unbekannt, aber er konnte sie noch nicht glauben, sie musste ihm persönlich offenbart werden. Bei Paulus war es anders, sein Damaskuserlebnis, als sich Jesus ihm offenbarte, war einzigartig, aber das war erst der Anfang. Paulus bekommt danach eine große Offenbarung, und zwar über das Geheimnis der Gemeinde. Nicht der Gemeinde an sich, die es schon vor ihm gab, sondern über die Einverleibung der Nationen in die Gemeinde (Gal.2; Eph.3). Das war neu. Ihm ist dieses Geheimnis nicht plötzlich in einer Verzückung offenbart worden – die Offenbarung des Geheimnisses bestand vielmehr darin, dass er das von jeher Verschwiegene in der Schrift, vor allem in den Propheten entdeckte: die Nationen, die Gott suchen, sollen an den Verheißungen Israels teilhaben, in Israel eingegliedert, ja einverleibt werden und so Miterben sein (Jes.49,6; Sach.8,21-23). Nicht einmal die zwölf Apostel ahnten etwas davon, selbst Petrus hatte damit seine Schwierigkeiten (Apg.10).

Es gibt auch heute noch Offenbarungen, Gott muss sich uns offenbaren, immer wieder, um Sein Wort zu verstehen; denn „unser Wissen und Verstand ist mit Finsternis umhüllet, wo nicht deines Geistes Hand, uns mit hellem Licht erfüllet …" (Tobias Clausnizer). Pfingstler werden mir ohne weiteres zustimmen; jedoch, wie s i e Offenbarungen verstehen, ist nicht meine Erfahrung. Ich habe keine Visionen oder Träume gehabt, sondern eine echte Offenbarung von Gott, die sogar jeder Mensch anhand der Bibel nachprüfen kann. Meine erste Entdeckung war eben dieses dem Apostel der Nationen geoffenbarte Geheimnis von der Gemeinde, worin Israel und Nationen (Heiden) unter Christus, dem Haupt, eins sind: ein Leib, ein neuer Mensch, ein Tempel (Eph.2). Das war von jeher Kirchenlehre, die ich aber nicht kannte, lediglich eine Bestätigung für mich. Von Kind auf war ich anders gelehrt: Nach der darbystischen Brüderlehre waren Kirche und Israel zwei verschiedene Heilskörper und entsprechend die Bibel aufzuteilen „in das was für uns ist und das was für Israel ist". Da ich mit meiner

„neuen" Erkenntnis nicht hinterm Berge hielt, verdarb ich mir jede Beziehung zu den „Brüdern". Verkannt und verdammt kam ich mir vor wie in der Verbannung, die nun schon 40 Jahre währt. Doch diese Zeit war nicht verloren, ich forschte weiter in der Schrift, um die ganze Wahrheit herauszufinden. Ich sagte mir, wenn der Heilige Geist noch da ist, kann Gott mir auch ohne fremde Hilfe die Schrift erleuchten.

Ich stellte mir die Frage, wie Johannes und die Empfänger seiner Offenbarung wohl das letzte Buch der Bibel verstanden haben. War es ihnen eine so rätselhafte und versiegelte Schrift wie uns heute, oder wussten sie sofort was die einzelnen Visionen und Zeichen bedeuteten bzw. konnte Johannes ihnen dieselben auslegen? Wenn nicht, dann war es eine Zumutung, ihnen eine Botschaft zu senden und in der Gemeinde verlesen zu lassen, die kein Mensch verstand, wie ein Brief in fremder Sprache. Kaum vorstellbar! Eher müssen wir annehmen, dass bei uns etwas blockiert ist, warum wir uns so schwertun mit der Offenbarung. Wenn das Alte Testament die Bibel Jesu und der Apostel war, dann konnte Johannes das, war ihm gesagt und gezeigt wurde, nur aus seinem Bibelwissen verstehen, ebenso die Empfänger der Sendschreiben. Das letzte Buch der Bibel zu deuten ist nur dann schwierig, ja unmöglich, wenn man nicht den biblischen Hintergrund kennt. Darauf muss man erst einmal kommen, und von selbst kommt niemand darauf, sonst wäre es allgemein bekannt. Es gibt größere Geister als ich, die es hätten wissen müssen. Den Anstoß, um zu einer eigenen Auslegung bzw. Anwendung zu kommen, möchte ich mit meinem Buch geben. Man muss lediglich die entsprechenden alttestamentlichen Texte suchen, bis in die Evangelien hinein, besonders das Johannesevangelium. Mit der Rückkehr zur Bibel, zum ganzen Wort Gottes und Zeugnis Jesu werden wir auch die gegenwärtige Zeit beurteilen können.

Voraufgegangen war ein Studium des Buches Daniel. Was ich nicht ahnte, musste geschehen: Mein altes darbystisches „Zukunftsbild", das ich eigentlich untermauern wollte, zerbrach mit jedem weiteren Kapitel und Vers. Oft bekam ich Magenschmerzen, wenn ich nicht mehr weiter wusste. Deshalb betete ich, HErr, zeige Du mir Deinen Gedanken.

Ein Vergleich mit anderen Danielauslegungen bot sich mir nicht, denn außer der Brüderliteratur las man nichts, durfte es auch nicht, da ja die „Brüder" schon alle Erkenntnisse hatten. Von dieser Einstellung wurde ich gründlich geheilt, erst recht durch das Studium der Offenbarung. Ich suchte nicht nach kirchen-geschichtlichen Ereignissen, sondern nach biblischen Beispielen. Dabei fiel mir plötzlich auf, dass die sieben Sendschreiben alttestamentlichen Hintergrund haben; in ihnen spiegelt sich die ganze Geschichte Israels, die in sieben Teile zerfällt, wider (Geheimnis, Babylon, S.32-82). Das war wirklich eine Offenbarung. Wenn das so war, dann musste es auch für die Siegel, Posaunen etc. biblische Vorbilder geben, und in der Tat, sie wären ohne diese Vorbilder einfach nicht zu deuten. Denn „alle diese Dinge widerfuhren jenen als Vorbilder und sind für uns geschrieben worden zu unserer Ermahnung, auf welche das Ende des Zeitalters gekommen ist" (1.Kor.10,11). Gott redet noch immer, und Er redet jetzt vom Himmel zu uns (Hebr.12,25), nicht in neuen Offenbarungen außerhalb der Schrift, sondern durch den Geist der Weissagung in den Worten dieses letzten Buches, in dem, wie jeder Leser meiner Auslegung leicht feststellen wird, die ganze Bibel enthalten ist. Die Geschichte Israels hat ihr geistliches Gegenstück in der christlichen Kirche. Daraus könnten wir lernen und wieder belebt werden, wenn wir das Alte Testament wieder als Wort Gottes, „nütze zur Lehre, zur Überführung, zur Zurechtweisung, zur Unterweisung in der Gerechtigkeit" annehmen (2.Tim.3,16). Das Neue Testament steht auf dem Boden des Alten Testaments, das durch den Tod des Erblassers geöffnet ist.

Meine Auslegung der Offenbarung stellt den gläubigen Leser wieder auf festen biblischen Boden, und zwar der ganzen Heiligen Schrift. Von dort, in den Vorbildern kann er die Irritationen der falschen Propheten, der Irrlehrer und Ideologen erkennen und überwinden. Er wird befähigt, den guten Kampf in voller Gewissheit des Glaubens zu kämpfen. Mit der halben Bibel oder noch weniger, wenn man die Seiten zählt, kann man keinen Krieg gewinnen. Das Schwert des Geistes im Neuen Testament, und ganz besonders in der Offenbarung, muss mit dem Alten Testament geschärft werden. Dort wurden die Kriege geführt und im Glauben die Siege errungen (Hebr.11,32-34). Sie machen uns Mut, uns dem heutigen Kampf zu stellen. Gerade das wollen die „Philister" nicht, jene, die halb Christ und halb Welt sind und der Wahrheit widerstehen. „Es war kein Schmied zu finden im ganzen Land Israel; denn die Philister hatten gesagt: daß die Hebräer sich nicht Schwert oder Speer machen!" Israel ging zu ihnen hinab, um sich ihre Feldgeräte schärfen zu lassen. Mit „Sicheln und Spaten und Gabeln" können sich zwar Bauern wehren, aber man wird sich nur gegenseitig verletzen, wie das so üblich geworden ist, weil man sich nichts mehr sagen lassen will. Nur bei Jonathan und Saul fanden sich Schwert und Speer vor, Jonathan wagte es sogar alleine gegen die Philister zu kämpfen. Heute sind Einzelkämpfer verschrieen. Warum eigentlich? Müsste nicht das ganze Volk aufstehen, nicht nur mit Unterschriften und Demos? (1.Sam.13,19-23).

Die Deutung mit dem Alten Testament legitimiert und befähigt jeden anderen, die Offenbarung auszulegen. Mit Paulus kann ich sagen, meine Offenbarung habe ich nicht von Menschen gelernt oder irgendwo gelesen. Sie war gänzlich neu und doch nicht neu, denn wie oben gesagt, müssen die ersten Christen schon gewusst haben, wie sie das Buch der Offenbarung zu verstehen hatten. Es handelt sich daher eigentlich um eine Wiederentdeckung. Weil der Kirche der Bezug zum Alten Testament verlorengegangen ist, ist ihr auch der Schlüssel zur Offenbarung abhanden gekommen.

Daher ist es nicht wichtig, woher ich diese Erkenntnis habe, sondern ob sie biblisch begründet bzw. gegründet ist. Das setzt natürlich eine gute Kenntnis der Heiligen Schrift voraus, die mir durch meine Eltern und die Versammlung zuteil wurde. Plagiate kann man mir nicht nachweisen. Ich würde mich freuen zu hören, dass ein anderer Bibelleser oder -lehrer zu der gleichen Erkenntnis gekommen ist, aber ich kenne keinen. Sendschreiben, Siegel, Tier, Bild und Babylon haben eindeutig alttestamentlichen Hintergrund, und das konnte Johannes genausogut erklären wie ich. Alles andere mag man als eigene Gedanken und Deutungen betrachten, annehmen oder verwerfen. Doch mit der Ablehnung dieser Erkenntnis muss man die geistliche und moralische Bedeutung des Alten Testaments, die Bibel Jesu und der ersten Christen, verwerfen.

Nun ist es interessant zu wissen, dass man mit einer Erkenntnis, die biblischen Grund hat und eine gegenwärtige Not beleuchtet, Glaubensschritte wagen kann. Ich sagte mir, wenn das Tier (Offb.13) wirklich da ist, deutlich erkennbar in der Schule, und meine Kinder verführen will, auch unsere elterliche Erziehung untergräbt, dann muss ich sie aus der Schule nehmen. Natürlich war ich mir über die Konsequenzen klar. So handelte ich im Vertrauen auf Gottes Beistand, ohne zu wissen, dass irgendwo auf der Welt Hausunterricht praktiziert wurde oder wird, wovon ich erst später erfuhr. Als mir und meiner Frau drei Jahre später das Sorgerecht entzogen wurde und die Kinder in ein Heim gebracht werden sollten, wurde es ernst. War meine Erkenntnis falsch, war mein Schritt übereilt? Jetzt musste der HErr eingreifen, und er tat es auf wunderbare Weise, sozusagen in letzter Minute, und beschämte alle Widersacher. Das entscheidende Trostwort in dieser brenzligen Situation wurde uns durch das Wort gegeben: „Der Herr wird für euch streiten, und ihr werdet stille sein" (2.Mo.14,14).

Gliederung der Offenbarung

In vier oder fünf konzentrischen Kreisen wird der Gerichtsplan, der zugleich auch Heilsplan ist, vollendet: Den 7 Sendschreiben folgen die 7 Siegel, ein größerer Kreis die 7 Posaunen und 7 Botschaften (Kap.14), umfassend der letzte Kreis mit den 7 Plagen. Der Mittelpunkt von allen ist das Lamm und die Gemeinde. Zieht man vom Mittelpunkt eine bzw. sieben gerade Linien zum äußersten Kreis, entstehen je 7 Segmente, die nach außen größer und breiter werden. Man könnte sie geometrisch darstellen. Wir werden feststellen, dass z.B. das erste Siegel die Antwort ist auf das erste Sendschreiben, die erste Posaune auf das erste Siegel usw., bis zur siebten Plage mit dem Ausruf: „Es ist geschehen" (16,18).

Ein kurzer Überblick über den alttestamentlichen Hintergrund:

7 Sendschreiben – die Gemeinde(n), 7 Brennpunkte der Geschichte Israels:
Ephesus (2.-5.Mose), *Smyrna* (Richter, Ruth, 1.Samuel), *Pergamus* (2.Samuel), *Thyatira* (1.u.2.Könige), *Sardes* (1.u.2.Chronika), *Philadelphia* (Esra, Nehemia, Propheten Haggai und Sarchaja), *Laodicäa* (Maleachi, Johannesevangelium).

7 Siegel: das Reich Gottes, Vorbild Königtum Israels von David bis zur Wegführung, dargestellt mit vier Reitern; biblischer Hintergrund: 2.Samuel, Bücher Könige und Chronika.

Die „apokalyptischen" Reiter (Off.6,1-8)
Die Öffnung der vier Siegel durch das Lamm kündigt keineswegs Unheil und Grauen an, vielmehr bringen die Reiter Heil und Frieden. Man muss ihnen geradezu folgen.

1.Siegel: weißes Pferd: David in 2.Sam.1-10 : „Er zog aus, siegend, auf daß er siegte" (Offb.6,1.2). Dieser Reiter ist Jesus, der Sohn Davids, Ihm darfst/sollst du folgen und erlebst Sieg. Es ist Derselbe wie in Offb.19,11. Ein Schrecken ist Er nur für die Widersacher.

2.Siegel: rotes Pferd, Die Teilung des Reiches, der Friede ist weg, nur Bruderkriege (1.Kön.12; 2.Chron. 11,4; 12,15). Lehre: „Es müssen auch Parteiungen unter euch sein, damit die Bewährten offenbar werden" (1.Kor.11,18.19), aber „ihr sollt nicht mit euren Brüdern streiten" (1.Kön.12,24). Diesem Reiter sollten wir ebenfalls folgen und Frieden stiften.

3.Siegel: schwarzes Pferd, nicht Verteuerung, sondern Verbilligung. Vorbild: Die (geistliche) Hungersnot wird durch das wahre prophetische <u>Wort</u> (Elisa) beendet (s.2.Kön.7). Auch dieser Reiter hat eine gute Botschaft, die wir verkündigen möchten.*)

4.Siegel: fahles Pferd, Ende des Königreichs Israel (2.Kön.24 u.25; 2.Chron.36): Wegführung nach Assyrien und Babel, die vier bösen Gerichte Hesekiels (14,21). Das ist leider die heutige geistliche Situation der Kirchen und Gemeinden. „Der Herr wird sein Volk richten" (Hebr.10,30), der Tod ist auf alles geschrieben was nicht von Christus ist. Davon redet die ganze Offenbarung, schon im vierten Sendschreiben. Das musste kommen, es bringt alle, die es mit der falschen Prophetie Jesabels halten, in große Drangsal. Doch die wahren Knechte Gottes freuen sich, endlich aus dem ungerechten System erlöst zu sein. Gott hat für die Überwinder einen Weg aus Bedrückung und Versuchung. Daniel und seine Freunde kommen in Babel zu Ehren und werden von Gott zu einem mächtigen Zeugnis gebraucht.

*

*) Leseprobe aus „Geheimnis, Babylon" (S.104/105)
Der *dritte* Reiter auf dem schwarzen Pferd (Offb.6,5-6) hat ganz offensichtlich 2.Kön. 6 u. 7 zum Vorbild. Er hatte eine Wage in seiner Hand. *»Und ich hörte wie eine Stimme inmitten der vier lebendigen Wesen, welche sagte: Ein Chönix Weizen für einen Denar, und drei Chönix Gerste für einen Denar; und das Öl und den Wein beschädige nicht.«*

Wenn das Getreide gewogen werden muss, ist es knapp geworden. Durch die Belagerung der Syrer war eine große Hungersnot, die bis dahin schwerste in Israel, in Samaria entstanden. Ein Eselskopf kostete achtzig Sekel; die Not war so groß geworden, dass barmherzige Weiber bereits ihre Kinder aßen. In dieser Bedrängnis lässt Elisa sie das Wort des HErrn hören: »Morgen um diese Zeit wird ein Maß Feinmehl einen Sekel gelten und zwei Maß Gerste einen Sekel im Tore von Samaria.« (2.Kön.7,1) Dies deutet gewiss nicht auf eine Teuerung hin, sondern wie im dritten Siegel auf eine enorme Verbilligung. Es sind nun die vier Aussätzigen die Ersten, die die Beute entdecken und die gute Botschaft in der Stadt verkünden. Aber der ungläubige Bote des

Königs wurde nach dem Worte Elisas im Tore zertreten, als das Volk durch das Tor drängte und über die Beute herfiel.

Der »Weizen« stellt hier das Wort Gottes dar, die »Gerste« weist hin auf das Leben Jesu, von dem wir uns nähren sollen. Die geistliche Hungersnot, unter der die Gemeinden heute besonders deshalb leiden, weil ihnen der Zugang zum Gesetz und vor allem zu den Propheten fehlt, die in Christus erfüllt sind, könnte sofort behoben werden, wenn wir unsere Lage erkennen würden und mehr Glauben an die Verheißungen hätten. Um aus der Offenbarung Nutzen zu ziehen, sodass sie uns Brot des Lebens, Öl des Geistes und Wein der Freude ist, ist geistliches Verständnis der biblischen Geschichten und des prophetischen Wortes erforderlich. »Ich freue mich über dein Wort wie einer, der große Beute findet.« (Ps.119,162). Durch das Bleiben an der Güte bleiben wir am Ölbaum und können allezeit an seiner Fettigkeit teilhaben (Röm.11,17), durch das Bleiben am Weinstock bleibt auch unsere Freude ungetrübt (Joh.15,1–11).

Obwohl »Öl« und »Wein« im Wort der Wahrheit des Evangeliums immer noch reichlich vorhanden sind, fehlt der Kirche doch weitgehend der Anschluss an die geistlichen Segnungen und Verheißungen Israels ...

*

6.Siegel: Zwei Seiten: Erschütterung bei den einen, Versiegelung der Knechte Gottes (Offb.7,3), es sind dieselben Knechte (Sklaven Gottes) wie der Seher (Offb.1,1; 14,4.5; 22,3.6)? Das Zeichen an der Stirn kennzeichnet die Gesinnung (Hes.9). Durch ihr Zeugnis wird eine große Volksmenge erweckt.

7 Posaunen: Israel in der Wüste, Jericho (4.Mose bis Josua).

Tier: herrschende Geistesmächte, Ideologien (Dan.7); Bild: ein Menschenbild (Dan.3).

Johannes schrieb die Offenbarung gegen Ende der Regierungszeit des römischen Kaisers Domitian (81-96 n.Chr.), der die Christen grausam verfolgte. Nach ihm wurde Nerva zum Kaiser gewählt, unter dessen friedlicher Regierung Johannes aus seiner Verbannung auf der Insel Patmos nach Asien zurückkehren durfte, wo er seinen Dienst unter den dortigen Gemeinden wieder aufnahm. „Das Buch der Offenbarung war eines der ersten Bücher, die als von Gott inspiriert anerkannt wurden (Hermas, Papias, Irenäus), andererseits war es aber auch das Buch, über das am längsten (bis weit ins vierte Jhdt.) diskutiert wurde, vor allem wegen allerlei Irrlehren, die bestimmte Sekten mit diesem Buch verbanden" ("So entstand die Bibel..." CLV). Das Offenbarungsbuch verbreitete sich rasch und wurde bald zu den meistgelesenen Schriften der Apostel.

Es kann nützlich sein, jene Zeitumstände genauer zu erforschen. Das muss dem Historiker überlassen bleiben. Mir war es wichtig, die gegenwärtigen Strömungen im Lichte des prophetischen Wortes zu untersuchen. Dabei hatte ich immer das Bild der wahren Gemeinde Jesu vor Augen, die wie ein roter Faden durch die ganze Offenbarung selbst in Babylon erkennbar ist.

Bei Babylon nehme ich zwangsläufig auf die Propheten Jesaja, Jeremia und Daniel Bezug. Ich habe versucht, mich streng an das biblische Auslegungsprinzip zu halten, dass „keine Weissagung der Schrift von eigener Auslegung ist", das heißt, die Schrift legt sich nur durch die Schrift selbst aus (2.Petr.1,20). Dies ermöglicht dem Leser, wie die Beröer selbst die Schrift zu untersuchen, „ob dies sich also verhält" (Ap.17,11). Obwohl die Offenbarung kein einziges Zitat aus den Propheten enthält, springt doch die Übereinstimmung an vielen Stellen ins Auge, zum Teil fast wörtliche Wiedergaben. Schon der HErr und die Apostel haben die Erfüllung der Propheten angezeigt. Es war die erwartete „Fülle der Zeit", in der Gott einen neuen und besseren Bund mit Seinem Volke schließen wollte, den Jesus durch Sein Blut eingeweiht hat. Wir wissen, wie die Schreiber des Neuen Testaments die Prophezeiungen des Alten Testaments aufgriffen und sie mit Anmerkungen wie „damit erfüllt würde, was von dem Herrn geredet ist durch den Propheten", oder „wie geschrieben steht", usw. anwandten.

Die Erfüllung der Propheten ist nicht nur auf die Tage Christi und der Apostel beschränkt. Sie haben sich wieder und wieder erfüllt, wenn entsprechende kirchliche Zustände und Umstände vorlagen. Die Offenbarung greift sie wieder in ihrem ganzen Umfang auf und wendet sie geistlich auf den gegenwärtigen christlichen Bekenntniskreis an.

Das Wort der Weissagung ist geistlich, es muss geistlich beurteilt werden, denn es sind geistliche Dinge (1.Kor.2,13); „auf daß ihr erfüllt sein möget mit der Erkenntnis seines Willens in aller Weisheit und geistlichem Verständig, um würdig des Herrn zu wandeln" (Kol.1,9). Wir müssen die Dinge „geistlich" betrachten, denn die Offenbarung zeigt uns die Wirklichkeit der Dinge in den Himmeln, im Heiligtum, wohin das natürliche Auge nicht schauen und der schärfste Verstand nicht eindringen kann. Wir lernen von Paulus die geistliche (abwertend „allegorisch" genannt) Schriftauslegung, die uns den tieferen und eigentlichen Sinn des Wortes vermittelt. Der Kirchenvater Origenes (185-254) vertrat den dreifachen Schriftsinn: den buchstäblichen, den geistlichen (pneumat.) und daraus den moralischen Sinn der Schrift. Ohne das geistliche Verständnis ist eine moralische Anwendung nicht möglich. Wir können ja nicht mehr wie in biblischen Zeiten handeln, zum Beispiel wie David den Philister erschlagen.

Luther hat die geistliche Anwendung verworfen, weil sie ihm zu willkürlich erschien und tatsächlich auch viele wunderliche Blüten getrieben hatte. Deshalb forderte er von der Schriftauslegung, dass der ursprüngliche geschichtliche Wortsinn herausgestellt wurde. Den Gebrauch der geistlichen Auslegung gestand er nur für solche Fälle zu, wenn die Wahrheit bereits mit guten Gründen und Beweisen aus der Schrift erhoben sei und nur etwa noch der scharfen Darstellung bedürfe. Genau das soll mit der geistlichen Auslegung der Offenbarung, zu der Luther selbst keinen Zugang hatte und die ihm den größten Verdruss bei der Übersetzung bereitete, erreicht werden.

Die Einwände gegen die „Allegorie" werden am meisten gegen die geistliche Auslegung der Propheten erhoben, weil sie angeblich die Gefahr des Missbrauchs enthalte. Meines Wissens existiert keine geistliche Auslegung der Propheten, woran das exemplarisch gezeigt werden könnte. Die Propheten sind weithin unberührtes Brachfeld, wo sich jeder Schriftausleger mit der Allegorie schwertut, wenn er auch sonst sehr „geistlich" ist. Geistliche Auslegung kann auch Feuer und Schwert sein, das die Gegner fürchten und nur darum die geistliche Deutung des „Prophetischen Wortes" ablehnen, während sie sich zugleich in der geistlichen Auslegung der übrigen Schriften sehr üben. Die geistliche Betrachtung der Offenbarung liefert den stärksten Beweis der göttlichen Inspiration, nicht nur für die Offenbarung selbst, sondern für die ganze Heilige Schrift.

Die Offenbarung ist zu allen Zeiten ein Trost- und Mahnbuch für die Heiligen gewesen. Konnten sie sich doch besonders in den Leiden und Verfolgungen des siegreichen Ausgangs des Kampfes, von dem in diesem Buche geschrieben ist, getrösten und sich dadurch gegenseitig zum Ausharren ermuntern bzw. ermahnen. Dazu bedurfte es keiner Auslegung des Buches, wie wir sie heute nötig haben. Obwohl das Buch der Offenbarung in einer Verfolgungszeit geschrieben wurde, zeigt es uns doch mehr die Dinge, die für eine Verführungszeit und den Abfall typisch sind. Der HErr sah die "Stunde der Versuchung" voraus und ließ Seinen Knecht diese prophetische Mahnschrift zur Überwindung der Versuchung schreiben. Die Offenbarung ist für die Gemeinde in der Versuchung von Nutzen, wenn Verführungsmächte die Gläubigen verderben wollen und der Zeitgeist sie zerstört. In der Verfolgung ist der Glaube sehr einfach, doch in Zeiten der Versuchung und Verführung, in denen wir heute stehen und die uns wie nie zuvor anfechten, tut Aufklärung über die Listen und Ziele des Teufels not. In der Verfolgung operiert der Feind offen und greift an, in der Verführung ist er getarnt. Weil die Christenheit im Westen ihn nicht erkannt hat, ist sie ihm weithin erlegen.

Es war mir ein Herzensanliegen, die vom Wohlstand und äußeren Frieden in Trägheit und Weltlichkeit verfallene und darum geschwächte Gemeinde Christi aufzurütteln und zu mobilisieren. Zu diesem Zweck war es nicht zu vermeiden, gewisse falsche Lehren und Vorstellungen, die sich über die Offenbarung gebildet haben, bloßzulegen, weil sie so verhängnisvoll sind. Das Haus brennt, aber da liegt noch der alte Mann „5 Minuten vor 12" im tiefen Schlaf im Bett. Was ist zu tun? Sanft wecken oder schreien? „Die einen, welche streiten, weiset zurecht, die anderen aber rettet mit Furcht, sie aus dem Feuer reißend, indem ihr auch das vom Fleische befleckte Kleid hasset" (Jud.22.23). Es liegt mir fern, irgendwie den Anspruch auf Unfehlbarkeit erheben zu wollen. Ich kenne den Zustand der Gemeinden zu genau, besonders im freikirchlichen Raum, um zu erwarten, dass ich der Kritik entgehen werde. Gott weiß, wie sehr ich Seine Gemeinde und die Bruderschaft liebe, um ihr die freimachende Wahrheit vorzuenthalten. Welche Folgen es aber auch haben mag, dass ich gewisse Zustände und Systeme der Wahrheit gemäß offengelegt und namhaft gemacht habe, bin ich doch guter Zuversicht, dass viele Seelen ein offenes Ohr für das haben, "was der Geist den Gemeinden sagt", was ich durch mein Buch „Geheimnis, Babylon" nur mit menschlichen Worten übermitteln kann. Fordere doch einfach mal eine Lesung an!

Die Offenbarung ist selbstverständlich auch und vor allem ein evangelistisches Buch, und zwar dort anzuwenden, wo das Christentum Kultur ist oder vielmehr war. Denn das "was bald geschehen muß" spielt sich gegenwärtig in der Gesellschaft im „christlichen" Abendland, besonders ausgeprägt im Lande der Reformation, ab und kann den Menschen leicht nachgewiesen werden. Die gewaltigen Wellen und Mächte, die auf die westliche Welt anstürmen und sie überschwemmen, ja sie schon erobert haben, hinterlassen große Verwüstungen und unsagbares Leid. Daher kann gerade auch den Seelen, die an einem Gefühl der Sinnlosigkeit, Orientierungslosigkeit, Leere und Angst leiden, und daran krankt ja die heutige Welt, mit den Plagen der Offenbarung die Ursachen aufgezeigt und eine gottgemäße Sehnsucht nach Befreiung und wahrer Lebensfreude geweckt werden. „Wen da dürstet, der komme; wer da will, nehme das Wasser des Lebens umsonst" (22,17). Mein Gebet ist, dass die Verkündigung der Offenbarung eine Erweckung in der westlichen Welt bewirkt, sich auf das Evangelium zu besinnen, wie geschrieben steht: „Laßt uns doch hingehen, um den Herrn der Heerscharen in Jerusalem zu suchen und den Herrn anzuflehen. Auch ich will gehen! Und viele Völker und mächtige Nationen werden kommen …" (Sach.8,22-23). Sicher nicht zu dem irdischen Jerusalem, „sondern zum Berge Zion und zur Stadt des lebendigen Gottes, dem himmlischen Jerusalem" (Hebr.12,22). Wie wunderbar hat sich diese Verheißung insbesondere durch den Missionsdienst des Apostels Paulus u.a. erfüllt. Ganze Länder und Kontinente wurden christlich, beinahe auch China, wo es gegen alle Unterdrückung heute immerhin 120 Millionen Christen gibt und täglich mehr werden. Halb Südkorea, ein buddhistisches Land, ist in den letzten Jahrzehnten an Jesus Christus gläubig geworden und sendet heute die meisten Missionare aus. Warum sollte Europa von einer Renaissance des Christentums ausgenommen sein, wenn der Geist Gottes weht?

Aber noch eine Chance bietet die Offenbarung: Sie drängt die Islamisierung durch die Stärkung des christlichen Glaubens zurück und dient zugleich der Missionierung der Muslime in unserem Land. Denn, wie gesagt, die Botschaft des letzten Buches der Bibel erschließt sich durch die alttestamentliche Geschichte, die auch dem Islam von Abraham bis Jesus zu Grunde liegt. Daran anknüpfend kann man zeigen, wer in der Offenbarung Jesu Christi spricht, wer der Sohn der Maria wirklich ist. Zweitens: Christen und Muslime leiden gleichermaßen unter der allgegenwärtigen Herrschaft des Tieres, das ihre Familien zerstört und ihre Kinder raubt. Man kann ihnen an Bild und Malzeichen erklären, wie die Zerstörer der Religion arbeiten und dann auf Den hinweisen, der gesagt hat: „Siehe, ich mache alles neu". Das Lamm wird die Überwinder recht leiten zu der Quelle des Lebens im neuen Jerusalem.

Die Zeit drängt, dass wir zur Klarheit und Gewissheit über die Bedeutung der Weissagung der Offenbarung kommen. Sie ist wie ein Gemeindebrief, der alle Konfessionen, Kirchen und Gemeinden angeht. Sie sollte von ihren Kanzeln bezeugt werden, allein schon um ihrer Selbsterhaltung willen. Die Seelen haben Anspruch auf die ganze Wahrheit, auch über das Versagen der Kirche, womit die Offenbarung sich hauptsächlich beschäftigt, denn „die Wahrheit wird euch frei machen" (Joh.8,32). Gemeinschaften und Hauskreise sollten die Offenbarung zu ihrem Thema machen, sie sollte Jugendgruppen- und Familiengespräch sein. Denn die antichristlichen Mächte und die Islamisierung schreiten unaufhaltsam fort und bedrängen das Volk Gottes in nie gekannter Weise. Satan und seine Legionen gefallener Engel, die in der Offenbarung als Dämonen erscheinen, haben dem Christentum den Krieg erklärt und arbeiten pausenlos daran, das Volk Gottes zum Abfall zu verführen und schließlich zu vernichten. Selbst die Freiheit und die Menschenrechte sind bedroht, die Familien und die Jugend sind aufs höchste gefährdet. Dieser Krieg Satans hat in unserer Zeit Ausmaße angenommen, die in der Kirchengeschichte einmalig sind. Darauf sollte sich der Predigtdienst heute einstellen.

Wir brauchen eine wahre „Übersetzung" der Offenbarung, sie muss ein aktueller Befund der Kirche und Gesellschaft sein, für jedermann verständlich und nachvollziehbar. Ich sage bewusst „Übersetzung", denn die bisherigen Auslegungen muten wie die babylonische Keilschrift an, eine Geheimschrift, die nur Experten entziffern können. Es ist eine völlige Verkennung des Lammes, wenn man die Offenbarung buchstäblich auslegen will. Das geht auch gar nicht, denn die Texte sind so fremd und unverständlich, die Bilder und Zeichen so verwirrend, dass hier alle Deutungsversuche fehlgehen und in Spekulationen ausarten müssen. Wir brauchen einen anderen Auslegungsweg, und der geht über das Alte Testament.

Die Offenbarung, biblisch ausgelegt, kann auch heute wieder zum meistgelesenen Buch werden und damit die Bibel überhaupt. So kommen wir endlich aus dem Dilemma der Ungewissheit heraus und müssen uns nicht mehr mit den vielen verwirrenden Meinungen auseinandersetzen. Es bedarf keines Theologiestudiums, um die

Offenbarung zu verstehen. Sie liegt offen da für jeden Bibelleser, sogar der Unkundige kann darin sich und die Zeit erkennen. Sie bietet Juden und Moslems die Chance, die Gottheit Jesu darin zu erkennen. Darüber muss man mit ihnen nicht streiten, sondern ihnen ihre persönliche Lage zeigen, wozu ihnen die Offenbarung verhilft.

O daß doch bald Dein Feuer brennte,
Du unaussprechlich Liebender!
Und bald die ganze Welt erkennte,
daß Du bist König, Gott und Herr!

Erwecke, läutere und vereine,
o Gott, der Gläub'gen ganze Schar,
und mach in Deinem Gnadenscheine
Dein Heil noch vielen offenbar!

(Georg Friedrich Fickert (1758-1815)

6 Heimkehr nach „Jerusalem"

„Komm her, ich will dir die Braut, das Weib des Lammes, zeigen …" (Offb.21). Bereits auf den ersten Blättern der Bibel werden wir auf diesen großen Gegenstand der Offenbarung Jesu Christi vorbereitet. Als Mutter ist Jerusalem schon in der Geschichte der ersten Schöpfung angedeutet. Nach Adam, der ein Vorbild auf Christus ist, den zweiten Adam, der das Bild Gottes ist, schuf Gott das Weib. Adam war gekrönt zum Haupt über die belebte Schöpfung. Alles war für ihn, aber das Weib war noch nicht da. Sie tritt als Letzte auf den Schauplatz: Eva, die Mutter aller Lebendigen, krönt seine Freude und macht seinen Stand erst vollkommen. So ist auch die Gemeinde die Fülle des Christus, „Gebein von meinem Gebein und Fleisch von meinem Fleische" (1.Mo.2,23; Eph.5,30).

Genau wie mit dem Weibe in Eden ist es mit dem Jerusalem in Kanaan. Das Land selbst war durch Josua unterworfen und verteilt, aber noch war Jerusalem im Besitz der abtrünnigen Nationen. Die Richter haben zu ihrer Zeit gerichtet, und Saul hatte als König geherrscht. Aber Jerusalem war wie nichts in all dieser Zeit. Es wurde nicht geschätzt, war noch unentdeckt. David war es, der Jerusalem schließlich an Israel brachte; und er baute es aus zu einer festen und schönen Stadt. Jerusalem wurde zur Zeit Salomos zum Thron und zum Heiligtum, es wurde der große Mittelpunkt Israels und der Welt, der Gegenstand, von dem alle Schriften reden, dessen Schönheit und Erhabenheit ein geradezu unerschöpfliches Thema bilden. Wieder und wieder wird Jerusalem gepriesen. Es ist der Platz, an dem Israel in seinen besten Tagen seine heiligen Versammlungen hatte und seine Freudenfeste feierte. Es ist der Edelstein, die Perle, die Königin, mit einem Wort der alles beherrschende Gegenstand im Land und in der Geschichte Israels, aber für die Nationen war es der Stachel.

Aber beachten wir es wohl: Jerusalem, die glänzende Hauptstadt, wurde wie das Weib in Eden abtrünnig, wurde zur Hure und deshalb zuletzt von den Feinden eingenommen und zerstört und das Volk darin weggeführt nach Babel. Von diesem Schlag erholte Jerusalem sich nie wieder, ihre Heilsbedeutung und Herrlichkeit war für immer vorbei, weil Gott im Neuen Bund etwas Besseres vorgesehen hat. Die Offenbarung stellt uns zusammenfassend noch einmal die ganze Geschichte Jerusalems vor, offenbart die Stadt als Gemeinde Gottes mit dem herrlichen Ausblick einer Neuschöpfung, die uns ein Paradies eröffnet.

Gott hat für Sein Volk ein Neues geschaffen, eine Stadt, die schon Abraham erwartet, „die Grundlagen hat, deren Baumeister und Schöpfer Gott ist". Doch was ist mit dieser heiligen Stadt unseres Bekenntnisses, die uns zur Verwaltung anvertraut war, geschehen? Die Offenbarung zeigt uns, dass sie unserer Untreue wegen in die Hände der Nationen geriet und von ihnen zertreten worden ist und sich in eine „große Stadt, welche geistlicherweise Sodom und Ägypten heißt", verwandelt hat, was später als Babylon erscheint (Offb.11 u.17). Aber im letzten Kapitel sehen wir Jerusalem wiederhergestellt, daher neues Jerusalem genannt, glänzend in reinem Golde. Vom Standpunkt der Heiligen, die sich für die Hochzeit bereit gemacht haben, sind die Gerichte vorüber, welche über das untreue Volk und die abtrünnige Stadt kommen mussten. Der ererbte Besitz ist von allen fremden Elementen gereinigt und alle Ärgernisse sind aus dem Reiche Gottes hinweggetan. Am Schluss des Buches erblicken wir nun das Weib als eine goldene Stadt, aufgebaut auf die Grundlage der Apostel und Propheten des Lammes. Es ist die Wiederkehr des Weibes aus 1.Mose 2, eine Wiederkehr Jerusalems in Kanaan, das nur ein Vorschatten war, die Heimkehr des Volkes Gottes aus der babylonischen Gefangenschaft. Hier haben wir es nicht mehr mit den Abbildern zu tun, sondern mit dem himmlischen Dingen selbst. Jetzt sehen wir das Weib des Lammes, die neue Gemeinde Israel, in der Gott und das Lamm Sonne und Mittelpunkt sind, von Gott, aus dem Himmel hernieder in die Welt kommend, um die Menschen, die nach Frieden dürsten, zur wahren Lebensquelle zu rufen, die Seelen heimzurufen. Von dieser Herrlichkeit des Reiches und der Stadt Gottes haben alle Propheten geweissagt, wenn sie von der Wiederherstellung Jerusalems und der Rückführung und Sammlung Israels redeten. David und sein Same sind gewiss: „Unsere Füße werden in deinen Toren stehen, Jerusalem! - Jerusalem, die du aufgebaut bist als eine fest in sich geschlossene Stadt, wohin die Stämme hinaufziehen, die Stämme Jahs, ein Zeugnis für Israel, zu preisen den Namen des HErrn!" (Ps.122). Wir kämen jedoch nimmer zu der heiligen Stadt, wenn sie nicht zu uns käme und unsere Finsternis erleuchten würde. Das neue Jerusalem ist nicht unser Werk, sondern von Gott bereitet und geschmückt, damit wir zu ihr den Weg finden, zu Hause ankommen. Die Stadt ist für diejenigen bestimmt, denen auch das Reich verheißen ist, „die geschrieben sind in dem Buche des Lebens des Lammes" (Offb.21.27). Diese können zu ihr eingehen, und nur dem Bußfertigen öffnen sich die Tore der heiligen Stadt. Es ist wie mit dem Reiche, als es in der Person Jesu erschien, da Er rief: „Tut Buße, denn das Reich der Himmel ist nahe gekommen" (Matth.4,17). Bei der Einführung des neuen Jerusalem, das der Inbegriff des Reiches ist, wird ebenso gesprochen werden: „Tut Buße, denn die heilige Stadt ist aus dem Himmel herniedergekommen!"

Schon immer war es das Verlangen Gottes, bei Seinem Volke zu wohnen. „Sie sollen mir ein Heiligtum machen, dass ich in ihrer Mitte wohne" (2.Mo.25). Die „Wohnung", die Stiftshütte, die auch „Zelt der Zusammenkunft" genannt wurde, kehrt im neuen Jerusalem wieder. Johannes hört eine laute Stimme aus dem Himmel: „Siehe, die Hütte Gottes bei den Menschen! Und er wird bei ihnen wohnen, und sie werden sein Volk sein, und Gott selbst wird bei ihnen sein, ihr Gott" (Offb.21,3). Da ist wieder die Hütte, das Zelt der Zusammenkunft mit Gott, nicht von Menschen gestiftet und gefertigt, sondern von Gott in Christus gewirkt. In Seinem Zelt, und nur in Seinem Heiligtum, kann Gott mit uns als Seinen Hausgenossen Gemeinschaft machen und wir mit Ihm, durch die Vermittlung unseres Hohepriesters Jesus Christus, „der sich gesetzt hat zur Rechten des Thrones des Majestät in den Himmeln, ein Diener des Heiligtums und der wahrhaftigen Hütte, welche der HErr errichtet hat, nicht der Mensch" (Hebr.8,1-2). Zu diesem Gnadenthron haben wir Zugang, nur bei Ihm kommen unsere Seelen wirklich zur Ruhe und empfangen Seinen Trost. „Und er wird jede Träne von ihren Augen abwischen". Jede Träne. Er trocknet die Bußtränen der Heimgekehrten, Er stillt die Kummertränen, die des

Nachts geweint wurden um die verlorenen Söhne und Töchter; auch die stillen Tränen des Leides und des Leidens, aus welcher Ursache auch vergossen, Spott und Schmach, Verlassenheit und Verstoßensein, Entbehrung und Verfolgung, an Seinem Vaterherzen ist Trost, ewiger Trost und gute Hoffnung. Gott Selbst wird dort die heißen Tränen von deinen Wangen abwischen.

„Und der Tod wird nicht mehr sein, noch Trauer, noch Geschrei, noch Schmerz wird mehr sein; denn das Erste ist vergangen". Sollte das erst im Himmel sein? Johannes sah einen neuen Himmel und eine neue Erde, die, wie wir bei Jesajas lesen, den alten traurigen Zustand in Jerusalem ablösen (Jes. 65,17; 66,22). In der Gegenwart Gottes ist das Leben, ewiges Leben, hier ist der geistliche Tod verbannt; in dem Zelt der Zusammenkunft verwandeln sich Trauer und Herzeleid in Freude. Außerhalb der Hütte Gottes ist Geschrei und Schmerz, innerhalb hören alle Klagen auf. „Der auf dem Throne saß sprach: Siehe, ich mache alles neu". Er macht neues Leben, er macht die Freude neu und den Frieden, alles wird neu, auch die Zeit. Das ist gewisslich wahr für den Glauben. Überwunden werden muss lediglich unser Unglaube. Denn Er hat gesprochen: „Es ist geschehen!" (Offb. 21,6). Das entspricht dem Wort vom Kreuz: „Es ist vollbracht!" das uns Gottes Kraft ist (Joh.19,30; 1.Kor.1,18). Denn „wer überwindet, wird dieses ererben, und ich werde ihm Gott sein, und er wird mit Sohn sein" (Offb. 21,7). Die Lebensquelle ist uns neu geöffnet, aus ihr strömen alle die kostbaren Verheißungen der Propheten. Und auch diese: „Siehe, ich wende ihr Frieden zu wie einen Strom, und die Herrlichkeit der Nationen wie einen überströmenden Bach" (Jes.66,10-14). „I c h will dem Dürstenden aus der Quelle des Wassers des Lebens geben umsonst". „Ich will", sagt der HErr; es liegt an uns, ob wir unseren Lebensdurst bei Ihm stillen wollen oder lieber bei den trügerischen Brunnen der Welt bleiben.

Die christliche Welt schaut nach der Weltstadt Jerusalem, die doch keine Gottesstadt mehr ist und ihnen und den Juden selbst immer mehr zum Laststein wird. Die Heiligen aber schauen nach der oberen Stadt, denn „wir haben hier keine bleibende Stadt, sondern die zukünftige suchen wir" (Hebr.13, 14). Von dem

Lichtglanz „der Stadt auf dem Berge" (Matth. 5,14) werden auch die „Nationen" (sprich: die Welt) angezogen werden und finden Frieden und Heilung unter dem Lebensbaum am „Strome von Wasser des Lebens, der hervorging aus dem Throne Gottes und des Lammes" (Offb. 22,1). Wie wir die Menschen zu Christus einladen, dürfen wir sie auch zum neuen Jerusalem, dem Paradies der Seele, führen, wo Gott und das Lamm der Tempel und das Gold der Stadt, Licht und Quelle des Lebens sind. Jedoch Schuld und Sünden dürfen, ja müssen vor der Stadt abgelegt werden, denn an den Toren stehen Engel, die darüber wachen, dass nicht „irgend etwas Gemeines und was Greuel und Lüge tut" in die heilige Stadt eingeht, sondern „nur die geschrieben sind in dem Buche des Lebens des Lammes" (V.27). Wann wird das sein? Wann immer du willst. Komm nicht zu spät!

**Wie ein Strom von oben, aus der Herrlichkeit,
fließt der Friede Gottes durch das Land der Zeit.
Tiefer, reicher, klarer, strömt er Tag und Nacht,
mit unwiderstehlich wunderbarer Macht.**

**Strömt der Friede Gottes über mich dahin,
müssen alles finstern Mächte von mir fliehn.
Seine Fluten tragen Hast und Sorgen fort,
Friede meines Gottes, sel'ger Ruheort!**

**Wechselt auch hienieden Licht und Schatten ab,
strahlt doch meine Sonne warm auf mich herab;
wunderbar getragen von der Friedensflut,
sing ich froh dem Ew'gen; „Herr, wie hab ich's gut!"
In Dir ist verborgen stille, tiefe Ruh,
alle meine Sorgen, alles deckst Du zu!**

Anhang

Briefe (die noch auf Antwort warten)

Lieber Bruder G., ich habe mir Ihre Auslegung bzw. Anwendung der „sieben Sendschreiben" angehört, ebenso Teile der übrigen Auslegung (Offb. 4-22). Sie sind ja für Korrekturen empfänglich, wenn ich Sie richtig verstanden haben. Ich persönlich war immer für begründete Kritik offen, mehr als für Zustimmung. In der Bruderliebe darf ich Ihnen zum besseren Verständnis der Offenbarung einige korrigierende Hinweise bzw. Hilfen geben.

Richtig ist, dass die epochale kirchengeschichtliche Deutung spekulativ ist (Grünzweig), typisch dispensationalistisch, meines Wissens erstmals von Darby so gedeutet und von Miller festgeschrieben (Geschichte der christlichen Kirche). Wagner muss sie auch dort entlehnt haben, wenngleich er die Philadelphia-Phase sehr viel weiter dehnt und die Brüderbewegung, die besser dazu passen würde, ignoriert. In jedem Fall ist die epochale Deutung fruchtlos, Stroh, auf dem man sich dann in Philadelphia gut betten kann. Dort fühlen sie sich erst wohl. So vor allem die darbystische „Versammlung". Ich komme ja daher. Aber so ähnlich läuft es gewöhnlich bei allen Sendschreibenvorträgen ab, erst bei dem sechsten atmet man wieder auf, und mit Laodicäa hat man sowieso nichts zu tun. Auch Sie neigen dazu, Laodicäa auf die leblose Endzeitkirche abzuschieben, obwohl dort genauso gut und so viele Gläubige sind wie in den übrigen Gemeinden, heute wie damals.

Bekanntlich lehrt uns die Geschichte, dass man nichts aus der Geschichte lernt. Denn ihre Fehler machen wir nicht, und über unsere Fehler werden wieder andere Generationen nach uns urteilen. Oder wissen wir, dass wir die letzte sind? Besser ist die *bibel*geschichtliche Deutung, die auf die Geschichte Israels im Alten Testament, die in sieben Teile zerfällt, Bezug nimmt. Diese geistlich ausgelegt, gestattet immer die direkte Anwendung. So kann man sich nicht über die Geschichte erheben, sondern hat es direkt mit dem Worte Gottes zu tun und findet sich in den biblischen Vorbildern wieder, die ja auch deshalb für uns aufgeschrieben sind zu unserer Ermahnung (1.Kor.10,11).

Dass die sieben Gemeinden, die ja ziemlich dicht beieinander lagen, wirklich in diesen unterschiedlichen Zuständen existiert haben, ist unwahrscheinlich, zumal nur deren Engel angeschrieben sind. Was der einen gesagt wurde, gilt zugleich den anderen, alle haben jedes Sendschreiben und die ganze Offenbarung bekommen. Sie sollten prüfen, welche Dinge auf sie zutrafen, und das konnten mehrere sein. So machen Sie es ja auch, wenn Sie sieben Vorträge zu der derselben Zuhörerschaft halten. Es ist nicht nachweisbar, dass die sieben Gemeinden zu späteren Zeiten in dieser reinen Form vorkamen und heute noch existieren. Wenn das so wäre, kämen im Hochmittelalter nur zwei in Frage, die Papstkirche (Thyatira) und die verfolgte Gemeinde Jesu (Smyrna). Es ist auch nicht schlüssig, dass das Gericht an Ephesus 500 Jahre später (!) durch den Islam geschah, auch Philadelphia und die übrigen wurden zur gleichen Zeit ausgelöscht. Was Smyrna traf, traf auch die anderen. Was der HERR in den Sendschreiben ankündigt, muss zunächst einmal in der Offenbarung selbst (ab Kap.6) gesucht werden und nicht in der Kirchengeschichte. Ganz wichtig ist, den Charakter, in dem Jesus Sich jeweils vorstellt, zu verstehen. Dieser entspricht immer dem geistlichen Standort bzw. Inhalt des Sendschreibens, ebenso die Verheißungen. Die Sendschreiben sind nur Stichworte zu einem den damals existierenden Gemeinden bekannten biblischen Hintergrund, nämlich im A.T., das für sie bis dahin das Wort Gottes, die heiligen Schriften, war. Für Ephesus sind das die Bücher Mose, die Gemeinde in der Wüste; für Smyrna die Bücher Richter, Ruth, 1.Samuel, für Pergamus 2.Samuel, das Haus Davids; für Thyatira die Bücher Könige, zentral die Geschichte Ahabs und Isebels, usw.

Vieles in Ihrer Betrachtung ist an sich wahr, hat aber wenig Bezug zu den Sendschreiben, auch wenn Sie viele Bibelzitate bringen. Woran soll man z.b. das Verlassen der „ersten Liebe" erkennen und wie kommt man wieder zum HERRn zurück? Allenfalls führt es zu einer Selbstanklage, die aber nicht zur Buße führt, schon gar nicht jemand, der den HERRn Jesus innig liebt, aber meint, er würde Ihn nicht genug lieben. Seine Liebe ist größer als unsere Liebe. Die „erste Liebe verlassen" ist nicht etwa nur ein Nachlassen, ein Erkalten einer einst brennenden Liebe bei der Bekehrung, sondern das Verlassen einer Person, nämlich des Hohenpriesters im Heiligtum, wie Er Sich Ephesus vorstellt. Es muss ganz klar gesagt werden, wodurch sie verlassen wurde und wie der Einzelne seine Gemeinde bzw. sich selbst prüfen kann. Im Vorbild wird ein solcher Fall in 4.Mo.5 behandelt. Auch die übrigen Dinge in Ephesus finden in 4.Mose und nur hier ihre Erklärung. Forschen Sie selbst.

Pergamus: Man muss nicht darüber rätseln, wer die Nikolaiten sind. Diese ihre Lehre ist ein Gegensatz zur Lehre Bileams, beide kennzeichnen zwei ganz verschiedene Arten von Lehren, mit denen alle Irrlehren geprüft werden können: die eine verführt zum Abfall, zur Vermischung mit der Welt, die andere will eine höhere Heiligkeit, die eine Scheinheiligkeit ist (s.Kol.2,20-23; 1.Tim.4,1-5). Die eine schwächt die Gebote und die Sünde und natürlich das Gericht ab, die andere fügt Gebote hinzu, die Gott nicht geboten hat, und prophezeit ein gnadenloses Gericht über die Abgefallenen. Diese Lehre beleidigt Gott noch mehr als erstere.

Thyatira: Isebel: „Sie verführt meine Knechte ...“. Wer sind diese Knechte. Ungläubige Pfarrer (Priester) kann man nicht als Knechte Gottes bezeichnen. „ M(S)eine Knechte", so auch in 1,1 und 7,3, sind Sklaven Jesu Christi. Die sich haben verführen lassen, kommen in „große Drangsal". Wie sieht diese aus? Die Siegel, Posaunen und Plagen zeugen davon. Wer nun seine Kleider im Blute des Lammes wäscht, kommt aus der Drangsal heraus und wird wieder Gott allein dienen. Mit den Juden hat die „große Drangsal" nichts zu tun, sie haben sie bereits hinter sich (Matth.24,21; s.70 n.Chr.).
„Ich werde einem jeden nach seinen Werken geben" meint nicht die bösen Werke (vgl.Offb.22,11-13). Unverständlich ist, wie Sie den Richterstuhl Christi (2.Kor.5,10) in ein Preisgericht umdeuten können. Achtung! Das fällt in die Kategorie der Bileamslehre.

Philadelphia: Die Erweckungszeiten (n.Wagner) sind nicht Philadelphia zuzuordnen, sondern Sardes, wenn man es im Lichte der Geschichte der Könige Judas betrachtet (Josaphat, Hiskia, Josia). Philadelphia ist ein engerer Kreis und hat Esra und Nehemia (Haggai und Sacharja) zum Vorbild. Viel Rätselraten erspart man sich, wenn man sich an die biblischen Vorbilder hält. Gut ist, dass Sie in Philadelphia das „wahre echte Israel nach dem Geist" erkennen im Gegensatz zu den falschen „Juden", die sich auch Christen nannten. Wahr ist auch, dass das „Israel nach dem Fleisch" keine extra Verheißung hat, zumal es nicht einmal „nach dem Fleisch" als Same Abrahams und Israel nachweisbar ist, sondern „Vorhaut" ist (Röm.2,25-29). Die Juden müssen sich bekehren wie alle Menschen, und falls sie es tun, gehören sie zur Gemeinde Christi. Wofür dann ein „tausendjähriges Reich"? Sie waren schon richtig gelehrt durch die Reformatoren, die nur *ein* Reich und *ein* Volk Gottes kannten.

Wenn die neutestamentliche Weissagung sich nicht selbst auslegt (2.Petr.1,20), müssen wir das Alte Testament hinzu nehmen. Bei den Siegeln ist es das Königtum Israels, das erste Siegel der Sieg Davids, das zweite die Reichsteilung und die Bruderkriege, das dritte die schlimmste Hungersnot (2.Kön.6 u.7), das vierte die vier bösen Gerichte (Hes.14,22; Sie haben darauf angespielt). Wenn man diese auf den christlichen Bekenntniskreis anwendet, und nur damit hat es die Offenbarung zu tun, bekommen die Siegel eine völlig andere Bedeutung, die nur heilsam sein kann. Die vier Reiter sind bereits unterwegs, ja schon weit fortgeschritten, und wir sollen ihnen sogar folgen. Wer hierbei denkt, die Welt muss bluten, verbluten, der vergisst, dass das Gericht am Hause Gottes anfängt (1.Petr.4,17; Hes.9). Der vergisst auch, dass Gott die Welt richtet zu ihrem Heil, und nicht zu ihrer Vernichtung.
Ihre Auslegung der Siegel (wohl nicht Ihr eigenes Produkt) ist schlicht eine Katastrophe und eine völlige Verkennung des Lammes. Wenn das so buchstäblich geschieht, kann man sich den Rest der Offenbarung sparen, weil es keiner überlebt. Oder ist der Hintergedanke, die gottlose Welt

muss mal so richtig erschüttert werden? Vielleicht müssen wir selbst erst einmal erschüttert werden, weil wir das Wesen des Lammes verkannt haben.

Jedenfalls „buchstäblich" passiert so etwas vielleicht in Träumen, dass bei einem Erdbeben auch die Sterne vom Himmel fallen (in Kap.8,12; 12,4 sind sie noch oben), die ja die ganze Erde zertrümmern müssen, wobei allerdings kein Haus beschädigt und kein Mensch getötet wird. Wunderlich.– „In der biblischen Bildersprache sind die Sterne hervorragende Lehrer des Evangeliums. Sie fallen ..." (Pfr. Wilhelm Busch). „Gebrauche den Verstand, wer Weisheit hat" (Kap.13,18), gilt auch hier: Wenn die Sendschreiben mit den Siegeln und Posaunen auf einer Linie liegen, jeweils verstärkt, dann geschieht auch bei dem sechsten Siegel etwas, was die Menge teilt, nämlich falsche und wahre Juden wie in Philadelphia. Denn das Siegel hat zwei Seiten, die eine von 6,12-17, die andere 7,1-8 (s.2.Tim.2,19-21). Wir beide sind dann als Israel nach dem Geist gewiss auf der richtigen Seite. Übrigens erklärt Hes.9 die Versiegelung in Offb.7, die Aufzählung der Stämme hat die Geschichte Josephs als Hintergrund, zuerst Juda, der Bürge, Benjamin zuletzt, um den sich alles dreht. Eigentlich sind es ja 14 Stämme, die zwei (Dan u. Ephraim) sind jedoch die Mehrheit und gehen in Vers 9 auf. So erfüllt sich die Errettung von „ganz Israel".

Auch Ihre übrige Auslegung der Offenbarung ist ziemlich vage, zweideutig, zum Teil politisch, ungereimt, weil man die alttestamentl. Sprache und Bilder, in denen die Offenbarung redet, nicht verstanden hat. So sollte ein Mann Gottes nicht reden. Laßt uns bedenken, dass es die heilige Offenbarung Jesu Christi ist. Entweder hat der Geist sie ihm offenbart, und dann ist es so, oder er sollte sagen, ich weiß es auch nicht. „Wenn jemand redet, so rede er als Aussprüche Gottes" (1.Petr.4,11). Sich aus den verschiedenen, zum Teil widersprüchlichen Auslegungen der Offenbarung das Plausibelste heraussuchen, ist keine überzeugende eigene Erkenntnis. Viele Gläubige warten auf eine wahrhaftige ein-deutige Deutung, und nicht, was dieser oder jener dazu meint, was mehr oder weniger Spekulationen sind. Wir möchten wissen, was heute „ist" und was unseren Glauben betrifft, was das Tier ist und wie es sich geistig darstellt, und natürlich wie wir es überwinden können. Ich weiß es, denn ich habe mit ihm Bekanntschaft gemacht, als der humanistische Löwe uns in der Schulsache die Zähne zeigte. Mühen Sie sich nicht mit den Weltreichen ab, sondern zeigen Sie den Charakter derselben als herrschende geistige Mächte auf. Denn nur damit haben wir zu kämpfen (Eph.6,10ff). Die Malzeichendeutung als körperliche Tätowierung ist wirklich geistlos. Bei Kap.7,1 (14,1) erwähnen Sie dergleichen nicht, weil Sie wissen, dass das nicht passt. Bei dem Tier als einer geistigen Macht ist nichts körperlich, man soll vielmehr dessen Sinn (Stirn) annehmen oder zumindest mitmachen (Hand), was bei Gott dasselbe ist (s.14,9-12). Gerade hier meinen Christen, man müsse sich anpassen, obwohl man anders denkt, z.B. in Fragen der Bildung und Erziehung. Das Bild des Tieres kann man nur mit Dan.3 deuten, es ist ein Menschenbild, heute humanistisch und

materialistisch, aber nicht weniger totalitär. Das muss nicht erst kommen, die Menschen dienen ihm bereits. Hier ist Aufklärung nötig. Bei Ihrer Deutung bleibt nur die Angst vor Verfolgung und gar Tod. Doch wenn Jesus „jederzeit wiederkommen kann", wie wir glauben, erledigen sich für uns alle Deutungen auf den Antichristen. Ich kann nicht auf alles eingehen. Nur noch dies zu Offb.11 u.12: „Tempel", „Hof" und „heilige Stadt" gehören zusammen. Wenn die „Messung" uns gilt, verbietet sie sich auf das irdische Jerusalem. Wie sollen die Empfänger der Offenbarung in Ephesus usw. dies glauben, da doch zur Zeit der Abfassung der Offenbarung Tempel und Stadt schon zerstört waren. Heute braucht man einen dritten Tempel, von dem aber nirgends in den Propheten die Rede ist. Hesekiel redet von dem zweiten Tempel bzw. von Christus als Tempel (vgl.Hes.47 u.Offb.21,22; 22,1.2). Einen Tempel für den Antichrist? Wer's glaubt. Bleiben Sie in Offb.12,1 bei der Gemeinde, die Israel ist und zugleich ein Vorbild in Maria hat. Den Christus der Offenbarung zu gebären, ist schmerzlicher als die leibliche Geburt, weil man umdenken muss. Für den „dritten Teil der Sterne" gibt es eine bessere Erklärung: „Der helle Stern in den Nordlanden ist nun in die andere Welt gegangen, wo kein Dunkel ist, sondern Sonne, Mond und Sterne ewig leuchten ... Es mache der Vater der Lichter die wenigen Sterne leuchten – damit der Schweif des großen Drachen nicht alle Sterne vom Himmel fege" (aus Lars Levi Laestadius, der Lappenprophet).
Lieber Bruder, ich gebe Ihnen den väterlichen Rat, überprüfen Sie noch einmal Ihre Auslegung der Offenbarung. Gott möge Ihnen mehr Licht geben.

*

Liebe Schwester Sch…!
Bei diesem Glaubensgrund, da Jesus Christus Eckstein ist, auf den die Apostel und Propheten gebaut haben, will ich bleiben. Leider sehe ich, dass Sie mit Ihrer Israellehre diesen Grund verlassen und wieder den alten Bund modifizieren wollen. Sie eifern für ein Israel, das es nicht gibt, ja Sie laufen einem Phantom, einem Schatten nach. Das kommt deutlich in den Auszügen von Br.Völkel und in den Zeitungsanlagen zum Ausdruck. Die „Wiederherstellung Israels" ist längst in Christo geschehen, es geht jetzt nur darum, dass der Einzelne daran glaubt, denn „wer da glaubt und getauft wird, wird errettet werden; wer aber nicht glaubt, wird verdammt werden" (Mark.16,16). „Wer an den Sohn glaubt, hat ewiges Leben; wer aber dem Sohne nicht glaubt, wird das Leben nicht sehen, sondern der Zorn Gottes bleibt auf ihm"(Joh.3,36).

„Es sei denn dass jemand von neuem geboren werde, so kann er das Reich Gottes nicht sehen" (Joh.3,3ff). Das alles ist zuerst den Juden gesagt.

*

Lieber Bruder J., lieber Schwester R.!
Zunächst ganz herzlichen Dank für die Übersendung des Gesundheitselixiers für meine Frau. Sie hat gleich mit dem Einnehmen begonnen. Allerdings hatte sie gestern starke Kopfschmerzen und musste den ganzen Tag liegen.

Nun habt Ihr mir geschrieben, dass ich bezüglich Israel im Irrtum sei. Der Irrtum löst sich aber auf, wenn wir geklärt haben, welches Israel Gott meint. Ihr meint wohl noch, das ungläubige Namensisrael im Nahen Osten sei das „auserwählte Volk Gottes". Wer hat Euch das gelehrt? Nebenbei bemerkt, dort lebt nur ein Drittel des Weltjudentums, die meisten Juden leben in Amerika, ohne Religion, gottlos, sittenlos, in greulichen Sünden, wie man hört, übrigens auch eine Mehrheit der israelischen Gesellschaft. Und das soll „Gottes Augapfel" sein? Ich denke, Ihr seid aufrichtig genug, zu erkennen, wer die Heiligen sind und wer nicht, den Unterschied zwischen dem Gerechten und dem Gesetzlosen, zwischen wahren und falschen Juden (Röm.2, 28; Offb.2,9; 3,9), denn „nicht alle, die aus Israel sind, diese sind Israel" (Röm.9,6).

„Wer euch antastet, tastet seinen Augapfel an" (Sach.2,8). Dies ist zu dem aus der babylonischen Gefangenschaft zurückgekehrten *bußfertigen* Überrest gesagt, und nicht etwa zu den Abgefalllenen, denen es in der Welt besser gefiel. Als Juda und Jerusalem weggeführt wurden, viele umgebracht und die Stadt und Tempel zerstört wurden, waren sie offensichtlich nicht Gottes Augapfel, wohl aber solche wie Daniel und seine Freunde, die Gott dienten und Seine Gebote bewahrten (Dan.3,17).

Die dunkelste Punkt in der Geschichte des jüdischen Volkes im Lande war das Jahr 70 n.Chr., als die Römer die Stadt einnahmen. Es sollen 1 Millionen Juden dabei umgekommen sein. Gottes Augapfel?

Nein, Gottes Rache, weil sie den Sohn Gottes ermordet und das Evangelium der Apostel abgelehnt haben (Luk.21,22.23; 1.Thess.2,15.16). Das Gericht betraf nur die in Judäa und Jerusalem Wohnenden, nicht die Juden in der Zerstreuung, z.B.in Kleinasien, denn sie kannten ja gar nicht den HErrn Jesus. Also kann man sie auch nicht dafür verantwortlich machen. Zwar hätten sie schon lange die Möglichkeit gehabt, ins Land zurückzukehren, aber unter den Nationen lebte sich offenbar besser.

Hier erreichte sie aber das Evangelium von Paulus, und das wurde vielen zum Anstoß und Ärgernis, weil sie sich mit den Heiden auf eine Stufe gestellt sahen. Von diesen Letzteren spricht Paulus in Röm.11. Und selbst unter diesen wird noch mal eingegrenzt, wer zu Israel gehört und wer nicht. Die nicht ausgeschnittenen natürlichen Zweige sind jedenfalls die, die dem Evangelium geglaubt haben. Diese gehören zu den Auserwählten, mit den Gläubigen aus den Nationen zusammen bilden sie das auserwählte Volk Gottes, das Israel des Neuen Bundes, nach folgenden Kriterien:

„Und also (auf diese Weise) wird ganz Israel errettet werden"
(Röm.11,26):
„Wer da glaubt und getauft wird, wird errettet werden; wer aber nicht
glaubt, wird verdammt werden" (Mark.16,16).
„Denn es ist **kein** Unterschied (zwischen Juden und Heiden), denn **alle**
haben gesündigt und erreichen **nicht** die Herrlichkeit Gottes, und werden
umsonst gerechtfertigt durch seine Gnade, durch die Erlösung, die in
Christo Jesu ist" (Röm.3,23.24).
„Erkennet denn: die aus Glauben sind, diese sind Abrahams Söhne ... und
nach Verheißung Erben" (Gal.3,7.29).
„Denn **w i r** sind die Beschneidung, die wir durch den Geist Gottes
dienen und uns Christi Jesu rühmen und nicht auf Fleisch vertrauen"
(Phil.3,3). Weitere Stellen: 2.Kor.3,16; Joh.4,21

Das Wort vom Kreuz (1.Kor.1,18) ist das letzte Wort Gottes, an ihm
kommt kein Volk, kein Mensch, auch kein Jude vorbei. Wir lassen kein
anderes Evangelium, auch kein anderes Heil oder Heilshaushaltung für die
Juden gelten (Gal.1, 8); denn "es ist in keinem anderen das Heil, denn
auch kein anderer Name ist unter dem Himmel, der unter den Menschen
gegeben ist, in welchem wir (Juden und Heiden) errettet werden müssen"
(Ap.4,12). In beil.Schrift hat der mir unbekannte Verfasser ebenfalls die
Wahrheit über Israel dargelegt.
Herzliche Grüße im HERRn Jesu

*

Bezug: Info Nr. I/08 „Dem Lamme nach" – Der Heilsplan Gottes
Liebe Brüder, lieber Bruder F.!
Es gibt nur einen Heilsplan Gottes, und der heißt: Christus, eine neue
Schöpfung (*Kreatur)* in Christus durch den Glauben. Das ist auch der
Heilsplan für Israel, auf den das ganze Alte Testament hinweist
(Matth.5,7; Ap.4,12). Nur unter dieser Wahrheit ist die Zukunft Israels zu
verstehen. Ich denke, darin sind wir einig, nicht wahr?
Bei der Betrachtung der Geschichte Israels im Alten Testament und
besonders das Gericht im Jahre 70 n.Chr. muss man die verschiedenen
Zeitalter unterscheiden, wann sich was erfüllt hat. Scoffield geht als
Dispensationalist von 7 Zeitaltern aus, andere von drei. Am besten kann
man sie an den sieben Sendschreiben ablesen. Denn diese haben ihr
Vorbild in der Geschichte Israels, die in sieben Epochen zerfällt, wie ich in
meiner Betrachtung zur Offenbarung dargelegt habe (s.Anlage).
Man kann nicht die Flüche Moses und die Propheten auf jeden Zeitabschnitt oder gar auf Heute anwenden, wie Sie es in Ihrem Aufsatz tun.
Beide gehen nur bis zur Wegführung nach Assyrien und Babylon. Nach
der babylonischen Gefangenschaft sehen wir eine neue Situation, eine

Wiederherstellung oder Neubesinnung (Esra, Nehemia). Hier kommen die Propheten Haggai und Sacharja in Betracht. Maleachi geht bis zur Zeit Jesu in den Evangelien, in denen der angekündigte Reinigungs- und Läuterungsprozess stattfindet (Mal. 3,2-3; Matth.3,12). Was davon dann von dem Volke Israel übrigblieb waren die Jünger Jesu. der HERR erwählte genau 12 Apostel. sie repräsentieren das Israel Jesu Christi. Das wahre Gottesvolk ist vom konkreten Judentum (und auch von der konkreten Kirche) klar zu unterscheiden. Denn „nicht alle, die aus Israel sind, diese sind Israel, auch nicht, weil sie Abrahams Same sind" (Röm.9,6). In Esra (2,70; 10,5) und Nehemia (12,47) werden nicht mehr die zerstreuten Stämme weltweit als Israel anerkannt, sondern nur der zurückgekehrte Überrest ist „ganz Israel".

Daher kann auch von „Israels Bewahrung" (S.7) als Volk nicht global die Rede sein. Schon in der Wüste findet keine Bewahrung der Ungehorsamen statt, „an den meisten derselben hatte Gott kein Wohlgefallen, sie sind hingestreckt worden" (1.Kor.10,5). Auch später bei der Wegführung blieben nur wenige übrig, die treu waren. Die meisten starben durch Hunger, Schwert und Pest. Nur ein Überrest wurde errettet (Röm.9,27). „Die Augen des Herrn sind auf die Treuen gerichtet" (Ps.101,6), ein Grundsatz, der heute noch gilt.

Und was im Jahre 70 n.Chr. mit den Juden und Jerusalem geschah – Sie schilderten es –, war grausam und ist durchaus kein Zeichen von Gottes Bewahrung, Auserwählung und Liebe, ganz im Gegenteil, „Festbeschlossenes von Vernichtung" wurde vollzogen. Nicht nur, weil sie Jesus verworfen haben, sondern Gott wollte das ganze fruchtlose jüdische System samt Kultstätte beseitigen, um dem Reiche Gottes Raum zu geben. „Nimmermehr komme von dir Frucht in Ewigkeit", mit diesen Worten verfluchte Jesus den Feigenbaum (Matth.21,18-20).

Völlig unverständlich ist, wie Sie immer noch von einer Erziehung und Strafe reden können. Wie kann man das nur mit Jes.54,6-8 in Zusammenhang bringen. Wie kann man nur, Bruder, aus 2000 Jahren einen „kleinen Augenblick" machen, als wäre es gestern gewesen? Bis heute durch die Jahrhunderte ist kein Zeichen der Bewahrung Gottes zu erkennen, wenn es denn das auserwählte und geliebte Volk noch sein soll. Was wäre das für ein Gott, der Sein Volk solange dem Fluch überlässt. Den Holocaust, wo 6 Millionen Juden umkamen, kann man nicht als Strafe deuten. Wie reimt sich das mit dem Wort: „Ich habe dich je und je geliebt ..." (Jes.43,4). Ebenso falsch ist es, eine nochmalige Trübsal, außer der in den Jahren 67-70 n.Chr. geschehenen, den Juden zu prophezeien. Wo steht das?

Daß Gott Sein Volk nicht verstoßen hat, liegt auf einer ganz anderen Linie, nämlich der Glaubenslinie seit Abraham, die sich in den an Christum Glaubenden fortsetzt. Paulus führt sich selbst an als Begnadigter sowie die „siebentausend", ein „Überrest nach Wahl der Gnade" (Röm.11,1-6). Die Hoffnung Israels, die Auferstehung des Volkes in dem Bild von Hes.37, ist in Christus erfüllt, wie Paulus vor Agrippa bezeugt. Er ist als Erster von

den Toten auferstanden, so auch alle, die an Ihn glauben, Er leiblich, wir geistlich (Ap.26,6-8; 22-23).
Die Zusage Gottes für Israel sind felsenfest. O, gewiß! Nur die große Frage ist, wer zu dem Israel Christi gehört. Eigentlich keine Frage. Das Bild vom Ölbaum in Röm.11 macht es recht deutlich. Der Ölbaum ist eindeutig Israel und dessen Verheißungen, die ausgeschnittenen natürlichen Zweige sind Gesetzesjuden (die es heute nicht mehr gibt). Nicht alle wurden ausgeschnitten, nur ein Teil, die dem universalen Evangelium Pauli feindlich waren. Viele glaubten an Jesus, aber ihr Problem war die Gleichstellung mit den Nationen, was für sie vom Gesetz her unannehmbar war (vgl.Ap.13.42ff). Vielmehr wollten sie die Nationen zu Juden machen (Ap.15,5). An ihre Stelle wurden die Nationen eingepfropft, die nun mit jenen Juden, die am edlen Ölbaum blieben, zu dem Israel des neuen Bundes gehörten.
Halten wir fest, Gott hat nur *ein* auserwähltes Volk, keine zwei, und dieses heißt Israel. Juden und Heiden hat Gott zu *einem* Volk im neuen Bund zusammengefügt (Eph.2,14-22).
Schon im Vorbilde, in der Geschichte Jakobs, sehen wir diesen Heilsplan, indem Jakob die beiden Söhne Josephs, Manasse und Ephraim von der Asnath, zu seinen eigenen machte wie Ruben und Simeon (1.Mo.48). Ephraim bildete später sogar die Mehrheit in Israel bzw. das Nordreich wird als Ephraim angeredet (Hosea). Joseph ist ein Vorbild von Christus, wie Ihn Paulus als Apostel der Nationen verkündigte. Es gibt noch manche anderen Vorbilder von der Eingliederung der Heiden in Israel. Denken wir nur an Rahab, Ruth usw. Von einem Gegensatz Gemeinde – Israel weiß das neue Testament nichts, diesen hat die sich verselbständigte Kirche erfunden, und zwar erst im 19.Jahrh.

Als geistliche Leiter und Prediger sollten wir nicht den Ungläubigen Verheißungen zusprechen. Dadurch werden nur die Gläubigen verunsichert. „Wer den Sohn glaubt, hat ewiges Leben; wer aber dem Sohne nicht glaubt, wird das Leben nicht sehen, sondern der Zorn Gottes bleibt auf ihm" (Joh.3,36; Mark.16,16). Dieses ist zuerst den Juden gesagt, und das muss auch heute noch gesagt werden, und zwar im Staate Israel und allen Menschen. „Denn es ist kein Unterschied (zwischen Juden und Heiden), denn alle haben gesündigt und erreichen nicht die Herrlichkeit Gottes" (Röm.3,23). Aus dem beil. Gemeindeblatt „60 Jahre Staat Israel" sollte jedem klar werden, dass das Namensisrael unmöglich Gottes Israel sein kann, sondern Welt ist.

Ich hoffe, dass Sie, lieber Bruder F., demütig genug sind, den verbreiteten Israelirrtum im Lichte des Evangeliums zu erkennen und zu bekennen.
Mit brüderlichen Grüßen *HSt*

*

Lieber Bruder M.!
Über meine zeitgemäße und realistische Darlegung des Antichristen muss man nicht erschüttert sein. Vielmehr bin ich bestürzt, dass ernste Gläubige in der gegenwärtigen Verführung und dem großen Abfall nicht den Antichristen sehen (Dan.11,32). Der Antichrist ist ein Verführer. Wer ihn darin nicht erkennt, wird ihn auch nicht in der Verfolgung erkennen. Sie werden die ersten sein, die ihm huldigen, aus Angst. Die Brüderbewegung ist dafür ein trauriges Beispiel in den dreißiger Jahren. Warum? Weil sie vor lauter Weitsichtigkeit, was da alles noch kommen soll – sie glauben ja auch an einen persönlichen Antichristen -, kurzsichtig waren in Bezug auf den antichristlichen Geist. Wir sind ja heute klüger und können gut urteilen, haben aber selbst die Probe noch nicht bestanden. Ich bin gerade dabei, die Erinnerungen meines Vaters aus der Nazizeit zu veröffentlichen. Pfarrer waren in dieser Zeit erleuchteter und mutiger als viele ernste Brüder.
An der Erfüllung des Propheten Daniel ist nicht zu zweifeln. Das sind einfach geschichtliche Fakten. Bedeutung hat Daniel jetzt für uns in Bezug auf den christlichen Abfall und die geistlichen Mächte, mit denen wir heute zu kämpfen haben. Daran ist nichts zu „vergeistigen", es sind Realitäten. Ich habe die geistliche Anwendung bei Paulus gelernt, der sogar einen Ochsen und einen Felsen „vergeistigt" (1.Kor.9,9; 10,4). Du tust es ja auch bei dem „Feuer vom Himmel"(Offb.13) und Babylon (Offb.18). Wer will hier dem Bruder vorschreiben, was zulässig und was nicht zulässig ist, wenn hiermit eine Wahrheit und Wirklichkeit deutlich gemacht wird? Pastor Heinrich Jochums warnte in seiner Schrift „Bekenntnis Gottes Wort bleibt Gottes Wort, - aktuelle Fragen" (Band 10, 1964) ausdrücklich vor der falschen Erwartung, es könnte der Gemeinde geradezu zum Fallstrick werden, einen persönlichen Antichristen zu erwarten (s. Anlage).
Gerne lasse ich mich korrigieren, wenn's mit der Schrift geschieht und nicht mit pauschalen Urteilen und vagen Deutungen. Damit ist weder mir noch ihnen selbst geholfen. Jedenfalls verwerfe ich die Meinung, „politische Ereignisse anhand von biblischer Prophetie zu beurteilen". Das ist nicht nur ohne geistlichen Wert, sondern auch irreal. Versuche das mal im früheren Jahrhunderten, etwa im 5. (Mohammed, der falsche Prophet) oder 16.Jahrh. (Reformation). Auch damals meinte man, das Ende sei gekommen. Bleiben wir nüchtern, die Gefahren durch die Veränderung der Gesellschaft und der Gemeinden sind ernster zu nehmen als die wetterwendische Politik, die wir sowieso nicht beeinflussen können und auch mit unserem Glaubensleben nichts zu tun hat.
Herzliche Grüße mit 1.Kor.2, 12-16

*

Lieber Bruder E.! Vielen Dank für die Zusendung der Schriften, Deinen Gedanken in „Verkennung des Reiches Christi" kann ich insoweit folgen. Aber die Deutung von Dan.2 widerspricht den vorigen Ausführungen, wenn Du die Erfüllung erst im sogen."Tausendj.Reich" erwartest. Wie kann man wieder etwas in die Zukunft setzen, was längst geschichtliche Tatsache und gegenwärtige Wahrheit ist? Wo kommt in der Lehre Jesu und der Apostel etwas von einem „Tausendj.Reich" vor? Bezeugen nicht die Evangelien und die Briefe ständig, dass die Zeit erfüllt ist, ja alles was in dem Gesetz und den Propheten geschrieben steht, in Christus erfüllt ist? (Matth.4,17; 5,17). Gottes Reich ist nicht von dieser Welt, sagt Jesus selbst (Joh.18,36).

Auch die Deutung des Tieres finde ich sehr spekulativ. Wir können die Offenbarung nicht mit der Politik (EU etc.) deuten. Das neue Europa ist keine Gefahr für unseren Glauben. Unser Kampf ist nicht mit politischen und wirtschaftlichen Mächten, sondern mit den geistlichen Mächten der Bosheit, mit den Weltbeherrschern der Finsternis, es ist ein geistlicher Kampf (Eph.6,10ff). Also ist auch das Tier (Offb.13), das die Heiligen lästert, bekriegt und überwindet (V.6 u.7), eine geistliche Macht. Wir können dabei an den Humanismus, Sexualismus, Pluralismus, Materialismus und andere –ismen denken, die in den Hörnern dargestellt sind. Auf S.18/19 kommst Du ganz richtig zu dem durch diese Mächte bewirkten Abfall.

Mit dem weltlichen Israel hat die Offenbarung überhaupt nichts zu tun. Dieses ist kein Zeichen, eher ein Fragezeichen. Recht hast Du, dass die Vor-Entrückungslehre eine Irrlehre ist. Die Offenbarung erwähnt überhaupt nicht die Entrückung der Gemeinde, sondern behandelt ihre Reinigung und Erneuerung. Ob uns noch besondere Trübsale und Verfolgungen bevorstehen, das müssen wir offen lassen. Das weiß Gott allein. Gegenwärtig haben wir Trübsale, besonders wegen unserer Schulkinder und Jugend, genug.

Überdenke noch einmal Deine prophetische Sicht und prüfe sie im Licht des Evangeliums. Über das Evangelium hinaus gibt es keine Wahrheit. Herzliche Grüße im HErrn Jesu mit 2.Tim.2,7-9 *HSt*

*

Sehr geehrter Herr Pfarrer D.!
Gerne möchte ich Sie mit beil. Buchmanuskript an meinen Überlegungen zum Thema „1000jähriges Reich" teilhaben lassen. Wir sprachen kurz darüber am Freitagabend im Vereinshaus E. Ich denke, wir sollten als Verkündiger völlige Klarheit haben, was das Reich Gottes ist und nicht die Menschen auf ein utopisches Reich vertrösten. Laden wir die Menschen zum Reiche Gottes ein, in das man ohne Wiedergeburt nicht eingehen kann (Joh.3,3). Dabei haben wir „zuallererst den Menschen zu sagen, dass sie unter der Macht der Finsternis stehen, dass ihre vermeintliche Freiheit

und Unabhängigkeit nichts anderes ist als Leben in der Finsternis, ein Leben, das der Böse am kurzen Zügel hält" (S.36 Ihres Buches „Evangelium zum Schleuderpreis"? Wider die billige Gnade"). Menschen, die das erkennen, werden auch ein Verlangen nach der Gnade Gottes haben. Denn was versteht ein Mensch von Rechtfertigung und Gnade, wenn er ihrer nicht bedarf? Also müssen wir ihm nachweisen, dass er unter Gericht, unter dem Zorn Gottes steht (Joh.3,36). Das Evangelium ist keine Drohbotschaft, sondern eine frohe Botschaft, sagten Sie. Leider wird in Evangelisationen oft mit dem Gericht über die Welt gedroht, als sei dies noch zukünftig. Es ist bereits voll im Gange. Wenn wir Offb.13 verstehen, und Dan.7 gibt uns die Deutungshilfe, dann wissen wir, dass das Tier da ist: Es ist am Humanismus, Hedonismus, Pluralismus und Materialismus zu erkennen. Von diesen finsteren Mächten sind die Menschen gefangen, ist die Gesellschaft begeistert zu ihrem Verderben. Zur gesellschaftlichen Analyse gehört auch die Bestätigung der Schrift, hier des prophetischen Wortes, besonders die Offenbarung. Wir können heute den Menschen deutlich machen, dass die Offenbarung genau unsere Zeit beschreibt, also ganz aktuell ist. Dann wird die frohe Botschaft wirken und Menschen werden zur Buße kommen und Vergebung der Sünden empfangen.
Gerne höre ich wieder von Ihnen.

*

Lieber Bruder W.!
Mir gab jemand die Kassette von Ihrem wohl kürzlich gehaltenen Vortrag über die Zeichen der Endzeit, die ich mir gestern abend anhörte. Dabei blieben mir einige Fragen offen. Es ist gut, dass einmal bewußt gemacht wird, was sich in den letzten 40 Jahren ereignet hat. Ein gewaltiges Verderben
hat sich entwickelt und strebt nach dem Ende. Nachdem Sie das alles aufgezeigt haben, fehlte allerdings eine Schlussbemerkung: In all dem erkennen wir den „Mensch der Sünde", den Antichristen! Er muss nun offenbar werden, und dann wird er vernichtet durch den Herrn Jesus, durch den „Hauch seines Mundes" (2.Thess.2,3-12).
Sie scheinen den Antichristen noch zu erwarten? Aber dann passt 2.Petr.3,10ff., womit Sie die Hörer trösteten, nicht dazu. Auch das „Nebengleis" Israel, das Sie am Anfang erwähnten, wäre dann ein totes Gleis und würde sich erledigen, und ebenso gäbe es kein sogen. Tausendj.Reich. Da bin ich ganz Ihrer Meinung, denn wir erwarten das „ewige Reich unseres Herrn und Heilandes Jesu Christi" (Joh.3,3-5; 2.Petr.1,11).
Es wäre dann allerdings auch die Erwähnung des Namens Israel AT/NT 234 zu 15 anders zu deuten. Im NT dominiert der Name Jesus Christus, Er

ist der wahre Israel Gottes, die Wurzel und das Geschlecht Davids (Offb.22,16). Der künstliche Gegensatz Israel-Gemeinde löst sich in dem „Ölbaum" auf, in den die Nationen eingepfropft sind und so mit den verbliebenen „natürlichen" Zweigen ein Ganzes bilden, das neue größere Israel in der Vollzahl (Röm.11, 16ff). Diese Einheit bestätigt auch Paulus im Epheserbrief: „Die Nationen sind Miterben und Miteinverleibte und Mitteilhaber seiner Verheißung in Christo Jesu durch das Evangelium" (Eph.3,6). Israel ist der Erbe, der Leib, der Teilhaber, die Nationen sind Mitleib usw.

Und so sagen Sie wieder ganz richtig, dass die Juden, die nicht glauben, verloren gehen. „Denn wer da glaubt und getauft wird, wird errettet werden! Wer aber nicht glaubt, wird verdammt werden" (Mark.16,16). Deshalb muss auch ihnen wie aller Welt das Evangelium verkündigt werden. Gerne höre ich von Ihnen.

*

Lieber M., die Predigt von Professor Dr. Bernhard Kaiser über das Reich Christi und wie es sich darstellt und ausbreitet, war eigentlich eindeutig. „Es ist weder unsichtbar noch zukünftig, ... auch kein irdisches Reich", sagte er. Er verneint ausdrücklich ein „Tausendj.Reich", wie meine Anfrage bei ihm ergab, und sieht auch die Erfüllung von Röm.11,26 darin, dass sich die Juden bekehren und Glieder der Kirche werden wie alle anderen Christen auch, so dass ihre Annahme „'Leben aus den Toten' ist, also Auferstehung. Nur das kann mit dem Wiedereinpfropfen gemeint sein", bemerkt er.

Eine einzige Schriftstelle (Offb.20,6), auf die man sich beruft, kann doch die Lehre nicht begründen, Gott würde für die Juden noch eine besondere Heilszeit veranstalten. Man muss die Stelle nur genau lesen im Kontext der Offenbarung, dann wird man sehen, dass die „heilige Stadt" das neue Jerusalem ist, das aus dem Himmel herniederkommt, also seiner Natur nach himmlisch, geistlich ist. Weder Paulus, Petrus noch Jakobus, ja nicht einmal der Herr Jesus selbst wissen etwas von der Aufrichtung eines irdischen Reiches für Israel. Das Reich Christi ist nicht von dieser Welt (Joh.18,36), sein Herrschaft ist ewig (vgl.Dan.7,14).

Es war nicht schön, dass Du meine Bemerkung über die prophetischen Spekulationen mit der Behauptung: „das sagt Gottes Wort" abwürgest. So können wir nicht miteinander reden. Ich fürchte, dass unsere künftigen Zusammenkünfte bei den Predigten Kaisers, der eine klare Linie vertritt, problematisch werden, wenn so argumentiert wird. Vielleicht sollte man sich selbst einmal in Frage zu stellen, ob das, was angeblich Gottes Wort sagt, nicht doch nur Deutungen sind, die man da hineinlegt. Ich beharre jedenfalls auf der Lehre Pauli, was er im Römerbrief sagt, dass die ganze Welt, Juden und Heiden, dem Gericht Gottes verfallen sind (Röm.3,19) und *nur* durch den Glauben an die Gnade Gottes und das Blut Jesu errettet (selig) werden können.

Br. Kaiser hat mir eine interessante Vorlesung zum Thema „Endzeit; gibt es ein Millenium?" zugeschickt. Ich lege sie Dir bei, wir sollten sie beim nächsten Treffen einmal lesen.

Herzliche Grüße von Haus zu Haus

*

Sehr geehrter Herr Senk!
Ihr Buch „DAS ISRAEL GOTTES – Die Frage nach dem Volk Gottes im Neuen Bund" (RVB)

Das Thema Israel beschäftigt mich schon 30 Jahre. Immer wieder habe ich darüber geschrieben in Traktaten und Schriften (für Gläubige), aber nur Widerstand erfahren. „Du bist wohl der einzige, der so etwas lehrt", wurde mir oft von dispensationalistischen Brüdern (Darbysten) gesagt. Oder: „Alle Brüder im Siegerland sind gegen dich", „du leugnest die halbe Bibel", „deine Irrlehre versteht keiner" usw. Umso erfreuter bin ich, ein Buch zu lesen, das meine Sicht des wahren Israel Gottes im Neuen Bund bestätigt.
Gerne würde ich mich mit Ihnen einmal unterhalten.
Freundliche Grüße *HSt*

Literatur

Clouse, Robert
Das Tausendjährige Reich - 4 Standpunkte, 1983

Grier, W.J.
Plötzlich - in einem Augenblick, 1978

Heide, Martin
Warum noch warten ..., 1993

MacDonald, William
Der Unterschied, 1985

Murray, Iain H.
Die Hoffnung der Puritaner, 1999

Pieters A./ Gerstner, J.H.
...recht (zer)teilen das Wort der Wahrheit - Scofield und die
Heilszeiten auf dem Prüfstand, 1994

Schenk, Paul
Bist du, der da kommen soll? Christuszeugnisse im Alten
Testament, 1991

Schrupp, Ernst
Israel in der Endzeit 1991

Stuhlhofer, Franz
Das Ende naht - die Irrtümer der Endzeitspezialisten, 1992

Weremchuk, Max S.
John Nelson Darby und die Anfänge einer Bewegung, 1988

Erklärung der Abkürzungen

Die Bücher des Alten Testaments:

1.Mo.	Das erste Buch Mose
2.Mo.	Das zweite Buch Mose
3.Mo.	Das dritte Buch Mose
4.Mo.	Das vierte Buch Mose
5.Mo.	Das fünfte Buch Mose
Jos.	Das Buch Josua
Ri.	Das Buch der Richter
Ruth	Das Buch Ruth
1.Sam.	Das erste Buch Samuel
2.Sam.	Das zweite Buch Samuel
1.Kön.	Das erste Buch der Könige
2.Kön.	Das zweite Buch der Könige
1.Chron.	Das erste Buch der Chronika
2.Chron.	Das zweite Buch der Chronika
Esr.	Das Buch Esra
Neh.	Das Buch Nehemia
Esth.	Das Buch Esther
Hiob	Das Buch Hiob
Ps.	Die Psalmen
Spr.	Die Sprüche
Pred.	Der Prediger
Hohel.	Das Hohelied

Die Propheten:

Jes.	Jesaja
Jer.	Jeremia
Klagel.	Die Klagelieder
Hes.	Hesekiel
Dan.	Daniel
Hos.	Hosea
Joel	Joel

Amos	Amos
Obad.	Obadja
Jona	Jona
Mich.	Micha
Nah.	Nahum
Habak.	Habakuk
Zeph.	Zephanja
Hagg.	Haggai
Sach.	Sacharja
Mal.	Maleachi

Bücher des Neuen Testaments:

Matth.	Evangelium nach Matthäus
Mark.	Evangelium nach Markus
Luk.	Evangelium nach Lukas
Joh.	Evangelium nach Johannes
Apg.	Die Apostelgeschichte
Röm.	Brief an die Römer
1.Kor.	Der erste Brief an die Korinther
2.Kor.	Der zweite Brief an die Korinther
Gal.	Der Brief an die Galater
Eph.	Der Brief an die Epheser
Phil.	Der Brief an die Philipper
Kol.	Der Brief an die Kolosser
1.Thess.	Der erste Brief an die Thessalonicher
2.Thess.	Der zweite Brief an die Thessalonicher
1.Tim.	Der erste Brief an Timotheus
2.Tim.	Der zweite Brief an Timotheus
Tit.	Der Brief an Titus
Philem.	Der Brief an Philemon
Hebr.	Der Brief an die Hebräer
Jak.	Der Brief des Jakobus
1.Petr.	Der erste Brief des Petrus
2.Petr.	Der zweite Brief des Petrus
1.Joh.	Der erste Brief des Johannes

2.Joh.	Der zweite Brief des Johannes
3.Joh.	Der dritte Brief des Johannes
Jud.	Der Brief des Judas
Offb.	Die Offenbarung

Biografie

Helmut Stücher wurde 1933 im Rheinland geboren und lebt heute in Siegen. Der elf-fache Vater ist Bibellehrer und Schriftsteller. Ihm ist es ein Anliegen, das Wort der Wahrheit des Evangeliums wieder zur Geltung zu bringen und fremde Lehren abzuwehren.

Vom selben Autor

Geheimnis, Babylon
*Wie aus einer Hure
eine Jungfrau wird*

Die vermehrten Ehekonflikte und Scheidungen sind in erster Linie ein Kirchenproblem. Der Autor sieht die Ursache in dem gestörten Verhältnis von Christus und der Gemeinde, wobei ihm das Bild der Ehe im Epheserbrief vor Augen steht.

In der Auslegung der Offenbarung, die wie ein großer Gerichtsprozess erscheint, gehen die Verurteilten durch den Sühnetod des Richters frei aus und versöhnen sich. Die geheimnisvolle Wiederheirat löst am Hochzeitstag einen „Weltkrieg" aus.

Dies alles wird anhand biblischer Vorbilder anschaulich dargestellt.

Novum pro
ISBN 978-3-99038-639-2
558 Seiten, Format 13,5 x 21,5 cm, € 21,30